O PSICÓLOGO
NO HOSPITAL

Blucher

O PSICÓLOGO NO HOSPITAL

Da prática assistencial à gestão de serviço

Organizadoras

Ana Merzel Kernkraut
Ana Lucia Martins da Silva
Juliana Gibello

O psicólogo no hospital: da prática assistencial à gestão de serviço

© 2017 Ana Merzel Kernkraut, Ana Lucia Martins da Silva, Juliana Gibello (organizadoras)

© 2017 Editora Edgard Blücher Ltda.

Blucher

Rua Pedroso Alvarenga, 1245, 4° andar
04531-934 – São Paulo – SP – Brasil
Tel.: 55 11 3078-5366
contato@blucher.com.br
www.blucher.com.br

Segundo Novo Acordo Ortográfico, conforme 5. ed. do *Vocabulário Ortográfico da Língua Portuguesa*, Academia Brasileira de Letras, março de 2009.

É proibida a reprodução total ou parcial por quaisquer meios sem autorização escrita da editora.

Todos os direitos reservados pela Editora Edgard Blücher Ltda.

DADOS INTERNACIONAIS DE CATALOGAÇÃO NA PUBLICAÇÃO (CIP)
ANGÉLICA ILACQUA CRB-8/7057

O psicólogo no hospital: da prática assistencial à gestão de serviço / organização de Ana Merzel Kernkraut, Ana Lucia Martins da Silva, Juliana Gibello. -- São Paulo : Blucher, 2017.

496 p. : il.

ISBN 978-85-212-1189-1

1. Psicologia clínica 2. Serviços de saúde mental 3. Assistência hospitalar – Aspectos psicológicos 4. I. Kernkraut, Ana Merzel. II. Silva, Ana Lucia Martins da. III. Gibello, Juliana.

17-0516   CDD 157

Índice para catálogo sistemático:
1. Psicologia clínica

Conteúdo

Prefácio   7
Introdução   9

PARTE I
Serviço de psicologia

1. A história da Psicologia Hospitalar no Hospital Israelita Albert Einstein   13
2. Psicologia hospitalar e alguns dos possíveis referenciais teóricos   39
3. Formas de atuação, organização e gestão de serviços de psicologia   51

PARTE II
Temas relevantes para o psicólogo hospitalar

4. Cuidados paliativos e atuação do psicólogo hospitalar   77
5. Tabagismo, álcool e drogas   93
6. Sexualidade   109
7. Avaliação e manejo do paciente com risco de suicídio   119
8. Conflitos e situações de crise   135
9. Comunicação de más notícias no contexto hospitalar   145
10. A psiquiatria no hospital geral   161
11. Psicopedagogia hospitalar   179
12. Atuação com a equipe de saúde   195

PARTE III
Possibilidades de atuação do psicólogo em diferentes contextos

13. Atuação do psicólogo com pacientes graves — 217
14. Atuação em gestação de risco e parto prematuro — 229
15. Atuação com pacientes pediátricos — 251
16. Atuação com pacientes oncológicos — 265
17. Atuação com pacientes na clínica médico-cirúrgica — 283
18. Atuação com pacientes na clínica da obesidade — 301
19. A atuação da psicologia com clientes do *check-up* — 313

PARTE IV
Atuação com pacientes crônicos

20. Atuação psicológica com indivíduos portadores de doença renal crônica em hemodiálise — 329
21. O cuidado do paciente acometido por acidente vascular encefálico (AVE) na reabilitação — 337
22. Abordagem da psicologia nas instituições de longa permanência para idosos — 353
23. Atuação do psicólogo no programa de transplantes de órgãos — 363

PARTE V
Neuropsicologia hospitalar

24. Avaliação neuropsicológica de pacientes adultos — 387
25. Avaliação de pacientes infantis — 403
26. Reabilitação neuropsicológica do adulto — 417
27. Reabilitação neuropsicológica infantil — 437

PARTE VI
Ensino e pesquisa

28. O hospital como campo de pesquisa em psicologia — 453
29. Transmitindo conhecimento: a experiência do estágio e da residência em Psicologia — 463

Sobre os autores — 487

Prefácio

Hospitais são estruturas extremamente complexas, que precisam de modelos de gestão e de assistência focados em garantir *o triple aim*, ou o triplo objetivo, proposto pelo IHI (Institute of Healthcare Improvement): proporcionar a melhor experiência ao paciente garantindo qualidade, segurança, desfechos favoráveis e satisfação, atingir melhores resultados não somente para um indivíduo, mas sim para populações, e garantir que tudo isso possa acontecer em um ambiente de sustentabilidade em que o custo *per capita* seja o menor possível. Um cenário muito desafiador, em que cada membro da equipe interdisciplinar tem um papel específico a desempenhar a partir de seus conhecimentos e habilidades, de maneira a atuar de forma cooperativa com os demais profissionais, entendendo que, seja na assistência ou na gestão, é preciso perceber que a interdependência é hoje um fato, e se soubermos extrair dela a melhor forma de trabalharmos conjuntamente, construindo um "hospital sem paredes", o maior beneficiado será o paciente, que deve ser sempre o centro do nosso cuidado.

A psicologia hospitalar é parte importante desse contexto. Tenho acompanhado ao longo dos últimos anos, de maneira próxima e com muito entusiasmo, o desenvolvimento da psicologia na parte científica, na clínica e na gestão: a atuação assistencial junto ao paciente e à família; a participação no desenho de protocolos e compreensão dos pontos críticos para adesão do paciente; o apoio às equipes de assistência à beira do leito para lidarem com situações difíceis e com os conflitos diários; a atuação em questões críticas para melhoria dos resultados das instituições, como redução de readmissões hospitalares, atuando para melhoria da educação do paciente; e tantos outros aspectos que fazem hoje da psicologia hospitalar essencial para instituições que prezam por elevados patamares de qualidade e segurança e que querem estar sempre à frente de seu tempo.

Este livro traz todo esse aprendizado e desenvolvimento, traduzido em 29 ricos capítulos. Com elevado embasamento científico, experientes psicólogos da área hospitalar trazem uma visão muito prática, atual e dinâmica da pesquisa, do ensino, da assistência e da gestão na área. Uma obra de extremo valor que vem celebrar e reforçar a importância da participação do psicólogo no ambiente hospitalar.

Aos autores dos capítulos e às organizadoras Ana Merzel Kernkraut, Ana Lucia Martins da Silva e Juliana Gibello, minhas congratulações pela dedicação e pelo resultado desta obra. À Ana Merzel, em especial, meu carinho, reconhecimento e admiração por seu brilho nos olhos, amor em tudo que faz e por sua contribuição na construção de um sistema de saúde centrado no paciente.

Claudia Regina Laselva
Diretora da Unidade Hospitalar Morumbi
do Hospital Israelita Albert Einstein

Introdução

A atuação de psicólogos no Hospital Israelita Albert Einstein teve início nos anos 1990, primeiramente com a atuação isolada de diversos profissionais em diferentes unidades, sem uma integração entre eles. Cada profissional desenvolvia o seu trabalho pautado nas necessidades e demandas de cada unidade, e não necessariamente guardavam características semelhantes com relação à atuação; tampouco todas as unidades do hospital eram contempladas com a presença do psicólogo. As primeiras áreas a contarem com o suporte psicológico foram a oncologia, a unidade de terapia intensiva para adultos e a unidade de terapia intensiva neonatal.

Foi no início dos anos 2000 que os psicólogos atuantes na instituição foram reunidos com um objetivo comum de construir o serviço de psicologia no Hospital Israelita Albert Einstein. Naquele momento, foi criada uma documentação institucional para apoiar os procedimentos realizados nas unidades, trazendo uma unificação de um modo geral de trabalhar sem, contudo, deixar de fora as particularidades das áreas de atuação. O número de profissionais se ampliou, e o serviço passou a ser disponibilizado em praticamente todas as unidades.

Com o serviço de psicologia consolidado em seu *core*, que é a assistência, outros desafios se impõem à nossa prática, como criar indicadores de produtividade e de qualidade, aumentar o número de publicações em revistas científicas, treinar nossos profissionais e de outros serviços, atuar como instrutores do centro de simulação realística, ter um curso de pós-graduação em Psicologia Hospitalar, promover cursos de atualização; enfim, o leque de oportunidades de atuação do psicólogo hospitalar aumentou significativamente na instituição.

A psicologia hospitalar é uma área recente de atuação que vem crescendo em relação à demanda de trabalho. Temos ainda o desafio de estabelecer métricas que possam mostrar de maneira objetiva o trabalho que realizamos. É dessa maneira que nossos gestores compreendem o nosso propósito. Sem perder a característica da subjetividade que marca o trabalho do psicólogo, precisamos aprimorar a maneira como apresentamos os resultados.

É a partir dessa experiência de anos que relatamos e compartilhamos neste livro o que já sabemos como fazer e o que precisamos criar ou aprimorar e, portanto, evoluir.

Preparar este livro nos fez recordar histórias, pensar a nossa prática e trazer para o papel o nosso dia a dia.

Convido o leitor a conhecer a nossa experiência e também a ser instigado a pensar sobre as possibilidades métricas que reflitam a nossa prática.

Por último, agradeço a equipe da psicologia, pois, sem essa parceria, este livro não teria sido possível.

Ana Merzel Kernkraut
Coordenadora do Serviço de Psicologia
do Hospital Israelita Albert Einstein

PARTE I
Serviço de psicologia

1. A história da Psicologia Hospitalar no Hospital Israelita Albert Einstein

Paola Bruno de Araujo Andreoli
Christiane Hegedus Karam

> "A Psicologia chega tarde neste cenário [da saúde] e chega 'miúda', tateando, buscando ainda definir seu campo de atuação, sua contribuição teórica efetiva e as formas de incorporação do biológico e do social ao fato psicológico, procurando abandonar os enfoques centrados em um indivíduo abstrato e a-histórico tão frequentes na Psicologia Clínica tradicional."
>
> Mary Jane Spink, 1992

Os primeiros anos

A narrativa da história de um serviço cuja estruturação ocorreu ao longo de muitos anos apresenta sempre o desafio do corte inicial, ou seja, a partir de qual fato ou momento podemos dizer que iniciamos essa jornada.

Apesar da entrada dos primeiros psicólogos na instituição ter se dado no início dos anos 1990, pode-se dizer que o Serviço de Psicologia Hospitalar do Hospital Israelita Albert Einstein (HIAE) iniciou-se com a atuação de psicólogos em *áreas assistenciais* específicas como oncologia, pediatria, UTI Adulto e UTI Neonatal.

Em meados dos anos 1990, a instituição fez a contratação dos primeiros psicólogos para atender à demanda de pacientes em áreas assistenciais que poderiam ser consideradas de alto potencial de conflito ou de grande impacto psicológico. Àquela época, a própria psicologia hospitalar ainda investia esforços para desenhar o contorno dessa atuação profissional.

A então recente história da inserção do psicólogo no contexto hospitalar, cujos primeiros estudos surgiram somente no final da década de 1980 com os trabalhos de autores como Lamosa (1987) e Campos (1988), dava conta do desenvolvimento de uma imagem mais ampla do psicólogo como profissional de saúde, não se restringindo ao campo da saúde mental. Os autores da época problematizavam a atuação do psicólogo na intersecção entre os papéis clínico, organizacional e social, ressignificando a posição e seu papel profissional no contexto hospitalar e da saúde (CARVALHO et al., 2011).

Mesmo havendo experiências exitosas na área de psicologia da saúde – denominação mais comumente utilizada na época para o trabalho do psicólogo nos serviços de saúde –, a maioria em hospitais de ensino, a organização de serviços de psicologia em hospitais privados era incipiente e enfrentava dificuldades para vencer barreiras relacionadas ao desconhecimento ou preconceito ligado à assistência psicológica a pacientes internados.

A evidente necessidade de contenção da ansiedade, da angústia e dos conflitos, contudo, objetivava para as equipes assistenciais a introdução do psicólogo no contexto hospitalar e, de certa maneira por essa razão, a atuação foi aceita com certa facilidade. A psicologia hospitalar como ciência, no entanto, somente começava a se estabelecer como especialidade e corpo de conhecimentos diferenciados, o que trazia ao profissional colocado naquele cenário uma dificuldade adicional pela fragilidade das técnicas e métodos desenvolvidos até aquela época.

Utilizando-se dos conhecimentos da psicologia clínica, das ciências biomédicas e da psicologia comunitária, a psicologia hospitalar, naquela época, apoiava-se em dois modelos de atuação: o modelo clínico, caracterizado por atendimentos individuais, com pouca ou nenhuma interação com equipes de saúde, e o modelo de atenção integral à saúde, em contraste, que apresenta uma atuação difusa em diversos setores do hospital, em interação constante com os demais profissionais da saúde, visando atender os pacientes e seus familiares, a equipe e a comunidade em geral (CARVALHO et al., 2011).

Assim, inicialmente utilizando-se do modelo clínico tradicional, em que sua atuação tinha como objeto principal o atendimento psicoterapêutico ao paciente, ao longo das primeiras experiências, já era possível perceber que a atuação hospitalar demandava maior versatilidade, a ampliação do modelo dual de atuação psicoterapêutica, o desenvolvimento de uma linguagem compartilhada com outras equipes, a "tradução" do fenômeno psíquico para todos os interlocutores e a inclusão de familiares e da própria equipe de saúde no escopo de intervenção psicológica, além de uma boa análise de fenômenos institucionais. Como ressaltado no depoimento da psicóloga Ruth Beresin, o próprio contexto institucional e as pressões positivas no sentido do desenvolvimento da atuação profissional, aliados à expansão da psicologia como área de conhecimento na saúde, implantaram as primeiras sementes de um crescimento e amadurecimento que vimos acontecer a partir do início dos anos 2000:

> *Em outubro de 1997, iniciei meu trabalho na Clínica de Oncologia do HIAE. Neste período, um grupo de psicólogos atuava na área e tinha como demanda da instituição uma reformulação na organização do setor e nas propostas de assistência aos pacientes. Desde o momento da minha entrada na instituição, fui designada para atuar na assistência psicológica dos pacientes e familiares no Ambulatório de Quimioterapia. Atuei nesta área até o final de 2000, e neste período tive a oportunidade de estabelecer uma rotina de assistência psicológica aos pacientes e familiares, participar de forma ativa da equipe multiprofissional e coordenar um grupo de reflexão com os profissionais que atuavam na área. Considero que esta foi a minha principal contribuição na consolidação da Psicologia Hospitalar na instituição, possibilitando por meio deste trabalho consolidar a importância da assistência psicológica como também o compromisso e a seriedade da atuação do profissional psicólogo na instituição... E neste período, tive a oportunidade de participar dos primeiros passos de integração entre os psicólogos que atuavam de forma isolada na instituição e participar das discussões do projeto de criação de um Serviço de Psicologia Hospitalar na instituição (depoimento de Ruth Beresin em maio de 2016).*

As discussões travadas pelos psicólogos, à época, procuravam dar conta das demandas advindas das instituições de saúde, e não foi diferente entre os profissionais que procuravam estruturar o embrião de um serviço de psicologia no HIAE. A inclusão dos psicólogos nas equipes multidisciplinares que se dedicaram à construção de diretrizes para o cuidado de pessoas em estado crítico e para o reconhecimento de riscos que impactassem na assistência, a organização de grupos de familiares e grupos terapêuticos para pacientes com patologias semelhantes e a estruturação de procedimentos e rotinas de trabalho são alguns exemplos das respostas dadas às exigências da participação institucional e que foram proporcionando visibilidade, reconhecimento e inserção ao trabalho no contexto da assistência hospitalar.

A assistência aos pacientes seguia uma dinâmica estabelecida a partir de protocolos que determinavam em quais situações, condições ou momentos do tratamento o psicólogo poderia acessar o paciente ou seus familiares. O *setting* em que esses atendimentos ocorriam, a dinâmica das intervenções médicas e o contexto institucional vigente foram norteando a forma de atuação do psicólogo que, em alguns casos, estava voltado à psicoterapia individual, a grupos de orientação ou terapêuticos, à orientação e suporte psicológico à equipe assistencial ou à utilização de terapias complementares.

Ainda que bastante inseridos nos contextos ambulatoriais e na atenção de pacientes vítimas de algumas patologias específicas (oncológicas, por exemplo), a entrada do profissional naquele contexto estava envolta em um desconhecimento sobre o impacto de sua intervenção e, principalmente, sobre qual a sua contribuição à assistência à saúde. Por essa razão, a padronização, a utilização de mecanismos predefinidos para que sua presença pudesse ser requisitada e autorizada e a visão de alguns gestores e de equipes assistenciais que abriram espaços proporcionaram suporte e empoderamento às compreensões psicológicas e à introdução do indissociável psíquico ao cuidado em saúde.

Segundo muitos autores da época, a participação do psicólogo em equipes multidisciplinares constituía-se em um importante desafio por representarem dificuldades em estabelecer com clareza suas atribuições, pelas expectativas por vezes equivocadas em relação ao seu trabalho e pelas dificuldades inerentes à tradução dos fenômenos psíquicos. Autores como Romano (1999) e Moré e colaboradores (2004) chamavam a atenção para uma séria dificuldade do psicólogo: expressar-se de forma clara e objetiva (DA ROSA, 2005).

Resultante das adaptações técnicas e processuais, foram necessários acordos e estruturações às tarefas que atualmente são absolutamente comuns na prática hospitalar. Uma delas, por exemplo, foi a necessidade de inclusão de registros do psicólogo em prontuário médico. Alvo de debates até entre diferentes instituições, em nosso hospital, essa questão teve que ser vencida, inclusive em razão das exigências para acreditação hospitalar, cujo primeiro ciclo ocorreu no ano de 1999. Nesse momento, estabeleceu-se não só um formato, um padrão e uma obrigação para registro em prontuário, mas também os primeiros documentos que descreviam os procedimentos de atendimentos psicológicos.

Esse nível de estruturação era considerado inédito e trazia, pela ausência de modelos, um desafio aos psicólogos da época, para descrever o processo de atendimento psicológico sem, contudo, perder suas particularidades e subjetividades. Paralelamente, outras exigências, inerentes ao trabalho multidisciplinar, foram se apresentando e impondo ao trabalho do psicólogo uma diferenciação que, ao longo dos próximos anos, foram definindo contornos ao modelo de trabalho do psicólogo hospitalar no HIAE.

De modo geral, o psicólogo encontrava-se em um momento em que sua linguagem e suas técnicas precisavam ser revisitados e adaptados à realidade, dinâmica, das necessidades e demandas do cotidiano hospitalar, em particular o desta instituição, local que traz em seus princípios a premissa do cuidado humanizado, da excelência e da gratidão de um povo recebido com respeito e dignidade em um pós-guerra sem precedentes.

Isso permitiu, por exemplo, que, em meados dos anos 1990, a liderança deste hospital, que demonstrava uma visão clara sobre a importância e a necessidade de compor uma medicina de alta complexidade com a disponibilidade para o cuidado de um indivíduo doente, promovesse a participação do psicólogo nas discussões, elaboração e construção do projeto arquitetônico de uma unidade de terapia intensiva (UTI) humanizada, considerando não só a necessidade de se garantir a privacidade necessária para se lidar com as dores desse contexto, mas também as características dos profissionais que iriam atuar em uma das mais competentes UTIs do país.

Seguindo a evolução do trabalho e a partir de parcerias estabelecidas entre psicólogos e enfermeiros, surgiu um movimento no sentido de construir condições para trazer, para dentro da UTI, familiares dos pacientes criticamente doentes, por meio de sua avaliação e orientação, contribuindo para que ele fizesse uso de outros recursos pessoais para lidar com a doença e enfrentá-la. O indivíduo, a partir dessa condição, estabelece contato com as dificuldades e com a possibilidade de finitude e deixa de ser um objeto de intenção para ser um objeto de atenção.

Isso possibilitou que a família passasse a integrar de maneira indissociável os espaços e a atenção da equipe multidisciplinar, ampliando assim um modelo que até então só víamos acontecer nas unidades de atendimento pediátrico e neonatal.

Frente à diversidade de demandas e situações novas, o instrumental desenvolvido até aquele momento parecia insuficiente ou, pelo menos, pouco compreensivo para fazer frente aos desafios que se impunham, de maneira que, em alguns momentos, chegávamos a nos questionar se continuávamos a "fazer" psicologia (ciência e profissão) ou se estávamos confundidos com a necessidade de suprir desejos e dar respostas às equipes que não estariam contidas dentro da ciência psicológica.

A resposta a essas demandas passou a promover um olhar diferenciado do fenômeno psicológico no contexto hospitalar, para além de sua obviedade, na busca do não dito, da escuta atenta, da possibilidade de dar voz ao paciente e ao seu sofrimento, colocando-se, assim, na posição de mediador e catalizador das relações interpessoais no contexto hospitalar. Isso confere ao psicólogo um *status* muito diferenciado daquele que apreendemos da clínica tradicional pois, dessa maneira, seu "paciente identificado" não é necessariamente o "paciente internado".

Naquele momento, existiam dúvidas e diferenças entre os serviços de psicologia existentes em hospitais públicos e privados, proporcionando uma problematização e uma união dos profissionais para a definição de uma especialidade que ocorreu, em termos de normatização pelo Conselho Federal de Psicologia (CFP), no ano de 2000 (CFP, 2000).

Ao mesmo tempo, a participação na dinâmica de equipe foi crescendo rapidamente, de maneira a levar os profissionais a uma melhor qualificação e, no serviço de psicologia do HIAE, ao próximo passo de crescimento, que foi a introdução de novos mecanismos (como um serviço de interconsulta, por exemplo) e de novas especialidades (como a neuropsicologia, musicoterapia, entre outras).

A psicologia hospitalar teve que adicionar maior flexibilidade e plasticidade em sua atuação, dada a necessidade de crescimento, de trazer respostas mais efetivas às demandas e às dificuldades das equipes, das famílias e dos pacientes e dado o reconhecimento de que a multidisciplinaridade era e sempre será o caminho mais adequado para dar conta do complexo fenômeno psicológico no contexto hospitalar.

Segundo Seidl e Costa (1999), esse nível de atuação, que considera um o modelo de atenção integral, caracteriza uma equipe que realiza mais pesquisas e tem maior interesse em contribuir para a construção de um corpo teórico--prático da psicologia como ciência. E é justamente isso que vimos ocorrer nos anos subsequentes na Psicologia Hospitalar no HIAE.

A expansão do trabalho da psicologia no hospital

Com um olhar retrospectivo, podemos localizar, nos anos 2000, o início de uma fase de grande expansão da psicologia na instituição. Nessa fase, além da assistência prestada aos pacientes, por meio de protocolos preestabelecidos, o psicólogo passou a atuar também por meio de avaliações solicitadas por outras clínicas em todo o hospital, por meio de um instrumento introduzido na rotina de assistência de enfermagem chamada avaliação de riscos multiprofissional.

Essa avaliação permitia que, nas primeiras 24 horas e, depois, a cada 48 horas, os pacientes passassem a ser avaliados segundo critérios estabelecidos pelo grupo de psicólogos e que permitiriam, aos profissionais de enfermagem, a solicitação de consulta psicológica em qualquer área do hospital. O modelo utilizado para formalização da atuação era o de interconsulta. Nesse sentido, a abordagem profissional ocorreria por duas vertentes distintas e complementares: a consultoria e a ligação. Entendia-se por ligação todas as ações de orientação à equipe, discussões de casos, ações de humanização etc. À consultoria, designava-se o atendimento psicológico ao paciente.

Segundo o modelo estabelecido, a proporção das ações de ligação eram bem maiores (Figura 1.1) na medida em que se compreendia que o objetivo estava no estudo das "interações" (comportamentais ou relacionais) do sujeito com o ambiente, com os interlocutores, com as situações e com a própria doença. O maior desafio estava em efetivamente trazer a dimensão psíquica para o cotidiano da instituição.

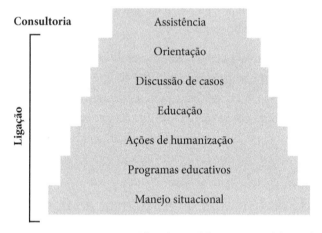

Figura 1.1 *Representação gráfica do modelo assistencial baseado no modelo de interconsulta em saúde mental.*

Ponto de partida de várias ações no hospital, o grupo de psicologia, então coordenado pela psicóloga Maria Alice de Chaves Fontes, teve papel importante na consolidação de rotinas, participação nos processos de acreditação pela Joint Commission (em 1999) e no reconhecimento e ampliação do trabalho do psicólogo, conforme comenta a própria Maria Alice:

> *Eu me tornei coordenadora da psicologia, e juntas, Christiane, Paola e eu, trabalhávamos especialmente no Centro de Terapia Intensiva do Adulto (CTI-A). À medida que continuávamos a acompanhar os pacientes que tinham alta para os andares de*

internação, outras áreas do hospital tinham contato conosco e começaram a solicitar o trabalho do psicólogo.

No CTI, tivemos diversas publicações sobre os fatores de estresse para os pacientes, necessidades dos familiares e da equipe, conquistando alguns prêmios pelo projeto de humanização. Criamos políticas de visitas flexíveis para os familiares. Apoiávamos a equipe nos cuidados aos pacientes graves e seus familiares... Escrevemos juntas o primeiro manual de qualidade com procedimentos para o serviço de psicologia... Outros projetos foram sendo agregados num momento em que o hospital crescia fortemente sob o primeiro mandato do presidente Dr. Claudio Lottemberg. Na época, fui também convidada para ser coordenadora do projeto Álcool e Drogas sem Distorção, com o lançamento de um website informativo e interativo sobre prevenção de álcool e drogas (depoimento de Maria Alice de Chaves Fontes em maio de 2016).

Progressivamente, a inserção dos psicólogos nas áreas de internação permitiu uma grande ampliação do grupo e foi demonstrando a necessidade de inclusão de mais profissionais ao quadro que, até o momento, contava com seis profissionais, sendo dois na oncologia, um na pediatria e três no centro de terapia intensiva.

Nessa época, os programas de humanização da assistência estavam começando a aparecer no cenário da saúde e a psicologia teve papel protagonista, participando de sua estruturação e da condução de seu progresso, publicando inclusive um livro para, com o registro de sua experiência, contribuir para o desenvolvimento de programas semelhantes em outros hospitais.

A instituição da especialidade de Psicologia Hospitalar em 2000 também trouxe progressivamente mais consistência ao trabalho, levando ao desenvolvimento teórico e prático, bem como maior número de publicações científicas sobre o tema, proporcionando uma base conceitual mais sólida ao trabalho que há muito se estruturava nos hospitais. Para a equipe de psicologia do HIAE, foi a possibilidade de promover trocas e parcerias que foram culminar, em 2005, na organização e presidência do V Congresso Brasileiro da Sociedade Brasileira de Psicologia Hospitalar.

Com alguns anos de experiência no trabalho com as equipes do hospital, o grupo de Psicologia Hospitalar do HIAE tem sua participação valorizada e presença garantida em boa parte das atividades assistenciais, de pesquisas e publicações, muitas delas em conjunto com médicos, enfermeiros, fisioterapeutas e nutricionistas, consolidando-se assim como um verdadeiro membro da equipe assistencial e como profissional de saúde.

Essa época marcou também o início de um longo período de publicações de pesquisas e de experiências por meio de artigos em periódicos e livros (ver Quadro 1.1), contribuindo, assim, para o desenvolvimento da ciência psicológica no contexto hospitalar.

Essa ação foi possível por meio da contratação de alguns profissionais que já possuíam formação e titulação acadêmica formal e que, em parte de seu tempo e munidos de entusiasmo do "jovem serviço de psicologia", dedicaram-se a estruturar pesquisas ou orientá-las, contribuindo também para o desenvolvimento dos colegas, como ressalta o neuropsicólogo Shirley Silva Lacerda:

> *Desde a sua criação como serviço, tanto a psicologia quanto a neuropsicologia preocuparam-se não apenas em prestar assistência ao paciente, mas também na produção de conhecimento que possa contribuir com o crescimento das áreas como geradora de pesquisas. Apesar das dificuldades enfrentadas na conciliação de ambas as atividades no contexto hospitalar, este desafio foi sendo aos poucos vencido, e cada vez mais trabalhos de qualidade foram surgindo ao longo dos últimos anos.*
>
> *Dentre os desafios enfrentados, estavam a formação do psicólogo voltada mais para o atendimento ao paciente e à equipe do que na coleta de dados que possam ser usados para a produção de conhecimento científico. Além disso, a velocidade das tarefas do dia a dia, bem como a crescente demanda pelos serviços do psicólogo, dificultavam o planejamento de projetos de pesquisa que atendessem aos rigorosos critérios estabelecidos pelos comitês de pesquisa. Apesar*

disso, é evidente a maior dedicação e cuidado que os profissionais interessados na publicação de trabalhos têm adotado na condução para que seus achados possam ser divulgados em veículos de prestígio no meio científico (depoimento de Shirley Silva Lacerda em maio de 2016).

Quadro 1.1 *Artigos e livros publicados entre 1997 e 2013*

Artigos publicados em periódicos (1997-2013)

1. GUIMARO, M. S.; CAIUBY, A. V. S.; SANTOS, O. F. P.; LACERDA, S. S.; ANDREOLI, S. B. Sintomas de estresse pós-traumático em profissionais durante ajuda humanitária no Haiti, após o terremoto de 2010. *Ciência & Saúde Coletiva*, Rio de Janeiro, v. 18, p. 3175-3181, 2013.

2. GUIMARO, M. S.; STEINMAN, M.; KERNKRAUT, A. M.; SANTOS, O. F. P.; LACERDA, S. S. Psychological distress in survivors of the 2010 Haiti earthquake. *Einstein,* São Paulo, v. 11, p. 11-14, 2013.

3. CAIUBY, A. V. S.; LACERDA, S. S.; QUINTANA, M. I.; TORII, T. S.; ANDREOLI, S. B. Adaptação transcultural da versão brasileira da Escala do Impacto do Evento – Revisada (IES-R). *Cadernos de Saúde Pública*, Rio de Janeiro, v. 28, p. 597-603, 2012.

4. GUIMARO, M. S.; LACERDA, S. S.; AGUIAR, M. R.; KARAM, C. H.; KERNKRAUT, A. M.; FERRAZ-NETO, B. H. Post-traumatic stress disorders, mood disorders, and quality of life in transplant recipients with acute liver failure. *Transplantation Proceedings*, Houston, v. 43, n. 1, p. 187-188, 2011.

5. CAIUBY, A. V. S.; ANDREOLI, P. B. A.; ANDREOLI, S. B. Transtorno de estresse pós-traumático em pacientes de unidade de terapia intensiva. *Revista Brasileira de Terapia Intensiva*, São Paulo, v. 22, n. 1, p. 77-84, 2010.

6. GOUVEIA, P. A. R.; PRADE, C. V.; LACERDA, S. S.; ANDREOLI, P. B. A. Reabilitação neuropsicológica em fase aguda e crônica após Traumatismo Craniano Encefálico (TCE): um relato de caso. *Contextos Clínicos*, São Leopoldo, v. 2, n. 1, p. 18-26, 2009.

7. LACERDA, S. S.; GUIMARO, M. S.; PRADE, C. V.; FERRAZ- NETO, B.; KARAM, C. H.; ANDREOLI, P. B. A. Neuropsychological assessment in kidney and liver transplantation candidates. *Transplantation Proceedings*, Houston, v. 40, n. 3, p. 729-731, 2008.

8. GUIMARO, M. S.; LACERDA, S. S.; KARAM, C. H.; FERRAZ- NETO, B.; ANDREOLI, P. B. A. Psychosocial profile of patients on the liver transplant list. *Transplantation Proceedings*, Houston, v. 40, n. 3, p. 782-784, 2008.

9. GUIMARO, M. S.; LACERDA, S. S.; YONEZAWA, E. A. Y.; KARAM, C. H.; SA, J. R.; MIRANDA, M. P.; ANDREOLI, P. B. A. Evaluation of efficacy on a pancreas and pancreas-kidney pre-transplantation orientation group. *Transplantation Proceedings*, Houston, v. 39, n. 8, p. 2535-2537, 2007.

10. GUIMARO, M. S.; LACERDA, S. S.; BACOCCINA, T. D.; KARAM, C. H.; SA, J. R.; FERRAZ- NETO, B.; ANDREOLI, P. B. A. Evaluation of efficacy in a liver pretransplantation orientation group. *Transplantation Proceedings*, Houston, v. 39, n. 8, p. 2522-2524, 2007.

11. VICTORINO, A. B.; NISENBAUM, E. B.; GIBELLO, J.; BASTOS, M. Z. N.; ANDREOLI, P. B. A. Como comunicar más notícias: revisão bibliográfica. *Revista da SBPH*, Rio de Janeiro, v. 1, n. 1, p. 53-63, 2007.

12. GUIMARO, M. S.; LACERDA, S. S.; SÁ, J. R.; ANDREOLI, P. B. A. Avaliação da procura num serviço de interconsulta psicológica de pacientes submetidos a transplantes num hospital geral. *Revista de Psiquiatria Consiliar e de Ligação*, Porto, v. 12, n. 1, p. 51-57, 2005.

13. CAIUBY, A. V. S.; ANDREOLI, P. B. A. Intervenções psicológicas em situações de crise na Unidade de Terapia Intensiva. Relato de casos. *Revista Brasileira de Terapia Intensiva*, São Paulo, v. 17, n. 1, p. 63-67, 2005.

14. ERLICHMAN, M. R.; CAIUBY, A. V. S.; SILVA, A. L. M.; CAMARGO, L. F. A.; TAUB, A.; ANDREOLI, P. B. A.; ALMEIDA, F. P.; KNOBEL, E. Resuscitative status of patient during their stay in the UCI: changing decision-making to end-of-life care. *Critical Care*, London, v. 9, p. 107, 2005. (Supplement 2).

15. KARAM, C. H.; ANDREOLI, P. B. A.; CENDOROGLO, M. Desenvolvimento de uma lista de sinais e sintomas para identificação de fatores de

risco em pacientes e doadores candidatos a transplante renal. *Jornal Brasileiro de Transplantes*, São Paulo, v. 6, n. 4, p. 204-207, 2004.

16. ZACHI, E. C.; ANDREOLI, P. B. A.; CAIUBY, A. V. S.; TAUB, A. A intervenção psicológica para familiares de pacientes críticos. *Revista Brasileira de Psicologia Hospitalar*, Belo Horizonte, v. 5, n. 1/2, p. 15-17, 2002.

17. ANDREOLI, P. B. A.; NOVAES, M. A. F. P.; KARAM, C. H.; KNOBEL, E. What can a psychologist do at an ICU? The epidemiological description of the patients. *Critical Care*, London, v. 5, p. 79, 2001. (Supplement 3).

18. ANDREOLI, P. B. A.; NOVAES, M. A. F. P.; KARAM, C. H.; KNOBEL, E. The ICU humanization program: contributions from the psychologist team. *Critical Care*, London, v. 5, p. 80, 2001. (Supplement 3).

19. RIBEIRO, M. C.; BARALDI, S.; JANISZEWSKI, M.; PRESTES, L.; SCOBAR, M. G. S; ANDREOLI, P. B. A.; FIGUEIREDO, L. F. P.; KNOBEL, E. Patient satisfaction with postoperative analgesia in ICU: pain is not the unique determinant. *Critical Care*, London, v. 5, p. 78, 2001. (Supplement 3).

20. NOVAES, M. A. F. P.; KNOBEL, E.; KARAM, C. H.; ANDREOLI, P. B. A.; LASELVA, C. A simple intervention to improve patients and families satisfaction. *Intensive Care Medicine*, Paris, v. 27, n. 5, p. 937, 2001.

21. ANDREOLI, P. B. A.; NOVAES, M. A. F. P.; KARAM, C. H.; KNOBEL, E. Necessidades dos Familiares de pacientes em UTI. *Revista da Sociedade Brasileira de Psicologia Hospitalar*, São Paulo, v. 3, n. 2, p. 61-63, 2000.

22. NOVAES, F. M. A.; KNOBEL, E.; BORK, A. M.; PAVÃO, O.; NOGUEIRA-MARTINS, L. A. Stressors in ICU: perception of the patient, relatives and health care team. *Intensive Care Medicine*, Paris, v. 24, p. 1421-1426, 1999.

23. NOVAES, F. M. A.; ARONOVICH, A.; FERRAZ, M. B.; KNOBEL, E. Stressors in ICU: patient's evaluation. *Intensive Care Medicine*, Paris, v. 23, p. 1282-1285, 1997.

Livros publicados (2004-2013)

1. ANDREOLI, P. B. A.; CAIUBY, A. V. S.; LACERDA, S. S. *Manuais de especialização Einstein:* Psicologia Hospitalar. Barueri: Manole, 2013. 248 p.

2. KARAN, C. H.; BELLODI, P. L.; NOVAES, F. M. A. A criança na UTI. In: CARVALHO, E. S.; CARVALHO, W. B. (Org.). *Terapêutica e Prática Pediátrica*. 2. ed. São Paulo: Atheneu, 2000. v. 1. p. 95-98.

3. KNOBEL, E.; da SILVA, A. L. M.; ANDREOLI, P. B. A. (Org.). *Coração... é emoção*: a influência das emoções sobre o coração. São Paulo: Atheneu, 2010. v. 1. 238 p. (Prêmio Jabuti na categoria Psicologia e psicanálise).

4. KNOBEL, E.; ANDREOLI, P. B. A.; ERLICHMAN, M. R. (Org.). *Psicologia e humanização*: assistência aos pacientes graves. São Paulo: Atheneu, 2008. v. 1. 375 p.

5. ANDREOLI, P. B. A.; TAUB, A. (Org.). *Cuidando de pessoas com problemas relacionados ao álcool e outras drogas*. São Paulo: Atheneu, 2004. v. 1. 50 p.

Também nessa época, necessidades específicas passaram a se impor e o quadro de profissionais foi incorporando especialistas em neuropsicologia e psiquiatria. A inauguração do ambulatório de neurospicologia tornou-se um marco importante na evolução da psicologia hospitalar em razão da contribuição teórico-prática que trouxe ao atendimento de pacientes vítimas de traumas encefálicos ou outras patologias neurológicas, como lembra a psicóloga Anita Taub que, à época, tornou-se gerente do serviço de psicologia e neuropsicologia do HIAE, o que ela, em pouco tempo, se reverteria no departamento de saúde mental.

> *Meu ingresso no Hospital Israelita Albert Einstein foi no ano de 1999 a convite do então presidente da instituição e neurocirurgião dr. Reynaldo Brandt, com a incumbência de realizar avaliação neuropsicológica de pacientes oncológicos em procedimento de radioterapia cerebral. À época, os psicólogos do hospital encontravam-se alocados nas diferentes áreas de especialidade (unidade de terapia intensiva, maternidade, oncologia e pediatria) sem uma coordenação única. Com o aumento da demanda de avaliações neuropsicológicas para outras clínicas e a necessidade de contratação de*

mais profissionais, recebi a missão de coordenar um serviço especializado que agregasse também os psicólogos já existentes em uma equipe única que prestasse assistência a todas as clínicas do hospital. Neste momento, houve uma mudança na forma de inserção destes profissionais na instituição, que passaram a atuar como membros das equipes assistenciais.

A meu ver, algumas características inerentes à neuropsicologia como especialidade, como realizar procedimentos mais próximos do modelo médico, abriram caminho para a compreensão do papel e da importância dos psicólogos no hospital (depoimento de Anita Taub em maio de 2016).

A equipe de Psicologia Hospitalar do HIAE passou a desenvolver, então, visão e habilidades diferenciadas que, combinadas ao conhecimento dos neuropsicólogos, formaram o embrião do departamento que abrigaria especialidades afins (psicologia hospitalar, neuropsicologia e psiquiatria).

A contratação de uma neuropsicóloga para integrar a equipe de psicologia hospitalar talvez demonstre, de maneira inequívoca, a riqueza que a pluralidade e o desafio da integração de saberes pode trazer ao desenho do serviço de psicologia hospitalar, que fica evidente no depoimento da neuropsicóloga Soraya Azzi sobre sua contratação:

Em 2001, Anita Taub me convidou para participar do processo da vaga de neuropsicologia infantil do setor de psicologia do HIAE. A vaga objetivava avaliação em neuropsicologia infantil e atendimento psicológico na pediatria e na unidade de terapia intensiva (UTI) pediátrica. Na ocasião, a pediatria e a UTI pediátrica não tinham uma psicóloga de referência que pudesse realizar um trabalho horizontal e integrado. A demanda foi crescendo e, após um ano, eu estava totalmente dedicada e envolvida diariamente nos atendimentos da pediatria e UTI pediátrica, escutando, validando e oferecendo suporte a todos os envolvidos na assistência: ao paciente pediátrico, seus pais e familiares mais presentes, como irmãos

> *e avós, e também à equipe assistencial. Conviver com o resgate da vida e a inversão cronológica do desfecho com a morte de um filho me fez enfrentar o sofrimento, mas também, mesmo diante de tamanha dor, poder ajudar pequenos/grandes seres humanos a escreverem sua breve história, recebendo assistência cuidadosa dos profissionais envolvidos e o amor incondicional de seus pais... Sou grata ao HIAE e em especial ao serviço de psicologia, pelo reconhecimento ao meu trabalho e por acreditar que a diversidade na abordagem psicológica pode contribuir no cuidado humanizado e no alívio do sofrimento (depoimento de Soraya Gomiero Fonseca Azzi em maio de 2016).*

Um outro capítulo que deu horizontes diferentes aos três a quatro anos seguintes foi o desenvolvimento do então programa de orientação de álcool e drogas, para um programa de atendimento ao usuário de álcool e de outras drogas, consolidando, assim, o projeto de atenção em saúde mental e a estruturação do departamento de saúde mental, com psicólogos hospitalares, neuropsicólogos, psiquiatras e musicoterpeuta. Nessa época, publicou-se o primeiro livro do grupo, *Cuidando de pessoas com problemas relacionados a álcool e outras drogas* (ver Quadro 1.1).

A interface com a psiquiatria e afecções mentais no âmbito do hospital geral fez com que novas capacitações fossem agregadas à equipe, com a contratação de profissionais especializados no cuidado de pessoas com dependências, como comenta Selma Bordin:

> *Comecei no Einstein em 2002, junto com o Programa Álcool e Drogas. A psicologia, a meu ver, consolidava o espaço adquirido junto ao paciente e ampliava sua atuação para além dele, empoderando as equipes para lidar com as situações emocionalmente difíceis do dia a dia. E o Programa Álcool e Drogas trouxe pacientes com diagnósticos psiquiátricos claramente estabelecidos... Eles sempre estiveram lá, mas nunca para tratamento da saúde mental. A equipe multiprofissional começou a ter que falar sobre isso.*

> *Tivemos que ajudá-los a lidar com pacientes que precisavam ser contidos ou que queriam fugir. Estabelecemos protocolos que diziam como deveriam agir e como pedir ajuda. Demos suporte, e aos poucos se habituaram a ver o paciente além do seu diagnóstico e a não ter medo dele (depoimento de Selma de Lourdes Bordin em maio de 2016).*

Assim, vimos, na diversidade de abordagens, uma oportunidade de juntar esforços e criar um departamento forte para a tratativa das questões relacionadas à saúde mental, que, além das especialidades já comentadas, congregava atividades relacionadas à unidade de *check-up*, de ambulatórios de especialidades como de transplantes de órgãos, de atendimentos na comunidade, de atendimento a idosos institucionalizados e de psicologia de reabilitação. Outro marco importante foi a introdução de abordagens complementares na construção de uma atenção psicológica mais abrangente, diversa e focada na necessidade dos pacientes. Foi nesse contexto que introduzimos o trabalho da musicoterapia. A adoção da música como possibilidade terapêutica abriu novos horizontes de atuação em unidades críticas e, mais adiante, um trabalho importante também na oncologia.

> *Era o ano de 2002 quando cheguei com o violão e muitas ideias de como fazer a musicoterapia acontecer no HIAE. Anita Taub e Paola Andreoli estavam entusiasmadas, e o grupo abraçou a ideia de forma surpreendente. Poder combinar atendimento psicológico com a musicoterapia foi um processo que levou alguns anos dentro do hospital e um aprendizado com histórias que me transformaram e me inspiraram a fazer o que faço até hoje. A música pode transformar um espaço e as relações que lá acontecem, pode construir pontes para novos diálogos, pode despertar sentimentos e inspirar movimentos. Foi com esse ânimo que fomos inserindo a musicoterapia em diferentes unidades, como reabilitação, pediatria, oncologia, diálise, unidade de terapia intensiva (UTI) neonatal e sala de espera da unidade de terapia intensiva (UTI) adulto – iniciativas de grupos, de projetos, de atendimentos individuais, de acompanhamentos*

> em conjunto com a psicóloga da unidade. Na pediatria, por exemplo, pudemos acompanhar pais e crianças com um olhar atento e criativo, favorecendo ajustes e enfrentamentos que surpreenderam as equipes com canções originais compostas por mães, pacientes e pela psicóloga junto com a musicoterapeuta (depoimento de Cristiane Ferraz Prade em maio de 2016).

A experiência com o ambulatório e os pacientes dependentes de álcool e outras drogas nos serviu de base para o desenvolvimento de questionários de avaliação de riscos e, em 2005, passamos a alcançar novos projetos institucionais, como a introdução do trabalho do psicólogo no contexto da unidade de *check-up*, conforme comenta também a psicóloga Selma Bordin, que fez parte da equipe deslocada para esse *setting* a fim de estruturar o serviço:

> *O segundo momento, em 2005, foi quando levamos a avaliação de saúde mental para o* check-up, *investigando riscos para depressão, estresse e abuso de álcool ou outras drogas. Quando identificávamos algum cliente com risco, pedíamos que passasse por uma consulta com uma das psicólogas. Mas era a equipe administrativa incumbida de comunicar ao cliente. Tiveram medo de falar sobre isso com ele, das perguntas que poderiam fazer e que não saberiam como responder. Demos suporte, falamos sobre depressão, sobre suicídio, colocamo-nos juntos e à disposição. Criamos rotinas e protocolos para que todos soubessem o que fazer, mesmo quando não sabiam o que fazer. Mostramos que a saúde mental, ou a falta dela, faz parte da vida e conquistamos um grande respeito enquanto especialidade (depoimento de Selma Bordin em maio de 2016).*

A realidade vivida por esse grupo de profissionais refletia o desenvolvimento da profissão no Brasil que, nessa época, já contava com 12% dos profissionais trabalhando em serviços de saúde, com 46,5% deles possuindo especialização na área e 8,6% com pós-graduação (CFP, 2003).

De 2002 a 2005, o departamento possuía um grande número de psicólogos hospitalares, neuropsicólogos, psiquiatras, psicólogos clínicos, sociais, de reabilitação e especializados em gerontologia. A atuação hospitalar cresceu enormemente, dando espaço à atuação em todas as áreas, de maneira que não existia uma única unidade de tratamento onde um psicólogo não pudesse ser encontrado. A inserção e o reconhecimento por parte das equipes assistenciais e de apoio era inegável.

No contexto de pacientes internados, a atuação da psicologia hospitalar dava-se por meio das solicitações de interconsulta, mas também por meio das avaliações de risco ou de protocolos de atendimento que permitiam a avaliação psicológica de pacientes com condições críticas ou de grande risco. Os grupos terapêuticos estendiam-se por várias áreas, alcançando desde pais nas UTIs neonatais até a orientação a familiares para manejo de pacientes com quadros neurológicos, acolhimento de pais na pediatria, visitas multiprofissionais nas unidades de terapia intensiva, entre outros.

Essa participação intensa na rotina institucional e nas equipes possibilitou-nos participar da estruturação de outros serviços de assistência a pacientes em condições específicas, como a assistência em cuidados paliativos, que teve seu principal foco de atuação na área de oncologia e, a partir da expansão do serviço de musicoterapia, teve grande sucesso na abordagem psicológica também a pacientes terminais, como relata a própria psicóloga da época:

> *Depois de alguns anos, fui chamada para ser a psicóloga de referência da oncologia. Diante da demanda da unidade, foi um grande desafio manter alguns projetos e parcerias de musicoterapia com outras unidades. Alguns foram encerrados, outros ficaram mais espaçados. Mas foi nesse momento que pude explorar com mais profundidade a construção da minha identidade profissional, com psicologia e musicoterapia combinadas e não mais como especialidades separadas. Foram anos de contribuir para lindos projetos, como o surgimento da equipe interdisciplinar de TMO e o nascimento do serviço de cuidados paliativos. Esses dois projetos, em especial, a mim são muito caros. A rotina de atendimento era sempre dinâmica. Eu chegava ao paciente via risco psicológico*

identificado pela enfermeira, protocolo da assistência, pedido médico e algumas vezes pedido do próprio paciente ou da família. Tinham dias dedicados a estimular a enfermagem a cantar e aliviar o estresse – dessa forma, estendendo o cuidado para a equipe, uma vez que a parceria com a enfermagem era fundamental e pedia uma escuta atenta e acolhedora. Havia manhãs longas voltadas aos cuidados, apoio e orientação de familiares quando um paciente estava se despedindo da vida, e outras nas quais, junto com a equipe, comemorávamos o sucesso do tratamento do paciente. Havia ainda as horas de permanecer ao lado de quem estava morrendo e mantinha a presença segura e terapêutica por meio de suas canções favoritas. O HIAE me deu oportunidades de crescer e de oferecer o meu melhor, sobretudo de aprender todos os dias desses sete anos e de conhecer o melhor de muitos profissionais com quem trabalhei (depoimento de Cristiane Ferraz Prade em maio de 2016).

Entre os anos de 2005 e 2010, houve a consolidação de várias frentes de trabalho, como a construção e a implantação do trabalho do psicólogo em programas de transplantes, nas unidades de diálise, na reabilitação, em ambulatórios de especialidades e em programas de atendimento à catástrofe, como no caso da assitência às vítimas do terremoto do Haiti (janeiro de 2010), conforme comenta a psicóloga Melissa Simon Guimaro Alvarenga, que participou do programa de ajuda humanitária a essas vítimas:

Apesar de todo sofrimento envolvido após o terremoto de 2010 no Haiti, participar da missão humanitária de ajuda às vítimas com a equipe do Hospital Albert Einstein trouxe um dos mais marcantes aprendizados profissionais da minha história.

Dada a dimensão da tragédia, a sensação de poder contribuir oferecendo suporte psicológico para as vítimas e para a equipe de saúde foi extremamente gratificante.

> *Compartilhar o trabalho com profissionais de diferentes países e oferecer suporte emocional para pacientes de uma cultura tão diversa foi uma experiência única.*
>
> *A pouca estrutura e o improviso certamente foram características marcantes nesse trabalho. Foi um grande desafio, mas foi também sua principal riqueza (depoimento de Melissa Simon Guimaro Alvarenga em junho de 2016).*

Desde a sua inauguração, a psicologia integrou e cresceu junto com a equipe do Centro de Diálise Einstein (CDE) e, para além da assistência, monitorava de maneira consistente a percepção de qualidade de vida e os sintomas de depressão dos pacientes em programa ambulatorial, estabelecendo uma rotina de encaminhamento para avaliação psiquiátrica, a partir dos riscos identificados e o reconhecimento dessas análises em congressos nacionais e internacionais.

No Centro de Cirurgia da Obesidade Einstein (CCOE), a psicologia também participou desde o início da elaboração de protocolos assistenciais e avaliações específicas, com o objetivo de identificar potenciais riscos nas diferentes fases do tratamento e de contribuir para o processo de mudança desses pacientes, estabelecendo uma comunicação efetiva dos resultados não só com a equipe clínica do CCOE, mas também com os médicos clínicos e cirurgiões que encaminham esses pacientes para o serviço e que, atualmente, compõem o grupo médico assistencial (GMA) de síndrome metabólica.

Todas essas experiências trouxeram novos horizontes ao serviço, possibilitando, ao longo dos anos, a constituição de massa crítica para a formação de pessoas, com programas de estágio e curso de especialização em Psicologia Hospitalar e a produção de conhecimento na área (ver Quadro 1.1).

A psicologia hospitalar no cotidiano da instituição

Mesmo tendo ocorrido uma descentralização das atividades da psicologia, com o fechamento do departamento de saúde mental, conservaram-se unidas as especialidades de psicologia hospitalar, neuropsicologia e psicologia da reabilitação, por comporem o conjunto de atividades que envolviam o atendimento ao paciente no âmbito do contexto hospitalar, seja ele de pacientes internados ou ambulatoriais.

Estabeleceu-se, a partir daí, uma maior sinergia conceitual e técnica entre essas especialidades em prol da melhor assistência ao paciente. A possibilidade de interlocução e de colaboração entre as várias especialidades, já construída há alguns anos, constitui um grande diferencial do serviço de Psicologia Hospitalar do HIAE.

A construção de protocolos, de avaliações e de terapêuticas com a contribuição de várias áreas de especialidade trouxe ao serviço uma característica particular e inovadora, imprimindo no desenvolvimento teórico-prático da Psicologia Hospitalar do HIAE um maior pragmatismo frente às necessidades reais e atuais das instituições hospitalares e dos programas de qualidade e de segurança do paciente.

O trabalho multidisciplinar e a participação em diversos projetos na instituição permitiram que o psicólogo passasse a participar de treinamentos institucionais para formação de equipes. Chamados genericamente de "treinamentos comportamentais", a contribuição da psicologia tem sido fundamental para o desenvolvimento e a capacitação de equipes, utilizando, inclusive experiências, pregressas, como a gestão de conflitos.

Progressivamente ampliou-se a possibilidade de formação de alunos por meio de programas de estágio, para além do curso de especialização, bem como a participação na formação em outros cursos de graduação e pós-graduação de várias especialidades médicas e não médicas, conforme nos relata o neuropsicólogo Shirley Silva Lacerda, que se tornou recentemente preceptor dos alunos da residência multiprofissional da instituição:

> *Outro ponto de destaque alcançado pelo serviço de psicologia e neuropsicologia do HIAE, no último ano, foi a introdução do programa de residência multiprofissional em reabilitação, em que uma vaga de residência em psicologia é aberta todos os anos. Com duração prevista para dois anos, sempre dois alunos estarão em formação, apesar de estarem em fases diferentes do programa de residência*

multiprofissional. O objetivo da implementação do programa de residência foi poder proporcionar uma sólida formação em atendimento neuropsicológico ao profissional recém-formado, de modo que ele possa, ao final do programa, atuar de modo independente no mercado de trabalho e ser capaz de executar de forma crítica as melhores práticas no atendimento do paciente que necessite de avaliação e reabilitação neuropsicológica. Apesar de ainda recente, a experiência com os residentes tem proporcionado aos serviços de psicologia e neuropsicologia a oportunidade de passar adiante todo o conhecimento e experiência adquiridos ao longo de quase duas décadas.

Nos últimos anos, sob a coordenação da psicóloga Ana Merzel Kernkraut, o serviço de psicologia vem alcançando participação em vários projetos de abrangência institucional e tem, como resultado, a participação indissociável do saber psicológico na rotina da assistência, na educação ao paciente, na melhoria da eficiência operacional, na segurança do paciente, entre outros.

Como o próprio HIAE, a psicologia também não para e tem sede de desenvolvimento, criação, ampliação, produção de conhecimento e participação ativa na construção de uma assistência integral à saúde.

Apesar de estabelecermos um ponto de partida para a narração dessa história, não teremos evidentemente um ponto de chegada, pois ainda há muitas histórias a contar, histórias que dificilmente caberiam nas páginas de um único capítulo, histórias que certamente ainda são narradas por meio dos mais de cem psicólogos que passaram e que ainda constituem o serviço de psicologia do Hospital Israelita Albert Einstein.

Considerações finais

Falar da história de um serviço assistencial é também, em grande medida, falar da contribuição e da história de muitos profissionais. Histórias de engajamento, superação, envolvimento, empatia e, acima de tudo, paixão pelo exercício da profissão.

São muitos os profissionais que, com seu excelente trabalho, compromisso e qualidade, fizeram a reputação e o reconhecimento que hoje a psicologia do Hospital Israelita Albert Einstein possui. A essas pessoas, dedicamos a singela homenagem de escrever partes memoráveis de uma história conjunta, voltada ao atendimento das demandas psíquicas dos pacientes, clientes e profissionais de todos os serviços com os quais estivemos e continuamos atuando.

Referências

ANDREOLI, P. B. A. Interconsultor: um papel possível para o psicólogo no hospital geral. *Temas*, São Paulo, v. 26, n. 51, p. 22-30, 1996.

CAMPOS, T. C. P. *O psicólogo em hospitais: aspectos de sua atuação em hospital geral*. 1988. Tese (Doutorado em Psicologia) – Pontifícia Universidade Católica de São Paulo, São Paulo, 1988.

CARVALHO, D. B.; SOUZA, L. M. R.; ROSA, L. S.; GOMES, L. M. C. Como se escreve, no Brasil, a história da psicologia no contexto hospitalar? *Estudos e Pesquisas em Psicologia*, Rio de Janeiro, v. 11, n. 3, p. 1005-1026, 2011.

CFP – CONSELHO FEDERAL DE PSICOLOGIA. *Resolução CFP nº 014/00*, de 20 de dezembro de 2000. Institui o título profissional de Especialista em Psicologia e dispõe sobre normas e procedimentos para seu registro. Brasília, DF, 2000.

_____. *Pesquisa feita junto aos associados do Conselho Federal de Psicologia*. Brasília, DF, 2003. Disponível em: <http://site.cfp.org.br/wp-content/uploads/2005/05/Pesquisa_WHO.pdf>. Acesso em: 20 abr. 2016.

DA ROSA, A. M. T. *Competências e habilidades em psicologia hospitalar*. 2005. 77 f. Dissertação (mestrado em psicologia) – Instituto de Psicologia, Universidade Federal do Rio Grande do Sul, 2005.

LAMOSA, B. R. *O psicólogo clínico em hospitais*: contribuição para o desenvolvimento da profissão no Brasil. 1987. Tese (Doutorado em Psicologia) – Pontifícia Universidade Católica de São Paulo, São Paulo, 1987.

ROMANO, B. W. Equipe multiprofissional: é possível a inserção do psicólogo. In: _____. *Princípios para a prática da psicologia clínica em hospitais.* São Paulo: Casa do Psicólogo, 1999. p. 79-82.

SEIDL, E.; COSTA JR., A. O psicólogo na rede pública de saúde do Distrito Federal. *Psicologia: Teoria e Pesquisa*, Brasília, DF, v. 15, n. 1, p. 27-32, 1999.

SPINK, M. J. Psicologia da saúde: a estruturação de um novo campo de saber. In: CAMPOS, F. C. B. *Psicologia e saúde:* repensando práticas. São Paulo: Hucitec, 1992. p. 11-23.

2. Psicologia hospitalar e alguns dos possíveis referenciais teóricos

Juliana Gibello

Introdução

O psicólogo especialista em psicologia hospitalar, segundo a resolução 02/01 do Conselho Federal de Psicologia (CFP) (2001), atua em instituições de saúde, participando da prestação de serviços de nível secundário ou terciário da atenção. Atende pacientes, familiares e/ou responsáveis pelo paciente, membros da comunidade dentro de sua área de atuação e membros da equipe multiprofissional, visando ao bem-estar físico e emocional do paciente.

Oferece e desenvolve atividades em diferentes níveis de tratamento, tendo como sua principal tarefa a avaliação e o acompanhamento de questões psíquicas dos pacientes que estão ou serão submetidos a procedimentos médicos, visando basicamente à promoção e/ou à recuperação da saúde física e emocional. Promove intervenções que favoreçam à relação médico-paciente, paciente-família e paciente-paciente, e também do paciente em relação ao seu processo do adoecimento, hospitalização e repercussões emocionais que emergem durante esse processo.

A avaliação e o acompanhamento são oferecidos a pacientes e familiares em atendimento em ambulatório ou durante a internação hospitalar. Cada profissional, dependendo de sua formação específica, área de atuação e demanda, pode desenvolver diferentes possibilidades de intervenção; dentre elas, ressaltam-se: atendimento individual, atendimento em grupo, grupos psicoeducativos em ambulatório, unidade de terapia intensiva, pronto atendimento e enfermarias em geral, como um profissional-referência, mantendo uma rotina como consultor ou interconsultor.

No trabalho com a equipe multidisciplinar, preferencialmente interdisciplinar, participa de decisões em relação à conduta a ser adotada pela equipe, objetivando promover apoio e segurança ao paciente e à família, aportando informações pertinentes à sua área de atuação, bem como na forma de grupo de reflexão, no qual o suporte e o manejo estão voltados para possíveis dificuldades objetivas e/ou subjetivas dos membros da equipe no manejo do cuidado.

Essa descrição da atuação do psicólogo no contexto hospitalar (CFP 2001) deverá estar sempre pautada em um referencial teórico que possibilite nortear as intervenções clínicas na condução dos casos desse profissional. Sabe-se que cada teoria, com suas especificidades, será utilizada de maneira aplicada a esse contexto.

Entre algumas possibilidades de referenciais que podem ser utilizados, estão: psicanálise, teoria cognitivo-comportamental, psicologia analítica, psicodrama, teoria sistêmica e *Gestalt*-Terapia.

Referenciais teóricos aplicados à psicologia hospitalar

Psicanálise

Sabemos, por meio da história da psicanálise, da atuação de Charcot na Salpetrière, de Freud no Hospital Geral de Viena e até mesmo de Lacan no Hospital Saint Anne. Mesmo assim, muitas vezes, a presença e a atuação do analista no hospital ainda é questionada, por não contemplar um *setting* clássico de consultório (tempo e frequência de sessões, divã etc.), mas não significa que não seja possível escutar um paciente que tenha demanda de um sofrimento psíquico. Para que o trabalho aconteça, será necessária uma revisão de aspectos que deverão ser redimensionados, buscando-se estratégias de articulação com a teoria para que essa prática se sustente.

Não podemos dizer de um processo analítico dentro do hospital, mas podemos dizer de uma escuta analítica de um sujeito com suposto saber, da presença e do desejo do analista que podem levar o paciente a elaborar e lidar melhor com a situação traumática vivida (SOARES, 2000), possivelmente causadas pelo adoecimento e hospitalização. Portanto, segundo Moretto (2001), as únicas regras em relação à técnica que realmente foram deixadas por Freud e as quais devemos seguir na atuação hospitalar são a associação livre por parte do paciente e a atenção flutuante por parte do analista (psicólogo).

Sabemos que o que pode garantir uma boa aplicação da psicanálise no hospital é o manejo da transferência, a ética dos fundamentos técnicos e o desejo do analista. Assim, podemos entender que a psicanálise ultrapassa as paredes de um consultório com um divã e que, como diz Moretto (2001), "o inconsciente não está nem dentro, nem fora, ele está aí onde o sujeito fala".

Portanto, é muito importante ressaltar que não existe um manual para a prática, mas cada profissional, por meio de sua formação (teórica, análise pessoal e supervisão) e um posicionamento ético, irá se instrumentalizar para poder aplicar a psicanálise no contexto hospitalar.

Terapia cognitivo-comportamental

A terapia cognitiva (TC) foi desenvolvida por Aaron T. Beck, na Universidade da Pensilvânia, no início da década 1960, como uma psicoterapia breve, estruturada, orientada ao presente, para abordagem da depressão, direcionada a resolver problemas atuais e a modificar os pensamentos e os comportamentos disfuncionais. Essa terapia baseia-se no modelo cognitivo, que considera que existe a primazia do pensamento sobre as emoções e o comportamento, portanto, a depressão é um transtorno cognitivo e não um transtorno emocional. Não é uma situação por si só que determina o que as pessoas sentem, mas, antes, o modo como elas interpretam uma situação (BECK, 1997).

Assim, o terapeuta que utiliza a terapia cognitivo-comportamental buscará produzir uma mudança cognitiva dos pensamentos e das crenças dos pacientes, com objetivo de mudança emocional e comportamental (MAZUTTI; KITAYAMA, 2008).

As características dessa terapia são: curta duração, foco no aqui-e-agora com objetivo na resolução de problema e flexibilidade de pensamentos e crenças, visando à melhora rápida do humor, à maior estabilidade emocional e ao uso de estratégias de enfrentamento mais adequadas.

Nesse sentido, este referencial é uma proposta a ser aplicada no contexto hospitalar, em que o psicólogo, por meio da avalição psicológica, investigará questões importantes para propor possibilidades de intervenção.

Questões contempladas pelo terapeuta na avaliação:

- explorar o sofrimento do paciente;
- identificar a percepção do paciente sobre o evento;
- investigar os aspectos mais perturbadores da situação-problema;
- a história do paciente;
- examinar o paciente quanto à sua tendência suicida;
- observar as crenças dos pacientes;
- criar uma aliança de trabalho;
- dar um foco colaborativo às sessões;
- enfatizar fatores de relacionamento com empatia, respeito e autenticidade;
- enfatizar a força do paciente;
- estabelecer objetivos realistas;
- ajudar o paciente a examinar cognições disfuncionais;
- ajudar o paciente a compreender o problema de forma realista;
- avaliar as estratégias de enfrentamento disponíveis;
- avaliar a incerteza do paciente.

Portanto, a terapia cognitivo-comportamental é um referencial que norteia muitos profissionais no contexto hospitalar por ser considerada uma terapêutica eficaz tanto na aplicabilidade como nos resultados.

Gestalt-Terapia

A *Gestalt*, abordagem desenvolvida por Frederick Salomon Perls, faz parte da concepção humanista/existencial e defende que a relação terapêutica é a principal fonte de mudanças para o cliente e o terapeuta. Seu foco é colocado no momento presente, ou seja, no aqui-e-agora.

O principal objetivo é o terapeuta levar o cliente a tomar consciência de sua situação atual de vida, de bloqueios, assim como da ansiedade pela vida futura e dificuldades que afetam consideravelmente o presente, acarretando dificuldades de ajustamento e de relacionamento. Ao entrar em contato com suas dificuldades, a pessoa se depara com frustrações e isso favorece seu crescimento. Assim, muitas vezes, as mudanças irão ocorrer depois de grande sofrimento e dedicação.

A *Gestalt*-Terapia é uma abordagem com foco na relação dialógica, ou seja, o diálogo é entendido como fundamental para a existência humana e característica essencial da relação terapêutica (FREITAS, 2009).

No âmbito hospitalar pode, inclusive, ser assumido como instrumento em muitos momentos, de maneira preventiva frente às dificuldades humanas que o adoecer e a hospitalização podem suscitar no cliente, como o isolamento de suas atividades cotidianas, da família e do seu círculo social, as mudanças de papéis acarretadas pelas limitações e pelos desafios das doenças e de seus tratamentos, sem mencionar os desafios do processo intrínseco ao adoecimento físico (FREITAS; STROIEK; BOTIN, 2010).

Assim, diferentemente do médico, o psicólogo no contexto hospitalar não trabalha com o corpo biológico, mas com o corpo vivido, que é uma história, um nó significativo como nos diria Merleau-Ponty (1994). Assim, o psicólogo inserido no contexto da saúde deve todo o tempo se questionar sobre como essas dimensões interagem na significação da existência e na configuração da subjetividade no aqui-e-agora da internação, do adoecimento, da eminência da cirurgia ou até mesmo da morte.

Segundo Freitas, Stroiek e Botin (2010), o diálogo Eu-Tu, enquanto encontro existencial entre duas pessoas, se distancia da relação Eu-Isso, característica da atuação biomédica, na qual o corpo perde essa condição existencial de campo expressivo e passa a ser figura destacada de seu fundo de subjetividade.

Por se constituir como um campo expressivo, o diálogo pode se configurar por meio de gestos e comunicações não verbais, recursos indispensáveis no trato de doentes inseridos no contexto dos leitos do hospital e com os quais o psicólogo diariamente necessita se relacionar. O ponto de partida é a sua existência fragilizada e debilitada pelo adoecimento (FREITAS; STROIEK, BOTIN, 2010).

Portanto, o psicólogo hospitalar referenciado na *Gestalt*-Terapia deve intervir com foco na abertura de possibilidades do paciente, em sua atual configuração existencial, seu processo do existir, nesse contexto específico que é permeado pelo comprometimento somático ou que derivam deste.

Psicodrama

O psicodrama, segundo Jacob Levy Moreno (2007), pode ser definido como a ciência que explora a "verdade" por métodos dramáticos, proporcionando ao paciente um espaço vivencial no qual ele pode retratar seu próprio mundo privado e desempenhar seu papel, bem como os papéis de pessoas de seu convívio social e familiar, a fim de estimular o alívio de tensões e permitir a flexibilidade da ação.

A vida no hospital é uma vida de relação. Relações entre profissionais das equipes multidisciplinares, entre eles e os pacientes, entre eles e os familiares dos pacientes e entre estes e a administração do hospital (SALTO, 2007). Moreno (2007) construiu sua teoria baseando-se no "homem em relação" e, fundamentalmente, na inter-relação que estabelece com as pessoas. A teoria psicodramática dos papéis "leva o conceito de papel a todas as dimensões da vida".

Dessa forma, a atuação do psicólogo que utiliza o psicodrama no hospital incentiva a reflexão sobre os diferentes papéis assumidos a fim de promover a ressignificação de situações de sofrimento e a adoção de respostas adequadas diante das circunstâncias emergentes.

Visando a alcançar esse objetivo, por meio de técnicas psicodramáticas, pode-se estimular os pacientes a presentificar situações vividas de maneira incompleta, conflitos íntimos, fantasias, lembranças do passado ou expectativas e planos futuros, favorecendo uma atuação espontânea no mundo (KELLERMAN, 1998).

Portanto, durante o adoecimento e os tratamentos, o hospital se torna o principal cenário da vida social do paciente, ocasionando, em determinados casos, a fragilização de seus vínculos afetivos e de sua identidade. O papel do psicólogo que se referencia no psicodrama é resgatar a espontaneidade do sujeito, o desenvolvimento de relações télicas,[1] bem como possibilitar a catarse de integração, ou seja, promover a integração e a compreensão de aspectos que poderiam parecer obscuros para o sujeito.

Psicologia analítica

Psicologia analítica é o nome que Carl Gustav Jung deu à escola de pensamento fundada com base no seu trabalho.

Jung concebe a psique como uma totalidade, um sistema energético constituído por polos opostos com relativa independência, cuja finalidade é o crescimento por meio da individuação. Mas, para isso, é necessário um contato com o mundo exterior, o interior e os seus os símbolos. No entanto, a psique jamais será completamente compreendida e o processo de individuação é infindável.

Na psique global, existem duas categorias topográficas principais: consciente e inconsciente (pessoal e coletivo). Dentro dessas dimensões básicas, convivem o ego, a persona, a sombra, a *anima*, o *animus*, os complexos, os conteúdos arquetípicos e o *self*. O método de compreensão da psique para a psicologia analítica é o construtivo. Desse modo, as funções racionais, intuitivas e emocionais são fundamentais para a vida psíquica.

Para a psicologia analítica, a distinção mente e corpo é artificial, pois, a partir do corpo, é possível realizar inferências sobre a constituição da psique e, a partir desta, inferir sobre as características corporais (RAMOS, 2006). Os distúrbios orgânicos, sob esse ponto de vista, seriam uma regressão primi-

---

1. "Tele [...] é o cimento que mantém os grupos unidos [...] estimula as parcerias estáveis e relações permanentes" (MORENO, 2007).

tiva no relacionamento corpo-mente, expressão simbólica da perturbação no eixo ego-*self*. O paciente orgânico codificaria seu conflito no sistema somático. Para Dethlefsen e Dahlke (1996), as polaridades saúde-doença são expulsas do útero da realidade como aspectos gêmeos de uma só e mesma unidade.

A objetividade no tratamento clínico promove uma ruptura entre razão e emoção, gerando um distanciamento na relação médico-paciente, fato que impossibilita ao profissional (médico) um resgate da capacidade de acessar sua própria fragilidade e, ao paciente, uma dificuldade de nomear essa falta, vivida como rejeição e abandono em uma relação de cuidar (SILVA, 2007).

No contexto hospitalar (SILVA, 2007), o trabalho do psicólogo inicialmente permeia uma subjetividade simbólica das demandas implícitas da equipe de saúde em relação às propostas psicoterapêuticas.

A doença seria apenas um símbolo, cuja tradução só seria possível considerando o homem na sua totalidade, pois, para Jung (1972), a psique e a matéria podem ser consideradas diferentes aspectos de uma mesma e única coisa. A doença tem uma expressão no corpo e na psique simultaneamente. O que leva um paciente a procurar um médico ou psicólogo nos nossos dias é o grau de sofrimento em uma polaridade, no corpo ou na psique, o que reforça a velha dissociação mente-corpo (RAMOS, 2006).

No hospital, é indispensável compreender a subjetividade, isto é, como a enfermidade incide, e o sentido que tem para aquele que adoece. Lembrando que existe uma justaposição de conteúdos peculiares, universais do ser humano, e valores do coletivo social. A doença tem, para a psicologia analítica, uma função: possibilitar uma revisão do que se fez na própria existência.

Terapia sistêmica

O referencial da terapia sistêmica, em sua origem, era direcionado exclusivamente ao atendimento de famílias. Com o desenvolvimento teórico, técnico e clínico, essa abordagem foi se reestruturando para também compreender e atender clinicamente o sistema individual.

A terapia sistêmica oferece importantes contribuições para a área da saúde, pois a compreensão da complexidade dos seres vivos e de suas relações em contextos precisa ser levada em conta na produção da saúde humana. A partir do reconhecimento de que as ações em saúde, independentemente do nível em que elas aconteçam, precisam ser contextualizadas e olhadas na perspectiva da integralidade, exigem-se novas metodologias de abordagem para se poder contemplar a articulação entre os componentes da saúde na sua concepção ampliada, as questões sociais e o meio ambiente (MORE et al., 2009).

A procura pela coerência e significado da intervenção do psicólogo no contexto hospitalar também tem como substrato um dos pilares atuais no campo da saúde: a "humanização do atendimento", que fundamenta a adoção de um "processo de acolhimento" em que a confirmação do outro na sua alteridade é uma constante a ser construída no embate diário no cotidiano hospitalar, sob a luz da ética e da vincularidade (MORE et al., 2009).

O pensamento sistêmico, segundo Grandesso (2000) e Vasconcellos (2002), dentro do campo das psicoterapias, propõe uma mudança de foco das teorias que sustentam a clínica enquanto prática: do indivíduo para os sistemas humanos, portanto, do intrapsíquico para o inter-relacional.

Assim, a intervenção sistêmica entende o sujeito dentro de um contexto interacional ou interpessoal, de modo que os sintomas que este possa desenvolver sejam vistos como o resultado de suas inter-relações dentro dos sistemas dos quais ele faz parte. Este olhar difere do modelo médico e até dos modelos psicodinâmicos tradicionais, nos quais o *locus* do sintoma é o indivíduo, seja pela sua biologia, sua bioquímica ou sua genética, no primeiro modelo, seja pelo seu desenvolvimento intrapsíquico, no segundo (MORE et al., 2009).

Portanto, a intervenção sistêmica chama a atenção para aspectos que vão além do paciente e de sua doença, incluindo, assim, a família e/ou rede social significativa, a diversidade dos outros saberes, dados da equipe e do contexto, tanto hospitalar como do sistema mais ampliado de saúde do qual essa instituição faz parte. Considera-se que, em conjunto, as inferências desta perspectiva de análise, por um lado, terão um impacto direto na compreensão da queixa, e, por outro, serão estratégicas, na medida em que poderão evidenciar as possibilidades de atuação do psicólogo no processo de intervenção.

Considerações finais

A psicologia hospitalar sustenta que a atuação junto ao paciente deve ser focal às questões relacionadas ao adoecimento e à hospitalização, vinculando essa delimitação às características da instituição hospitalar. Tem, assim, como principal objetivo, a minimização do sofrimento psíquico consequente a esse momento.

Portanto, com base nas teorias da psicologia clínica, cabe ao psicólogo hospitalar, de acordo com sua formação e percursos específicos, ter um referencial teórico para ser aplicado na sua prática no contexto hospitalar que irá conduzir suas avaliações e suas intervenções, ou seja, a direção do tratamento do ponto de vista emocional de seus pacientes e familiares.

Referências

BECK, J. S. *Terapia cognitiva: teoria e prática*. Trad. de Sandra Costa, Porto Alegre: Artmed, 1997. cap. 1. (Obra original publicada 1995).

CÂMARA, R. A.; AMATO, M. A. P. A vivência de pacientes com câncer hematológico sob a perspectiva do psicodrama. *Revista Brasileira de Psicodrama*, São Paulo, v. 22, n. 1, p. 85-91, 2014. Disponível em: <http://pepsic.bvsalud.org/scielo.php?script=sci_arttext&pid=S0104-53932014000100009>. Acesso em: 8 nov. 2016.

CONSELHO FEDERAL DE PSICOLOGIA. *Resolução CFP nº 02/01*. Altera e regulamenta a Resolução CFP nº 014/00 que institui o título profissional de especialista em psicologia e o respectivo registro nos Conselhos Regionais. 2001. Disponível em: <http://site.cfp.org.br/wp-content/uploads/2006/01/resolucao2001_2.pdf>. Acesso em: 8 nov. 2016.

DETHLEFSEN, T.; DAHLKE, R. Polaridade e unidade. In: DETHLEFSEN, T.; DAHLKE, R. (Org.). *A doença como caminho*. São Paulo: Cultrix, 1996. p. 21-41.

ELIAS, V. A. Psicanálise no hospital: algumas considerações a partir de Freud. *Revista da SBPH*, Rio de Janeiro, v. 11, n. 1, p. 87-100, 2008. Disponível em: <http://pepsic.bvsalud.org/scielo.php?script=sci_arttext&pid=S1516-08582008000100007>. Acesso em: 8 nov. 2016.

FREITAS, J. L. Reflexões sobre a relação psicoterapêutica: diálogos com Merleau-Ponty. *Revista da Abordagem Gestáltica*, Goiânia, v. 15, n. 2, p. 103-107, 2009.

FREITAS, J. L.; STROIEK, N. N.; BOTIN, D. Gestalt-Terapia e o diálogo psicológico no hospital: uma reflexão. *Revista da Abordagem Gestáltica*, Goiânia, v. 16, n. 2, p. 141-147, 2010.

GRANDESSO, M. A. *Sobre a reconstrução do significado*: uma análise epistemológica e hermenêutica da prática clínica. São Paulo: Casa do Psicólogo, 2000.

JUNG, C. G. *The structure and dynamics of the psyche*. Princeton: Princeton University Press, 1972. (Originalmente publicado entre 1912 e 1952).

KELLERMAN, P. F. *Psicodrama em foco:* e seus aspectos terapêuticos. São Paulo: Ágora, 1998.

LAZZARETTI, C. T. et al. *Manual de psicologia hospitalar*. Curitiba: Unificado, 2007. Disponível em: <http://www.portal.crppr.org.br/download/164.pdf>. Acesso em: 8 nov. 2016.

MAZUTTI, S. R. G.; KITAYAMA, M. M. G. Psicologia hospitalar: um enfoque em terapia cognitiva. *Revista da SBPH*, Rio de Janeiro, v. 11, n. 2, p. 111-125, 2008. Disponível em: <http://pepsic.bvsalud.org/scielo.php?script=sci_arttext&pid=S1516-08582008000200010>. Acesso em: 8 nov. 2016.

MERLEAU-PONTY, M. *Fenomenologia da percepção*. São Paulo: Martins Fontes, 1994.

MORE, C. L. O. O. et al. Pensamento sistêmico e prática do psicólogo hospitalar. *Psicologia em Estudo*, Maringá, v. 14, n. 3, p. 465-473, 2009.

MORENO, J. L. *Psicodrama*. 11. ed. São Paulo: Cultrix, 2007.

MORETTO, M. L. T. *O que pode um analista no hospital*. São Paulo: Casa do Psicólogo, 2001.

RAMOS, D. G. *A psique do corpo*. São Paulo: Summus, 2006.

SALTO, M. C. O psicólogo no contexto hospitalar: uma visão psicodramática. *Psicologia Brasil*, São Paulo, v. 5, n. 39, p. 12-15, mar. 2007.

SILVA, M. G. G. Doença terminal, perspectiva de morte: um trabalho desafiador ao profissional da saúde que luta contra ela. *Revista da SBPH*, Rio de Janeiro, v. 10, n. 2, p. 43-51, 2007.

SOARES, C. P. Uma tentativa malograda de atendimento em um centro de tratamento intensivo. In: MOURA, M. D. de (Org.). *Psicanálise e hospital*. Rio de Janeiro: Revinter, 2000. p. 41-48.

VASCONCELLOS, M. J. E. *Pensamento sistêmico:* o novo paradigma da ciência. Campinas: Papirus, 2002.

3. Formas de atuação, organização e gestão de serviços de psicologia

Ana Merzel Kernkraut
Ana Lucia Martins da Silva

O psicólogo é o membro mais recente da equipe multiprofissional no contexto hospitalar a despeito de ter evoluído muito nos últimos 30 anos. A psicologia hospitalar passa a ser reconhecida como especialidade pelo Conselho Federal de Psicologia (CFP) em 2000 e ainda há certo desconhecimento por parte dos demais profissionais sobre qual sua função nas equipes hospitalares, sendo obrigação do psicólogo mostrar as possibilidades de intervenção, bem como as limitações do alcance do seu trabalho, já que, com frequência, encontramos membros da equipe multiprofissional que depositam no psicólogo a resolução de todos os problemas e conflitos existentes na relação com os pacientes e outros que banalizam a atuação do psicólogo e acionam o mesmo com um propósito muito distante da possibilidade de intervenção. Com o objetivo de elucidar os passos para atuar neste cenário, neste capítulo, vamos entender como se estrutura um serviço, desde a definição do propósito até a normatização dos procedimentos que farão parte desse serviço (ISMAEL, 2005).

Mas afinal, o que é um serviço?

Serviço é qualquer atividade realizada por pessoas que tem como proposta atender a necessidades que podem ser entendidas de várias maneiras, todas de forma não material (HOFFMAN; BATESON, 2003).

As características de um serviço são comuns em qualquer área de atuação:

- *serviços são heterogêneos*, pois um serviço é diferente do outro, ainda que ambos se ocupem do mesmo fim;
- *serviços são inestocáveis*, pois não é possível ser guardado ou armazenado;
- *serviços são intangíveis*, pois não é possível pegá-lo ou manipulá-lo;
- *serviços são inseparáveis,* porque existe alguém que executa a ação. Por exemplo, em um restaurante, o serviço de atendimento depende da pessoa que executa esta ação. Por isso, podemos achar que o serviço é excelente porque a pessoa que lhe atendeu, além de ser cordial, foi muito atenciosa e prestativa, mas em outro momento, ao ser atendido por outro garçom, podemos ter a impressão de que ele é muito cordial, mas não acharmos nada de especial; isto é, a percepção de satisfação do serviço está intimamente associada à maneira como as pessoas executam o serviço.

Trazendo o conceito exposto para o nosso contexto, podemos dizer que um serviço de psicologia hospitalar tem como objetivo central avaliar e prestar assistência psicológica aos pacientes e familiares, bem como trabalhar em equipe com os demais profissionais envolvidos no caso.

E o que diferencia um serviço de psicologia de psicólogos atuando de forma independente em um mesmo hospital? A resposta é simples: quando trabalhamos em uma instituição, temos que guardar determinada semelhança, estabelecendo padrões para que os diferentes clientes possam perceber as características, o propósito e a qualidade do que é oferecido, independente de qual profissional está executando a tarefa.

Isso é importante, pois, quando um paciente busca um hospital para tratamento, ele pode escolher a instituição por diversos motivos e, entre eles, encontram-se o acesso por meio da operadora de saúde, a preferência de seu médico por determinado hospital ou ainda a reputação que o hospital tem no tratamento de determinada patologia. A partir da escolha pelo hospital, o paciente aceita a utilização dos demais serviços prestados pela instituição, imaginando que os serviços ali prestados são confiáveis, supervisionados e estão de acordo com as normas estabelecidas, seja por conselhos profissionais, seja por normas que regulamentam o setor da saúde e o hospital.

Por essa razão, os hospitais também têm buscado, como forma de reconhecimento de sua qualidade e excelência, por certificações ou acreditações nacionais e internacionais que atestam que o serviço ali prestado guarda constância e uniformidade. A evidência de que existe qualidade e segurança em tudo que é oferecido é identificada a partir de auditorias realizadas, comparando a prática do serviço com o manual de normas específico de cada instituição acreditadora ou certificadora, como a ONA (Organização Nacional de Acreditação), a JCI (Joint Commission International) e a ISO (International Organization for Standardization). Podemos dizer que alcançar padrões compatíveis com cada uma dessas organizações confere ao hospital um selo de qualidade.

Outro aspecto relevante é a adoção do modelo *triple aim* lançado pelo Institute for Health Improvement (IHI), em 2007, que visa a melhoria da experiência na assistência a partir da prestação de um serviço seguro, efetivo e confiável para todos os pacientes o tempo todo, reduzindo custos e melhorando a saúde da população (BISOGNANO, 2015).

Nesse cenário, os serviços de psicologia hospitalar estão sujeitos às mesmas normas que são seguidas pela instituição, apesar da subjetividade que configura o objeto de interesse e a intervenção da psicologia enquanto especialidade que tem em sua atuação, além dos aspectos técnicos, a consideração da relação estabelecida entre profissional e paciente (BOTEGA, 2002).

Assim, temos que nos preocupar em garantir o mesmo acesso, qualidade e segurança a todos os pacientes atendidos pelo serviço de psicologia, que é convocado a propor uma atuação baseada em evidências, condizente com a demanda da população atendida, com os processos estruturados e organizados, de forma a facilitar a compreensão de todos os envolvidos acerca do que o serviço pode oferecer e a nortear como os profissionais devem praticar a sua atividade fim.

É importante que seja garantido ao psicólogo instrumentos de efetivação dos objetivos de seu trabalho, pois este deve estar de acordo com os objetivos da profissão de psicólogo, da instituição e dos seus pacientes. Geralmente, um serviço de psicologia atua em quatro níveis: junto ao paciente, à família, à equipe e em situações específicas (treinamento comportamental de equipes, resolução de conflitos etc.) (ANGERAMI-CAMON, 1988).

Primeiro passo: forma de atuação

A primeira tarefa a ser definida é o escopo, ou seja, o que será de competência do serviço. Para tanto, é preciso responder a duas perguntas iniciais:

- *Como podemos definir quais áreas serão atendidas?* Identificar as áreas em que há maior demanda e qual o tipo; identificar as áreas de internação em que há menor demanda e qual o tipo.

- *Qual é a maneira mais eficiente e efetiva de se executar este atendimento?* Quantos leitos de internação? Quantas horas profissionais existem para a assistência?

Para responder a essas questões, é necessário conhecer o hospital e os recursos, tanto humanos (como o número de psicólogos) como materiais (como disponibilidade de locais de atendimento, disponibilidade de testes diagnósticos etc.), que estarão disponíveis para elaborar uma proposta de atuação. Existem diferentes modelos de atuação em psicologia hospitalar que podem ser adotados consoantes às características elencadas anteriormente.

Os principais modelos de atuação em psicologia hospitalar são:

- *rotina:* o psicólogo compõe a equipe de saúde e avalia todos os pacientes do serviço, seja para triar os casos que deverão ser seguidos ou para intervir como parte de um protocolo específico;

- *interconsulta:* o psicólogo é chamado para avaliar a demanda de um caso por solicitação de um membro da equipe multiprofissional. O trabalho do psicólogo interconsultor tem foco na relação profissional de saúde/paciente. Ele pode atender o paciente em questão, mas também pode atuar apenas no manejo do caso junto ao solicitante;

- *consultoria de ligação:* o psicólogo faz parte da equipe e mantém uma relação cooperativa contínua com os outros membros da equipe. Sua atuação se situa na interface dos aspectos psicológicos, sociológicos e biológicos do adoecer.

Todos os modelos de atuação possuem vantagens e desvantagens e um mesmo serviço pode adotar modelos diferentes em áreas distintas, de forma a contemplar as necessidades específicas. Vejamos alguns exemplos:

- *clínica médico-cirúrgica:* até o ano de 2004, em nosso hospital, não havia um psicólogo dedicado a atender os pacientes internados na clínica médico-cirúrgica, devido à baixa demanda de solicitação para a psicologia. Dessa maneira, os demais psicólogos faziam a cobertura dessa área em forma de plantão diário para eventual solicitação de avaliação. Destaca-se aí que essa é a maior área de internação de pacientes de todo o hospital, entretanto, era a menos requisitada, graças à baixa complexidade e ao período pequeno de internação;

- *pronto atendimento:* nessa unidade são recebidos pacientes com vários tipos de demanda, desde um resfriado até pacientes que sofreram grandes traumas e necessitam de intervenção intra-hospitalar. Também se observa um número significativo de pacientes que são frequentadores assíduos de unidades de pronto atendimento e que na verdade têm necessidade de uma visita para contato social em vez de tratamento médico. Esses pacientes esperam ser tratados com atenção, que haja alguém para escutar suas aflições, ou mesmo estar em um ambiente onde possam ter contato com outras pessoas. O ponto de atenção com relação a essa área é como estabelecer um serviço de psicologia que possa dar acesso aos pacientes no momento em que for solicitado. Considerando que o funcionamento do pronto atendimento é de 24 horas, durante sete dias na semana, será necessário definir que tipo de atuação será possível e para quais casos, para que nenhum paciente com necessidade possa ficar sem assistência psicológica.

Em nosso hospital, a atuação do psicólogo no pronto atendimento é restrita a dois protocolos: em casos de suspeita de vitimização, seja infantil ou na população idosa, e em casos de *binge drinking*, quando o adolescente chega ao hospital após ter consumido muita bebida alcoólica. Nesses dois casos, se faz necessária uma avaliação psicológica para entender a situação e poder auxiliar o médico na condução do caso, já que, na primeira situação, é necessária notificação compulsória aos órgãos competentes e, no segundo caso, o adolescente se expõe a um grande risco com relação a sua saúde;

- *ambulatórios:* cada vez mais frequente em unidades hospitalares, os ambulatórios possuem características distintas das unidades de internação, mas que podem ter uma grande demanda para atuação do psicólogo. Um dos exemplos são os ambulatórios oncológicos (químio e radioterapia). É necessário verificar como se dá o atendimento desses pacientes em termos de frequência às unidades ambulatoriais para propor um modelo de intervenção.

O tipo de demanda referida pela equipe multiprofissional também oferece caminhos para que o psicólogo proponha o tipo de trabalho mais adequado. Analisemos algumas situações.

Situação 1

Ao receber uma solicitação de um paciente que está muito triste, a enfermeira relata que a tristeza se dá pelo fato de o paciente não ter família ou amigos acompanhando a internação e, dessa maneira, conversar com o psicólogo vai aliviar a tristeza do paciente. Nessa situação, temos duas hipóteses para serem analisadas:

- *hipótese 1:* a tristeza impacta negativamente em seu tratamento, devido a ele não aderir aos tratamentos propostos. Nesse caso, poderíamos verificar quais as possibilidades do paciente para recrutar recursos de enfrentamento e, dessa maneira, participar do tratamento;
- *hipótese 2:* o paciente pode estar aborrecido e triste por ficar só durante a internação e, nessa situação, poderíamos verificar se ele conhece outras pessoas que poderiam lhe fazer companhia; mas o fato de ir atender o paciente somente para conversar e fazer companhia não é função do psicólogo hospitalar.

É nosso dever dizer onde temos possibilidade de atuação e qual o tipo de atuação possível. Assim, é necessário que o psicólogo identifique as demandas. A identificação da demanda deverá ser feita a partir de observação e de entrevistas com os membros das equipes de trabalho, que contribuirão com relação a dados sobre as características do paciente atendido, dificuldades encontradas na rotina de trabalho e a percepção de como poderia ser a assistência psicológica na área. A partir desses dados, é possível pensar em possibilidades de atendimento.

Situação 2

Em uma unidade de atendimento com vinte leitos destinados a pacientes que têm indicação ou já passaram pela cirurgia de transplante, não há um psicólogo destinado somente a essa área, mas é solicitado algum tipo de intervenção aos pacientes e familiares. Em sua observação, o psicólogo percebe que os pacientes têm nível socioeconômico baixo, carência em suporte social e familiar. Os profissionais da área se queixam de dificuldades do paciente na compreensão das informações e comentam que muitos são readmitidos no hospital porque não seguiram as recomendações necessárias; outro aspecto é a alteração do humor dos pacientes e isso faz que eles não estejam motivados a se cuidar no pós-alta. O psicólogo tem a informação que os profissionais da área percebem a alteração do humor dos pacientes e a falha de adesão ao tratamento, pois não tomam as medicações. Existem algumas possibilidades de atuação:

- *possibilidade 1:* realizar a avaliação de todos os pacientes candidatos a transplante para verificar as condições de suporte familiar e social; realizar uma breve avaliação da função cognitiva e identificar possíveis dificuldades de falha de adesão a tratamento;

- *possibilidade 2:* solicitar à equipe que eles acionem o psicólogo para uma discussão do caso a partir da identificação de alteração de humor e/ou percepção de falha de adesão ao tratamento.

Como vimos, existem possibilidades de identificação de demanda para a psicologia e a decisão de qual possibilidade de intervenção adotar dependerá da disponibilidade de tempo do psicólogo. Em ambas as situações, existem prós e contras. Os pontos a favor de uma rotina de avaliação pré-transplante é o planejamento das intervenções com base no que foi obtido na avaliação. O ponto contra é o tempo necessário que deverá ser destinado à avaliação de todos os pacientes. Com relação à avaliação mediante a percepção de alguma alteração pela equipe, o aspecto positivo é que a equipe está apta a identificar e encaminhar o paciente para avaliação psicológica e existe uma economia de tempo em não avaliar todos os pacientes; o ponto negativo é que a equipe poderá não identificar a alteração psicológica e não oferecer a avaliação ao paciente.

Não necessariamente a área onde há mais leitos de internação é a que exigirá mais do psicólogo. Existem áreas em que a vulnerabilidade do paciente às questões emocionais é maior e, por isso, a equipe solicita maior presença do psicólogo. Entre elas, podemos citar as unidades de terapia intensiva (adulto, pediátrica e neonatal), a internação oncológica e a área de internação de pacientes transplantados.

Oferecer o tipo de assistência adequado à demanda e aos recursos disponíveis é o primeiro passo para a formação de uma boa reputação de um serviço, pois, quando não existe definição do escopo de trabalho, os nossos clientes (a equipe de trabalho, sejam eles médicos, enfermeiros ou equipe multiprofissional) não saberão em quais momentos e situações poderão ou não contar com o suporte do serviço de psicologia. Por outro lado, quando existe definição sobre em quais aspectos podemos atuar, existe a consolidação do trabalho do psicólogo no hospital, considerando e reconhecendo as possibilidades e os limites da atuação.

Portanto, uma de nossas primeiras tarefas na constituição de um serviço de psicologia hospitalar é educar a equipe com a qual trabalhamos sobre o escopo de nossa atuação e quais casos ou situações podem ser abarcados pelo psicólogo. Somos nós que devemos dizer – e não a equipe, pois nós somos os especialistas na área – em quais casos ou situações é pertinente a intervenção psicológica.

Uma vez identificadas as áreas que estarão incluídas no escopo do serviço e as situações ou casos em que a equipe poderá contar com o auxílio da psicologia, se faz necessário descrever a documentação do serviço. É ela que registra junto à instituição e esclarece os profissionais as normas, as rotinas e o passo a passo dos procedimentos.

Segundo passo: *organização*

É importante que haja uma uniformidade no funcionamento do serviço e, por uniformidade, entendemos que todos os profissionais do serviço conhecem quais as possibilidades de atuação existentes e qual a maneira de trabalhar nesse serviço. Por exemplo, diante da solicitação de um pedido de avaliação psicológica, saber qual o tempo estimado para que a avaliação tenha início, como ela será realizada e quais as etapas necessárias para a avaliação estar completa.

Usaremos como exemplo a organização geral do serviço de psicologia do Hospital Israelita Albert Einstein: nosso Serviço de Psicologia Hospitalar tem como forma de atuação o modelo de consultoria de ligação, com psicólogos de referência nas áreas e com solicitações de atendimento mediadas pela equipe de enfermagem. Para auxiliar os enfermeiros na identificação de potenciais casos para a psicologia, incluímos a avaliação de risco psicológico na rotina de avaliação de riscos realizada pela enfermagem. Essa avaliação é feita de forma rotineira pelo enfermeiro a partir de um formulário nomeado Avaliação de Risco Multiprofissional. Este é um impresso que compõe o prontuário do paciente e no qual estão descritos vários riscos que o paciente pode ter, entre eles risco de queda, úlcera de pressão, hipoglicemia, nutricional e também o risco psicológico.

A avaliação de riscos é realizada pelo enfermeiro no momento de admissão do paciente, a cada 48 horas, ou, ainda, se há alguma mudança do *status* do paciente entre o período das avaliações.

Na avaliação de risco psicológico, elencamos algumas situações em que consideramos pertinente a discussão do caso com quem está solicitando a avaliação:

- impacto negativo frente ao diagnóstico recebido;
- alteração importante do comportamento: medo, irritabilidade, impaciência, hostilidade;
- alteração importante do humor: ansiedade, apatia, desânimo, tristeza;
- dificuldade em aderir ou falha de adesão ao tratamento;

- dificuldade de compreensão das orientações;
- impacto de conflitos familiares ou com a equipe no tratamento.

Se o enfermeiro percebe alguma dessas condições no paciente ou em sua família, ele identifica o risco, entra em contato com o psicólogo, discute o caso e, a partir da validação do psicólogo, comunica ao médico, para solicitar a anuência para avaliação do paciente pelo psicólogo.

A avaliação psicológica, por exemplo, é um procedimento. A palavra procedimento significa a maneira utilizada ou o processo de se realizar alguma coisa. Em nossa área, não estamos acostumados a padronizar nossas intervenções, mas isso é importante à medida que temos vários profissionais que participam como fornecedores ou clientes desse procedimento. Para que todos estejam alinhados com relação ao procedimento que será realizado, é importante que este seja descrito em forma de documentação, cujo acesso seja comum a todos que realizam o procedimento.

Para normatizar e documentar um procedimento, devemos descrever todos os aspectos relevantes, como qual o objetivo do procedimento, o local onde será realizado, o material utilizado, quais as orientações e o público a quem se destina.

No Quadro 3.1, temos um modelo para descrever os vários procedimentos utilizados na área da psicologia.

Quadro 3.1 *Modelo para descrever procedimentos na área da psicologia*

Campos de descrição	Descrição	Exemplo
Título	Colocar o nome do procedimento a ser realizado.	Avaliação psicológica.
Objetivo	O que queremos alcançar com o procedimento.	Conseguir avaliar de maneira adequada os aspectos emocionais e sociais que possam interferir no tratamento e sugerir intervenção para tratamento.
Indicação/ contraindicação	Para quais pacientes o procedimento é indicado.	Pacientes adultos.
Responsável	Indicar o(s) profissional(ais) responsáveis pela execução.	Psicólogo.

(continua)

Quadro 3.1 *Modelo para descrever procedimentos na área da psicologia (continuação)*

Campos de descrição	Descrição	Exemplo
Orientações pré-procedimento	Descrever o que deve ser comunicado ao paciente/familiar sobre o procedimento.	Enfermeiro deverá comunicar ao paciente/familiar sobre o pedido de avaliação psicológica e a realização da mesma no leito do paciente.
Material	Descrever o material que será utilizado.	Não há material ou uso de escala.
Descrição do procedimento	Descrever todos os passos da avaliação.	Será realizada entrevista semiestruturada contendo: histórico das doenças, exame psíquico, condições de enfrentamento, organização familiar, estado emocional, parecer psicológico, conduta, devolutiva ao solicitante, evolução em prontuário.
Orientações pós-procedimento	Descrever o que deve ser relatado ao paciente e à família após o procedimento.	Relatar o parecer psicológico e a sugestão de conduta do caso.
Desempenho esperado	Descrever o que deve ser alcançado a partir da realização do procedimento.	Descrever o funcionamento psicológico do paciente e relacioná-lo ao adoecimento; sugestão de intervenção e conduta para o caso.
Pontos críticos/ riscos	Descrever qual o problema que se enfrenta ao realizar este procedimento.	Falta de concordância do paciente/familiar com a realização do procedimento. Nao conseguir ter os dados necessários para realização da avaliação.
Registro	Descrever em que local este procedimento será registrado.	Evolução em prontuário. Registro em sistema de gestão do hospital.
Referências bibliográficas	Citar as referências com evidências do procedimento.	Citar a fonte utilizada que descreve ou embasa a escolha de que o procedimento deve ser realizado desta maneira.

Esse modelo é exemplo de um guia que servirá para a descrição de qualquer procedimento que seja realizado no serviço. Além da avaliação psicológica descrita anteriormente, os procedimentos de assistência psicológica, interconsulta e grupos de suporte também deverão contar com descrição semelhante, obedecendo todas as etapas descritas.

Uma vez estabelecido o escopo do serviço e os procedimentos que serão oferecidos ao paciente e seus familiares, será necessária a definição de como o serviço estará disponível para a equipe, o paciente e o familiar e qual o tempo de resposta máximo para início de atendimento após a chegada do pedido.

É possível estabelecer tempos diferentes de resposta entre os serviços e o filtro pode ser feito em relação à complexidade psicológica; neste sentido, teremos que definir o que entendemos por complexidade em psicologia, que é diferente da complexidade em medicina. Quando falamos em complexidade psicológica, levamos em conta a situação à qual o paciente está exposto, o nível de sofrimento psíquico e o grau de enfrentamento que existe na situação presente.

As situações que podem ser potencialmente complexas são as que acontecem de maneira inesperada, como um novo diagnóstico ou acometimento, mudança repentina de tratamento ou agravamento do quadro.

Com relação à fase em que a doença acontece, também podemos considerar o momento de vida atual: se é um indivíduo em idade produtiva e seu adoecimento trará implicações na dinâmica familiar; se é uma criança que apresenta um quadro que pode trazer mudanças, sejam elas por um período determinado ou de modo permanente; se é um indivíduo que está na terceira idade, mas tem um papel centralizador na família. Teremos que considerar a história de cada pessoa, os papéis assumidos na dinâmica familiar e a maneira como a doença pode causar impactos, ameaça e/ou desorganização do indivíduo.

Por último, temos que considerar o modo de enfrentamento das pessoas que estão envolvidas na situação. Muitas vezes o paciente está com humor ou comportamento alterado, mas isso vem evoluindo há alguns dias, e a equipe resolve notificar naquele momento; em outras situações, o humor ou comportamento se mostram alterados de forma súbita, e a equipe não sabe ou já tentou de alguma forma controlar a situação e, na impossibilidade de sucesso, recorre à psicologia para auxiliar no manejo.

Portanto, podemos construir o seguinte processo para auxiliar na decisão do tempo de resposta ao chamado. Quando há a presença de todos esses elementos, muito possivelmente estamos lidando com um quadro em que existe uma complexidade psicológica naquele momento, e, dessa forma, deve existir a prioridade para atendimento desse caso.

Figura 3.1 *Elementos que indicam a maior complexidade do caso.*

Uma de nossas primeiras tarefas na constituição de um serviço de psicologia hospitalar é educar a equipe com a qual trabalhamos sobre o escopo de nossa atuação e quais casos ou situações podem ser abarcados pelo psicólogo. Somos nós que devemos dizer o que está no nosso escopo de atuação e não a equipe, pois somos os especialistas da área e devemos avaliar em quais casos ou situações é pertinente a intervenção psicológica.

É comum aos psicólogos que atuam em psicologia hospitalar organizarem sua rotina de trabalho, mas terem de alterá-la devido a acionamentos que sugerem uma prioridade no atendimento.

Diante dos chamados recebidos, sempre teremos que diferenciar de quem é a urgência, se é do profissional que acionou a psicologia ou se é do paciente ou familiar. Observamos essa questão nos casos de óbito, em que a equipe fica muito sensibilizada e pede auxílio da psicologia, mas, se não há vínculo prévio, necessitamos entender o motivo do pedido, pois, nesse momento, é esperado encontrarmos pessoas chorosas, mas isso não é indício de sofrimento psíquico: é somente a expressão do sentimento de tristeza e, por isso, cabe uma análise crítica para evitar a entrada de um profissional desconhecido em uma situação que não há demanda para atendimento psicológico e causar intrusão em um momento que é único para a família.

Terceiro passo: gestão

Uma das partes fundamentais dentro de um serviço é a sua gestão. É por meio do gerenciamento das atividades realizadas que há a possibilidade de compreender o funcionamento do serviço. Para que seja realizada a gestão do serviço é necessário o controle, sem controlar as atividades não é possível conhecer em qual delas se gasta mais tempo para executar ou qual atividade agrega valor ao serviço.

Quando usamos a palavra "controle", muitos veem de maneira pejorativa, pois podem achar que estão sendo fiscalizados. Não podemos e não devemos nos esquecer de que, se estamos contratando alguém para determinado serviço, temos que ter o controle do que está sendo realizado. O tempo é algo extremamente valioso para ser desperdiçado com qualquer atividade que não proporcione valor. É papel do gestor do serviço influenciar a equipe de maneira positiva, para que todos colaborem no registro de dados, pois temos que entender que, se há controle de algo, é possível realizar uma análise e, se não há dados, tudo é dito será baseado na intuição ou na percepção. Para que seja possível ter o controle do que é feito no serviço, é preciso criar um modelo em que se possam registrar os dados.

O registro dos dados é de responsabilidade de cada profissional que trabalha no serviço. Para a equipe atuante, é necessário que os profissionais compreendam a importância do registro acurado das informações solicitadas, pois é a partir daí que podemos apresentar os dados do serviço, seja para indicadores ou para estudos sobre dimensionamento de quadro de pessoal.

Portanto, aqui estamos falando de uma parte fundamental e essencial do serviço: é a partir desse controle que teremos possibilidade de analisar atividades que agregam ou não valor.

É comum encontrarmos serviços que realizam atividades que despendem muito tempo do profissional, com baixa percepção de valor pelos clientes, sejam esses clientes externos (pacientes e familiares) ou internos (médicos, equipe multiprofissional). É a partir dos dados de monitoramento e controle que podemos avaliar se o serviço deve ser continuado, reformulado ou extinto.

A primeira tarefa do gestor é criar uma base para que o que é feito possa ser registrado. Alguns hospitais trabalham com sistemas de registros hospitalares dos quais é possível extrair os dados de produtividade e outros não possuem um sistema que habilite a extração de relatórios. De qualquer maneira, uma planilha em Microsoft Excel ou outro software similar pode resolver o problema de registro de maneira bastante rápida e fácil. Nessa base, deve-se definir o que será monitorado. Vale destacar que essa planilha deve estar localizada em um diretório ao qual todos os membros da equipe tenham acesso para o registro e para o acompanhamento de seu desempenho de produtividade.

No HIAE, temos um sistema hospitalar que permite a extração de alguns dados de produtividade; entretanto, ele não é suficiente, pois permite registrar apenas o que é realizado com o paciente. Como a atividade do psicólogo hospitalar compreende outras atividades além da assistência ao paciente, complementamos esse registro com informações colocadas em uma planilha em Excel. A soma dessas atividades compõe a atuação total do psicólogo na instituição.

Quais as informações que precisamos conhecer em nosso serviço?

Acima, na seção sobre organização, mencionamos sobre a necessidade de definirmos o escopo do serviço e os produtos que são as atividades que estarão disponíveis para os clientes. Dentro da gestão, uma das demandas é a apresentação dos dados relativos à sua produção, a outra é gerenciar o recurso humano disponível e entender se o mesmo é suficiente para abarcar a proposta de escopo de atuação do profissional.

Recursos humanos, produtividade, qualidade do serviço

Produtividade

Uma das dúvidas frequentes ou motivo de reclamação é com relação ao número de profissionais que trabalham na instituição. Normalmente, não é comum encontrarmos um hospital com muitos psicólogos, sendo frequente encontrarmos uma equipe queixosa pela falta de profissionais suficientes para trabalhar no serviço.

Para que possamos conhecer a realidade do serviço, é necessário conhecer a capacidade operacional existente. O conceito de capacidade operacional diz respeito ao quanto se consegue produzir em determinado tempo de trabalho.

Para o cálculo de capacidade operacional, deve-se relacionar todas as atividades desenvolvidas pelo psicólogo.

Vamos considerar que o psicólogo faça os procedimentos listados no Quadro 3.2.

Quadro 3.2 *Procedimentos realizados pelo psicólogo*

Procedimento	Finalidade
Avaliação psicológica	Procedimento inicial a partir de uma solicitação com objetivo de identificar a demanda e o foco de trabalho.
Assistência psicológica	Procedimento de continuidade da assistência após a realização da avaliação psicológica.
Orientação psicológica	Procedimento pontual para orientação sobre algum aspecto do tratamento.
Grupo psicoeducativo	Procedimento com caráter informativo sobre alguma patologia com possibilidade de abordagem dos aspectos psicológicos que influenciam na doença.
Discussão de casos	Procedimento que favorece a troca de informações e alinha a conduta estabelecida no tratamento dos pacientes.

É possível, da maneira como está apresentada no quadro anterior, saber quanto tempo o psicólogo gasta para realizar uma avaliação psicológica? Ou é possível saber quanto tempo ele leva para discutir um caso? É possível estimar o tempo médio necessário para cada um desses procedimentos, mas não é possível afirmar o tempo realmente gasto.

Para facilitar a compreensão do tempo destinado, podemos instituir um registro que contenha duas informações: o número de atendimentos realizados e o tempo de execução do procedimento. Esse registro permitirá que o gestor conheça o que é realizado e quanto tempo é gasto para realizá-lo.

Considerando que trabalhamos com pessoas, por mais organizados e planejados que sejamos dentro do nosso serviço, o tempo em hospital difere do tempo no consultório: muitas vezes, porque a oportunidade que teremos para intervenção é aquela ocasião; outras vezes, porque o caso é extremamente complexo, o que nos leva a despender mais tempo para que tudo esteja alinhado entre o paciente, a sua família e as equipes de trabalho. Uma das possibilidades de registro é controlarmos o que é realizado. Como sugestão, deve-se fazer uma parametrização para que possamos saber como o recurso foi utilizado.

Na parametrização, deverá ser colocado o tempo que se acredita que seja o gasto, em média, para a realização dos procedimentos. Os parâmetros são estabelecidos pela gestão e devem ser comunicados à equipe para que todos tenham ciência comum sobre o que registrar.

Quadro 3.3 *Tempo médio estimado para cada procedimento*

Procedimento	Tempo
Avaliação psicológica	60 minutos
Assistência psicológica	60 minutos
Orientação psicológica	30 minutos
Grupo psicoeducativo	90 minutos
Discussão de casos	15 minutos

Após definidos os parâmetros, a análise levará em consideração a quantidade de procedimentos registrados multiplicada pelo tempo de cada procedimento. Um modelo para uma planilha em Excel ou outro software similar poderia ser como o descrito na Tabela 3.1.

Tabela 3.1 *Modelo possível para planilha*

Profissional	Número de atendimentos realizados			Tempo utilizado			Total
	Avaliação	Assistência	Discussão	Avaliação(t) minutos	Assistência(t) minutos	Discussão(t) minutos	Minutos
Profissional 1	1	2	2	90	30	15	135
Profissional 2	3	2	5	180	120	75	375
Profissional 3	2	4	3	120	240	45	405
Total	6	8	10	390	390	135	915

Na área cinza claro da Tabela 3.1, temos o número de procedimentos realizados. Dessa maneira, podemos observar, em um mês, quantas avaliações psicológicas o serviço realiza, quantas assistências, e assim por diante. É possível ter um relatório da quantidade de procedimentos que são realizados.

Na área cinza escuro, temos o tempo que foi gasto em cada tipo de procedimento. Dessa maneira, podemos calcular a produtividade de cada profissional. É importante que se escolha uma unidade de registro; aqui, utilizamos o tempo em minutos.

Considerando que um profissional tem jornada semanal de trinta horas, pela Consolidação das Leis do Trabalho (CLT), ele tem direito a um descanso diário de quinze minutos durante o período de seis horas. Descontando o descanso, a jornada de trabalho dele é de 5 horas e 45 minutos; transformando em minutos para unificar a medida, temos uma jornada profissional de 345 minutos (5 horas × 60 minutos + 45 minutos).

Tomando como exemplo o cenário descrito na Tabela 3.1, o profissional 1 trabalhou em um dia 135 minutos, portanto, ele tem capacidade para absorver outras atividades, pois o tempo que ainda está ocioso é de 210 minutos (345 minutos − 135 minutos = 210 minutos), ou 3 horas e 30 minutos.

Esse cálculo permite a comparação entre o que foi realizado e a capacidade operacional total do profissional permitindo ter uma análise de possibilidade de se atender mais pacientes, participar de outros projetos ou implantar novos serviços.

Por meio dessa planilha, podemos ter dois indicadores do serviço de psicologia: o primeiro diz respeito aos tipos de atendimentos que são realizados no serviço e, a partir daí, podemos pensar em demandas e oportunidades de incremento do trabalho; o segundo, diz respeito a como o recurso profissional gasta o seu tempo na instituição, sendo possível dimensionar o quadro e ter o discernimento sobre a existência de lastro para abarcar uma nova atividade de trabalho ou se é necessária a contratação de outros profissionais, ou a alteração de jornada de trabalho, ou a mudança de alguma condição que possa favorecer melhorias para o serviço e para o cliente.

Esse monitoramento deve ser contínuo, pois as características do hospital mudam no decorrer do tempo e, com isso, as demandas de trabalho também mudam. Frente a isso, é essencial que o psicólogo hospitalar tenha o olhar para identificar novas possibilidades de atuação e acomodar a sua atuação de acordo com a demanda exigida.

Outra característica do trabalho do psicólogo no hospital é a participação em vários grupos da assistência como dor, cuidados paliativos, humanização, bioética etc., bem como elaboração de relatórios, participação em reuniões ou participação ou desenvolvimento de projetos de atuação. Para que essas atividades sejam possíveis, é necessário que elas sejam contempladas na rotina de trabalho, pois, se todo o tempo do psicólogo for ocupado com a assistência direta a pacientes e familiares, essas atividades seriam inviáveis. No Hospital Israelita Albert Einstein, nós as denominamos de atividades de viabilização da assistência (AVA). Entendemos que essas atividades são importantes e o psicólogo pode contribuir de maneira positiva, mas é necessário manter uma proporção coerente com o objetivo primário do serviço, que é a assistência a pacientes e familiares, ou seja, as atividades não assistenciais não podem ser mais volumosas do que a assistência. Dessa maneira, quando os tempos são monitorados, existe a oportunidade de dimensionar e priorizar atividades.

É frequente que o psicólogo abarque muitas solicitações de participação em grupos que, por sua vez, levam à participação em mais reuniões e disparam outras demandas de elaboração de projetos, tomando uma parte considerável do tempo que se destinaria ao atendimento de pacientes. Essa análise deve ser sempre crítica: mudanças acontecem e reavaliações periódicas são necessárias para que o serviço seja eficiente e sustentável. Quando não existe nenhum monitoramento do que é realizado, pode-se incorrer no risco de desperdício de tempo em atividades que agregam pouco valor.

Na rotina hospitalar, um dia pode ser muito diferente do outro em relação ao tipo de atuação exigida ao psicólogo hospitalar. A diversidade dos casos exige habilidades do psicólogo em identificar a demanda e escolher o foco de intervenção. Muitas vezes, identificamos vários caminhos possíveis de atuação, mas devemos escolher aquele que trará uma maior possibilidade de resolutividade naquele contexto.

Por resolutividade entende-se que o objetivo do psicólogo hospitalar é proporcionar ao paciente uma compreensão de seu caso, um entendimento da situação, uma melhor maneira de manejar o problema, uma mudança no humor ou no comportamento. Como o tempo é curto, pois, muitas vezes, temos uma única oportunidade de fazer a diferença, devemos ser precisos e escolher o foco da nossa atenção. E, por isso, é frequente escutarmos a crítica de que a psicologia hospitalar é superficial.

Se compararmos a psicologia hospitalar com a psicologia clínica, sem dúvida, ela será considerada superficial e essa é a razão pela qual não há possibilidade de aplicar o modelo clínico ao hospital. Na clínica, temos, além do tempo, a demanda que é do paciente. No hospital, em muitos casos, a demanda primária é da equipe ou do médico que indica o procedimento ao paciente e, com relação ao tempo, nos é disponibilizado o período de estadia do paciente em internação hospitalar, que é cada vez menor. Por isso, deve-se eleger qual será o foco do trabalho para que ele seja eficaz.

Outra característica do hospital é o paciente ser cuidado por uma equipe multiprofissional que deve estar alinhada aos objetivos e metas a serem atingidos para que o paciente tenha uma internação que transcorra da maneira mais tranquila possível e para que ele possa ter alta hospitalar de maneira segura.

Dessa forma, a evolução em prontuário é uma ferramenta que deve ser alvo de constante atenção por nossa parte. Nós, psicólogos, temos, em nosso código de ética, a responsabilidade pelo sigilo das informações e, com frequência, nos são reveladas informações que podem ser mal interpretadas. Sendo o prontuário do paciente o elemento de comunicação entre equipes de trabalho, o psicólogo precisa aprender a realizar um registro de informações que permita a continuidade do cuidado, seja por parte da equipe multiprofissional, seja em sua ausência por outro colega psicólogo.

A análise das informações contidas no prontuário permite avaliar a qualidade do serviço prestado por meio de auditorias periódicas dos registros.

A evolução em prontuário é uma comunicação escrita que informa aos demais membros da equipe sobre dados relevantes observados pelo psicólogo e também os orienta sobre como considerá-los no seu trato com o paciente (artigo 6º do Código de Ética do Psicólogo) (CFP, 2014). Em nosso hospital, a evolução tem caráter multiprofissional e, nesse caso, o sigilo é compartilhado pelo paciente (artigo 6º do Código de Ética do Psicólogo) (CFP, 2014).

Com a auditoria de avaliação em prontuário, podemos analisar dois tipos de dados que podem ser compreendidos como forma e conteúdo. A análise da forma consiste em verificar se os elementos básicos para a compreensão da comunicação estão presentes: solicitante, motivo da solicitação, exame psíquico, impressão do psicólogo e conduta. A análise do conteúdo trata de observar se o proposto pelo psicólogo é condizente com a descrição feita na avaliação do caso.

As demandas que chegam para o psicólogo são bastante variadas e é preciso ter clareza do que é possível trabalhar durante a internação de forma apropriada e sugerir encaminhamentos pertinentes. Essa discriminação entre os alcances e os limites da psicologia no hospital não impede que o psicólogo atue em casos mais graves, mais complexos ou com maior escopo de conflitos, mas é essencial ater-se ao que é possível dentro de um tempo limitado.

Portanto, quando o trabalho é iniciado no hospital e o psicólogo identifica uma demanda para seguimento do trabalho depois da alta do paciente, sugerimos encaminhamentos, pois, no contexto hospitalar, trabalharemos demandas emocionais pertinentes ao período intra-hospitalar e aconselharemos a continuidade do tratamento psicológico no pós-alta, por meio da indicação de profissionais na comunidade.

Qualidade do serviço

Outro aspecto da gestão se refere à capacitação da equipe e ao acompanhamento da qualidade do trabalho desempenhado.

A capacitação dos profissionais deve ser descrita e compatível com o tipo de trabalho a ser desempenhado. Nesse sentido, é importante que o gestor tenha clareza quanto à formação complementar exigida para cada posição em sua equipe. De maneira geral, além da graduação em psicologia, é esperado que o psicólogo tenha especialização em psicologia hospitalar ou em alguma área específica da saúde. Também é desejável que tenha formação em uma abordagem psicológica. Essa abordagem é importante para o profissional e não necessariamente para o serviço, pois é articulando os construtos teóricos e conceituais de sua linha de trabalho que o psicólogo planejará sua intervenção. Em nosso serviço, por exemplo, sempre tivemos profissionais com uma diversidade de formações, o que tem sido um fator de enriquecimento das discussões e de criatividade na busca de possibilidades para situações inusitadas.

Ainda com relação à capacitação da equipe, existe uma série de temas do conhecimento necessários ao psicólogo hospitalar que exigem atualização periódica, como farmacologia, psicopatologia etc., e outras que dizem respeito a normas de segurança específicas da área da saúde. Cabe ao gestor levantar as necessidades do serviço, propor treinamentos, definir a periodicidade e indicar a necessidade de desenvolvimento específico para cada profissional de sua equipe. Todas essas atividades são monitoradas para a garantia de seu cumprimento.

Além de definir o escopo, monitorar a produtividade, ter profissionais competentes e atualizados, é necessário gerir a qualidade do serviço entregue. A qualidade do serviço, ou melhor dizendo, dos serviços oferecidos, pode ser monitorada de algumas formas:

- *satisfação do cliente:* como mensurar a satisfação da enfermagem;
- *desfechos clínicos:* como mensurar o número de pacientes que deixaram de fumar em um programa de cessação de tabagismo;
- *auditoria de padrões:* como mensurar a conformidade da evolução em prontuário a partir de critérios previamente definidos;

- *recomendação do serviço:* como mensurar a taxa de retorno de solicitação médica para avaliação neuropsicológica.

Esse monitoramento é muito útil para auxiliar o gestor em seu planejamento geral do serviço, pois é possível levantar oportunidades de melhoria de um processo, de uma área ou de todo o serviço.

Considerações finais

A gestão de um serviço de psicologia deve ter, como pressuposto, tornar o serviço viável economicamente quanto à sua proposta de trabalho. Para tanto, além de competência técnica no que diz respeito ao saber psicológico, deve desenvolver habilidades de gestão, conhecendo ferramentas para o registro do trabalho e utilizando-as para a análise crítica do serviço oferecido, assim como para a avaliação do desempenho dos profissionais.

Como vimos, a organização de serviços de psicologia demanda várias tarefas que devem ser definidas e comunicadas a todos que se relacionam com o serviço. A equipe multiprofissional deve ter o conhecimento das possibilidades de atuação do psicólogo hospitalar e de como encontrar o psicólogo na instituição.

Quando existe a descrição do que é possível e de como é feito, há maior facilidade de entendimento e compreensão do trabalho realizado por parte de outros profissionais.

Referências

ANGERAMI-CAMON, V. A. *A psicologia no hospital.* São Paulo: Traço, 1988.

BISOGNANO, M. *Buscando o triple aim na saúde.* São Paulo: Atheneu, 2015.

BOTEGA, N. J. *Prática psiquiátrica no hospital geral*: interconsulta e emergência. Porto Alegre: Artmed,, 2002.

CFP – CONSELHO FEDERAL DE PSICOLOGIA. *Código de ética do profissional psicólogo.* Brasília, DF, 2014. Disponível em: <http://site.cfp.org.br/

wp-content/uploads/2012/07/codigo-de-etica-psicologia.pdf>. Acesso em: 11 jul. 2016.

ISMAEL, S. M. C. *A prática psicológica e sua interface com as doenças*. São Paulo: Casa do Psicólogo, 2005.

HOFFMAN, D. K.; BATESON, J. E. G. *Princípios de marketing de serviços:* conceitos, estratégias e casos. 2. ed. São Paulo: Pioneira: Thomson Learning, 2003.

PARTE II
Temas relevantes para o psicólogo hospitalar

4. Cuidados paliativos e atuação do psicólogo hospitalar

Juliana Gibello
Marcus Vinícius Rezende Fagundes Netto

Os cuidados paliativos são uma abordagem de tratamento que promove melhora da qualidade de vida dos pacientes e de seus familiares diante de doenças crônicas e sem possibilidades de cura. O objetivo é o controle da dor e o alívio dos sintomas, além de oferecer suporte físico, emocional, social e espiritual desde o diagnóstico até a morte do paciente e, posteriormente, tratamento do luto dos familiares (OMS, [20--?]).

Essa perspectiva de cuidados perante o processo de morrer e a morte foi introduzida por Cecily Saunders em Londres, na década de 1960. Sua compreensão sobre o paciente foi para além da doença física, englobando as dimensões sociais, emocionais e espirituais do sofrimento, o que ela definiu como "dor total". De formação multiprofissional – enfermeira, médica e assistente social –, dedicou sua vida aos doentes fora de possibilidades de cura. Para ela, quando não era mais possível curar, era possível cuidar, permitindo que o paciente pudesse viver, tão plena e dignamente quanto possível, a doença e a morte (CREMESP, 2008).

Além disso, fundou o primeiro *hospice*, em Londres, St. Christopher, inspirando outras iniciativas da mesma natureza. Ali se combinavam três princípios básicos: cuidados clínicos de qualidade, investigação sobre a dor e os sintomas, além de formação para os profissionais de saúde (PESSINI; BERTACHINI, 2006), ou seja, assistência, ensino e pesquisa.

A Organização Mundial da Saúde (ANCP, 2012) sugere um modelo de intervenção em cuidados paliativos em que as ações paliativas têm início já no momento do diagnóstico e o cuidado paliativo se desenvolve de forma conjunta com as terapêuticas capazes de modificar o curso da doença. A paliação ganha expressão e importância para o doente à medida que o tratamento modificador da doença (em busca da cura) perde sua efetividade. Na fase final da vida, os cuidados paliativos são imperiosos e perduram no período do luto, de forma individualizada (Figura 4.1).

As ações incluem medidas terapêuticas para o controle dos sintomas físicos, intervenções psicoterapêuticas e apoio espiritual ao paciente, desde o diagnóstico até o óbito. Para os familiares, as ações se dividem entre apoio social e espiritual e intervenções psicoterapêuticas do diagnóstico ao período do luto. Um programa adequado inclui ainda medidas de sustentação espiritual e de psicoterapia para os profissionais da equipe, além de educação continuada.

A condição ideal para o desenvolvimento de um atendimento satisfatório deve compreender uma rede de ações compostas por consultas ambulatoriais, assistência domiciliar e internação em unidade hospitalar de média complexidade, destinada ao controle de ocorrências clínicas e aos cuidados de final de vida.

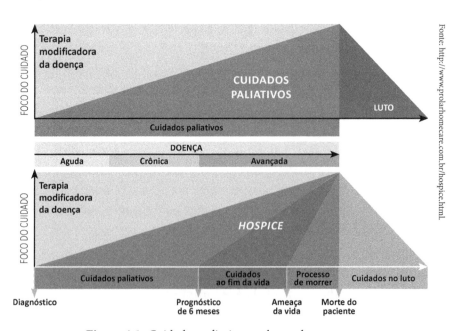

Figura 4.1 *Cuidados paliativos ao longo do tratamento.*

Assim, poderíamos listar os mais importantes princípios dos cuidados paliativos:

- promover o alívio da dor e de outros sintomas desagradáveis;
- afirmar a vida e considerar a morte como um processo normal da vida;
- não acelerar nem adiar a morte;
- integrar os aspectos psicológicos e espirituais no cuidado ao paciente;
- oferecer um sistema de suporte que possibilite ao paciente viver tão ativamente quanto possível, até o momento da sua morte;
- oferecer sistema de suporte para auxiliar os familiares durante a doença do paciente e a enfrentar o luto;
- abordagem multiprofissional para focar as necessidades dos pacientes e de seus familiares, incluindo acompanhamento no luto;
- melhorar a qualidade de vida e influenciar positivamente o curso da doença;
- deve ser iniciado o mais precocemente possível, juntamente com outras medidas de prolongamento da vida, como a quimioterapia e a radioterapia, e incluir todas as investigações necessárias para melhor compreender e controlar situações clínicas estressantes.

Cuidados curativos e cuidados paliativos

Os avanços tecnológicos e as equipes cada vez mais especializadas lutam bravamente contra doenças muito graves em busca da cura. Porém, em muitos casos, mesmo com todo aparato tecnológico e especializado da medicina, chega-se a um limite terapêutico, ou seja, limite daquilo que chamamos de cura.

A tecnologia chegou a tal ponto que se pode dizer que um paciente internado em um centro de terapia intensiva de um hospital de ponta pode ter sua vida bastante prolongada, o que poderíamos chamar de "medicalização" da morte.

No entanto, os avanços tecnológicos na área médica, muitas vezes, fazem com que não só os médicos, mas a sociedade como um todo, desconsiderem o fato de que a vida é finita, o que, consequentemente, impede a mudança de uma proposta de cuidados curativos para uma proposta paliativa.

Nesse sentido, é necessário pensar as diferenças entre as práticas da distanásia, da eutanásia e da ortotanásia que são, muitas vezes, ignoradas, dificultando a formação de uma opinião fundamentada, tornando o profissional de saúde incapaz de se posicionar diante de uma determinada situação que traz consequências na condução de um caso de um paciente que teria indicação de mudança na proposta de cuidados.

Etimologicamente, *ortotanásia* significa morte correta – *orto*: certo; *thanatos*: morte. Significa o não prolongamento artificial do processo de morte, além do que seria o processo natural. Essa prática é tida como manifestação da morte boa ou morte desejável, não ocorrendo prolongamento da vida por meios que implicariam em aumento de sofrimento. A *distanásia* está em contraposição à ortotanásia, pois tem por objetivo prolongar a vida a qualquer custo, mesmo com sofrimento do paciente. Trata-se de prática muito discutível, pois delonga a agonia dos pacientes sem que estes tenham expectativa de cura ou melhora na qualidade de vida. A *eutanásia*, processo de morte de um enfermo por intervenção com o objetivo último de levar à morte, aliviando um sofrimento insuportável, é a prática mais conhecida. Sua legalização depende do país em que ocorre e de sua cultura com relação à morte. Em muitos países a eutanásia é aceita, mas, no Brasil, é considerada crime (JUNGES et al., 2010).

Essas discussões nos impõem reflexões importantes: o paciente tem direito a ter uma morte digna, quando esta é inevitável, embora não se possa confundi-la com o que se denomina de direito à morte. Ao médico não é dado o poder de tirar a vida, quando ainda há possibilidade de viver, ou de prolongá-la com sofrimento e dor, quando já não existe essa possibilidade.

É importante ter em mente que, quando se muda a perspectiva de cuidados curativos para paliativos, muda-se o foco da doença para o doente, garantindo, assim, a continuidade dos cuidados (Figura 4.2).

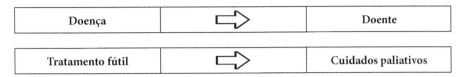

Figura 4.2 *Foco do tratamento.*

Portanto, a vida sendo finita, a morte é um evento inevitável, e todo ser vivo um dia irá morrer. Para muitos, trata-se de um momento muito angustiante e muitas culturas consideram a morte um tabu. Para os médicos, por sua vez, treinados na arte de curar, a morte de um paciente é entendida como fracasso de sua atuação profissional.

Nesse sentido, cabe aos profissionais de saúde, principalmente os médicos, considerarem, na condução de cada caso, os princípios éticos e bioéticos que regem os cuidados paliativos: autonomia, justiça, beneficência e não maleficência.

O exercício do princípio da *autonomia* pode ser conceituado como a capacidade de tomar decisões segundo valores próprios de cada indivíduo, livre de quaisquer coações externas. É entendida no sentido de assumir a decisão sobre si, de corpo e alma, no respeito à convicção de cada um (NEVES; SIQUEIRA, 2010).

A *beneficência* pressupõe um conjunto de ações que buscam compatibilizar o melhor conhecimento científico e o zelo pela saúde do paciente. Assim, o propósito é superar a simples otimização da melhor conduta terapêutica para constituir-se na somatória de todos os benefícios possíveis oferecidos na complexa relação interpessoal médico-paciente. Vale lembrar que, no modelo paternalista, dominante no início do século XX, apenas o médico com o seu conhecimento era considerado competente para a escolha da melhor conduta terapêutica oferecida ao paciente (NEVES; SIQUEIRA, 2010).

A *não maleficência*, não obstante controversa, compõe, com os outros três princípios, o alicerce do principialismo, e se propõe a não acarretar dano intencional. É universalmente consagrado o aforismo hipocrático *primum non nocere* (primeiro não prejudicar), cuja finalidade é restringir os efeitos adversos ou indesejáveis das ações diagnósticas e terapêuticas (NEVES; SIQUEIRA, 2010).

O princípio da *justiça* estabelece, como condição basilar, a equidade, que poderia ser evidenciada como a obrigação ética de tratar cada indivíduo conforme o que é moralmente correto e adequado. Deve ser levado em conta nas decisões clínicas, mas não deve prevalecer sobre os demais princípios. Se há um consenso de que um paciente, mesmo em estado crítico, será beneficiado com um determinado tipo de medicação ou procedimento, devem ser priorizados os princípios da beneficência, da não maleficência e da autonomia sobre os da justiça (NEVES; SIQUEIRA, 2010).

Assim, o cuidado paliativo é indicado para qualquer paciente que possui ou tem potencial risco de desenvolver uma doença que possa ameaçar sua vida, independentemente do diagnóstico, prognóstico ou idade, podendo complementar e até melhorar o tratamento modificador da doença. Em algumas situações, poderá ser o próprio tratamento. Nesse contexto, a paliação busca o alívio de qualquer sintoma que possa causar sofrimento ao paciente e a seus familiares, priorizando a melhor qualidade de vida possível.

Possibilidade de atuação do psicólogo em cuidados paliativos

Sabe-se, desde Sigmund Freud (1915/1996), que, no inconsciente, não há inscrição psíquica da morte, o que faz com que nos comportemos como se fôssemos imortais ou como se pudéssemos, ao menos, controlar algo da morte. Fazemos planos, adiamos realizações que nos seriam possíveis hoje, na esperança de que no futuro sejam melhores, fazemos previsões. Ou seja, nos posicionamos no presente, mas sempre com um pé no futuro, que, a rigor, é uma ilusão.

> *De fato, é impossível imaginar nossa própria morte e, sempre que tentamos fazê-lo, podemos perceber que ainda estamos presentes como espectadores. Por isso, a escola psicanalítica pôde aventurar-se a afirmar que no fundo ninguém crê em sua própria morte, ou, dizendo a mesma coisa de outra maneira, que no inconsciente cada um de nós está convencido de sua própria imortalidade* (FREUD, 1915/1996, p. 232).

Quando pensamos em um paciente que está em cuidados paliativos, ou seja, que possui uma doença incurável, a morte se coloca de maneira muito mais concreta. Muitas vezes esses sujeitos se identificam com significantes como "bomba-relógio" ou "destino selado", dando notícias de como a vida passa a ser regida pela expectativa de morte. Com isso, o que se percebe é que a dificuldade para esses pacientes não está em lidar propriamente com a morte. Afinal, isso nem seria possível. O sofrimento, portanto, está em viver, sabendo que a vida é transitória. Ou seja, como nos alerta Freud (1915/1972), é como se, ao se provar transitória, a vida perdesse seu valor.

Assim, é no caso a caso que se pode analisar a configuração que a proximidade da morte terá para cada sujeito individualmente. Cada um construirá uma explicação para seu processo de adoecimento e buscará ou não possibilidades de produzir significações para a vida. O que ocorre muitas vezes é que o sentimento de desamparo se apresenta e sua condição de ser mortal revela-se neste momento. Portanto, o que se pode fazer neste momento é a tentativa de dar um sentido à vida.

Dessa maneira, a psicanálise trabalha com a possibilidade de que cada paciente construa, a partir de sua biografia, formas particulares de respostas aos impasses ou angústias de sua vida. O paciente pode abandonar as respostas já preexistentes e procurar construir alternativas para lidar com o seu sofrimento, responsabilizando-se e se apropriando disso, rompendo com a repetição das cadeias que, até então, regem sua vida.

O que se espera então é que, a partir de suas interpretações, seja possível, ao paciente, alcançar a verdade sobre seus medos, angústias e sobre si mesmo, proporcionando assim o surgimento de saídas para seu sofrimento psíquico, ao qual a angústia pode ser a via de acesso (BARONI; KAHHALE, 2011).

Passemos agora para o relato de uma vinheta clínica que nos possibilitará, a partir de nossa prática, discutir sobre a atuação do psicólogo nos cuidados paliativos e nos cuidados de fim de vida.

Caso clínico

Carlos era casado, tinha dois filhos e foi diagnosticado com câncer gástrico aos 45 anos. Além disso, devido a um procedimento cirúrgico, desenvolveu uma síndrome de intestino curto, o que, por sua vez, causava-lhe episódios de diarreia que tinham grande impacto em sua qualidade de vida. Assim, como um dos principais efeitos colaterais do protocolo de quimioterapia indicado para sua doença era justamente a diarreia, Carlos nunca recebeu a dosagem ideal da medicação e, portanto, já se encontrava em cuidados paliativos, com o objetivo de controle dos sintomas e aumento de sua expectativa de vida.

Entretanto, para além das dificuldades inerentes a seu quadro clínico, a equipe médica angustiava-se com o fato de o paciente não aderir corretamente ao tratamento, diminuindo ainda mais as possibilidades de controle de sua doença. Carlos faltava às consultas médicas, não tomava as medicações adequadamente e, por vezes, "sumia", significante que marcava a fala dos médicos a respeito de paciente.

Aliás, a não adesão ao tratamento frequentemente justifica o encaminhamento para a psicologia. Nesse sentido, cabe ao psicólogo acolher a demanda da equipe, sem, no entanto, respondê-la. Ou seja, não se trata de entrar no caso com o objetivo de fazer com que o paciente passe então a aderir ao tratamento. A função do psicólogo é oferecer um espaço de escuta, para que o paciente possa se localizar subjetivamente e, com isso, ter notícias do lugar que ocupa diante de seu sofrimento para que possa responsabilizar-se por suas escolhas.

Dessa forma, no momento do encaminhamento, algumas questões se impõem: quem queria o tratamento? O paciente? Ou o médico? Qual era o sentido que o tratamento tinha para Carlos? O que se repetia e se reatualizava nos seus frequentes "sumiços"?

Em uma conferência intitulada *O lugar da psicanálise na medicina*, proferida para médicos no hospital de Saint Anne, na França, o psicanalista francês Jacques Lacan (1966/2001, p. 12) surpreende ao considerar o "gozo do corpo"[2]

---

2. O gozo, para Lacan, pode ser entendido como uma forma paradoxal de satisfação que não ocorre sem um *quantum* de sofrimento. Ou seja, o conceito de gozo foi a maneira de Lacan, em seu retorno a Freud, falar sobre o além do princípio do prazer e, com isso, podendo afirmar que, em termos econômicos, a tensão do aparelho psíquico pode gerar desprazer, mas que este pode trazer satisfação.

e a "estrutura da falha que existe entre demanda e desejo"[3] as duas maiores contribuições que a psicanálise poderia dar à medicina.[4]

Fazemos nossas as palavras de Lacan e defendemos que a entrada do psicólogo no hospital é tributária justamente desses pontos que marcam a impossibilidade de tudo simbolizar, seja por meio da queixa com relação ao sintoma, seja por um pedido do paciente feito ao médico, seja pela proposta de tratamento oferecida pelo médico. Algo sempre escapa à lógica da consciência. Assim, o fato de o paciente estar consciente da importância de um tratamento não quer dizer em absoluto que ele se engajará no mesmo. Afinal, gozo, demanda e desejo estão articulados, e isso gera entrave na clínica médica. Vejamos como essa articulação se dá.

Ora, não é incomum no cotidiano hospitalar o paciente pedir ao médico a cura, mas o que oferece em troca de toda atenção dada, de todo o medicamento administrado e de todos os exames feitos é um *agarrar-se à doença com unhas e dentes*. E isso por quê? Porque "um corpo é algo feito para gozar, gozar de si mesmo" (LACAN, 1966/2001, p. 11).

As palavras simples, porém, precisas de Pierre Benoit, médico e psicanalista francês, que escreveu sua obra *Psicanálise e medicina: teoria e casos clínicos* depois de ter assistido à conferência de Lacan à qual nos referimos, mostram-nos com clareza a impossibilidade de se equivaler o organismo e um corpo que goza:

> Um pouco mais tarde, quando me vi confrontado com os clientes, soube de imediato [...] que na prática médica, salvo pelos raríssimos casos que podem ser efetivamente reduzidos a um simples problema técnico, há sempre algo como um encontro malogrado,

---

3. Lacan, nesta conferência, irá estabelecer uma diferença entre aquilo que o paciente demanda e aquilo que, de fato, deseja. Para compreendermos melhor essa diferença, é importante lembrarmos que o desejo, para a psicanálise, é sempre inconsciente e tributário da falta. Ou seja, não há possibilidade de satisfação. A demanda, aquilo que é articulável na fala, por meio de um pedido dirigido ao Outro, seria sempre de amor e, por isso, intransitiva. Portanto, não há um objeto direto da demanda. Aquilo que se obtém está sempre aquém ou além da demanda, uma vez que o que se pede é amor.

4. Parte das reflexões que aqui se desenvolvem são encontradas na dissertação de mestrado de um dos autores, cuja referência é Netto (2014).

> *porque uma construção de saber não pode nem entrar em contato, nem explicar o que está no cerne do sofrimento de um corpo [...]* (BENOIT, 1989, p. 78).

E continua:

> *Numa palavra, creio que muitas doenças dentre as que há de mais orgânicas, são como que uma espécie de protesto biológico contra o estatuto do objeto, fruto da humanização. Um estatuto que destina o ser humano a oscilar sempre entre a perda original do objeto e uma necessidade dupla: a de seu investimento pelo corpo, necessário à vida e ao prazer, e a de seu desvanecimento pontual no gozo e final no risível ou no sagrado da morte* (BENOIT, 1989, p. 86).

Aliás, além de nos dar uma indicação da articulação entre demanda e gozo, Benoit (1989, p. 87) também nos diz que, ao afastar-se do objeto da demanda – diagnóstico, medicamentos, tratamentos –, o psicólogo pode "produzir e levar ao desvelamento de outro objeto, e depois de mais outro. Até a evidência final de que a busca infinita do objeto não leva a outra coisa senão a seu eclipse, pois dessa busca o objeto é a causa não o fim". Esta é uma questão ética, já que responder à demanda é calar o desejo, que, para Lacan, é uma barreira ao gozo!

> *O desejo é de alguma forma o ponto de compromisso, a escala da dimensão do gozo na medida em que de certo modo este desejo permite levar mais longe o nível da barreira do prazer [...]. O prazer é a excitação mínima, aquilo que faz desaparecer a tensão, tempere-a ao máximo: é aquilo que nos para necessariamente a um ponto de distância do gozo. É uma barreira ao gozo* (LACAN, 1966/2001, p. 13).

Dito de outro modo, enquanto a demanda é articulável na cadeia significante, o desejo é apenas articulado, e dele só se tem notícias pelo campo do Outro da linguagem, pelas formações do inconsciente, como os chistes, os atos falhos, os sonhos e os sintomas. Por isso, um elemento aparentemente secundário para o médico pode ser um indício fundamental para o analista, pois a hipótese do inconsciente articula-se a uma lógica negativa: "é nas descontinuidades do discurso consciente que a evidência do inconsciente se manifesta" (ANSERMET, 2003, p. 11).

Assim, "existe desejo porque existe algo de inconsciente, ou seja, algo da linguagem que escapa ao sujeito" (LACAN, 1966/2001, p. 12). Mas há um além! O campo do Outro "é o campo em que se localizam os excessos de linguagem dos quais o sujeito porta uma marca que escapa a seu próprio domínio. É neste campo que se faz a junção com aquilo que chamei polo do gozo" (LACAN, 1966/2001, p. 12). Dessa forma, apenas quando o sujeito muda sua relação com o inconsciente, com esse Outro que lhe habita, passando a escutar o que diz e responsabilizando-se por seu desejo, que se faz possível o pagamento de uma certa cifra de gozo.

Voltando ao caso de Carlos: nos primeiros contatos com o paciente, algo chama a atenção. Carlos, ao contrário do que os médicos diziam, era muito consciente dos malefícios trazidos por seus sumiços. "Não consigo fazer diferente, não sei o que acontece" – dizia o paciente. Neste ponto, Carlos se dirige ao analista, encarnado na figura do psicólogo, uma questão, um enigma a ser decifrado. Aqui, cabe ressaltar que essa interrogação acerca do sentido de seu sintoma entendido como uma metáfora possibilita a aposta em uma estrutura neurótica, e isso quer dizer que Carlos se vê às voltas com a pergunta "o que o outro quer de mim?". Na tentativa de responder a essa indagação, ao desejo do Outro, Carlos se alienava às demandas a ele dirigidas de forma mortífera, tentando atendê-las prontamente, na ilusão de que isso lhe garantiria um lugar no desejo do Outro. Esse movimento do sujeito dizia de seu modo de gozo. Ou seja, posição que assumia repetidamente tentando alcançar algo do desejo do Outro e que lhe trazia sofrimento, mas não sem satisfação.

Entretanto, a alienação como operação de causação do sujeito[5] não se dá totalmente, pois certo grau de separação é necessário (LACAN, 1964/2008).

---

5. O processo de causação do sujeito é trabalhado por Lacan em seu *O seminário XI: os quatros conceitos fundamentais da psicanálise*, no qual afirma que o aparecimento do sujeito dividido na cadeia significante se dá por meio das operações de alienação e separação com relação ao Outro. Assim, para se constituir, o sujeito se aliena ao desejo do Outro, por meio da pergunta que o funda, "O que o Outro quer de mim?", mas também se separa, uma vez que, na significação fálica – tentativa de dar sentido ao desejo do Outro – algo falha, resta, dividindo o sujeito.

E aqui o "sumiço" cumpria uma função vital para Carlos. Por meio do "sumiço", Carlos se protegia. Ou seja, Carlos aceitava prontamente todas as condutas médicas, sem ao menos se questionar o quanto concordava ou não com elas. Assim, a única maneira de se preservar e ao mesmo tempo não contrariar o Outro era o "sumiço".

Ao perceber isso durante os atendimentos, Carlos é convocado a pensar sobre outras possibilidades de se colocar em relação a seu tratamento, que não fosse pela via do "sumiço". É neste momento então que Carlos começa a se posicionar de outra forma diante das demandas médicas e, com o agravamento de seu quadro, decide parar a quimioterapia e entrar em cuidados paliativos exclusivos, objetivando ter uma melhor qualidade de vida para poder passar mais tempo com sua família.

Entretanto, com a evolução do quadro, Carlos já estava em cuidados de fim de vida e apresentando muitos sintomas, vistos pela equipe como causadores de muito sofrimento. Diante disso, a partir de uma decisão compartilhada entre equipe multiprofissional, equipe médica e familiares, é ofertado ao paciente a possibilidade se ser realizada a sedação paliativa – medicação usada para rebaixar o nível de consciência de pacientes que apresentam sintomas refratários ao tratamento convencional, bem como dor, fadiga, dispneia e sofrimento psíquico. Entretanto, Carlos recusa a sedação, afirmando querer estar acordado para poder estar com seus familiares.

Neste momento, a equipe médica e de enfermagem se dividiu. Enquanto uns acreditavam que o paciente tinha indicação médica para sedação paliativa, outros afirmavam que a autonomia do paciente deveria ser respeitada. Dizendo de outra forma, parte da equipe acreditava que estavam sendo privados da sua autonomia de exercer o melhor julgamento clínico, evitando sofrimento desnecessário ao paciente. Por outro lado, havia aqueles que acreditavam que sedar o paciente geraria muito mais sofrimento do que aquele causado pelos sintomas de difícil controle.

Diante desse impasse, foi necessário reunir a equipe e resgatar a construção do caso clínico.[6] Só dessa forma seria possível continuar dando voz ao paciente.

---

6. A construção do caso clínico é uma metodologia que tem como base a obra freudiana e o ensino de Jacques Lacan, mas que foi originalmente proposta pelo psicanalista italiano Carlos Viganò (1999) e tem como objetivo pensar o caso clínico levando em conta não apenas o saber acumulado pela equipe sobre o paciente, mas também o saber do paciente a respeito da maneira como se posiciona diante de seu sofrimento.

Assim, se a entrada da psicologia foi motivada por uma não adesão ao tratamento, uma vez que Carlos só encontrava em seu "sumiço" uma forma de se posicionar e dar consequências a seu desejo, agora o paciente não mais precisava fazer uso dessa saída sintomática. Ou seja, a escolha de Carlos de não ser sedado para poder ter o maior tempo possível com sua família, a despeito de seu sofrimento corpóreo, mostrava-se legítima e era consequência do trabalho de todos da equipe que se prontificaram a escutá-lo de outra maneira, compreendendo que havia algo velado por seus "sumiços". Dessa forma, sedar Carlos não seria fazer com que ele sumisse novamente? E mais, a sedação não teria muito mais o propósito de fazer "sumir" um mal-estar da equipe que vinha à tona diante do corpo doente, emagrecido e debilitado de Carlos? Essas questões e não respostas imediatas às mesmas possibilitaram que a equipe suportasse não sucumbir ao empuxo de "fazer o bem" ao paciente, sem se questionar o quão narcísico seria esse ato.

Com isso, é muito importante que a equipe como um todo esteja atenta à lógica intrínseca a cada caso. Ou seja, a equipe deve estar avisada da posição subjetiva do paciente diante da doença e do tratamento, para que não faça uso de protocolos tentando minimizar a angústia advinda da sensação de impotência, em vez de necessariamente tratar o sofrimento do paciente.

Considerações finais

Os avanços técnico-científicos na área da saúde promoveram um aumento na expectativa de vida, aliado à possibilidade de controle de doenças que antes eram fatais. Neste cenário, a discussão em torno da importância dos cuidados paliativos e cuidados de fim de vida vem sendo cada vez mais considerada, seja na assistência direta ao paciente, seja na formação dos profissionais de saúde de maneira geral. Entretanto, ao retomarmos a história da medicina, percebemos que os cuidados paliativos estão em sua origem.

Ora, até o advento da penicilina, não restava aos médicos nada além de controlarem os sintomas de seus pacientes, objetivando oferecê-los a melhor qualidade de vida possível. Dessa forma, percebemos que, a despeito da possibilidade ou não de cura de uma doença, os cuidados paliativos devem estar presentes desde o momento do diagnóstico, pois será apenas dentro dessa perspectiva que o tratamento poderá ser conduzido levando em conta as particularidades de caso e as necessidades de cada paciente.

Nesse sentido, a presença do psicólogo faz-se fundamental. Afinal, será por meio de sua escuta que será possível não só dar voz ao paciente e a seus familiares, mas também possibilitar que os aspectos subjetivos façam parte da construção do caso clínico, dando uma nova tonalidade à conduta médica.

Referências

ANCP – ACADEMIA NACIONAL DE CUIDADOS PALIATIVOS. *Manual de cuidados paliativos*. Rio de Janeiro: Diagraphic, 2012.

ANSERMET, F. *Clínica da origem:* a criança entre a medicina e a psicanálise. Rio de Janeiro: Contra Capa, 2003.

BARONI, C. S. F.; KAHHALE, E. M. P. Possibilidades da psicanálise lacaniana diante da terminalidade: uma reflexão sobre a clínica da urgência. *Psicologia Hospitalar*, São Paulo, v. 9, n. 2, p. 53-74, 2011.

BENOIT, Pierre. *Psicanálise e medicina:* teoria e casos clínicos. Rio de Janeiro: Jorge Zahar, 1989.

BURLÁ, C. *Cuidados paliativos:* ciência e proteção ao fim da vida. 2010. 56 f. Memória (apresentação para concorrer a uma vaga na seção de Medicina). – Academia de Medicina do Rio de Janeiro, Rio de Janeiro, 2010. Disponível em: <http://www.amrj.org.br/_pdf/discurso_cb01.pdf>. Acesso em: 20 nov. 2016.

CREMESP – CONSELHO REGIONAL DE MEDICINA DO ESTADO DE SÃO PAULO. *Cuidado Paliativo*. São Paulo, 2008. (Coordenação Institucional de Reinaldo Ayer de Oliveira).

FREUD, S. Reflexões sobre os tempos de guerra e morte. In: _____. *Edição standard brasileira das obras psicológicas completas de Sigmund Freud.*

Rio de Janeiro: Imago, 1996. p. 285-311. v. XIV. (Obra original publicada em 1915).

_____. Sobre a transitoriedade. Tradução de J. Salomão. In: _____. *Edição standard brasileira das obras completas de Sigmund Freud*. Rio de Janeiro: Imago, 1972. p. 317-324. v. XIV. (Obra original publicada em 1915).

JUNGES, J. R. et al. Reflexões legais e éticas sobre o final da vida: uma discussão sobre a ortotanásia. *Revista Bioética*, Brasília, DF, v. 18, n. 2, p. 275-288, 2010.

LACAN, J. *O seminário, livro 11:* os quatro conceitos fundamentai da psicanálise. Rio de Janeiro: Jorge Zahar, 2008. (Obra original publicada em 1964).

_____. O lugar da psicanálise na medicina. *Opção Lacaniana: revista brasileira internacional de psicanálise*, São Paulo, n. 32, p. 8-14, 2001. (Obra original publicada em 1966).

NETTO, M. V. R. F. *Um psicanalista no hospital geral:* possibilidades e limites de atuação. 2014. 110 f. Dissertação (Mestrado em Psicanálise) – Instituto de Psicologia, Universidade do Estado do Rio de Janeiro, Rio de Janeiro, 2014.

NEVES, N. M. B. C, SIQUEIRA, E. S. A Bioética no atual Código de Ética Médico. *Revista Bioética*, Brasília, DF, v. 18, n. 2, p. 439-450, 2010.

OMS – ORGANIZAÇÃO MUNDIAL DA SAÚDE. *Cuidados paliativos.* [20 ?]. Disponível em: <http://www.who.int/cancer/palliative/definition/en/>. Acesso em: 20 nov. 2016.

PESSINI, L; BERTACHINI, L. (Org.). *Humanização e cuidados paliativos.* São Paulo: Edições Loyola; Editora do Centro Universitário São Camilo, 2006.

VIGANÒ, C. A construção do caso clínico em saúde mental. *Revista Curinga*, Belo Horizonte, n. 13, p. 39-48, 1999.

5. Tabagismo, álcool e drogas

Thiago Amaro Machado
Elton Yoji Kanomata
Daniel de Sousa Filho
Ricardo Jonathan Feldman
Alfredo Maluf Neto

Tratamento para dependência da nicotina

Contexto global

Segundo a Organização Mundial da Saúde (OMS), fumar é um problema de saúde pública, que afeta um terço da população mundial adulta, com um número estimado de 2 bilhões de fumantes. Com associação direta em mais de cinquenta doenças, ela é hoje responsável por 30% das mortes por câncer de boca, 90% das mortes por câncer de pulmão, 25% das mortes por doença do coração, 85% das mortes por bronquite e enfisema, 25% das mortes por derrame cerebral e a principal causa de morte evitável em todo o mundo, com a estimativa de chegar a 10 milhões anuais de mortes associadas em vinte anos.

Esse problema não atinge somente os fumantes, mas também os não fumantes, que convivem com fumantes ativos e que, por consequência, são fumantes passivos que acabam por obter um aumento expressivo nos riscos de doenças como o câncer e problemas cardiorrespiratórios.

Contexto do tabagismo no Brasil

No Brasil, segundo a Vigilância de Fatores de Risco e Proteção para Doenças Crônicas por Inquérito Telefônico (Vigitel), em dado de 2013, o número de fumantes no Brasil representava 11% da população, o equivalente a um terço do número apresentado na pesquisa do Instituto Brasileiro de Geografia e Estatística (IBGE), que estimou, em 1989, 34,8% da população brasileira como fumante. Apesar da queda, o tabagismo ainda é responsável por cerca de 200 mil mortes por ano no Brasil.

Dentre várias iniciativas de redução, um dos principais responsáveis por essa diminuição foi a Lei Federal Antifumo nº 9.294, datada de 1996, a qual relacionou limites aos locais de consumo (fumódromos) e regulamentação, incluindo restrições, a propagandas de cigarro. De forma complementar, os estados e municípios têm autonomia para elaborar leis mais rígidas e com maiores restrições, tais como a eliminação dos fumódromos e a proibição de cigarros em locais públicos e fechados como bares, restaurantes, casas noturnas, hotéis, supermercados, *shoppings*, entre outros.

Tabagismo no hospital

Uma das instituições que precisaram se adequar a esta lei mais rígida de proibição total do tabagismo, estabelecidas por governos como o do município de São Paulo, foram os hospitais. Apesar de as doenças relacionadas ao tabagismo serem uma das principias causas de internação, existem poucos dados sobre o tabagismo nos pacientes internados. Em um estudo realizado em São Paulo, relacionou-se que 17% dos pacientes intra-hospitalares eram fumantes ativos (OLIVEIRA et al., 2008). Desta forma, segundo Ferreira (2011), o paciente internado é obrigado a parar de fumar independentemente da motivação para essa decisão. Entretanto, mesmo com a proibição, 25% dos pacientes fumam dentro do hospital e 55% mencionam sintomas de abstinência, sendo que apenas 6% dos fumantes recebem reposição de nicotina. Ainda, 63% dos pacientes que não fumaram durante a internação recaem na primeira semana, sendo que 45% recaem no primeiro dia após a alta.

O cigarro contém 4.700 substâncias tóxicas e uma das principais é a nicotina, considerada pela OMS como droga psicoativa que causa dependência química e física. Atualmente, acredita-se que a dependência da nicotina não é a única motivação para o tabagista, pois, além do aspecto físico, a dependência também é associada a componentes comportamentais e psicológicos (ROSSANEIS; MACHADO, 2011).

A comprovação da nicotina como fator de dependência foi estabelecida em 1988, no relatório do cirurgião geral Koop, e, a partir daquele momento, o cigarro deixou de ser visto apenas como psicológico e passou ser compreendido também como físico, requerendo tratamento parecido com os tratamentos para dependências de outras substâncias.

O principal sintoma de dependência de nicotina é a tolerância à substância que o organismo desenvolve, com a necessidade de o usuário precisar de cada vez mais nicotina. A maioria dos fumantes inicia o consumo com um cigarro, escalonando para uma média de vinte ou mais cigarros por dia.

Outro fator muito marcante no uso da nicotina é a falta que ela faz ao organismo, gerando a chamada síndrome de abstinência, que se caracteriza com o aparecimento de ansiedade, inquietação, irritabilidade, agressividade, depressão, dificuldade de concentração e prejuízo na memória, aumento do apetite e, em situações mais extremas, diminuição do batimento cardíaco e da pressão arterial, sintoma este que aparece normalmente uma hora após a interrupção do uso do cigarro e pode se estender por até oito semanas, com seu ápice nas duas primeiras semanas. O usuário pode, neste período, experimentar o sintoma *craving*, caracterizado por uma vontade intensa de fumar.

A nicotina, depois de inalada, é absorvida pelo pulmão e pela mucosa oral, alcançando a corrente sanguínea depois de sete a nove segundos, com efeito no sistema nervoso por até duas horas. Há um aumento rápido e pequeno no estado de alerta do indivíduo, em sua atenção, concentração e memória e, ainda, é relacionado, em estudos recentes, o seu efeito como calmante e o relaxamento. Estes comportamentos estão mais associados à melhora do efeito da abstinência.

O cigarro também cria gatilhos que podem ser desencadeados por estímulos ambientais, os quais ocorrem independentemente de uma necessidade do organismo ou estado fisiológico. Muitas vezes, o que está relacionado ao cigarro é o hábito de fumar, que é chamado de "fissura". Essa "fissura" é uma vontade muito forte de fumar e está associada a outro componente externo, como fumar após beber café.

A ideia de parar de fumar normalmente é ambivalente para o usuário, que, apesar de saber que faz mal, ainda sente dificuldade para se sentir motivado a parar de fumar.

Uma das situações que pode estimular essa decisão é a internação hospitalar, em decorrência ou não ao cigarro, pois o paciente hospitalizado geralmente está mais motivado a repensar sua saúde de forma geral e a internação pode ser o ponto de partida para isso, em conjunto com os dias que provavelmente ele não poderá fumar em obediência à restrição das leis de tabaco zero nas instituições de saúde.

Segundo Russo e Azevedo (2010), essa decisão de cessar o uso do tabaco também pode ser gradual e passar pelos estados de mudanças descritos por Prochaska e Diclemente, explicitados a seguir:

- *pré-contemplação:* neste estágio, o paciente não está motivado a parar de fumar, ainda não estabelece prejuízo ou minimiza os riscos do tabagismo;
- *contemplação:* neste estágio, a decisão de parar de fumar ainda é muito ambígua, contudo, o paciente já estabelece a relação do risco de continuar fumando;
- *preparação para a ação:* paciente já decidiu parar de fumar e, provavelmente, já iniciou estratégias para diminuir o consumo de cigarro;
- *ação:* o indivíduo parou de fumar, implementou seu plano e estratégias de ação;
- *manutenção:* este estágio pode persistir por até seis meses após a interrupção do uso. Neste período, é natural ocorrer mudanças comportamentais para ajudar no controle da vontade e minimizar possíveis recaídas, como passar a não tomar café se havia um hábito associado.

Uma situação natural ao processo de cessação do fumo são as recaídas. Em um estudo realizado pela Society for Research on Nicotine and Tabacco, no Instituto do Coração (Incor) com 820 pacientes, cerca de 30% voltaram a fumar, sendo que a maioria das recaídas (60%) ocorreram nos três primeiros meses de tratamento, que é considerada a fase mais crítica. Após este período, o índice de recaída é de 17% a 20% no primeiro ano, caindo drasticamente para 1,5% após doze meses. Vale ressaltar, neste caminho, a importância do terapeuta em encorajar uma postura persistente frente à desistência e nunca se colocar em uma postura reprovadora. Para o paciente, é frequente a associação das recaídas ao sentimento de fracasso, com parcelas consideráveis de sofrimento associado.

O entendimento dessas fases de motivação é muito importante para o planejamento do tratamento de cessação ao tabaco, pois uma das mais fortes ferramentas nesse processo é a própria motivação do paciente.

Tratamento não medicamentoso e medicamentoso

Tratamento não medicamentoso

Atualmente, existem muitas recomendações para o tratamento e diferentes estratégias de cessação do tabagismo, todavia, o padrão ouro (maior eficácia comprovada em pesquisas atuais) é a combinação de intervenção comportamental breve (individual ou em grupo) e tratamento farmacológico (terapia de reposição de nicotina e uso de medicação). Esse modelo comprovadamente aumenta em 1,5 a 2 vezes as taxas de eficácia dos programas. Tal tratamento usualmente conta com a avaliação inicial de um psicólogo e de um psiquiatra, os quais irão estabelecer qual é o melhor caminho e a terapêutica para o paciente.

Do ponto de vista do comportamento durante o acompanhamento, serão avaliados os recursos disponíveis e a motivação do paciente, como também se há algum transtorno psiquiátrico que pode dificultar ou anular o tratamento. Das técnicas psicológicas que se destacam, a entrevista motivacional estimula a melhora da ambivalência da motivação, trabalhando foco e estratégias (ISMAEL, 2007).

Outra referência para o tratamento são as técnicas da terapia cognitiva comportamental, as quais identificam os comportamentos disfuncionais de indução ao fumo e mobilizam estratégias de combate, estimulando a mudança. Por último, outra referência técnica é a prevenção de recaída, que contribui para identificar e preparar o paciente para enfrentar as situações que podem levar a recaída.

Na avaliação, devem constar:

- investigação do histórico pessoal;
- padrão de uso atual;
- tentativas anteriores de parar de fumar;
- abstinência;
- histórico médico geral;
- histórico psiquiátrico;
- grau de motivação;
- uso de outras substâncias.

Um instrumento padronizado e recomendado é o uso do questionário de tolerância de Fagerstrom para dependência à nicotina.

O tempo de tratamento ainda não é um consenso, porém, deve ser de pelo menos duas semanas, que podem se prolongar por tempo indeterminado, com uma duração entre vinte e trinta minutos.

Tratamento medicamentoso

O tratamento de primeira linha para o tabagismo é a terapia de reposição de nicotina e o uso de bupropiona ou vareneclina (LARANJEIRA et al., 1998).

Os estudos comprovam que a associação desses dois tratamentos (reposição de nicotina e medicação) tem melhor eficácia do que um deles usado separadamente.

Na terapia de reposição da nicotina, o objetivo é a melhora da abstinência, permitindo ao paciente parar de fumar sem que ocorram os sintomas já relatados, melhorando o risco de recaídas nos primeiros dias e o engajamento ao programa de cessação. Ele é um tratamento bem seguro, que não precisa de receita médica, sendo recomendado para tabagistas que consomem uma média superior a dez cigarros por dia. Apesar de existir esse tratamento de várias formas, como adesivo transdérmico, goma de mascar, *spray* nasal, inalador e tabletes (os três últimos ainda não disponíveis no Brasil), o mesmo é contraindicado para grávidas, menores de 18 anos e pacientes com histórico de doenças cardiológicas.

Os adesivos disponíveis no mercado são de 21, 14 e 7 mg, com utilização e troca diária e diminuição progressiva de acordo com a dependência da nicotina (prazo médio de oito semanas). Com apresentação de poucos efeitos colaterais (irritação na pele na maioria dos casos, quando há ocorrência), os adesivos são a indicação mais usada e recomendada.

A goma de mascar encontrada no Brasil é de 2 mg por unidade, com um consumo de dez gomas por dia, não superando vinte unidades. Pode apresentar efeito colateral de irritação na cavidade oral.

A bupropiona (com nome comercial Zyban) é um antidepressivo atípico que atua como inibidor da recaptação de dopamina e, mais fracamente, da noradrenalina. É reconhecido e certificado para tratamento do tabagismo desde 1997 pela Food and Drugs Administration (FDA), agência reguladora de medicação americana. Apesar de tecnicamente ser um antidepressivo, o seu uso como antinicotínico reduz os efeitos da abstinência e da fissura, agindo na região de prazer do cérebro. Sua recomendação de uso é de iniciar algumas semanas antes de parar de fumar, por seu efeito acumulativo no organismo, com dose inicial de 150 mg por dia e, após uma semana, passar para 300 mg, sendo o período de tratamento entre sete e doze semanas. Há contraindicação em pacientes com histórico de convulsão, transtorno de anorexia nervosa e bulimia, gravidez e amamentação (segurança não estabelecida), pacientes menores de 18 anos de idade, alcoolistas em fase de retirada do álcool, uso de benzodiazepínicos ou outros sedativos e uso de inibidores da monoaminoxidase nos últimos quinze dias anteriores.

A vareniclina (com nome comercial Champix) é um medicamento específico para o tratamento do tabagismo, o qual, além de diminuir os efeitos da abstinência, espera tirar os efeitos de prazer do cigarro, produzindo efeitos semelhantes à nicotina sobre os receptores colinérgicos nicotínicos. O tratamento é padronizado em doze semanas, com comprimidos de 0,5 mg e de 1 mg, com aumento progressivo e estabelecido pelo tempo de uso. Há contraindicações para menores de 18 anos, mulheres grávidas ou em fase de amamentação (segurança não estabelecida) e em pessoas alérgicas ou com hipersensibilidade a essa substância, problemas renais, histórico psiquiátrico e doenças cardiológicas.

Ainda existem tratamentos de segunda linha ou segunda escolha, como clonidina e nortriptilina, que podem ser usados de acordo com indicações clínicas ou contraindicações das medicações de primeira linha.

Tratamento no hospital geral HIAE

Atualmente, poucos hospitais possuem uma abordagem efetiva de acompanhamento e tratamento do tabagismo ou qualquer protocolo que ajude os pacientes, estando estes internados ou não. No Hospital Israelita Albert Einstein (HIAE), existem duas propostas de tratamento para os pacientes internos e externos (ambulatório), com um programa individual de tratamento para a dependência para atender às características e à subjetividade de cada paciente. O objetivo do programa é ajudar o paciente no manejo dos sintomas de abstinência e na cessação do tabagismo em consultas de seguimento para prevenir a recaída. A equipe responsável é formada multidisciplinarmente por psicólogos e médicos psiquiatras e é denominada institucionalmente como Núcleo de Apoio ao Tabagismo Einstein (NATE).

Os métodos e técnicas de tratamento que são utilizados pela equipe são baseados nas evidências científicas aqui mencionadas para atendimento dos pacientes hospitalizados ou em ambulatório. O fluxo do programa é formatado de acordo com essa característica, sendo diferenciado quanto à sua abordagem, estando o paciente interno ou externo.

Durante a internação, os pacientes que são avaliados pela equipe como dependentes ou com sintomas de abstinência de nicotina são direcionados para uma avaliação breve pela equipe do NATE. É realizada uma avaliação inicial pelo psicólogo do programa para obter histórico e dados sobre o tabagismo, aplicação do questionário de tolerância de Fagerstrom para dependência à nicotina, avaliação da motivação e orientação sobre o programa institucional.

Para os pacientes que não manifestam desejo em parar de fumar, é realizada uma discussão do caso com a equipe médica do paciente, para que haja o tratamento de manejo dos sintomas de abstinência durante a internação. A equipe do NATE fica à disposição do paciente e da equipe multiprofissional para orientações necessárias.

Para os pacientes que aceitam o acompanhamento do NATE, é realizada uma avaliação psiquiátrica com objetivo de indicar a melhor terapêutica medicamentosa para manejo dos sintomas de abstinência e para controle da vontade, como já mencionado. O tempo de acompanhamento do NATE nos pacientes internados é similar ao tempo de internação e a frequência é estipulada pelo profissional responsável, de acordo com a necessidade.

Já para os pacientes que iniciaram o tratamento no hospital durante a internação ou para aqueles em que há busca espontânea de tratamento, é disponibilizado um programa de cessação de tabagismo. Esse programa ocorre durante doze semanas, com avaliação clínica presencial realizada pelo psiquiatra e pelo psicólogo separadamente para diagnóstico e propostas de tratamento. No acompanhamento do psicólogo, são agendados mais onze atendimentos semanais com duração de trinta minutos para manejo dos comportamentos disfuncionais que levam ao cigarro, estabelecimento de metas e desenvolvimento de estratégias para minimizar a vontade de fumar. Esse trabalho é realizado por meio de técnicas de motivação para a cessação do tabagismo e tem seu término quando o paciente alcança o estágio de manutenção. No acompanhamento psiquiátrico, são realizadas três consultas: uma consulta inicial, outra entre a sexta e a oitava semana e outra ao final do programa. Essa intervenção tem o objetivo de avaliar a necessidade de medicação, realizar o tratamento de reposição de nicotina e outros fármacos de controle do cigarro se for preciso e, ainda, quando necessário, medicações que ajudem o equilíbrio do estado emocional.

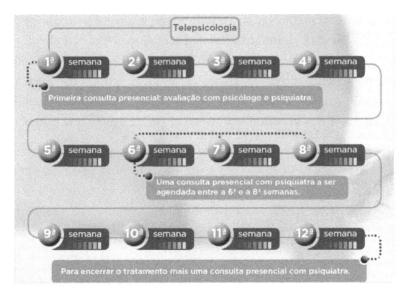

Figura 5.1 *Fluxo de atendimento do Programa Telecessação do Tabagismo.*

Uma das propostas pioneiras desse programa é a possibilidade do acompanhamento psicológico (com exceção do primeiro) ser feito a distância, por meio de ferramentas de áudio e vídeo e da internet. Essa estratégia é regulamentada pelo Conselho Federal de Psicologia por meio da resolução do CFP nº 011/2012, sendo este conceito de tratamento oriundo da junção da telemedicina e psicologia, que deu origem à telepsicologia no HIAE. As ferramentas usadas no programa de telepsicologia estão de acordo com o protocolo de segurança da informação na medicina, o Health Insurance Portability and Accountability Act (HIPAA Compliance), estabelecido em 1996 pelo governo dos Estados Unidos. Sua vantagem ainda está sendo calculada, porém, já podemos afirmar que essa tecnologia melhora a adesão a um programa semanal, pois permite que o paciente possa participar dele com baixo impacto na sua rotina habitual, sem prejuízo de tempo ou deslocamento em grandes cidades, favorecendo a relação custo-benefício.

Deixar de fumar não é uma tarefa simples, contudo, com uma equipe especializada, tratamentos específicos e novas ideias que possam facilitar o acesso e, principalmente, a motivação pessoal dos pacientes, os quais cada vez mais entendem os riscos e os malefícios do cigarro, este caminho pode ser alcançado com êxito em prol de uma maior qualidade de vida e prevenção de doenças.

É uma trajetória pessoal que pode ser trilhada com sucesso, pois, tal qual descrito, os recursos são existentes, focados e comprovadamente eficazes.

Tratamento para dependência de álcool e drogas

Álcool

Os registros de consumo de álcool são quase tão antigos quanto a própria história da humanidade. Do seu uso como fonte hídrica e calórica, de seu efeito antisséptico, do emprego em rituais religiosos ou somente pela busca da embriaguez, o álcool é empregado até hoje em diversas circunstâncias diferentes. Enquanto bebida alcoólica, seu consumo está presente em quase todos os povos e culturas, variáveis em tipo, forma e condições.

Na área da saúde, já foram feitas diferentes considerações quanto ao uso de bebida alcoólica. O álcool encontra-se arraigado de tal forma aos hábitos e culturas que, apesar de seu consumo milenar, ainda nos dias de hoje é causa de inúmeras discussões.

Remetendo à história, Hipócrates identificou inúmeras propriedades do vinho e recomendava seus diferentes tipos para diferentes doenças. Platão recomendava o consumo moderado do vinho para benefícios à saúde e para a felicidade, enquanto Aristóteles já identificava o consumo excessivo como problemático.

Até os dias atuais, discute-se a regulamentação da bebida alcoólica em diversos países, não havendo um consenso. Encontramos desde sociedades que defendem a total abstinência até aquelas com pouca ou nenhuma restrição. Um dos motivos para tamanha discussão leva em conta políticas públicas de saúde, dado o elevado número de consumidores.

Segundo estimativas da Organização Mundial da Saúde (OMS), a cada ano, cerca de três bilhões de pessoas consomem bebida alcoólica, o que corresponde a aproximadamente 40% da população mundial adulta.

Na área médica, o consumo de álcool pode estar relacionado ou ser o causador de uma série de patologias. Nesta óptica, dados da OMS estimam que, a cada ano, morrem cerca de 3,3 milhões de pessoas devido ao uso de álcool (por exemplo: intoxicações agudas, cirrose hepática induzida pelo álcool, violência e colisões de automóveis). Quanto às interações medicamentosas, há o risco de interferência na ação de outros medicamentos, potencializando ou reduzindo seu efeito terapêutico, ou então favorecendo a eclosão de efeitos adversos.

Levando em consideração que grandes proporções dos enfermos internados em regime hospitalar apresentam delicada condição clínica e têm em suas prescrições um rol de medicamentos, o consumo concomitante de álcool acaba sendo ainda mais inadequado. Apesar de parecer nítido aos olhos de muitos, em nossa prática clínica, nos deparamos frequentemente com situações de consumo de álcool em ambiente hospitalar.

Em situações assim, apesar das abordagens pelos médicos e pela equipe de enfermagem, pode ocorrer alguma resistência ou total desacordo entre as partes. Neste momento, entender os motivos que contribuem para isso é primordial, evitando desgastes e riscos desnecessários. O psicólogo assume então um papel fundamental, que pode contribuir na construção de um canal de diálogo e, assim, atua de forma terapêutica. Além disso, pode ser o primeiro profissional da área de saúde mental a analisar o caso.

Na esfera da segurança do paciente, é primordial confirmar que o paciente etilista tenha o adequado suporte assistencial. Isso envolve profissionais da psicologia e da psiquiatria, que o poderão abordar de forma mais específica, sensibilizando a interrupção do consumo, temporária ou definitivamente, além de fazer uma detecção precoce de possíveis patologias mentais envolvidas.

Dentre as informações colhidas na entrevista, encontram-se aquelas que já podem contribuir na identificação de pessoas com possível consumo de risco ou então em que já se encontra instalado o uso nocivo de álcool. Tais informações compõem o questionário de triagem chamado CAGE (Quadro 5.1). Tratam-se de siglas para quatro perguntas que possuem boa sensibilidade e especificidade quando positivas para duas ou mais destas: *cut down*; *annoyed*; *guilty*; *eye-opener*.

Caso pontue para duas ou mais perguntas, deve-se seguir para uma avaliação mais detalhada e identificar um possível transtorno relacionado ao consumo de álcool, como um uso nocivo ou a dependência por álcool. Junto a isso, avalia-se seu padrão de consumo, quais campos da vida do indivíduo encontram-se comprometidos e em qual intensidade. É imprescindível que haja uma riqueza de informações nas mãos dos profissionais que prestam assistência, permitindo-os assim dedicar cuidados e esforços para um tratamento individualizado.

Quadro 5.1 *Questionário CAGE*

O consumo de álcool é considerado de risco a partir de duas respostas afirmativas:	NÃO	SIM
1. Alguma vez o(a) sr.(a) sentiu que deveria diminuir a quantidade de bebida ou parar de beber?	0	1
2. As pessoas o(a) aborrecem porque criticam o seu modo de beber?	0	1
3. O(A) sr.(a) se sente culpado(a) (chateado consigo mesmo) pela maneira como costuma beber?	0	1
4. O(A) sr.(a) costuma beber pela manhã para diminuir o nervosismo ou a ressaca?	0	1

Outras drogas

Nos dias atuais, nos deparamos com um número crescente de substâncias de abuso, distribuídas em todas as faixas etárias e classes sociais. É uma preocupação em todos os âmbitos e na área de saúde não é diferente. O usuário de drogas pode estar internado no hospital devido às consequências do uso, seja ela uma consequência direta, como intoxicação aguda, seja indireta, como sequelas do uso nocivo à saúde.

Concomitante a isso, tais pacientes geram preocupações aos profissionais que lhe assistem pelo risco de desenvolver quadro de abstinência ou fissura pela substância, interferindo nos cuidados à sua saúde. Desse modo, o conhecimento do uso de substâncias e a identificação precoce dos possíveis riscos que porventura venham a eclodir durante a internação hospitalar é de suma importância.

A motivação do paciente em interromper o uso de drogas é essencial. É por meio do bom vínculo formado que surgirão dados importantes para o trabalho de toda a equipe hospitalar, além de tecer estratégias que favoreçam o bom desenvolvimento do trabalho. Realizar tratamento sem o desejo do usuário tende ao insucesso, visto que há falta de colaboração durante sua internação hospitalar e má adesão ao tratamento ambulatorial.

Uma das formas de classificar as substâncias é por meio da forma de ação no sistema nervoso central. Os depressores do sistema nervoso central podem cursar com sonolência, redução dos reflexos e da vigília, dificuldade de concentração e letargia. Pertencem a este grupo o álcool, os benzodiazepínicos, os opiáceos e os inalantes.

As drogas estimulantes do sistema nervoso central, como as anfetaminas, a cocaína, a nicotina e a cafeína, podem causar insônia, inquietação ou agitação, euforia, eliminar sintomas como cansaço e indisposição. Já as drogas perturbadoras do sistema nervoso central podem desencadear confusão mental, desorientação, delírios e alterações dos sentidos que podem se manifestar, por exemplo, como alucinações. A esta classe pertencem o *cannabis*, o LSD, o *ecstasy*, a *ayahuasca* e alguns tipos de cogumelos.

Frequentemente é constatada a presença de outras patologias mentais, anteriores ou supervenientes ao início do uso, e que reforçam a continuidade do uso, seja como válvula de escape ou para alívio e controle de sintomas. Por outro lado, o próprio uso ou abstinência dela podem desencadear doenças psíquicas.

Frente à coexistência de outras patologias mentais, é importante tratar não somente o uso de substâncias, apesar de muitas vezes ser o que venha a se destacar aos olhos do profissional, mas também tais comorbidades. Fornecer um tratamento mais abrangente tende a aumentar a taxa de sucesso da cessação do uso de drogas, além de melhorar a qualidade de vida do indivíduo.

Os sintomas de abstinência variam de acordo com o tipo de substância que foi retirada ou reduzida. Comumente, são observadas alterações como a estimulação de sinais autonômicos, que se expressam com aumento da frequência cardíaca e respiratória, tremores e elevação da pressão arterial.

Tratamento no hospital geral HIAE

O Hospital Israelita Albert Einstein oferece programa para as pessoas que buscam interromper o uso de álcool e/ou drogas, denominado institucionalmente de Núcleo Einstein de Álcool e Drogas (NEAD). Trata-se de modalidade de tratamento destinado tanto aos pacientes internados no hospital quanto àqueles que procuram tratamento ambulatorial.

A proposta de tratamento pela instituição se assemelha à organização do NATE. O tratamento é voluntário e conta com equipe composta de psiquiatras e psicólogos especializados, que traçam um plano terapêutico individualizado para cada paciente. O tratamento multidisciplinar é de suma importância, dadas as mais diversas e diferentes demandas que cada indivíduo possui.

Quanto ao tratamento farmacológico, não há evidências que apontem a tratamento específico para uso de drogas, como cocaína e *cannabis*. Dessa forma, a partir de avaliação minuciosa, busca-se tratamento guiado aos sintomas psíquicos proeminentes. No caso do etilismo, temos à disposição um leque de medicamentos específicos como a naltrexona, dissulfiram, acamprosato, entre outros. A escolha do melhor medicamento parte de dados da história, como informações do indivíduo, seu padrão de uso, antecedentes pessoais e familiares e uso de outros medicamentos.

À óptica institucional, a promoção de discussões frequentes com toda a equipe envolvida promove um planejamento terapêutico focado no paciente que deve guardar a característica de ser contínuo e flexível para acomodar as necessidades de cada indivíduo. Por meio dessa proposta, observa-se uma melhor evolução do caso, com otimização do tratamento e proteção da integridade da saúde do paciente e de todos os envolvidos.

Referências

FERREIRA, Â. S. et al. Tabagismo em pacientes internados em um hospital universitário / Smoking among inpatients at a university hospital. *Jornal Brasileiro de Pneumologia*, Rio de Janeiro, v. 11, n. 37, p. 488-494, 2011.

ISMAEL, S. Efetividade da terapia cognitiva-comportamental na terapêutica do tabagismo. 2007. 167 f. Tese (doutorado) – Faculdade de Medicina da Universidade de São Paulo, São Paulo, 2007.

LARANJEIRA, R.; LOURENÇO, M. T. C.; SARNAIA, H. Como ajudar seu paciente a parar de fumar. *Diagnóstico e Tratamento*, São Paulo, v. 3, n. 2, p. 44-49, 1998.

OLIVEIRA, M. V. C. et al. Smoking among hospitalized patients in a general hospital. *Jornal Brasileiro de Pneumologia, Rio de Janeiro*, v. 11, n. 34, p. 936-41, 2008.

ROSSANEIS, M. A.; MACHADO, R. C. B. R. Cessação do tabagismo em pacientes assistidos em um ambulatório de tratamento de dependência do tabaco. *Ciência, Cuidado e Saúde,* Maringá, v. 2, n. 10, p. 306-313, abr./jun. 2011.

RUSSO, A. C.; AZEVEDO, R. C. S. de. Fatores motivacionais que contribuem para a busca de tratamento ambulatorial para a cessação do tabagismo em um hospital geral universitário. *Jornal Brasileiro de Pneumologia,* Rio de Janeiro, v. 5, n. 36, p. 603-611, 2010.

6. Sexualidade

Alyne Lopes Braghetto Batista
Maiara Mattosinho Soares Zukauskas

Neste capítulo, o conceito de sexualidade será abordado a partir do conhecimento pautado na compreensão de que ela está relacionada à obtenção de prazer pela via do corpo, da intimidade, da expressão de sentimentos, além da relação com a reprodução e com o conceito de genitalidade. Para tanto, utilizaremos a psicanálise como referencial teórico, passando pelo conceito de corpo e pulsão.

A compreensão sobre esse conceito é influenciada por aspectos biológicos (funcionamento dos órgãos sexuais e fisiologia da resposta sexual humana), culturais e sociais, sendo que, dependendo da época, da cultura e do meio em que o indivíduo se encontra, determinada conduta sexual pode ser aceita ou não.

Importante realizar-se uma distinção a respeito de sexo e sexualidade. O sexo está relacionado à genitalidade e à finalidade reprodutiva, associada, portanto, aos órgãos sexuais. Já a sexualidade, segundo Costa e Oliveira (apud LEITÃO, 2015), está presente na cultura e na história do homem, não diz respeito somente à anatomia. Nos aspectos sociais e culturais, estão presentes o papel associado ao sexo (feminino e masculino), o comportamento a partir da expectativa do grupo e a identidade sexual assumida por si próprio e também diante do olhar do outro. O comportamento e o relacionamento sexual estão presentes nessa relação com o meio social (MACIEIRA; MALUF, 2008).

Para a Organização Mundial da Saúde (CORREA et al., 2003, apud MALUF; MACIEIRA, 2008), a saúde é a integração dos aspectos somáticos, emocionais e intelectuais, que enriquece a personalidade humana, a comunicação e o amor. É a capacidade de desfrutar o comportamento sexual de acordo com a ética pessoal e social, sem medo, vergonha, culpas, tabus ou outras barreiras psicológicas. É também estar livre de distúrbios orgânicos e de deficiências que possam interferir nas disfunções sexual e reprodutora. O bloqueio de causa orgânica, psicológica ou mista de uma das fases da resposta sexual constitui-se em disfunção sexual. De acordo com o DSM IV (APA, 2002), a disfunção sexual é determinada por um distúrbio no processo chamado de ciclo da resposta sexual humana, composta por quatro fases: desejo, excitação, orgasmo e resolução (KAPLAN, 1999).

Nesse sentido, podemos observar, a partir da literatura e de nossa experiência no ambiente hospitalar, que a atuação dos profissionais de saúde tende a priorizar a abordagem da sexualidade a partir das alterações físicas ocasionadas pelo adoecimento e pelo tratamento. Nessa discussão, a proposta é a ampliação do conceito de sexualidade, já que esta é entendida como busca de satisfação, de intimidade, de relacionamento pela via do corpo, podendo, desse modo, atuar na prevenção e no cuidado integral do paciente.

Freud foi um dos primeiros a pensar a sexualidade como tema central para a constituição do psiquismo. Propôs uma teoria da sexualidade infantil, a qual gerou grande polêmica, em uma época e uma cultura em que era difícil conceber a criança como ser sexual. O psicanalista propõe uma nova definição de corpo, que não equivale à organicidade, mas a uma construção, portanto, não estando pronto desde o nascimento. Com isso, é inaugurada uma diferença radical no olhar sobre o corpo sob o viés da psicanálise e da medicina. Na psicanálise, o corpo é fruto de uma construção e, portanto, não coincide com um aparato biológico (FREUD, 1915/1996), como concluiu Freud na escuta das histéricas, descobrindo aí o inconsciente. O corpo, para a psicanálise, é um corpo representado, marcado pela exigência de satisfação constante.

Na clínica com suas pacientes histéricas, ao escutá-las, Freud percebeu que as mesmas tinham um saber sobre o próprio corpo, saber este para além do biológico, mas pautado no conceito de pulsão. Conceito diferente da noção de instinto, o qual permeia o comportamento padrão dos animais, com um objeto ou finalidade específico. Para Freud, o conceito de pulsão está ligado ao conceito de libido. No trecho de seu livro *Três ensaios sobre a teoria da sexualidade*, em 1905, nos diz:

> *Combinam bem com essas hipóteses sobre a base química da excitação sexual as noções de que nos valemos para procurar dominar as manifestações psíquicas da vida sexual. Estabelecemos o conceito da libido como uma força quantitativamente variável que poderia medir os processos e transformações ocorrentes no âmbito da excitação sexual. Diferenciamos essa libido, no tocante a sua origem particular, da energia que se supõe subjacente aos processos anímicos em geral, e assim lhe conferimos também um caráter qualitativo. Ao separar a energia libidinosa de outras formas de energia psíquica, damos expressão à premissa de que os processos sexuais do organismo se diferenciam dos processos de nutrição por uma química especial. A análise das perversões e das psiconeuroses levou-nos à compreensão de que essa excitação sexual é fornecida não só pelas chamadas partes sexuais, mas por todos os órgãos do corpo (FREUD, 1905/1980, p. 205).*
>
> *Nesse sentido, a pulsão é força constante no aparelho psíquico, e não apresenta necessariamente um objeto específico, mas sua finalidade é a satisfação. A pulsão é, portanto, algo que se impõe a partir de impulsos internos que, ao longo de seu trajeto, delimitam o corpo. Nesse processo, ela marca a indissociabilidade entre psíquico e somático, por apresentar-se como exigência de trabalho psíquico constante em busca de uma satisfação que passa pelo corpo (FREUD, 1915/1996, p. 194).*

Freud mostra que a pulsão, a sexualidade pulsional, está também presente nas crianças. Sexualidade esta não necessariamente baseada na genitalidade, na biologia do corpo, mas uma sexualidade pulsional que pode ser observada, por exemplo, no olhar da criança, nos gestos da criança e até mesmo na boca (LEITÃO, 2015). Nas primeiras experiências de saciedade, como o ato da amamentação, por exemplo, o bebê extrai uma satisfação associada, que o levará à busca do prazer fruto dessa experiência.

Segundo Nunes e Silva (2000, p. 52), "a criança vive sua sexualidade desde que nasce, no contato sexual com a mãe, com o mundo exterior e estabelecendo sua percepção corporal em diferentes fases de sua vida". Ou seja, o corpo da criança é seu universo sexual, assim, a noção de corpo é essencial para a sexualidade.

O desenvolvimento do aparelho psíquico depende, em grande parte, de como transcorrem as primeiras experiências do bebê e do papel fundamental desempenhado pela mãe. Uma das funções maternas consiste em operar como para-excitações, interpretando as reações da criança, organizando seus comportamentos e favorecendo a estabilização de funcionamentos que esta ainda não é capaz de manter por si mesma (BORMIO, 2008).

Há, de fato, uma fusão entre o corpo da criança e o corpo da mãe, e essa fusão nada mais é do que sexual, que se traduz na relação entre a mãe e a criança, nos cuidados que essa tem com a criança, na ternura. Freud diz que a própria ternura é em si uma excitação sexual e que nada tem a ver com os genitais.

Contexto hospitalar

Conforme discutido anteriormente, o conceito de sexualidade é muitas vezes considerado semelhante à genitalidade, principalmente no que diz respeito ao contexto hospitalar. Nesse sentido, não é difícil prever que a abordagem das questões que permeiam a sexualidade do paciente encontre barreiras na instituição de saúde.

De acordo com nossa experiência no hospital, de forma geral, o profissional de saúde apresenta dificuldade em abordar esse assunto com o paciente, ou mesmo orientá-lo, caso o paciente traga essa questão. Essa dificuldade em muito tem a ver com os valores morais do profissional e com a maneira como vivencia a própria sexualidade. Um estudo publicado na Revista Brasileira de Enfermagem (FERREIRA; FIGUEIREDO, 1997), evidencia dificuldades e despreparo da equipe de enfermagem para lidar com os aspectos da sexualidade e a expressão da sexualidade de seus pacientes internados. Outro estudo (SANTOS-FILHO et al., 2011) aponta para a necessidade de um olhar multidisciplinar acerca da sexualidade do paciente, já que os diversos campos de saberes podem contribuir para o cuidado integral dessa questão, de forma articulada com todos os membros da equipe.

Diante do adoecimento, o indivíduo pode se sentir numa condição de passividade, pois está à mercê do saber médico que irá atender às necessidades relacionadas ao restabelecimento de sua saúde. Simultaneamente, o sujeito com seus desejos, sonhos e medos pode ser silenciado, já que a prioridade está pautada no tratamento da patologia.

O sintoma do corpo produz, da mesma forma, sintomas psíquicos. Quando o homem entra em contato com os limites que lhes são impostos durante a sua vida, por exemplo, no adoecimento e na hospitalização, ele vive a angústia do desamparo. "Na urgência, o sujeito é lançado no estado inicial do desamparo, estado que pode repetir-se em qualquer momento da vida, revelando a precariedade da condição humana" (MOURA, 1996, apud MACHADO; FONSECA, 2010, p. 10).

Nesse sentido, não é incomum que o próprio paciente encontre dificuldades para expressar suas angústias, medos e desejos, enquanto posição de passividade (objeto) durante a hospitalização. Diante dessa questão, cabe ao profissional de saúde, em especial ao psicólogo hospitalar, dar voz à subjetividade do paciente, para que o mesmo possa falar de si. Será por meio dessa oferta de escuta que a expressão dos desejos e das dificuldades dos pacientes será expressa, inclusive no que tange à sexualidade do paciente e como essa é vivenciada pelo mesmo.

O psicólogo hospitalar, inserido na equipe multidisciplinar, pode auxiliar a equipe a lidar com as dificuldades e as angústias desencadeadas na relação com o paciente, aqui nessa discussão, com destaque à sexualidade, com o objetivo de instrumentalizar de maneira adequada essa equipe. Entender a sexualidade como vivência inerente à condição humana, no que diz respeito à satisfação de desejos pela via do corpo, possibilitará que tanto paciente como equipe de saúde experimentem novas construções e possibilidades acerca de si mesmos.

Diante do exposto, que situações podemos entender como fazendo parte da sexualidade no contexto hospitalar? Um exemplo pode ser descrito quando encontramos pacientes que realizam práticas de automutilação, por exemplo, que realizam cortes ou arranhões na própria pele. Geralmente esse comportamento está relacionado à diminuição da angústia/alívio e satisfação, já que, quando a angústia se torna insuportável, difícil de ser dita, há a necessidade de localizá-la concretamente no corpo, possibilitando, a partir da marca corporal, a sensação de alívio e satisfação.

Outro exemplo que pode ser mencionado é a seletividade dos alimentos pelo paciente internado, por exemplo. O alimento a ser escolhido para o consumo é uma via de prazer que o paciente experimentará.

Da mesma forma, a escolha por um determinado profissional para que realize seus cuidados durante o período de internação hospitalar remete ao paciente, como descrito por Freud, às primeiras experiências de satisfação experimentadas com a figura materna.

Sexualidade e câncer

Um dos aspectos essenciais do desenvolvimento humano é a vivência da sexualidade, um conceito que abarca a forma de relacionamento e a troca afetiva que se estabelece com o outro, o senso de identidade pessoal, indo para além da capacidade física de dar e receber o prazer sexual.

O acometimento de um indivíduo por uma doença como o câncer constitui um momento bastante peculiar e cercado de estigmas relacionados à dor, à morte e à solidão e que acarreta alterações físicas e psíquicas, além de rupturas na rotina e no estilo de vida do indivíduo adoecido e de seus familiares. Pensando no conceito de sexualidade descrito, podemos identificar alterações importantes desse conceito nesses pacientes, já que o diagnóstico e o tratamento de câncer podem levá-los à experienciarem a perda de prazer e da esperança de viver. Nesse sentido, a intimidade com o próprio corpo e com o corpo do outro é intensamente modificada (MACIEIRA; MALUF, 2008).

Um dos problemas relativamente comuns e que pode estar associado tanto ao tipo de câncer como ao tratamento utilizado é a disfunção sexual, uma condição que pode se apresentar associada ou não aos aspectos relacionados aos efeitos do tratamento no indivíduo, como a fadiga e as mudanças na imagem corporal, a depressão e/ou a angústia frente à expectativa de cura, à sobrevida e aos aspectos familiares e até financeiros.

Muitos dos problemas sexuais que podem surgir em pacientes oncológicos podem ser minimizados com uma abordagem dos profissionais logo no início do tratamento, possibilitando o início de um vínculo de confiança com a equipe. Nesse tipo de paciente, pode haver o comprometimento de três aspectos: a imagem corporal, a reprodução e o funcionamento sexual. Geralmente as alterações na imagem corporal ocorrem em função das alterações pela perda ou ganho de peso, alopecia, mucosite, fadiga, entre outras alterações que podem causar uma diminuição da autoestima; o comprometimento com a área reprodutiva pode ocorrer em consequência da terapêutica utilizada e pode ser temporária ou permanente; e o funcionamento sexual sofre a influência de diversas situações, como os efeitos colaterais do tratamento (KREBS, 2006, apud MACIEIRA; MALUF, 2008).

Nesse sentido, oferecer atendimento integral ao paciente significa cuidar de todos os aspectos que envolvam o funcionamento humano e conversar sobre questões sexuais, intimidade, relacionamentos e aspectos que envolvem o câncer. É um desafio para os profissionais de saúde, pois muitos deles sentem-se desconfortáveis ou inseguros para abordarem tal assunto (MACIEIRA; MALUF, 2008).

A seguir, será descrito um exemplo de caso em que a abordagem da equipe multidisciplinar acerca da sexualidade da paciente se fazia necessária, ainda que a localização da doença não sugerisse o desencadeamento de uma possível disfunção dessa ordem.

C. M. O., 32 anos, sexo feminino, realizou radioterapia para tratamento de glioblastoma multiforme (tipo agressivo de tumor cerebral), realizando trinta sessões no total. Foi orientada pelo médico responsável e também pela equipe de enfermagem a respeito dos possíveis efeitos desencadeados pela radioterapia e cuidados com a área irradiada. Por perceber a paciente fragilizada do ponto de vista emocional, a equipe realizou seu encaminhamento para a psicologia.

A partir da avaliação psicológica, foi acordado, com a paciente, a realização da assistência psicológica com frequência de duas vezes por semana. Em uma das sessões, a paciente traz questões acerca de sua sexualidade e do relacionamento com o próprio corpo. Relata diminuição importante de libido. Apresenta relacionamento amoroso estável há um ano, sem presença de conflitos significativos. Refere ter tido relação sexual no último final de semana, sem o uso de preservativos (como habitual), e, como consequência, apresentou sintomas de candidíase. Quanto à utilização de método contraceptivo, refere ter feito uso de injeções trimestrais, sendo que a última aplicação havia ocorrido há dois meses. As injeções foram contraindicadas pelo neurologista, por conta dos possíveis riscos para a paciente. Diante do apresentado e por perceber que a paciente poderia estar exposta a certos riscos, foi dito a ela sobre a necessidade de comunicar ao médico responsável e à enfermeira que a acompanha, para que dessem as orientações necessárias. Como estava fazendo uso de corticoides, que trazem como possíveis efeitos alteração da libido e diminuição da imunidade, e quimioterapia oral, ela estava mais vulnerável a infecções e era necessário que tomasse precauções específicas, como uso de preservativos, com a finalidade, inclusive, de evitar possível gravidez por conta do tratamento radioterápico. Esse caso evidencia a importância de uma abordagem integral à paciente por parte da equipe multidisciplinar, o que evitaria possíveis danos a ela.

O espaço de escuta oferecido pela psicologia por meio da assistência psicológica possibilitou que a paciente trouxesse questões para além do tratamento, relacionadas à sua relação com o corpo, com o namorado e que, sem que a paciente tivesse plena consciência disso, traziam impacto direto em seu tratamento. A partir do que foi exposto pela paciente, o psicólogo inserido na equipe multiprofissional a instrumentalizou para que o manejo adequado da situação pudesse ocorrer, obedecendo ao sigilo profissional das questões trazidas pela paciente.

Considerações finais

A possibilidade de a equipe de saúde atentar-se aos diferentes componentes da sexualidade e às fases do ciclo da resposta sexual, juntamente com as questões que envolvem o processo de adoecimento, possibilita uma assistência com maior qualidade ao paciente, minimizando os efeitos que o período de hospitalização e o tratamento realizado poderão desencadear na vivência da sexualidade do indivíduo, auxiliando também na reestruturação de sua identidade e visando à qualidade de vida durante um processo permeado de situações que geram uma grande vulnerabilidade física e emocional.

Referências

APA – AMERICAN PSYCHIATRIC ASSOCIATION. *DSM-IV-TR:* Manual Diagnóstico e Estatístico de Transtornos Mentais. 4 ed. Porto Alegre: Artmed, 2002.

BORMIO, S. N. G. *Fantasias inconscientes de gestantes portadoras de hipertensão arterial crônica por meio da técnica do desenho-estória.* 2008. 166 f. Tese (Doutorado em Medicina) – Universidade Estadual de São Paulo "Júlio de Mesquita Filho", Botucatu, 2008.

FERREIRA, D. M.; CASTRO-ARANTES, J. M. Câncer e corpo: uma leitura a partir da psicanálise. *Analytica*, São João del Rei, v. 3, n. 5, dez. 2014. Disponível em: <http://pepsic.bvsalud.org/scielo.php?script=sci_arttext&pid=S2316-51972014000200004&lng=pt&nrm=iso>. Acesso em: 20 nov. 2016.

FERREIRA, M. de A.; FIGUEIREDO, N. M. A. de. Expressão da sexualidade do cliente hospitalizado e estratégias para o cuidado de enfermagem / The hospitalized client sexuality expression and the nurse's strategies in care. *Revista Brasileira de Enfermagem*, Brasília, DF, v. 50, n. 1, p. 17-30, jan./mar., 1997.

FREUD, S. Três ensaios sobre a teoria da sexualidade. In: _____. *Edição standard brasileira das obras psicológicas completas de Sigmund Freud*. Rio de Janeiro: Imago, 1980. p. 122-157. v. VII. (Obra original publicada em 1905).

_____. Sobre o narcisismo: uma introdução. In: _____. *Edição standard brasileira das obras psicológicas completas de Sigmund Freud*. Rio de Janeiro: Imago, 1987. p. 81-95. v. XIV. (Obra original publicada em 1914).

_____. O inconsciente. In: _____. *Edição standard brasileira das obras psicológicas completas de Sigmund Freud*. Rio de Janeiro: Imago, 1996. p. 193-219. v. XIV. (Obra original publicada em 1915).

KAPLAN, H. S. *Transtornos do desejo sexual*: regulação disfuncional da motivação sexual. Porto Alegre: Artmed, 1999.

LEITÃO, I. B. A importância da sexualidade na constituição do psiquismo: um olhar psicanalítico. *Revista Psicologado*, São Paulo, abr. 2015.

MACHADO, V. C. S.; FONSECA, L. A. Manifestações psíquicas no adoecimento: a experiência de desamparo. *Revista de Psicologia*, Belo Horizonte, n. 2, p. 1-3, ago. 2010.

MACIEIRA, R. C.; MALUF, M. F. Sexualidade e câncer. In: CARVALHO, V. A. et al. (Org.). *Temas em psico-oncologia*. São Paulo: Summus, 2008. p. 303-315.

NUNES, C.; SILVA, E. *A educação sexual da criança*: subsídios teóricos e propostas práticas para uma abordagem da sexualidade para além da transversalidade. Campinas: Autores Associados, 2000. (Coleção polêmicas do nosso tempo).

SANTOS FILHO, S. D.; MEYER, P. F.; RONZIO, O. A. BERNARDO FILHO, M. A saúde sexual e os direitos sexuais: abordagens de interesse multiprofissional. *Revista Fisioterapia Ser*, Rio de Janeiro, v. 6, n. 2, 2011.

7. Avaliação e manejo do paciente com risco de suicídio

Daniel de Sousa Filho
Elton Yoji Kanomata
Ricardo Jonathan Feldman
Alfredo Maluf Neto

Introdução

O comportamento suicida é definido como todo ato pelo qual o indivíduo causa lesão a si mesmo, independentemente do grau de intenção letal e de conhecimento do verdadeiro motivo. A Organização Mundial da Saúde (OMS) caracteriza o comportamento suicida ao longo de um *continuum*, desde pensamentos de autodestruição (ideação suicida), passando por ameaças, gestos (tentativas de suicídio) e, finalmente, suicídio. Tentativa de suicídio é um ato deliberado de *autoagressão* no intuito de pôr fim à sua vida, esclarecendo que a pessoa não tem certeza da sobrevivência, manifestando uma consciência vaga do risco de morte e *ambivalência* entre o desejo de morrer e viver (MELEIRO, 2004; BOTEGA, 2015).

O suicídio é multideterminado, ou seja, trata-se de um evento que ocorre como culminância de uma série de fatores, entre eles ambientais, sociais, culturais, biológicos e psicológicos.

Na maioria das vezes, o primeiro contato do paciente com risco de suicídio não acontece com um profissional de saúde mental, mas com um profissional dos serviços de pronto atendimento ou de uma unidade de internação hospitalar, sendo importante o reconhecimento e o manejo do risco de suicídio por tais profissionais.

Epidemiologia

Em 2012, cerca de 804 mil pessoas morreram por suicídio em todo o mundo, o que corresponde a taxas ajustadas para idade de 11,4 casos por 100 mil habitantes por ano – 15 para homens e 8 para mulheres (CFM, 2014). A cada quarenta segundos, uma pessoa comete suicídio e, a cada três segundos, uma pessoa atenta contra a própria vida no mundo. Estima-se que até 2020 poderá ocorrer um incremento de 50% na incidência anual de mortes por suicídio em todo o mundo, sendo que o número de vidas perdidas desta forma, a cada ano, ultrapassa o número de mortes decorrentes de homicídio e guerra combinados (CFM, 2014).

O Brasil é o oitavo país em número absoluto de suicídios. Em 2012, foram registradas 11.821 mortes, cerca de trinta por dia, sendo 9.198 homens e 2.623 mulheres. No estado de São Paulo, entre 1996 e 2008, houve uma taxa de 6,6 casos de suicídio por 100 mil habitantes. Na cidade de São Paulo, a taxa foi de 5,4 casos a cada 100 mil habitantes no mesmo período. Entre 2000 e 2012, houve um aumento de 10,4% na quantidade de mortes, sendo observado um aumento de mais de 30% em jovens (BANDO et al., 2012).

O impacto do suicídio

Estima-se que de 15% a 25% das pessoas que tentam o suicídio tentarão novamente no próximo ano e, destas, 10% conseguirão se matar ao longo de dez anos. Em média, um único suicídio afeta pelo menos outras seis pessoas, podendo atingir centenas no caso de ocorrer em escolas ou em outros locais públicos (CFM, 2014). A Figura 4.1 mostra o comportamento suicida ao longo da vida, em estudo feito em Campinas, São Paulo.

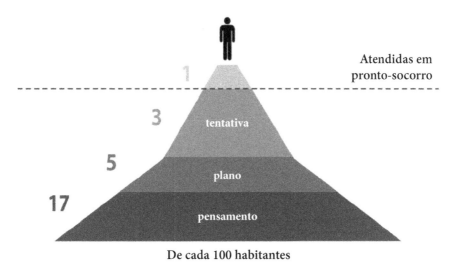

Figura 7.1 *Comportamento suicida ao longo da vida. Fonte: Botega (2006).*

Suicídio e gênero

As tentativas de suicídio são mais frequentes entre as mulheres, entretanto, as dos homens são mais letais, sendo as tentativas das mulheres feitas frequentemente em lugares públicos, enquanto as dos homens, em geral, ocorrem em ambientes privados. Nas mulheres, um diagnóstico psiquiátrico é menos frequente que nos homens. As mulheres, em sua maioria, tentam suicídio antes dos 35 anos, ao passo que os homens, com mais de 60 anos.

Mitos relacionados ao suicídio

Existem preconceitos e estigmas historicamente estabelecidos, os quais prejudicam a identificação e o adequado manejo do comportamento suicida. O estigma se caracteriza como um processo em que as pessoas se sentem marcadas negativamente, envergonhadas, excluídas e discriminadas.

O Quadro 7.1 ilustra os mitos sobre o comportamento suicida.

Quadro 7.1 *Mitos e verdades relacionados ao comportamento suicida*

Mitos	Verdades
O suicídio é uma decisão individual, já que cada um tem pleno direito a exercitar o seu livre arbítrio.	FALSO. Os suicidas estão passando quase invariavelmente por uma doença mental que altera, de forma radical, a sua percepção da realidade e a interface em seu livre arbítrio. O tratamento eficaz da doença mental é o pilar mais importante da prevenção do suicídio. Após o tratamento da doença mental, o desejo de se matar desaparece.
Quando uma pessoa pensa em se suicidar terá risco de suicídio para o resto da vida.	FALSO. O risco de suicídio pode ser eficazmente tratado e, após isso, a pessoa não estará mais em risco.
As pessoas que ameaçam se matar não farão isso, querem apenas chamar a atenção.	FALSO. A maioria dos suicidas fala ou dá sinais sobre suas ideias de morte. Boa parte dos suicidas expressou, em dias ou semanas anteriores, frequentemente aos profissionais de saúde, seu desejo de se matar.
Se uma pessoa que se sentia deprimida e pensava em suicidar-se, em um momento seguinte, passa a se sentir melhor, normalmente significa que o problema já passou.	FALSO. Se alguém que pensava em suicidar-se de repente parece tranquilo, aliviado, não significa que o problema já passou. Uma pessoa que decidiu suicidar-se pode sentir-se "melhor" ou sentir-se aliviado simplesmente por ter tomado a decisão de se matar.
Quando um indivíduo mostra sinais de melhora ou sobrevive a uma tentativa de suicídio, está fora de perigo.	FALSO. Um dos períodos mais perigosos é quando se está melhorando da crise que motivou a tentativa, ou quando a pessoa ainda está no hospital, na sequência de uma tentativa. A semana que se segue à alta do hospital é um período durante o qual a pessoa está particularmente fragilizada. Como um preditor do comportamento futuro é o comportamento passado, a pessoa suicida muitas vezes continua em alto risco.
Não devemos falar sobre suicídio, pois isso pode aumentar o risco.	FALSO. Falar sobre suicídio não aumenta o risco. Muito pelo contrário, falar com alguém sobre o assunto pode aliviar a angústia e a tensão que esses pensamentos trazem.
É proibido que a mídia aborde o tema suicídio.	FALSO. A mídia tem obrigação social de tratar desse importante assunto de saúde pública e abordar esse tema de forma adequada. Isso não aumenta o risco de uma pessoa se matar; ao contrário, é fundamental dar informações à população sobre o problema, onde buscar ajuda etc.

Fonte: CFM (2014).

O Quadro 7.2 mostra as principais ideias equivocadas relacionadas ao suicídio e que levam ao erro no manejo e ao imobilismo terapêutico.

Quadro 7.2 *Ideias e concepções relacionadas ao comportamento suicida que podem levar ao imobilismo terapêutico*

"Se eu perguntar sobre suicídio, poderei induzir o paciente a isso." Questionar sobre ideias de suicídio, fazendo-o de modo sensato e franco, aumenta o vínculo com o paciente. Este se sente acolhido por um profissional cuidadoso, que se interessa pela extensão de seu sofrimento.
"Ele está ameaçando suicídio apenas para manipular?" A ameaça de suicídio sempre deve ser levada a sério. Chegar a esse tipo de recurso indica que a pessoa está sofrendo e necessita de ajuda.
"Quem quer ser matar, se mata mesmo." Essa ideia pode conduzir ao imobilismo terapêutico, ou ao descuido no manejo das pessoas sob riscos. Não se trata de evitar todos os suicídios, mas sim os que podem ser evitados.
"Quem quer se matar não avisa." Pelo menos dois terços das pessoas que tentam ou que se matam haviam comunicado de alguma maneira sua intenção para amigos, familiares ou conhecidos.
"O suicídio é um ato de covardia (ou de coragem)." O que dirige a ação autoinfligida é uma dor psíquica insuportável e não uma atitude de covardia ou coragem.
"No lugar dele, eu também me mataria." Há sempre o risco de os profissionais identificarem-se profundamente com aspectos como desamparo, depressão e desesperança de seus pacientes, sentindo-se impotentes para a tarefa assistencial. Há também o perigo de se valer de um julgamento pessoal subjetivo para decidir as ações que farão ou deixarão de fazer.

Fonte: Werlang et al. (2004).

Fatores de risco

É importante considerar alguns fatores de risco, a partir da avaliação da história do indivíduo, pois transtornos mentais, sociodemográficos, psicológicos e condições clínicas incapacitantes como os descritos a seguir podem auxiliar no delineamento de conduta para minimizar o nível de risco. O Quadro 7.3 mostra os principais fatores de risco associados ao comportamento suicida.

Quadro 7.3 *Principais fatores de risco associados ao suicídio*

Doenças mentais	Aspectos sociais
• Depressão • Transtornos mentais relacionados ao uso de álcool e outras substâncias • Transtorno de personalidade • Esquizofrenia • Transtorno de ansiedade • Aumento do risco com associação de doenças mentais: paciente bipolar que também seja dependente de álcool terá risco maior do que se ele não tiver essa dependência	• Gênero masculino • Idade entre 15 e 30 anos e acima de 65 anos • Sem filhos • Moradores da área urbana • Desempregados ou aposentados • Isolamento social • Solteiros, separados ou viúvos • Populações especiais: indígenas, adolescentes e moradores de rua
Aspectos psicológicos	**Condições de saúde limitante**
• Perdas recentes • Pouca resiliência • Personalidade impulsiva, agressiva ou de humor instável • Dinâmica familiar conturbada • Ter sofrido abuso físico ou sexual na infância • Desesperança, desespero e desamparo	• Doenças incapacitantes • Dor crônica • Doenças neurológicas (epilepsias, Parkinson, Huntington) • Trauma medular • Tumores malignos • Aids
Suicidabilidade: ter tentado suicídio, ter familiares que tentaram ou se suicidaram, ter ideias e/ou planos de suicídio	

Prevenção do suicídio

Muitos pacientes que tentam suicídio passaram por consulta médica ou com outro profissional de saúde nos últimos meses. Dessa forma, melhorar a acurácia com que os profissionais detectam e manejam esses casos são formas importantes de prevenção. Tem aumentado o número de países com estratégias de prevenção do suicídio bem desenvolvidas. Nos últimos anos, avaliações do impacto dessas estratégias de prevenção têm sido realizadas, formando um conjunto de evidências na literatura científica sobre quais delas têm se mostrado eficazes e exequíveis. Assim, a Organização Mundial da Saúde (OMS, 2006) lançou algumas recomendações para prevenção do suicídio. Os fatores de proteção que podem reduzir o risco de suicídio incluem:

- apoio da família, de amigos e de outros relacionamentos significativos;
- crenças religiosas, culturais e étnicas;
- envolvimento na comunidade;
- uma vida social satisfatória;
- integração social, como por meio do trabalho e do uso construtivo do tempo de lazer;
- acesso a serviços e cuidados de saúde mental.

O Quadro 7.4 exibe outros fatores de proteção contra o suicídio.

Quadro 7.4 *Fatores de proteção contra o suicídio*

Fatores de proteção contra o suicídio	
Autoestima elevada	Senso de responsabilidade com a família
Laços sociais bem estabelecidos com família e amigos	Religiosidade independente da afiliação religiosa
Razão para viver	Gravidez desejada e planejada
Ausência de doença mental	Capacidade de adaptação positiva
Estar empregado	Capacidade de resolução de problemas
Relação terapêutica positiva	Acesso a serviços e cuidados de saúde mental

Aspectos psicológicos associados ao suicídio

Existem estágios no desenvolvimento da intenção suicida, iniciando-se geralmente com a imaginação ou a contemplação da ideia suicida. Posteriormente, um plano de como se matar, que pode ser implementado por meio de ensaios realísticos ou imaginários até, finalmente, culminar em uma ação destrutiva concreta. Contudo, não podemos esquecer que o resultado de um ato suicida depende de uma multiplicidade de variáveis que nem sempre envolve planejamento.

Existem três características próprias do estado em que se encontra a maioria das pessoas sob risco de suicídio:

- *ambivalência:* é atitude interna característica das pessoas que pensam em ou que tentam o suicídio. Quase sempre querem ao mesmo tempo alcançar a morte, mas também viver. O predomínio do desejo de vida sobre o desejo de morte é o fator que possibilita a prevenção do suicídio. Muitas pessoas em risco de suicídio estão com problemas em suas vidas e ficam nesta luta interna entre os desejos de viver e de acabar com a dor psíquica. Se for dado apoio emocional e o desejo de viver aumentar, o risco de suicídio diminuirá;

- *impulsividade:* o suicídio pode ser também um ato impulsivo. Como qualquer outro impulso, o de cometer suicídio pode ser transitório e durar alguns minutos ou horas. Normalmente, é desencadeado por eventos negativos do dia a dia. Acalmando tal crise e ganhando tempo, o profissional da saúde pode ajudar a diminuir o risco suicida;

- *rigidez/constrição:* o estado cognitivo de quem apresenta comportamento suicida é, geralmente, de constrição. A consciência da pessoa passa a funcionar de forma dicotômica: tudo ou nada. Os pensamentos, os sentimentos e as ações estão constritos, quer dizer, constantemente pensam sobre suicídio como única solução e não são capazes de perceber outras maneiras de sair do problema. Pensam de forma rígida e drástica: "o único caminho é a morte"; "não há mais nada o que fazer"; "a única coisa que poderia fazer era me matar". Análoga a essa condição é a "visão em túnel", que representa o estreitamento das opções disponíveis de muitos indivíduos em vias de se matar (BOTEGA, 2015; CFM, 2014; OMS, 2000).

Diretrizes para o manejo do paciente com risco de suicídio

Comunicação

A comunicação e a postura adequadas para o paciente com risco de suicídio são as ferramentas mais eficazes. Pontuações inadequadas podem ser iatrogênicas, ao passo que uma postura de escuta ativa e de comunicação eficaz podem dissuadi-lo de seu intento. A seguir, são sugeridas formas adequadas e inadequadas de comunicação com o paciente com risco de suicídio:

Como se comunicar:

- ouvir atentamente;
- entender os sentimentos da pessoa (empatia);
- dar mensagens não verbais de aceitação e respeito;
- expressar respeito pelas opiniões e pelos valores da pessoa;
- conversar honestamente e com autenticidade;
- mostrar sua preocupação, seu cuidado e sua afeição;
- focalizar nos sentimentos da pessoa.

Como não se comunicar:

- interromper muito frequentemente;
- ficar chocado ou muito emocionado;
- dizer que você está ocupado;
- fazer o problema parecer trivial;

- tratar o paciente de uma maneira que possa colocá-lo numa posição de inferioridade;
- dizer simplesmente que tudo vai ficar bem;
- fazer comentários invasivos e pouco claros;
- fazer perguntas indiscretas;
- emitir julgamentos (certo × errado), tentar doutrinar.

(BOTEGA, 2015; CFM, 2014; OMS, 2000)

É necessário realizar uma avaliação minuciosa considerando o contexto, o comportamento suicida desde pensamento e ideias de autodestruição até tentativas e ameaças de suicídio. Portanto, antes de prosseguir com os questionamentos, é necessário estabelecer um bom relacionamento com o paciente, assim como observar se ele se sente confortável para expressar seus sentimentos e, por fim, atentar-se quando o paciente estiver no processo de expressão de sentimentos negativos.

O que pode ser perguntado sobre a presença de ideação suicida? O assunto deve ser abordado com clareza. A seguir, há sugestões de abordagem para quantificar os riscos:

- Descobrir se a pessoa tem um plano definido para cometer suicídio:
    ◊ Você fez algum plano para acabar com sua vida?
    ◊ Você tem uma ideia de como vai fazê-lo?
- Descobrir se a pessoa tem os meios para se matar:
    ◊ Você tem pílulas, uma arma, veneno ou outros meios?
    ◊ Os meios são facilmente disponíveis para você?
- Descobrir se a pessoa fixou uma data:
    ◊ Você decidiu quando planeja acabar com sua vida?
    ◊ Quando você está planejando fazê-lo?

Avaliação

Identificando a possibilidade de um comportamento suicida, aspectos necessitam ser considerados para definir se o paciente apresenta alta intencionalidade, se já era uma ação planejada ou se é uma tentativa impulsiva, "frouxa", sendo, desse modo, necessário observar:

- discurso coerente, orientado em tempo, espaço e pessoa (lógica entre temas e ideias);
- afetividade;
- colaboração;
- anamnese e exame clínico;
- estado mental atual (alteração na atenção, no humor, memória e sensopercepção);
- plano suicida atual – apresenta pensamentos de morte? Quão preparada a pessoa está (grau de planejamento) e quão cedo o ato está para ser realizado;
- como é o suporte social da pessoa (família, amigos);
- investigar os motivos para terminar com a vida (está endividado, término de relacionamento, luto).

Frequentemente, o suicídio está associado a outras comorbidades psiquiátricas, conforme mostra a Figura 7.2.

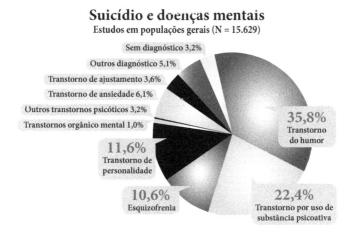

Figura 7.2 *Diagnósticos psiquiátricos e suicídios.*
Fonte: Bertolote e Fleischmann (2002).

Escala de avaliação de risco de suicídio (AMORIM, 2000):

1. "Você já pensou que seria melhor estar morto ou desejou estar morto?" (escore: 1 ponto);
2. "Você já quis prejudicar a si mesmo?" (2 pontos);
3. "Você já pensou em cometer suicídio?" (6 pontos);
4. "Você já planejou como cometer suicídio?" (10 pontos);
5. "Você já tentou suicídio?" (10 pontos); e
6. "Alguma vez ao longo da vida você já tentou o suicídio?" (4 pontos).

Risco	Escore
Baixo	1-5
Moderado	6-9
Alto	≥ 10

Avaliação de risco

A avaliação dos riscos é para auxiliar o profissional a delinear condutas para prevenir riscos e monitorar o cuidado enquanto o paciente estiver na unidade.

O *risco baixo* é caracterizado quando a pessoa teve alguns pensamentos suicidas, mas não fez nenhum plano para executá-lo. Manejo:

- escuta acolhedora para compreender e amenizar o sofrimento;
- facilitar o vínculo do sujeito com um possível suporte social;
- orientar sobre a importância de pedir ajuda à rede de serviços que o acompanha.

Encaminhar:

- caso não haja melhora, encaminhe para profissional especializado, no caso, psiquiatra e psicólogo e/ou centro de atenção psicossocial do território;

- esclareça ao paciente os motivos do encaminhamento;
- certifique-se do atendimento e o agilize quando possível, tendo em vista a excepcionalidade do caso.

O *risco moderado* é caracterizado quando a pessoa tem pensamentos e planos, mas não pretende cometer suicídio imediatamente. Manejar:

- escuta terapêutica que o possibilite falar e clarificar para si sua situação de crise e sofrimento;
- retirar possíveis meios de cometer suicídio que possam estar no próprio espaço de atendimento: materiais que eventualmente podem ser usados como armas, como tesouras, balões de oxigênio, mangueiras, lâminas de bisturi, entre outros, devem ser retirados do alcance do paciente;
- realização de contrato terapêutico de "não suicídio";
- investimento nos possíveis fatores protetivos do suicídio;
- acionar e informar a família sobre o risco do paciente, na presença do paciente;
- implicar a família ou os acompanhantes do paciente no seu tratamento;
- o paciente deve estar acompanhado de familiar e/ou cuidador durante as 24 horas do dia;
- manter o paciente constantemente em supervisão rigorosa em unidade de pacientes graves (unidade semi-intensiva ou unidade de terapia intensiva).

Encaminhamentos e orientações:

- solicitar avaliação de profissional especializado (psiquiatra e psicólogo);
- orientar sobre as medidas de segurança e de prevenção a familiares e/ou cuidadores e ao paciente, quais sejam: esconder armas; facas; cordas; deixar medicamentos e produtos químicos em local ao qual o paciente não tenha acesso, vigilância contínua, colocar telas em janelas etc.

O *risco alto* é caracterizado quando a pessoa tem um plano definido, tem os meios para fazê-lo e planeja fazê-lo prontamente, bem como já tentou suicídio recentemente e apresenta intenção de uma nova tentativa, tentou várias vezes em um curto espaço de tempo. Manejar:

- estar junto da pessoa continuamente; nunca deixá-la sozinha;
- total cuidado com possíveis meios potenciais para cometer suicídio que possam estar no próprio espaço de atendimento ou no quarto do paciente;
- realização de contrato de "não suicídio";
- informar a família da forma já sugerida;
- o paciente deve estar acompanhado de familiar e/ou cuidador durante as 24 horas do dia;

Encaminhar:

- encaminhar o paciente imediatamente para o serviço de pronto atendimento e, assim que estabilizado o quadro (por exemplo, agitação psicomotora), o paciente deve ser encaminhado para uma unidade de internação psiquiátrica (BOTEGA, 2015; CFM, 2014).

Tentativa de suicídio caracterizada pelo ato de autoagressão com lesão à integridade física

Manejo:

- avaliação clínica;
- oferecer suporte básico de vida;
- internar o paciente em unidade de pacientes graves (UTI ou unidade semi-intensiva) até que o paciente seja avaliado por psiquiatra e psicólogo e encaminhado para unidade de internação psiquiátrica.

Enquanto o paciente estiver em observação ou internado no serviço, manter supervisão constante, proceder a retirada de utensílios que possam ser usados como armas (facas, instrumentos pontiagudos, remédios, cintos, cordas, mangueiras, álcool em gel) do acesso do paciente, assim como pedir ao paciente ou familiar para observar se nos pertences dele não há algo que possa ser utilizado como arma. Portas, inclusive do banheiro, não devem ser trancadas, e as janelas devem ser lacradas.

Indicação geral de hospitalização, depois de uma tentativa de suicídio ou tentativa frustrada:

- paciente psicótico;
- tentativa violenta, quase letal ou premeditada;
- precauções foram feitas para dificultar o resgate ou o descobrimento;
- paciente com remorso de estar vivo ou sem remorso de ter tentado suicídio;
- paciente do sexo masculino, com idade maior que 45 anos, com doença psiquiátrica de início recente, com pensamentos persistentes de morte;
- paciente com suporte social precário, incontinência familiar,
- comportamento impulsivo persistente, agitação grave, pouca crítica ou recusa evidente de ajuda;
- paciente com alteração do estado mental devido a alteração tóxica, metabólica, infecciosa ou outra etiologia que necessite de investigação e tratamento da condição clínica;
- na presença de ideação suicida com:
  ◊ plano específico de alta letalidade;
  ◊ alta intencionalidade suicida.

A internação deve ser clínica em unidade de pacientes graves, até que sejam descartadas e estabilizadas as causas clínicas e que seja feita avaliação psiquiátrica, podendo o paciente ser transferido para uma unidade de internação psiquiátrica (BOTEGA, 2015; CFM, 2014; OMS, 2000).

Referências

AMORIM, P. Mini International Neuropsychiatric Interview (MINI): validação de entrevista breve para diagnóstico de transtornos mentais. *Revista Brasileira de Psiquiatria*, São Paulo, v. 22, n. 3, p. 106-115, set. 2000.

BANDO, D. H.; BRUNONI, A. R.; FERNANDES, T. G.; BENSEÑOR, I. M.; LOTUFO, P. A. Suicide rates and trends in São Paulo, Brazil, according to gender, age and demographic aspects: a joinpoint regression analysis. *Rev. Bras. Psiquiatr.*, v. 34, n. 3, p. 286-293, out. 2012.

BERTOLOTE, J. M.; FLEISCHMANN, A. Suicide and psychiatric diagnosis: a worldwide perspective. *World Psychiatry*, Milan, v. 1, n. 3, p. 181-185, 2002.

BOTEGA, N. J. *Crise suicida:* avaliação e manejo. Porto Alegre: Artmed, 2015.

BOTEGA, N. J. *Prática psiquiátrica no hospital geral:* interconsulta e emergência. 2. ed. Porto Alegre: Artmed, 2006.

BRASIL. Ministério da Saúde. *Prevenção do suicídio*. Manual dirigido a profissionais das equipes de saúde mental. Disponível em: <http://www.cvv.org.br/downloads/manual_prevencao_suicidio_profissionais_saude.pdf>. Acesso em: 30 maio 2016.

CFM. Conselho Federal de Medicina. *Suicídio:* informando para prevenir. Brasília, DF: CFM, 2014. Disponível em: <http://www.flip3d.com.br/web/pub/cfm/index9/?numero=14>. Acesso em: 30 maio 2016.

MELEIRO, A. M. A. *Suicídio:* estudos fundamentais. São Paulo: Segmento Farma, 2004.

OMS – ORGANIZAÇÃO MUNDIAL DA SAÚDE. *Prevenção do suicídio:* um manual para profissionais da saúde em atenção primária. Genebra: OMS, 2000.

_____. *Prevenção do suicídio:* um recurso para conselheiros. Genebra: Departamento de Saúde Mental e de Abuso de Substâncias, 2006.

WERLANG, B. G.; BOTEGA, N. J. *Comportamento suicida*. Porto Alegre: Artmed, 2004.

8. Conflitos e situações de crise

Ana Lucia Martins da Silva
Soraya Gomiero Fonseca Azzi

A internação hospitalar altera a rotina não só dos pacientes, mas também de seu círculo de convívio mais próximo, que experimenta angústias, frustrações e temores. Neste contexto, todos ficam suscetíveis ao estresse emocional e conflitos podem surgir, derivados de uma comunicação deficiente, de insegurança ou de desconfiança, de insatisfação ou de divergência de opiniões. Conflitos se originam quando pessoas contestam ideias, intenções, atitudes e comportamentos, apegando-se a seu ponto de vista e lutando por ele.

Conflitos no ambiente assistencial

São infinitos os tipos de conflitos que podem aparecer no ambiente assistencial, envolvendo pacientes, familiares, médicos, profissionais de saúde, setores de uma mesma instituição e entre organizações. Seja qual for o tipo de conflito, este impacta negativamente na experiência do paciente.

Quando se fala de uma situação conflituosa, é muito frequente ouvirmos várias referências a "dificuldades". O paciente é difícil, o familiar é difícil, o médico é difícil, as regras do hospital são difíceis, a equipe é difícil. De fato, o profissional que escolheu ou aceitou trabalhar no ambiente de cuidados em saúde terá que lidar com dor, sofrimento, morte, expectativas, pressões e pessoas passando por momentos difíceis. Conseguir reconhecer os fatores emocionais envolvidos ajuda o profissional a evitar, minimizar ou solucionar os conflitos e as dificuldades que fazem parte de sua rotina.

Para começar, vamos entender o que quer dizer, do ponto de vista psicológico, "dificuldade":

- é uma experiência emocional: envolve uma gama de emoções que pode variar entre surpresa, tristeza, medo e raiva, por exemplo;
- manifesta-se em relação a algo: precisa haver interação com algo, como uma ideia, ou alguém;
- "traduzida" em sentimento: insegurança, revolta, agressividade, desânimo, angústia, revolta;
- induz ao comportamento: com base na percepção que se tem do conflito e dos sentimentos experimentados.

Um mesmo conflito pode ser percebido de maneira diferente por cada um dos envolvidos, ainda que estejam do mesmo lado do confronto, pois isso dependerá de características pessoais, do preparo e do treino para lidar com situações estressantes e das expectativas que cada um têm acerca da situação.

Outro fator importante é como a pessoa está emocionalmente no momento. A observação da expressão emocional, seja por meio do relato de sentimentos, do comportamento ou de reações físicas, dá pistas importantes para antecipar atitudes dos envolvidos e, com isso, buscar soluções funcionais para cada situação. Por exemplo:

- intensidade do sentimento: nos dá uma ideia do grau de controle da emoção. Quanto maior a intensidade do sentimento, menor o controle da emoção. Pode se refletir em frases do tipo "Prefiro não falar a respeito. Preciso me manter forte. Tenho medo de começar a chorar e não conseguir mais parar". "Tenho medo de perder o controle";
- nível de tensão: o nível de tensão percebido pela comunicação não verbal é proporcional ao impulso para a ação. Baixar o nível de tensão é necessário para evitar reações de agressividade física;

- caráter hedonista: quanto maior o impacto negativo no bem-estar, maior o potencial de conflitos;

- nível de complexidade: quanto mais complexa é a experiência emocional, maior a dificuldade em descrevê-la ou caracterizá-la ("Olha, não sei nem como te dizer como me sinto. O que é que eu posso dizer?").

É preciso especial atenção a situações nas quais o escopo do conflito se expande rapidamente, que envolvam muitas pessoas, em que se perceba um aumento de emoções negativas e ameaças percebidas.

Temer o conflito, presumir as piores intenções dos antagonistas, omitir informações, manter posição irredutível, falar de pessoas em vez de fatos são fatores que potencializam os conflitos e devem ser evitados, pois criam uma disposição emocional que perpetua o conflito e não favorece a conciliação.

Discursos marcados por conselhos, críticas, ordens, insultos e ameaças, assim como fazer perguntas provocativas, tentar mudar de assunto e demostrar superioridade, levam às consequências negativas dos conflitos, que são a quebra de relacionamentos, a desconfiança, a redução da cooperação, a frustação e a tomada de decisões erradas.

Ao se deparar com situações assim, a pior atitude é simplesmente tentar livrar-se do desconforto. Ao identificar um conflito ou um potencial conflito, é necessário analisar a situação e agir de forma a buscar a melhor solução para os envolvidos.

Manejar uma situação de conflito implica reconhecer o seu lugar e o lugar do outro, em assumir responsabilidades, controlar e conduzir a situação a um bom desfecho, já que o conflito também pode ter consequências positivas. Um conflito pode lançar luz sobre possibilidades de melhoria, transformar valores, estimular a criatividade e até aprofundar o vínculo de confiança, se manejado por uma negociação efetiva.

No hospital, o conflito pode se manifestar de diferentes formas e uma mesma situação pode apresentar um ou mais tipos de conflito. De modo geral, podemos classificar os conflitos da seguinte maneira:

- *conflito interpessoal:* ocorre entre profissionais, profissionais e paciente ou familiar e entre familiares que discordam em um determinado aspecto e que buscam fazer com que sua opinião prevaleça sem considerar todos os aspectos envolvidos;
- *conflito intrapessoal:* é o conflito de ordem psicológica gerado por angústias frente à necessidade de tomar uma posição ou fazer uma escolha que pode ser sobre um caso desafiador, um dilema ético ou sobre sua relação com a instituição;
- *conflito intergrupal:* ocorre entre grupos de cuja interação depende o tratamento adequado ao paciente, como quando um paciente oncológico é admitido na UTI e os grupos de intensivistas e de oncologistas divergem quanto aos objetivos do cuidado;
- *conflito interorganizacional:* são conflitos que envolvem prestadores de serviços, material ou suprimentos. A relação com as operadoras de saúde pode, por exemplo, ser motivo de conflito por não concordância com a recomendação de um procedimento ou por não cobertura contratual. Uma variação desse tipo de conflito é o que envolve questões políticas, cíveis ou criminais, como no caso de, ao examinar um paciente na emergência, identificar a ingestão de grande quantidade de entorpecentes com o objetivo de tráfico, implicando que o paciente deva ser submetido não só aos cuidados característicos da instituição hospitalar, mas também à supervisão da lei.

Neste capítulo, abordaremos os conflitos que ocorrem no ambiente assistencial e a nossa prática em unidades de terapia intensiva (UTI neonatal, pediátrica e adulto), onde os médicos intensivistas e a equipe multiprofissional estão completamente envolvidos no cuidado dos pacientes em estado crítico e no apoio às suas famílias. São os médicos intensivistas que comunicam prognósticos ruins, tratam sintomas, explicam sobre condutas de suporte, tratam dor, pedem permissão para autópsia e iniciam o processo de doação de órgãos.

A despeito de todos os esforços da equipe, sempre existe a possibilidade de emergir um conflito no enfrentamento dos desafios de cura e tratamento e um desapontamento quando os resultados não são atingidos ou existe a iminência de morte de um ente querido. A maioria dos profissionais que trabalha na saúde não foi treinada nas habilidades de comunicação, de tomada de decisão e de construção de relações, apesar de serem habilidades necessárias para resolução de conflitos em situações críticas (GUNTEN et al., 2000).

Quando a notícia de um diagnóstico delicado é anunciada, essa realidade pode ser percebida de diferentes formas por cada um dos envolvidos: equipe, familiares e paciente. Mesmo que todos estejam lutando pela sobrevida e pela cura do paciente, existem expectativas, características pessoais, do preparo e de experiências anteriores que cercam esta situação. Por exemplo:

- para a equipe multiprofissional:
    ◊ fizemos uso de todos os recursos existentes?
    ◊ em que momento se inicia a passagem a condutas de conforto e alívio ao paciente?
- para os familiares:
    ◊ lutar pela sobrevida do ente querido sem questionar a qualidade de vida?
    ◊ ter condição de aceitar e ouvir às escolhas do familiar doente, quando estas são diferentes de suas próprias expectativas?
- para o paciente:
    ◊ Se submeter às escolhas da equipe e às dos familiares? Neste último caso, para não fazê-los sofrer?
    ◊ Como manter a própria dignidade frente a este processo que a família vai tomando as decisões necessárias?

Ajudar as famílias a se envolverem nas decisões, sem que elas se sintam responsáveis ou culpadas por terem que decidir sozinhas sobre os rumos do tratamento, pode ser um dos aspectos fundamentais quando sabemos que os familiares ficam suscetíveis ao estresse emocional frente a incertezas e sentimentos de impotência de um diagnóstico delicado. Como foi colocado anteriormente, conflitos podem surgir derivados de uma comunicação deficiente, de sentimentos de insegurança ou de desconfiança, de insatisfações ou de divergências de opiniões.

Uma das formas de minimizar ruídos na comunicação é fazê-la de forma planejada (ver Capítulo 4, "Cuidados paliativos e atuação do psicologo hospitalar"). Foi demonstrado que, nas reuniões com os familiares, a escuta médica, quando realizada de forma cuidadosa, ouvindo com atenção e disponibilidade de tempo as dúvidas e as preocupações dos familiares, respondendo direta e claramente, deixam os familiares mais seguros na comunicação (CURTIS et al., 2005).

Na prática das UTI, observamos que a realidade de um diagnóstico complexo pode ser representada por diferentes focos para cada um dos envolvidos: temos a tendência de focar em certos aspectos da situação e ignorarmos outros. No caso da recidiva de um tumor, médicos e familiares podem interpretar a situação de maneiras distintas. Nesta situação, podemos identificar um conflito devido ao foco da atenção estar embasado em interpretações individuais. Para o médico, a recidiva de um tumor pode ser um desafio da medicina para curar o paciente do câncer. Os familiares de forte convicção religiosa podem interpretar o mesmo evento como um desafio de fé espiritual.

A forma como cada parte atribuirá um foco para o conflito dependerá de suas experiências e expectativas. Como podemos perceber neste exemplo: o médico pode identificar como um problema a família que acredita fielmente numa cura improvável, enquanto a família identifica como um grande problema o desafio de se manter com fé num ambiente em que a possibilidade de cura está desacreditada.

O que se evidencia nessas situações são sentimentos de descontentamento, desapontamento e desgaste emocional para todos os envolvidos. O núcleo do conflito não é abordado e a raiz do problema fica obscura e não consciente.

Comunicamo-nos evitando abordar a fonte do conflito, assumindo que ele não pode ser resolvido e somente devemos abordá-lo se isto for possível. A forma possível de abordar o conflito passa por um realinhamento de metas no cuidado e nas expectativas, e isso pode ser necessário em vários momentos do tratamento, como quando há mudança potencial do prognóstico que implique alterações no plano de tratamento para proporcionar o cuidado adequado ao paciente.

Sempre que houver mudanças significativas nas metas de tratamento e cuidado do paciente, estas devem ser divulgadas para todos os profissionais envolvidos e registradas em prontuário de forma clara, explícita e aberta. Qualquer acordo sobre limites nas medidas de suporte deve ser documentado formalmente.

O foco deve ser encontrar um consenso no cuidado, tanto entre os médicos de várias especialidades envolvidos, como entre médicos intensivistas e membros da família. Se existe algum desacordo entre os médicos, isso deve ser identificado e, se possível, resolvido antes do encontro com os familiares. Se não for possível a resolução, uma ação de como isto será levado à família tem que ser planejada e proposta. Tentar esconder esse tipo de conflito dos familiares é uma estratégia não produtiva e duvidosa.

O consenso das metas do cuidado deve ser disseminado entre todos os profissionais envolvidos. Se nenhum consenso emergir, então essa informação também deve ser difundida simultaneamente e uma ação em conjunto com a família deve ser iniciada para a tentativa de alcançar uma nova meta. Os membros da equipe envolvidos nas reuniões com familiares devem informar a todos os integrantes da equipe de que forma estão trabalhando para alcançar um consenso e orientá-los sobre pontos discutidos e acordos realizados (FEUDTNER, 2007).

Estes facilitadores de resolução de conflitos possuem características que permitem abordar a situação de uma maneira funcional, sem ampliar o escopo do mesmo.

Características de negociadores efetivos:

- coerentes e honestos: a verdade e o compromisso são essenciais;
- condescendentes com as pessoas e duro com os problemas: o olhar deve ser voltado para os fatos e processos;
- assertivos: não agressivos, não submissos, não culpados;
- buscam soluções: foco em ação e melhoria;
- respeitam o padrão de autoestima e autocontrole de cada um: não são provocadores;

- investem em seu autocontrole e não em controlar os envolvidos: possuem bom autoconhecimento;
- acreditam que é possível resolver o problema: são engajados;
- escutam com atenção para compreender o ponto de vista do outro e não para responder com o intuito de ganhar uma disputa.

Considerações finais

O encorajamento à comunicação honesta e direta da equipe com a família sobre o prognóstico, o curso da doença e os planos de tratamento, oferecendo as informações críticas necessárias para uma decisão quanto à forma de responder à doença, associado ao respeito pelos estilos individuais de enfrentamento do estresse à doença são as bases para enfrentar o conflito.

Uma equipe instrumentalizada para uma comunicação efetiva tanto entre os membros da equipe como com a família, de forma que a comunicação faça sentido e seja recíproca, é a chave para um cuidado integral do paciente.

Referências

AZOULAY E. et al. Prevalence and factors of intensive care unit conflicts: the conflicus study. *American Journal of Respiratory and Critical Care Medicine*, New York, v. 180, n. 9, p. 853-860, nov. 2009.

CURTIS, J. R. et al. Missed opportunities during family conferences about end-of-life care in the intensive care unit. *American Journal of Respiratory and Critical Care Medicine*, New York, v. 171, n. 8, p. 844-849, 2005.

FEUDTNER, C. Collaborative communication in pediatric palliative care: a foundation for problem-solving and decision-making. *Pediatric Clinics of North America*, v. 54, n. 5, p. 583-607, out. 2007.

GUNTEN, C. F.; FERRIS, F. D.; EMANUEL L. L. Ensuring competency in end-of-life care communication and relational skills. *JAMA*, Chicago, v. 284, n. 23, p. 3051-3057, 2000.

SALINS, N.; DEODHAR, J.; MUCKADEN, M. A. Intensive care unit death and factors influencing family satisfaction of intensive care unit care. *Indian Journal of Critical Care Medicine*, Mumbai, v. 20, n. 2, p. 97-103, fev. 2016.

9. Comunicação de más notícias no contexto hospitalar

Juliana Gibello
Melina Blanco Amarins

Introdução

Comunicar más notícias a pacientes e seus familiares em hospitais é considerada uma das mais frequentes e difíceis tarefas com que se deparam as equipes de saúde e, principalmente, os médicos. A despeito de sua importância, muitos profissionais ainda carecem de informação, preparação e estrutura emocional suficientes para lidar com essas situações.

Neste sentido, faz-se necessário, aos profissionais de saúde, médicos e não médicos, se instrumentalizarem, não apenas com conhecimento técnico e estratégias de comunicação, mas também com desenvolvimento pessoal e emocional que lhes auxiliarão na condução do cuidado e na comunicação com os pacientes e seus familiares.

Comunicação

A comunicação é uma das mais importantes necessidades do ser humano, visto que ele é um ser social e, ao se comunicar, precisa de outra pessoa para completar este processo. É por meio da interação com o outro que ocorre o desenvolvimento biopsicossocial que se inicia desde o nascimento, por meio da linguagem corporal e, posteriormente, da linguagem oral.

As formas como a comunicação é apresentada são denominadas verbal e não verbal. A comunicação verbal é associada a palavras expressas pela fala ou pela escrita, já a comunicação não verbal é desenvolvida por meio de gestos, silêncios, expressões faciais e corporais. Dessa forma, a comunicação está presente de diferentes formas na vida das pessoas, seja ela relacionada ao âmbito social, emocional e/ou educacional.

Para que uma comunicação seja efetiva, algumas técnicas de comunicação podem ser utilizadas, como demonstrar interesse, por meio da fala ou da postura corporal, no que está sendo comunicado, auxiliar o emissor a falar de forma clara por meio de perguntas e comparações e validar o que o outro está dizendo por meio de repetições da mensagem para demonstrar entendimento.

Essas técnicas podem auxiliar no entendimento em uma consulta médica, por exemplo. Quando um médico orienta seu paciente sobre um determinado tratamento proposto, é esperado que ele se preocupe com a compreensão de seu paciente acerca do tratamento, bem como com todas as suas fases. É comum que o paciente tenha dificuldades na compreensão, visto que ele poderá estar impactado emocionalmente ou mesmo não ter conhecimento de seu próprio corpo doente.

O desenvolvimento de habilidades comunicativas se deve a uma junção de técnicas e estratégias, bem como à disponibilidade interna de cada indivíduo, ou seja, os recursos psíquicos que cada pessoa apresenta para enfrentar situações em sua vida.

O que pode contribuir também para a falha da comunicação são os ruídos presentes, os quais são todas as formas de interferência na transmissão de uma mensagem, algo que prejudica a compreensão de uma ideia compartilhada. Essas interferências podem ser físicas, psicológicas, fisiológicas ou semânticas.

A comunicação eficaz é muito mais que uma troca de informações: envolve a utilização de uma linguagem adequada, uma postura respeitosa com o outro e, consequentemente, uma disponibilidade interna e com o outro. Os interlocutores devem ter o mesmo pensamento de um universo simbólico e os mesmos referenciais, possibilitando um ambiente harmonioso e de grande escuta na comunicação. Segundo Kurcgant et al. (1991), comunicar é o processo de transmitir informações de indivíduo para indivíduo por meio da linguagem, com o objetivo de gerar algum conhecimento.

Dentro do hospital, a comunicação está presente em diversos momentos do cuidado do paciente. Pode-se destacar a comunicação verbal (oral e escrita) e não verbal que se dá por meio de reuniões clínicas e científicas, passagem de plantões entre equipes multidisciplinares e/ou médicas, informações e orientações aos pacientes e evolução em prontuários.

Segundo Silva (2000), os profissionais da saúde devem decifrar as mensagens emitidas pelos pacientes para então poder estabelecer um plano de cuidado a eles. Dessa forma, é imprescindível que o profissional fique atento à comunicação não verbal do paciente e também à dele mesmo, a fim de auxiliá-lo no enfrentamento de suas demandas e facilitar sua participação no tratamento.

Nesse sentido, a comunicação na área da saúde se torna essencial para fortalecimento de vínculos entre paciente, família e equipe, favorecendo a relação de confiança e segurança no processo de adoecimento e nos tratamentos propostos, uma vez que comunicar notícias difíceis pode gerar situações e sentimentos impactantes inerentes a esse contexto.

Comunicação de más notícias

Comunicar qualquer situação difícil gera sentimentos impactantes tanto para quem recebe a notícia como para quem a transmite. Uma má notícia pode ser considerada aquela que altera drástica e negativamente a perspectiva do paciente em relação ao seu futuro (VANDEKIEF, 2001; MULLER, 2002) ou quando traz uma ameaça ao seu estado mental ou físico, com riscos à qualidade de vida (ALMANZA-MUNOS; HOLLAND, 1999).

Comunicação de más notícias pode abranger diferentes momentos e estágios da história clínica do paciente:

- diagnóstico inicial;
- recidiva (por exemplo, pacientes oncológicos);

- progressão ou evolução da doença;
- malformação fetal;
- falha na terapia proposta/tratamento;
- novas complicações ou efeitos colaterais graves;
- morte encefálica;
- mudança de terapêutica para cuidados paliativos;
- óbito.

A tarefa de comunicação de notícias relacionadas à condição clínica do paciente é do médico. Em nossa prática, nos deparamos com médicos que mostram dificuldades em relação à comunicação com pacientes e familiares, o que pode estar relacionado com o preparo emocional ou com a falta de habilidade técnica para tal situação, visto que sua formação está voltada principalmente para o processo de cura. Nos momentos em que o sucesso do plano terapêutico não pode ser mais planejado ou seguido, aparece uma gama de sentimentos negativos, como culpa ou frustrações, no profissional da saúde.

Lino et al. (2011) afirmam que os médicos, ao transmitem uma má notícia, se veem em uma situação difícil por precisar lidar com as emoções dos pacientes e familiares. Em contrapartida, o médico também se depara com suas próprias emoções e receios e, muitas vezes, precisa enfrentar e olhar para a própria finitude. Ressalta-se também que a maioria dos médicos recebeu pouco ou nenhum treinamento, em sua formação profissional, no auxílio desse processo.

De acordo com Guerra et al. (2011), comunicar más notícias aos pacientes é discutido por vários especialistas, considerando os aspectos éticos, físicos, psicológicos e legais desse processo. Muitos médicos, por medo de enfrentar as angústias do paciente, escolhem primeiramente dar a notícia aos familiares, omitindo a verdade para o paciente e auxiliando, muitas vezes, os familiares a também esconderem a notícia do ente querido.

Souza e Souza (2012) afirmam que saber o que falar para o paciente e de que maneira transmitir essa má notícia implica em uma situação limite que, muitas vezes, revela a falta de habilidade comunicacional e de capacitação desse profissional para esse momento da assistência.

No processo de comunicação de más notícias, muitos fatores podem influenciar, como o impacto emocional da família e do paciente, a má relação entre médico e paciente, as promessas que não podem ser mantidas e a frustração do próprio médico. Em contrapartida, quando o médico consegue enfrentar e reconhecer seus medos e ansiedades, se sentirá mais à vontade diante das reações dos pacientes e familiares.

Borges, Freitas e Gurgel (2012) afirmam que a má notícia por si só, como um diagnóstico, um prognóstico ou as possibilidades terapêuticas, é algo que não existe isoladamente. A notícia é considerada como má em consequência das emoções que produz nas pessoas envolvidas, associadas às crenças e aos valores sociais do grupo profissional.

Cada paciente e cada família apresentam uma história particular, incluindo valores, vivências e tipos de relações afetivas e sociais. Muitos familiares ou pacientes, ao receberem uma má notícia, podem desenvolver mecanismos de defesa frente à situação tão dolorosa. Um exemplo que pode ser citado é o de uma mãe que, ao receber uma notícia de que seu filho, por uma queda, sofreu traumatismo craniano, o qual, posteriormente, evoluiu para uma morte encefálica, nega eminentemente esta situação, questionando o médico sobre o resultado dos testes que devem ser realizados e mostrando uma convicção da reversibilidade do quadro.

"É importante saber que as 'más notícias' não se transformarão em 'boas notícias', qualquer que seja a linguagem para expressá-las" (BURLA e PY, 2006).

Neste sentido, é importante para todos os profissionais de saúde estarem atentos às necessidades e singularidades de cada paciente e de cada família, além de se prepararem, não só do ponto de vista técnico, mas também do emocional, para enfrentar o processo de comunicação de más notícias, tão presente e frequente na rotina de um hospital.

Comunicação entre paciente, família e equipe

O tema e as discussões sobre a relação médico, paciente e família não são novas. Alguns autores (BALINT, 1998; JASPERS, 1991), nas décadas de 1980 e 1990, abordaram essa questão como um indicador dos processos de mudanças na história da medicina. Com os avanços dessa ciência, criou-se um modelo biomédico centrado na doença, diminuindo assim o interesse pela experiência e pela subjetividade do paciente.

Os avanços tecnológicos assumiram um papel importante no diagnóstico e no tratamento das doenças em detrimento da relação entre o médico e o paciente/família. Essas tecnologias foram se incorporando ao exercício da profissão, deixando-se de lado o aspecto subjetivo da relação.

Ao mesmo tempo que o avanço tecnológico se tornava significativo, mudanças correspondentes nas condições de vida e o aperfeiçoamento nas práticas de comunicação, de observação, do trabalho em equipes multiprofissionais e de atitudes fundamentadas em valores humanos sólidos aconteciam e não foram valorizados.

Atualmente, observamos na prática diária que existem recursos para lidar com cada fragmento do paciente (especialistas no corpo biológico, nas doenças), mas falta ao médico a habilidade para dar conta do paciente em sua totalidade, ou seja, compreender que, para além do corpo biológico, existe, no mesmo paciente, uma dimensão psíquica, com sua história, seus valores e suas crenças.

Assim, o cuidado complexo e que visa à qualidade da assistência muda seu enfoque do modelo centrado na doença para um centrado no paciente, envolvendo necessidades biopsicossociais e diretamente relacionado ao processo de comunicação entre paciente, família e equipe.

A comunicação é um aspecto importante na assistência de pacientes e de seus familiares e também na equipe de saúde, contribuindo para a excelência dos cuidados e criando oportunidades de aprendizagem, podendo despertar o sentimento de confiança, permitindo ao paciente experimentar a sensação de segurança e de satisfação em relação a seu tratamento.

Dessa forma, na comunicação de más notícias, é fundamental que haja uma construção significativa e sólida na relação paciente/família e equipe de saúde, enfatizando aspectos de segurança, confiança, empatia e acolhimento emocional, com enfoque total nos cuidados centrados no paciente, não mais apenas em sua doença.

De qualquer maneira, muitos hospitais têm se preocupado com aspectos como: o não prolongamento do sofrimento, iniciativas de discussão desses casos em equipes multidisciplinares e médicas, reuniões familiares para tomadas de decisão e participação em comissões de bioética.

Segundo Esslinger (2008), essa mudança na educação em saúde acontecerá de maneira lenta, como um processo, pois não se pode desconsiderar que família-paciente-equipe são compreendidos como uma unidade de cuidado, colocando em foco uma questão muito importante: para que a equipe de saúde possa cuidar, ela também precisa ser cuidada. Assim, fica evidente que as equipes de saúde necessitam de preparo (educação) e cuidado (suporte emocional) para poderem cuidar de pacientes e lidar com a possibilidade da morte.

É importante destacar que, quando o paciente tem condições de participar ativamente de seu processo de adoecimento e de tratamentos propostos, precisamos envolvê-lo nas definições e nas decisões, considerando o princípio da autonomia. Quando isso não é mais possível, pela própria evolução da doença e de sua gravidade, nosso foco será sua família.

Nesse contexto, os familiares têm necessidades específicas e apresentam, com frequência, alteração de humor (sintomas depressivos e ansiosos), angústias, medos e preocupações ao longo do tratamento, que muitas vezes persistem após a morte do seu ente querido (paciente).

Atualmente, muitos profissionais de saúde ainda acreditam que o cuidado dos familiares dependa, basicamente, de habilidades e de características individuais, que esta responsabilidade seja exclusiva de profissionais específicos como psicólogos e assistentes sociais. Entretanto, embora esses profissionais tenham extrema importância nesse processo, o cuidado dos familiares é de responsabilidade de todos envolvidos (SOARES, 2007).

Temos diversas evidências na literatura de saúde de que estratégias voltadas para o cuidado com os familiares, focadas na melhoria da comunicação, na prevenção de conflitos e na oferta de conforto espiritual, resultam em maior satisfação e percepção da qualidade da assistência prestada ao paciente.

Outra questão importante é que, quando os profissionais da saúde se deparam com as demandas dos pacientes, automaticamente se deparam com suas próprias angústias e medos. Segundo o INCA (2010), é comum que os profissionais da saúde levem suas angústias para seus próprios familiares, porém, estes não aguentam ouvir, pois não compreendem a realidade profissional, muitas vezes tão difícil. Esses profissionais permanecem solitários, caracterizados por uma "solidão profissional", associando suas próprias angústias às dos pacientes.

O profissional, ao comunicar uma má notícia, se depara, sem ter a consciência, com sua própria morte. Buckman (1992) afirma que a maioria dos profissionais tem algum grau de medo em relação a doenças graves ou sobre a própria morte. Na verdade, alguns psicólogos sugerem que o desejo de cada profissional de saúde em ser um médico ou enfermeiro é parcialmente baseado em um desejo de negar a própria mortalidade e a vulnerabilidade à doença. Isso é chamado de comportamento *counterphob*, ou seja, cada vez que há um contato com uma pessoa doente, é reforçada a própria ilusão da imortalidade e invulnerabilidade.

Protocolos de comunicação

Em função da carência na educação e na capacitação dos profissionais para lidar e conversar com seus pacientes e familiares sobre momentos e decisões difíceis, muitos pesquisadores e educadores têm descrito protocolos para desenvolver habilidades de comunicação, principalmente quando se trata de uma má notícia.

Nas décadas de 1970 e 1980, acreditava-se que habilidades de comunicação eram herdadas, aconteciam de maneira intuitiva (você tinha ou não tinha esse dom). Os médicos ficavam alienados e acreditavam não ser possível se desenvolverem para lidar melhor com situações difíceis na condução do tratamento de seus pacientes. Nos últimos quinze anos, pesquisadores têm mostrado que habilidades de comunicação podem ser capacitadas e desenvolvidas, assim como as outras técnicas clínicas.

Foram criados protocolos de comunicação, com a função de serem guias metodológicos para profissionais de saúde, auxiliando principalmente nas chamadas más notícias, favorecendo a qualidade da relação médico-paciente e auxiliando em uma comunicação sincera com seus pacientes e familiares.

As más notícias devem ser transmitidas com cuidado e sensibilidade, em um ambiente de tranquilidade que propicie a manifestação sincera de apoio, no tempo e no ritmo do paciente e da família, sempre demonstrando abertura para dúvidas e questionamentos, tantos quanto forem necessários.

Um dos protocolos mais conhecidos e usados para desenvolver e aprimorar a comunicação de más notícias é o protocolo SPIKES.

Protocolo SPIKES

Este protocolo foi desenhado especialmente para auxiliar os médicos a acessarem as expectativas dos pacientes antes de compartilhar as informações importantes e necessárias relacionadas a seu estado de saúde e a seu tratamento (BUCKMAN, 1992).

Quadro 9.1 *Protocolo SPIKES*

S	*Setting* (*context and listening skills*)	Contexto físico/cenário, local, postura profissional e habilidades de escutar
P	*Patient's* **perception** *on condition and seriousness*	Percepção do paciente em relação à condição e à gravidade do adoecimento e aos tratamentos
I	*Invitation from patient to give information*	Convite ao paciente para troca de informações
K	*Knowledge:* *explaining medical facts*	Conhecimento: explicando fatos clínicos
E	*Explore* **emotions** *and empathize as patient responds*	Acolher, com empatia, as reações emocionais do paciente
S	*Strategy and summary*	Síntese da conversa e apresentação das estratégias de cuidados

S (setting): contexto e habilidades de escuta

Neste protocolo, primeiramente, o profissional deve escolher um ambiente adequado para a comunicação. Além disso, é muito importante cuidar da privacidade e garantir que o profissional tenha disponibilidade de tempo suficiente para responder a todas as perguntas do paciente e de seus familiares, com capacidade e sensibilidade para suportar silêncios que se fizerem presentes durante a reunião.

P (perception): percepção do paciente

Um importante e útil princípio da comunicação de más notícias é descobrir o que o paciente já sabe ou imagina sobre a sua doença e o tratamento, antes do profissional continuar com as informações. Perguntas possíveis:

- "O que você sabe sobre sua doença?"
- "O que você sabe sobre o tratamento?"
- "O que você imagina que está acontecendo com sua saúde?"

Enquanto o paciente está respondendo, o profissional deve prestar atenção na linguagem e no vocabulário, pois, quando iniciar sua fala, é importante que seja no mesmo nível de conhecimento.

Outro ponto importante é observar, na fala do paciente, se há um desencontro entre expectativas e percepção e a condição clínica atual e real. Nesta situação, muitas vezes, a negação (mecanismo defesa) pode estar presente.

I (invitation): troca de informações

Este é um momento importante, em que o profissional de saúde convidará o paciente para uma conversa clara e, muitas vezes, precisará perguntar diretamente o que ele deseja saber sobre sua doença e o tratamento. Perguntas possíveis:

- "O que você gostaria de saber sobre sua doença e o tratamento?"
- "Como gostaria que abordássemos essa nova notícia?"

Caso o paciente não queira saber, o profissional deve acolher sua decisão e estar disponível para responder as suas questões quando o paciente desejar.

K (knowledge): conhecimento (explicando sobre questões clínicas)

Após iniciar uma conversa clara com paciente/família, é chegado o momento de compartilhar as questões clínicas da doença e do tratamento de maneira objetiva, porém, sensível, pois reações emocionais podem ser esperadas após certas informações. O suporte oferecido pelo profissional deve valorizar a escuta e a competência técnica, além da estrutura subjetiva para lidar com situações críticas, envolvendo os seus aspectos contratransferenciais:

- traga o paciente para a compreensão da situação clínica atual, preenchendo todas as lacunas ou mal-entendidos que possam surgir;
- alinhamento: use linguagem e vocabulário claros e compreensíveis e inicie no mesmo nível do paciente/família;
- explique gradualmente as informações;
- verifique a recepção/compreensão: confirme se o paciente compreendeu exatamente o que você explicou após cada parte significante de seu discurso;
- responda e acolha as reações do paciente/família conforme forem ocorrendo;
- explore a "negação" (se presente) utilizando respostas empáticas: "Deve ser muito difícil para você aceitar essa situação".

E (emotions): explorando e acolhendo as emoções

O reconhecimento e acolhimento das emoções é um dos pontos mais importantes em reuniões sobre más notícias, em comparação a outras conversas. É muito importante o profissional ser empático às reações emocionais do paciente e da família, pois, com certeza, isso deixará as situações e os momentos tensos mais acolhedores e facilitará a exploração da situação sem causar mais angústia.

S (strategy and summary): estratégias e síntese

Na finalização do encontro, o profissional de saúde deve fazer uma síntese de tudo o que foi discutido e assegurar-se do que foi compreendido tanto pelo paciente como por seus familiares. É muito importante ter em mente que a elaboração de tudo que foi conversado só se dará posteriormente, ou seja, a elaboração de conteúdos internos acontece *a posteriori*. Nesse sentido, faz-se necessária a disponibilidade (pessoal e de tempo) do profissional para novas reuniões com o paciente e a família, quando demandarem.

É mais provável que os profissionais tenham problemas se eles prometerem a cura quando esta não é possível ou quando expressarem desejos não reais ("Você não pode perder a esperança"). O profissional deve acolher o paciente e sua família e demonstrar que os desejos reais serão a base para uma relação terapêutica entre paciente e profissional de saúde. A questão principal não é dizer ou não dizer a verdade, mas como a verdade será transmitida.

Nesse sentido, o protocolo descrito auxilia os profissionais de saúde a dizer a verdade no tempo e no ritmo do paciente, de uma maneira que possa escutar e acolher suas demandas, em vez de diminuir as estratégias de enfrentamento do paciente diante desse momento tão difícil.

O papel do psicólogo no contexto de comunicação de más notícias

O psicólogo, atuando no ambiente hospitalar, deve estar inserido em uma equipe multiprofissional e compartilhando seu saber com os demais profissionais envolvidos no cuidado de pacientes e familiares. Sabe-se que este ambiente é propício para a vivência de situações difíceis e, muitas vezes, traumáticas, não só para os pacientes, mas também para seus familiares e para os profissionais de saúde de equipes diversas que ali atuam.

A atuação do psicólogo hospitalar perpassa, em um só tempo, possíveis intervenções com o paciente, com a família e também com a equipe. É importante que cada psicólogo, a partir de seu referencial teórico, possa estar atento, por meio da escuta clínica, da singularidade de cada caso, identificando as demandas e as necessidades, para que o cuidado psíquico também aconteça.

No contexto de comunicação de más notícias, o psicólogo, sendo parte dessa equipe de cuidados, estará junto com a equipe médica e multiprofissional no momento da transmissão, seja individualmente ou em uma reunião familiar, oferecendo escuta e suporte emocional, não apenas para o paciente e os familiares que recebem a notícia, mas também para os profissionais de saúde que participam dessa difícil tarefa. Vale ressaltar que a comunicação de uma notícia difícil cabe ao médico, sendo este momento sempre relacionado a definições e a decisões técnicas, sejam elas um diagnóstico, uma intercorrência, um novo tratamento, um prognóstico e até mesmo o óbito.

O importante para o psicólogo hospitalar é trabalhar considerando cada caso e saber que o que se visa não é a uma adaptação àquela situação, mas que cada um (paciente e família) possa encontrar uma solução particular diante do sofrimento, do conflito e das situações geradoras de angústia (CARVALHO; COUTO, 2011). Assim, quando é chamado a intervir em um caso, o que é possível ao psicólogo oferecer não é uma resolução predeterminada, mas uma que passe pela singularidade de cada paciente e família.

Considerações finais

As equipes assistenciais devem compreender, de maneira cuidadosa, quais são as necessidades específicas de cada família, uma vez que as mesmas poderão estar vivenciando e participando das decisões relacionadas ao cuidado de alguém que, na maioria das vezes, não poderá decidir por si próprio.

Nesse sentido, a relação paciente-família-equipe está pautada na comunicação, que possibilitará a construção de um laço de segurança e confiança entre os envolvidos, a qual, mesmo diante de uma má notícia, não será abalada, pois a garantia da continuidade dos cuidados e o vínculo fortalecido estarão preservados.

Como profissionais de saúde, temos o desafio de não sermos formados e treinados para comunicar más notícias, principalmente quando se tratam de situações difíceis e doenças graves, então, se faz necessário começar a investir em educação a partir de nossa prática diária. Será por meio de cada caso clínico, de cada paciente internado em nossas unidades e suas famílias que aprenderemos como cuidar, como comunicar, como nos relacionar. Temos uma literatura vasta sobre o tema que servirá de alicerce para cada situação que surgir. Grupos de discussão, reuniões clínicas, reuniões teóricas são fundamentais para a construção de estratégias para desenvolver habilidades de comunicação.

Existe um desafio também em compreender que estamos diante de um paciente com história, valores, desejos e crenças, não apenas de um corpo doente. E isso é feito por meio da sensibilidade, do afeto, da empatia e da percepção de que estamos cuidando de um outro (paciente e /ou família) que sofre.

Será por meio dos desafios, portanto, que construiremos possibilidades de um trabalho com qualidade. Assim, a comunicação é considerada um caminho para a conquista e a manutenção de um relacionamento mais sólido e saudável entre equipe de saúde, paciente e família, favorecendo o planejamento e seguimento do tratamento, ainda que o paciente não tenha mais possibilidades de cura.

Temos como prioridade preparar e desenvolver profissionais para melhor comunicação e relação interpessoal e, consequentemente, promover maior segurança e eficácia no cuidado que nos propomos a realizar.

Referências

ALMANZA-MUÑOZ, M. J. J.; HOLLAND, C. J. La Comunicación de las malas noticias en la relación medico-paciente III. Guia clinica practica basada en evidencia. *Revista de la Sanidad Militar*, México, DF, v. 53, n. 3, p. 220-224, 1999.

BALINT, M. *O médico, o paciente e a doença*. Rio de Janeiro: Livraria Atheneu, 1998.

BORGES, M. S.; FREITAS, G.; GURGEL, W. A comunicação da má notícia na visão dos profissionais de saúde. *Revista Tempus Actas de Saúde Coletiva*, Brasília, DF, v. 6, n. 3, p. 113-126, 2012.

BUCKMAN, R. *How to break bad news*: a guide for health care professionals. Baltimore: The Johns Hopkins University, 1992.

BURLÁ, C.; PY L. Comunicação ao fim da vida. *Revista Prática Hospitalar*, São Paulo, v. 8, n. 43, p.110-113, jan./fev. 2006.

CARVALHO, S. B.; COUTO, L. F. S. A presença do psicanalista no hospital geral: sua escuta e suas intervenções. In: BATISTA, G.; MOURA, M. D.; CARVALHO, S. B. (Org.). *Psicanálise e hospital 5*: a responsabilidade da Psicanálise diante da ciência médica. Rio de Janeiro: Wak Editora, 2011. p. 111-131.

ESSLINGER, I. De quem é a vida, afinal? Cuidando dos cuidadores (profissionais e familiares) e do paciente no contexto hospitalar. In: KÓVACS, M. J. (Org.). *Morte e existência humana*: caminhos de cuidados e possibilidades de intervenção. Rio de Janeiro: Guanabara Koogan, 2008.

GUERRA, F. A. R.; MIRLESSE, V.; BAIÃO, A. E. R. Breaking bad news during prenatal care: a challenge to be tackled. *Ciência & Saúde Coletiva*, Rio de Janeiro, v. 16, n. 5, p. 2361-2367, 2011.

INCA – INSTITUTO NACIONAL DE CÂNCER. Coordenação Geral de Gestão Assistencial. Coordenação de Educação. *Comunicação de noticias difíceis*: compartilhando desafios na atenção à saúde. Rio de Janeiro, 2010.

KURCGANT, P. et al. *Administração em enfermagem*. São Paulo: EPU, 1991.

JASPERS, K. *Il medico nell' età dela técnica*. Milano: Raffaello Cortina Editore, 1991.

LINO, C. A. et al. Uso do protocolo Spikes no ensino de habilidades em transmissão de más notícias. *Revista Brasileira de Educação Médica*, Rio de Janeiro, v. 35, n. 1, p. 52-57, 2011.

MULLER, P. Breaking bad news to patients: the spikes approach can make this difficult task easier. *Postgraduate Medicine*, New York, v. 112, n. 3, p. 1-6, 2002.

SILVA, L. M. G. et al. Comunicação não verbal: reflexões acerca da linguagem corporal. *Revista Latino-Americana de Enfermagem*, Ribeirão Preto, v. 8, n. 4, p. 52-58, ago. 2000.

SOUZA, R. A. P.; SOUZA, S. R. Um cuidado complexo: comunicando as más noticias em oncologia. *Revista de Pesquisa: Cuidado é Fundamental Online*, Rio de Janeiro, v. 4, n. 4, p. 2920-2929, out./dez. 2012.

SOARES, M. Cuidando da família de pacientes em situação de terminalidade internados na unidade de terapia intensiva. *Revista Brasileira de Terapia Intensiva*, São Paulo, v. 19, n. 4, p. 481-484, dez. 2007.

VANDEKIEF, G. K. Breaking bad news. *American Family Physician*, Kansas City, v. 64, n. 12, p. 975-979, 2001.

10. A psiquiatria no hospital geral

Ricardo J. Feldman
Daniel Sousa Filho
Elton Y. Kanomata
Alfredo Maluf Neto

Histórico: o modelo de assistência psiquiátrica

A prática psiquiátrica realizada dentro do hospital geral necessitou de muitos anos, avanços e quebra de paradigmas para se tornar naquilo que vemos atualmente. Começando pelo próprio conceito de "hospital", que se modificou durante a história, tendo, na Idade Média, um papel centralizado na caridade, no auxílio aos desamparados e exclusos sociais, fornecendo assistência espiritual, até que, em meados do século XVIII, as ciências médicas começaram a se inserir neste espaço, criando-se então um ambiente de acolhimento, tratamento e reabilitação das "doenças do corpo" ou "somáticas", em uma ideia de "hospital" semelhante à dos dias de hoje. Já os indivíduos com angústias, perturbações e alienações mentais eram confinados em locais específicos, que ainda trabalhavam com o conceito de exclusão social, muitas vezes sem propostas de tratamento e reabilitação ou planejamento de retorno à sociedade. Essa (des)assistência ao doente mental foi muito duradoura e intensa na história, deixando marcas que podem ser vistas até os dias de hoje, como os grandes e antigos manicômios que ainda cedem espaço a várias internações psiquiátricas, compostos exclusivamente por pacientes com alterações comportamentais e geralmente afastados dos grandes centros, dificultando o acesso à assistência e a reinserção social.

A partir do início do século XX, um novo modelo de assistência psiquiátrica começou a surgir, criando-se então as primeiras unidades de atendimento aos doentes mentais dentro do hospital geral, na intenção de oferecer melhor assistência, combater o preconceito e melhorar o prognóstico desses pacientes, como era feito até então para qualquer "doença do corpo". Essa modificação da visão de atendimento foi impulsionada por diversos fatores, entre eles: os avanços no desenvolvimento de novas propostas de tratamento, como a convulsoterapia e os psicofármacos; a instituição de novas políticas de saúde e bem-estar; a valorização dos direitos humanos e dos pacientes com transtornos mentais; o aumento do entendimento e consideração da classe médica quanto à necessidade de identificação e tratamento das doenças psiquiátricas, incluindo-as cada vez mais nos ensinamentos da graduação; e as crescentes críticas ao modelo de assistência psiquiátrica manicomial, favorecendo progressivamente o conceito da importância do rápido combate aos sintomas dessas doenças para reinserção precoce à comunidade e seguimento ambulatorial. O primeiro hospital a adotar tal modelo foi o Albany Medical Center, em Nova York, em 1902, e, após a Segunda Guerra Mundial, o novo conceito de assistência psiquiátrica dentro do hospital geral proliferou.

Em 1918, movido por novas descobertas sobre a influência das emoções nos sintomas e nas doenças físicas, Heinroth utilizou, pela primeira vez, o termo "psicossomático", aproximando a psique do corpo. Billings trouxe, em 1939, o conceito de *consultation-liaison psychiatry*, traçando seus objetivos principais para a melhoria dos cuidados, da assistência e da qualidade de vida dos indivíduos no processo de adoecimento e hospitalização, e, em 2003, a American Board of Specialties reconheceu a subespecialidade interconsulta psiquiátrica com o nome *psychosomatic medicine*.

A interconsulta psiquiátrica

A interconsulta psiquiátrica pode ser definida, de acordo com Lipowski (1986), como a subespecialidade da psiquiatria responsável pela pesquisa, pelo ensino e pela aplicação clínica de toda interface entre a psiquiatria e a medicina clínico-cirúrgica. A aplicação clínica se dá por meio de consultas (*consultation*) a profissionais não-psiquiatras para auxiliá-los no manejo, no diagnóstico e no tratamento dos problemas psicossociais e psiquiátricos de seus pacientes, de forma geralmente mais pontual, direcionada e objetiva, e também pelo conceito de ligação (*liaison*), em que há um acompanhamento mais prolongado e contato mais íntimo entre o psiquiatra, o paciente e a equipe de saúde, podendo, o psiquiatra, ser inclusive membro efetivo e indispensável da equipe.

Para melhor atender à solicitação de uma interconsulta psiquiátrica, algumas etapas são fundamentais:

- entender a real demanda da equipe que solicita a interconsulta, questionando suas dúvidas frente à dada situação e quais seriam as intenções e expectativas com o atendimento psiquiátrico;
- colher informações com a equipe médica e familiares para melhor anamnese, se necessário;
- classificar a solicitação em grau de gravidade e complexidade;
- observar o estado clínico e atentar para a doença de base;
- avaliar de forma detalhada o exame físico e psíquico;
- observar a relação entre o paciente e a equipe de saúde;
- garantir um planejamento terapêutico centrado no paciente de forma integral.

A interconsulta, muitas vezes, irá requerer a avaliação e o acompanhamento do caso por uma equipe multidisciplinar, como a psicologia, o serviço social, a fisioterapia e a terapia ocupacional, que possa garantir esse suporte integral.

Os problemas psicossociais e psiquiátricos dos pacientes internados no hospital geral podem estar presentes de diversas maneiras: já preexistentes à internação; consequência de alterações fisiológicas da doença clínica; secundários a efeito colateral dos tratamentos propostos (medicamentosos e procedimentos); a partir de processos psicológicos a respeito do entendimento da doença, disfuncionalidade, finitude e processo de adoecimento/hospitalização. Exemplificando, podemos citar:

- doença cerebral levando à diminuição de concentração de neurotransmissores, acarretando sintomas psiquiátricos;

- ansiedade, estresse e dor, levando a alterações metabólicas, imunológicas e hormonais, desencadeando processos patológicos;
- uso de medicações que influenciam os estados de humor, a cognição e a consciência dos pacientes, como imunomoduladores e quimioterápicos;
- fatores psicodinâmicos como a gravidade do quadro, os prejuízos decorrentes da doença, dificuldades financeiras, questões familiares e culturais.

A não identificação do sofrimento mental, retardando seu diagnóstico e seu tratamento, irá acarretar em maior tempo para recuperação integral do doente, aumento do período de permanência no hospital, maior número de complicações, menor aderência, maior insatisfação e maiores custos em geral. Para evitar tais prejuízos, muitas vezes deve-se recorrer a um especialista, que, dentro do hospital geral, será o interconsultor em psiquiatria, capacitado para realizar diagnósticos diferenciais, tratamentos eficazes para transtornos mais graves, complexos e refratários e, dessa forma, auxiliar para o melhor e o mais completo tratamento ao doente.

Assim, o conhecimento da ligação entre os fatores emocionais, psicológicos, psiquiátricos e o corpo é fundamental para o manejo adequado e o sucesso terapêutico dentro do hospital geral, tornando a medicina psicossomática e a interconsulta psiquiátrica de extrema importância no contexto médico atual.

A relação entre o corpo e a mente

A mente no corpo

O estado psíquico e psicológico de um indivíduo está intimamente ligado ao funcionamento do seu corpo, às relações interpessoais e ao entendimento e à percepção do meio ambiente como um todo.

Quando existem desequilíbrios psíquicos patológicos em um indivíduo, seu corpo não consegue se separar disso. É o que observamos, algumas vezes, por exemplo, no descuido gradual com a própria higiene e a autoimagem nos doentes com esquizofrenia ao longo do tempo, constituindo o que chamamos de sintomas negativos da esquizofrenia, podendo levar a infecções pela falta de autocuidado. Também como um paciente acometido por um transtorno depressivo, com perda de apetite e recusa na alimentação, pode evoluir para hipoglicemia e coma, bem como a alterações dos sistemas hormonais e imunológicos. Ou, ainda, o indivíduo que sofre um transtorno ansioso que, pelo aumento constante de hormônios e catecolaminas, tem maior suscetibilidade para doença coronariana.

Algumas doenças, inclusive, já foram conhecidas por "doenças psicossomáticas" devido ao antigo conhecimento de que estão intimamente relacionadas aos fatores emocionais, psicológicos e psiquiátricos, como a úlcera péptica, a asma brônquica, a enxaqueca, a hipertensão arterial, as dermatoses, entre outras.

O corpo na mente

Assim como a mente influencia nas respostas fisiológicas do corpo, podendo levar a alterações patológicas como as já citadas, lesões, modificações e comprometimento físico também corroboram para alterações mentais. O próprio processo de hospitalização/internação pode gerar alterações psíquicas e psicológicas, dependendo de características individuais como o entendimento e o significado subjetivo da doença física, que pode ser modulado por características da personalidade, experiências individuais prévias, contexto cultural e social da doença, entre outros tantos fatores.

Diversos estudos demonstraram a íntima relação entre algumas doenças físicas e psíquicas. No acidente vascular cerebral, são descritas taxas de comorbidade com depressão em até um terço dos pacientes, assim como em pacientes com infarto agudo do miocárdio. O hipotireoidismo pode apresentar-se com manifestações depressivas como apatia, fadiga, lentificação, sonolência, e é diagnóstico diferencial entre as síndromes depressivas, aparecendo como comorbidades em 17% dos casos. No lúpus eritematoso sistêmico e na epilepsia, sintomas psicóticos podem fazer parte dessas síndromes.

Além da própria doença clínica levando a alterações psíquicas, outros elementos que moldam a situação da doença/hospitalização e que também influenciam as funções mentais são o tratamento proposto, por exemplo, com imunomoduladores e quimioterápicos, que podem levar a sintomas depressivos, os procedimentos invasivos e dolorosos, gerando aumento da ansiedade, e o confinamento no leito, que pode precipitar sintomas depressivos e *delirium*. As especialidades mais envolvidas em casos clínicos internados em hospital geral com comorbidades psiquiátricas são a neurologia, a endocrinologia e a cardiologia.

As principais doenças psiquiátricas no hospital geral, sua identificação e seu manejo intra-hospitalar

Transtorno de ajustamento

O transtorno de ajustamento é caracterizado por um desequilíbrio da resposta emocional após determinado fator estressante com duração breve e sintomas leves a moderados, não requerendo tratamento medicamentoso na maioria das vezes. Esse desequilíbrio pode apresentar-se com sintomas depressivos, ansiosos, dissociativos e, em menor número, psicóticos. O transtorno de ajustamento é muito prevalente no hospital geral, podendo atingir até 20% de todos os pacientes. Nos casos em que o reequilíbrio psíquico não for alcançado em poucas semanas ou os sintomas se agravarem, deve-se aumentar a atenção para um possível transtorno psiquiátrico crônico se instalando, com necessidade de avaliação especializada e, muitas vezes, tratamento medicamentoso.

O aparecimento desse transtorno está muito relacionado com características individuais de personalidade, experiências prévias vividas e suporte psicossocial. A atenção precoce a esses fatores pode acelerar a abordagem psicológica, evitando maiores complicações advindas do transtorno.

Muitas vezes, é difícil diferenciar o transtorno de ajustamento de algum outro transtorno psiquiátrico mais severo. A cronicidade, a gravidade e o prejuízo do quadro são as principais variáveis para fazer essa diferenciação. Isso será fundamental para o correto tratamento, pois, em algumas situações, passará a ser necessário, por exemplo, a introdução de medicamentos para se alcançar melhores resultados.

O manejo do transtorno de ajustamento intra-hospitalar requer atenção a fatores de risco para o seu desenvolvimento, solicitação precoce de abordagem psicológica, atenção à cronicidade, à gravidade e aos prejuízos do quadro e referenciamento ao especialista em casos de maior severidade e refratariedade.

Transtornos ansiosos

Os transtornos ansiosos englobam diversos transtornos psíquicos caracterizados principalmente pela presença de preocupação excessiva, ansiedade antecipatória, medo exacerbado e respostas fisiológicas excessivas ao estresse. Exemplos desses transtornos são o transtorno de ansiedade generalizada, o transtorno do pânico e o transtorno obsessivo-compulsivo. Seu conhecimento é de extrema importância no ambiente hospitalar, com estudos apontando alta prevalência, de 20% até 70%, dependendo da população estudada.

Os transtornos ansiosos podem levar a diversas alterações fisiológicas, como aumento de catecolaminas responsáveis pela alteração da pressão arterial, taquicardia, alterações das funções gastrintestinais, entre outras. Esses fatores podem aumentar a suscetibilidade de pacientes ansiosos ao infarto agudo do miocárdio, ao acidente vascular cerebral e à úlcera gástrica. Alterações hormonais, como o aumento do cortisol (resultado da estimulação do eixo hipotálamo-hipófise-adrenal) também são desencadeados pela ansiedade excessiva, podendo levar a uma maior resistência à insulina, aumentando o risco cardiovascular.

A identificação dos sinais e dos sintomas dos transtornos ansiosos é de grande importância para evitar as consequências já citadas e garantir boa adesão à internação e ao tratamento proposto, diminuindo o tempo de permanência na internação, as complicações e os custos, além do controle da ansiedade auxiliar o paciente na tomada de decisões. Graças ao caráter "somático" das internações em hospitais gerais e a outros fatores como a dificuldade do paciente em expor seus medos e angústias, o distanciamento médico das queixas emocionais e, muitas vezes, pela falta de ambiente adequado no hospital geral para conversar sobre a parte emocional do paciente, alguns sinais e sintomas que remetem ao "físico" devem receber maior atenção, pois podem ser apenas consequências de estados mentais mais comprometidos e servirem como "dicas" para realizar uma melhor investigação da parte psíquica do doente. No caso dos transtornos ansiosos, esses sinais e sintomas podem ser palpitações, tremores, precordialgia, dispneia, sudorese, extremidades frias, elevação de pressão e ritmo cardíaco, diarreia, cefaleia, tontura, paresias e formigamentos. Quando esses sinais e sintomas estão presentes sem uma causa clínica que os possa explicar, o estado mental do doente deve ser acessado para investigação de sofrimento psíquico.

O manejo intra-hospitalar dessas alterações mentais requer atenção para evitar abandonos do tratamento, pedidos inadequados por alta hospitalar e tomada de decisões precipitadas, o que piora os resultados e o prognóstico do paciente. Manter o paciente acompanhado e informado a respeito dos procedimentos e dos resultados da terapêutica pode auxiliar o seu manejo. A abordagem psicoterápica e farmacológica em conjunto parece ter melhores respostas ao tratamento dos transtornos ansiosos. Quando esses transtornos são reconhecidos e tratados adequadamente no ambiente hospitalar, há maior satisfação do doente, aumento da qualidade de vida, diminuição de custos e complicações.

Transtornos de humor

Os transtornos de humor englobam as doenças mentais que levam ao prejuízo da funcionalidade do indivíduo em consequência da alteração de seu humor basal. Como exemplos, temos os transtornos depressivos e o transtorno afetivo bipolar.

Transtornos depressivos

Os transtornos depressivos correspondem a diversos transtornos psiquiátricos caracterizados pela presença de tristeza, anedonia, sensação de falta de energia, sentimentos de culpa, desesperança, ideias de morte e alterações neurovegetativas, como apetite e sono. Sua prevalência em pacientes hospitalizados varia de 12% até 50% dependendo da população, configurando uma das comorbidades psiquiátricas mais prevalentes no hospital geral.

Os transtornos depressivos estão associados a diversas doenças clínicas, como o infarto agudo do miocárdio, o acidente vascular cerebral, o câncer, a aids, doenças autoimunes, processos dolorosos e o imobilismo. A presença de sintomas depressivos causa alterações imunológicas e hormonais que podem desencadear processos infecciosos, autoimunes e cardiovasculares, corroborando para complicações clínicas.

Para o reconhecimento e o tratamento adequado dos transtornos depressivos dentro do hospital geral, algumas considerações devem receber atenção. Primeiramente, alguns sinais e sintomas depressivos também estão presentes em "doenças físicas" e podem confundir o médico quanto à existência de comorbidade psiquiátrica ou apenas uma manifestação psíquica da doença de base já em tratamento. Essas condições podem ser bem distinguidas a partir de uma anamnese adequada, questionando-se o tempo em que os sintomas apareceram, a história pessoal e familiar de transtornos psiquiátricos, um exame mental detalhado na busca de alterações de outras funções psíquicas fundamentais para o diagnóstico dos transtornos depressivos (como ideias de culpa e pensamentos de morte) e uma avaliação retrospectiva da resposta aos tratamentos realizados, direcionando-os conforme a necessidade. Esses sinais e sintomas "confundidores" são, principalmente, dores generalizadas, fadiga, apatia, desconcentração, agitação ou lentificação. Em segundo lugar, alguns tratamentos propostos também podem levar a transtornos depressivos, como no caso de drogas quimioterápicas e imunomoduladores, procedimentos invasivos e dolorosos e a própria hospitalização.

O não reconhecimento desses transtornos poderá causar má adesão terapêutica, como falta de colaboração com a equipe e recusa na realização de procedimentos, pensamentos de morte, complicações clínicas pela inapetência, pela diminuição de psicomotricidade (imobilismo) e pela insônia e, em casos mais graves, sintomas psicóticos e ideação suicida.

O manejo intra-hospitalar dessas condições deve atentar a possíveis complicações desencadeadas pelos sinais e sintomas presentes, como inapetência, levando à hipoglicemia; agitação, predispondo à auto/heteroagressão; tristeza, diminuindo a colaboração e a adesão terapêutica; ideias suicidas, gerando risco de autolesões e até morte por suicídio. Assim, é imprescindível que o paciente se mantenha acompanhado, com aumento de vigilância pela enfermagem, em quarto visível e com baixa possibilidade de uso de dispositivos hospitalares para auto/heteroagressões como fios elétricos, espelhos, cadeiras, monitores e lixo hospitalar (Descarpack®). O tratamento é feito principalmente com psicoterapia e farmacoterapia, atentando-se para interações medicamentosas e tempo de ação das medicações, uma vez que nem todos os pacientes se beneficiarão de antidepressivos, que podem levar de duas semanas a um mês para seus efeitos terapêuticos.

Transtorno afetivo bipolar

O transtorno afetivo bipolar (TAB) reúne os mesmos sinais e sintomas descritos na fase depressiva, porém, para seu diagnóstico, é necessário a presença, durante a vida, de um episódio bem definido, por pelo menos sete dias, durante o qual o paciente apresenta humor disfórico/hipertímico/expandido, com aceleração psíquica (pensamento acelerado, psicomotricidade aumentada, logorreia), alterações neurovegetativas como insônia e aumento de libido, caracterizando o episódio de mania. Esse transtorno ganha importância dentro do hospital geral devido à presença de riscos como agitação psicomotora, heteroagressividade e irritabilidade, que devem ser manejados prontamente para evitar complicações e eventos adversos. Sintomas psicóticos também podem fazer parte do transtorno e serão discutidos com maiores detalhes na sequência deste capítulo.

Algumas doenças clínicas apresentam sintomas que lembram a fase de mania do TAB, como hipertireoidismo, *delirium* hiperativo, vasculites do SNC e feocromocitoma, e são diagnósticos diferenciais com a fase maniforme do TAB. Exames de sangue e imagem cerebral são fundamentais para essa distinção.

O manejo intra-hospitalar dos sintomas maniformes deve atentar para os riscos que o estado de mania promove, muitas vezes sendo necessário manter o paciente em uma unidade que ofereça mais segurança e monitorização, em alguns casos, sendo a UTI o local mais apropriado de um hospital geral. Manter o paciente acompanhado é essencial para a sua maior segurança, podendo o acompanhante alertar a equipe médica com antecedência sobre possíveis intercorrências. Em casos de agitação e agressividade mais severa, medicações sedativas como antipsicóticos e benzodiazepínicos podem ser utilizados para diminuir esses sintomas. Dependendo dos riscos que o paciente impõe a si ou a terceiros, faixas de contenção mecânica ajustadas para imobilização no leito, a partir de técnicas específicas para não machucar o paciente, ajudam na segurança e na diminuição da agitação. Assim que os riscos estiverem diminuídos, as faixas de contenção devem ser removidas.

Delirium

O *delirium*, caracterizado por um estado confusional agudo com oscilação do nível de consciência, desorientação e confusão, causado por substrato orgânico, é a condição neuropsiquiátrica mais prevalente no hospital geral. Seu principal sintoma é o comprometimento da atenção e a oscilação do nível de consciência, que acabam por interferir em todas as outras funções psíquicas, como a sensopercepção, causando quadros alucinatórios e alterações no pensamento, levando a delírios e confusão. A presença de *delirium* está relacionada à maior morbidade e mortalidade no hospital geral, sendo seu reconhecimento e seu tratamento precoces essenciais na recuperação do doente dentro do hospital geral.

As causas mais comuns de *delirium* são processos infecciosos, distúrbios hidroeletrolíticos, desidratação, fecaloma, medicamentos, vasculites e sangramentos do SNC e distúrbios metabólicos. O reconhecimento do substrato orgânico é fundamental para o adequado tratamento do *delirium*. Fatores de risco para essa condição são idade avançada, presença de lesões e disfunções cerebrais, comprometimento cognitivo, privação de sono e confinamento ao leito, entre outros. Alguns estudos mostraram que até metade dos pacientes recordam-se de períodos dos seus estados confusionais após a recuperação.

São dois os tipos de apresentação do *delirium*: *delirium* hipoativo e *delirium* hiperativo. O primeiro é caracterizado por lentificação psicomotora, diminuição da resposta a estímulos e sonolência, enquanto o segundo apresenta agitação, delírios e alucinações, aumento da excitabilidade e insônia. Além da avaliação clínica, algumas ferramentas como questionários e testes padronizados, entre eles o Confusion Assessment Method (CAM), podem auxiliar no diagnóstico.

Seu manejo deve atentar a medidas não farmacológicas, visando a prevenção e atenuação dos sintomas, reconhecimento do substrato orgânico responsável pela manutenção do estado confusional e medidas farmacológicas para controle de sintomas. As medidas não farmacológicas incluem manter o paciente informado sobre sua orientação, disponibilizando os meios necessários para isso como fácil visualização de calendários e relógios, assim como fornecer dispositivos que minimizam distorções sensoperceptivas, como o uso de óculos e aparelhos auditivos, manter o quarto arejado, iluminado, com pouco estímulo visual e sonoro. As medidas farmacológicas referem-se ao uso principalmente de medicações antipsicóticas, benzodiazepínicos e, em alguns casos, psicoestimulantes. Esses pacientes demandam grande atenção dentro do hospital geral, pois podem colocar-se em risco devido à agitação excessiva, com perigo de auto/heteroagressividade e quedas, ou, ainda, pela lentificação e imobilismo, podendo gerar úlceras por pressão, broncopneumonias e desnutrição.

Transtornos psicóticos

Os transtornos psicóticos apresentam uma síndrome centrada em alterações psíquicas que comprometem o juízo de realidade, o entendimento e a autodeterminação do paciente. A doença mais relevante desses transtornos é a esquizofrenia, caracterizada principalmente por delírios, alucinações, desorganização do pensamento e do comportamento. São menos frequentes no hospital geral, mas merecem atenção pelos riscos oferecidos pelas desorganizações de pensamento e de comportamento, agitações e distorções da realidade apresentadas.

Várias doenças clínicas podem cursar com sintomas psicóticos em suas manifestações, como lúpus eritematoso sistêmico e outras vasculites do SNC, tumores cerebrais, uso de drogas e medicações, *delirium* e acidente vascular cerebral. Exames de sangue, urina, líquor e exames de imagem cerebral podem auxiliar na realização desses diagnósticos diferenciais.

Por conta dos riscos potenciais desses transtornos, algumas medidas são essenciais para o melhor manejo intra-hospitalar das síndromes psicóticas. Em primeiro lugar, avaliar o melhor local para internação do paciente, analisando seu potencial risco de agitação psicomotora, de auto e heteroagressividade, de necessidade de monitorização, de suporte social, como acompanhamento na internação, de risco de fuga/evasão e de gravidade do transtorno. Em algumas situações, a UTI será a melhor unidade para internar esse tipo de doente dentro do hospital geral, pela facilidade de administração de drogas sedativas, monitorização, maior número de profissionais e supervisão. Em segundo lugar, diagnosticar rapidamente se a síndrome psicótica é secundária a questões clínicas, sendo necessário iniciar o tratamento para a comorbidade de base, ou fruto de doença psiquiátrica preexistente, para a qual medicações de uso cotidiano devem ser prontamente reintroduzidas, salvo contraindicação momentânea. O uso de drogas sedativas, como antipsicóticos e benzodiazepínicos, auxilia no controle dos sintomas e na diminuição de riscos. Manter o paciente acompanhado, em leito sem objetos com os quais possa ferir a si mesmo ou a terceiros, próximo ao posto de enfermagem, são medidas não farmacológicas que visam a aumentar a segurança do paciente e da instituição durante a internação. O entendimento dos sintomas psicóticos (como saber o conteúdo de delírios e alucinações) mostra-se adequado para a instauração de medidas preventivas, no intuito de evitar maior agressividade e desorganização comportamental, entre outros riscos decorrentes desses sintomas. Devido à complexidade de alguns casos e aos seus potenciais riscos, faz-se necessário o manejo em serviço/unidade especializados.

Abuso de substâncias

O abuso de substâncias, entendido por estados em que há desde o uso experimental de certa substância até sua dependência propriamente dita, são frequentes no hospital geral e são melhor detalhadas em capítulo próprio neste livro. Durante a internação de pacientes nessa situação, alterações mentais podem advir de sintomas causados pela intoxicação ou pela abstinência de dada substância, sendo fundamental o diagnóstico dessas distintas condições e o reconhecimento da substância envolvida para o adequado tratamento dentro do hospital geral.

Os sintomas apresentados dependerão do tipo de substância e da presença de intoxicação ou abstinência. No caso do álcool, a intoxicação pode levar a estados de euforia, agitação e agressividade, assim como rebaixamento do nível de consciência, insuficiência respiratória, coma e morte, dependendo da dose ingerida. Já a abstinência levará a uma síndrome caracterizada por alterações autonômicas, com elevação de pressão arterial e pulso, tremores, sudorese, até alucinações e crises convulsivas em casos mais graves, podendo levar à morte se não reconhecida e tratada. A intoxicação por cocaína causa agitação, aceleração psíquica, podendo apresentar agressividade e sintomas psicóticos, e sua abstinência pode levar à irritabilidade, oscilações de humor e desconcentração.

Em caso de pacientes internados apresentando síndrome de dependência como comorbidade, deve-se atentar ao grau de fissura durante a internação, definida como a vontade de repetir o uso de certa substância, a fim de manejá-la adequadamente para evitar complicações como fugas do hospital, comportamentos agressivos e má aderência terapêutica. A abordagem psicoterápica é de grande utilidade nesses casos, mas outros exigirão ações imediatas, sendo muitas vezes necessárias medicações para diminuição da fissura e riscos potenciais.

A psiquiatria e os cuidados paliativos

Os cuidados paliativos representam a especialidade médica responsável pela identificação, pelo tratamento e pelo manejo de pacientes portadores de doenças modificadoras e ameaçadoras à vida, crônicas, muitas vezes incuráveis e que apresentam sintomas e condições que trazem sofrimento físico e psíquico aos doentes. Visam à diminuição de sofrimento físico e mental por meio de uma abordagem multidisciplinar e centrada no paciente, nos seus familiares e na equipe de saúde responsável pela assistência, organizando as equipes e os profissionais envolvidos no atendimento. No intuito de garantir uma assistência integral, centrada no doente como um todo, e humanizada, possuem recursos e conhecimento para tratamento de diversos sintomas que causam sofrimento ao paciente e seus familiares, evitando encaminhamentos desnecessários a outras subespecialidades em diversos casos. Porém, em quadros mais graves e complexos, devem estar atentos para o correto encaminhamento a especialistas para melhor atendimento.

Os transtornos psiquiátricos aparecem como comorbidade em inúmeros casos tratados em cuidados paliativos. Transtornos de ajustamento, transtornos depressivos, transtornos ansiosos e *delirium* são as comorbidades mais prevalentes, podendo atingir até 100% de uma enfermaria em conjunto. Gravidade, refratariedade, dimensão de prejuízo e surgimento de sintomas psicóticos e ideação suicida são fatores que sinalizam a provável necessidade de avaliação e atendimento especializado por psiquiatra. Devido à grande interface entre as especialidades, já se observa, em muitos centros de saúde, o psiquiatra fazendo parte central da equipe de cuidados paliativos, garantindo um atendimento mais precoce aos pacientes com comorbidades psiquiátricas, resultando em maior aderência terapêutica, maior qualidade de vida, menor tempo de permanência no hospital, menores complicações e menores custos em geral.

O manejo das comorbidades psiquiátricas em pacientes em cuidados paliativos é semelhante ao manejo em outras populações, com alguns pontos a serem discutidos. Por conta do espectro multifatorial em que os sintomas psíquicos podem surgir, uma abordagem ampla, com a participação da psicologia e das terapias adjuntas (ocupacional, serviço social, capelão) é fundamental. Quanto à farmacoterapia, deve-se atentar ao tempo estimado de sobrevida dos pacientes, pois antidepressivos podem demorar de quinze a trinta dias para iniciarem seus efeitos terapêuticos, tanto para sintomas depressivos como para sintomas ansiosos, além de causarem efeitos colaterais muitas vezes significativos. Benzodiazepínicos podem causar rebaixamento do nível de consciência e dificultar a avaliação neurológica, além de exigirem uma boa função hepática, já debilitada em alguns pacientes. Assim, algumas alternativas, ainda em estudo, para essa população são o uso de psicoestimulantes e opioides no manejo de síndromes depressivas e ansiosas, respectivamente. A interação medicamentosa também deve ser uma preocupação, uma vez que esses doentes geralmente já fazem uso de diversos medicamentos.

No Hospital Israelita Albert Einstein (HIAE) o serviço de psiquiatria denominado Núcleo de Medicina Psicossomática e Psiquiatria (NMPP) trabalha numa perspectiva de prevenção.

Temos um protocolo institucional, o risco psiquiátrico, que se caracteriza por propiciar otimização da identificação, do tratamento e dos cuidados precoces aos transtornos psiquiátricos e/ou de comportamento, ou a situações clínicas e sociais de risco potencial para o adoecer psíquico e promover qualidade e excelência de atenção em saúde mental. A prática desse protocolo visa à prevenção, ao manejo precoce e adequado de situações disruptivas de risco para o paciente, a equipe de saúde, os médicos e a instituição.

A detecção do risco psiquiátrico é feita pela enfermeira do paciente ou do serviço, por meio da avaliação de risco psiquiátrico (ARP), parte da avaliação global do paciente, e é de *notificação compulsória* à equipe da psiquiatria.

O psiquiatra do HIAE avalia a situação de risco, discutindo com a equipe de saúde, a enfermagem e o médico responsável e orientando sobre as medidas necessárias à segurança e à qualidade de atendimento ao paciente com transtorno psiquiátrico ou transtorno de comportamento grave, instituindo medidas de segurança quando necessárias, levando em conta as políticas, os fluxos e as rotinas institucionais.

A equipe de avaliação do risco poderá solicitar o acompanhamento psiquiátrico ou psicológico dependendo da situação e do nível de gravidade do caso.

No caso de pacientes nas UPAS, pronto-atendimentos, os pacientes que chegam com questões psiquiátricas e/ou comorbidades podem ser avaliados por uma equipe de retaguarda psiquiátrica, que está à disposição 24 horas.

No HIAE, também há uma área de apoio psiquiátrico (UAP), com um espaço arquitetônico de quatro leitos, que atende normas de medidas de segurança para os pacientes clínico-cirúrgicos com comorbidades psiquiátricas e que, sob a avaliação do risco psiquiátrico, são encaminhados, seguindo o fluxo institucional, para esta área de maior segurança (UAP) devido aos riscos potenciais de dada alteração comportamental.

A equipe de psiquiatras institucionais oferece um suporte de orientação e de fluxos, por meio de um celular institucional que funciona 24 horas por dia, e, além desse suporte assistencial, está incumbida de direcionar o fluxo dos pacientes psiquiátricos e/ou com comorbidades clínicas, seguindo diária e continuamente esses pacientes até sua alta hospitalar.

Referências

BOTEGA, N. J. *Prática psiquiátrica no hospital geral:* interconsulta e emergência. 3. ed. Porto Alegre: Artmed, 2012.

BOTEGA, N. J. et al. Transtornos do humor em enfermaria de clínica médica e validação de escala de medida (HAD) de ansiedade e depressão. *Revista de Saúde Pública*, São Paulo, v. 29, n. 5, p. 359-363, out. 1995.

TENG, T. C.; HUMES, E. C.; DEMETRIO, F. N. Depressão e comorbidades clínicas. *Revista de Psiquiatria Clínica*, São Paulo, v. 32, n. 3, p. 149-159, 2005.

DELFINI, A. B. L.; ROQUE, A. P.; PERES, R. S. Sintomatologia ansiosa e depressiva em adultos hospitalizados: rastreamento em enfermaria clínica. *Gerais: Revista Interinstitucional de Psicologia*, Belo Horizonte, v. 2, n. 1, p. 12-22, ago. 2009.

DIEFENBACHER, A.; STRAIN, J. J. Consultation-liaison psychiatry: stability and change over a 10-year-period. *General Hospital Psychiatry*, New York, v. 24, n. 4, p. 249-256, jul.-ago. 2002.

HALES, R. E. The benefits of a psychiatric consultation-liaison service in a general hospital. *General Hospital Psychiatry*, New York, v. 7, n. 3, p. 214-218, jul. 1985.

LIPOWSKI, Z. J. Consultation-liaison psychiatry: the first half century. *General Hospital Psychiatry*, New York, v. 8, n. 5, p. 305-315, set. 1986.

MARCO, M. A. de. *A face humana da medicina:* do modelo biomédico ao modelo biopsicossocial. São Paulo: Casa do Psicólogo, 2003.

MUSKIN, P. R.; SKOMOROWSKY, A.; SHAH, R. N. Co-managed Care for Medical Inpatients, C-L vs C/L Psychiatry. *Psychosomatics*, Washington, DC, v. 57, n. 3, p. 258-263, maio/jun. 2016.

STRAIN, J. J. et al. Cost offset from a psychiatric consultation-liaison intervention with elderly hip fracture patients. *The American Journal of Psychiatry*, Arlington, v. 148, n. 8, p. 1044-1049, ago. 1991.

11. Psicopedagogia hospitalar

Ellen Brandalezi

> *"Aprender é o nosso principal instrumento de sobrevivência. A aprendizagem nos é imposta nos primeiros instantes de vida como condição de permanecermos vivos. Ou aprendemos a respirar ou não vivemos. A partir daí, a avalanche de aprendizagem tem início: sugar o peito, reconhecer o mundo, engatinhar, andar, falar, ler, escrever, brincar, dividir o brinquedo com outra criança, somar, subtrair, ganhar, perder, namorar, fazer sexo, interpretar, adaptar, envelhecer, etc. Quando paramos de aprender, morremos. Podendo, inclusive, acontecer isso em vida."*
>
> Julio Cesar Furtado dos Santos, 2008

A construção do conhecimento muitas vezes é associada exclusivamente a um processo de ensinar e aprender que ocorre dentro da instituição escolar. Ainda que a escola seja, de fato, um ambiente próprio para promover algumas aprendizagens, a aprendizagem não se restringe a este único contexto. As transformações sociais que vêm ocorrendo ao longo dos anos trazem mudanças significativas sobre a concepção da infância, provocando reflexões, dentre outros aspectos, sobre o ensinar e o aprender.

A psicopedagogia se insere nessa perspectiva, pois é uma área de estudo e de atuação que se ocupa dos processos de aprendizagem humana em seus padrões normais e patológicos, levando em consideração a influência dos meios familiar, escolar e social em seu desenvolvimento. Inserida nos contextos da educação e da saúde, analisa e intervém nos fatores que são positivos ou negativos aos processos de ensino e aprendizagem, ressaltando a importância do aprender nos mais diferentes espaços e circunstâncias.

Sob esta ótica, a psicopedagogia traz a possibilidade de investigar e conhecer verdadeiramente como o sujeito aprende, como e porque se produzem as alterações da aprendizagem, como reconhecê-las e tratá-las, como preveni--las e como promover processos de aprendizagem que tenham sentido para o aprendiz, ampliando o olhar para a singularidade do pensar.

Se dedicar ao processo de construção do conhecimento implica refletir sobre a articulação entre as estruturas do organismo, do corpo, do desejo e da inteligência. Para tal reflexão, contamos com a epistemologia genética, que nos fala de um sujeito de conhecimento que constrói suas estruturas cognitivas por meio da interação ativa com o meio. Contamos também com a psicanálise, que olha para o sujeito desejante esclarecendo os aspectos inconscientes e transferenciais na aprendizagem. Essas contribuições se inter-relacionam e nos permitem pensar no sujeito como protagonista do processo de aprendizagem, dotado de sentidos e de reconhecimento de um ser desejante e pensante. Assim, nos valendo das importantes definições de Alícia Fernández (2001) para a psicopedagogia, observamos que, ao estabelecer relações entre o seu pensamento e o seu desejo, a criança se vê capaz de eleger e decidir, ou seja, percebe-se como sujeito da autoria de pensamento. Ainda sob a ótica da autora, é possível perceber a criança em seus posicionamentos singulares diante do conhecer e do aprender, ou seja, ocupando os lugares de aprendente e ensinante em relação ao conhecimento. Ao ocupar umas dessas posições, ou ambas simultaneamente, a criança se torna autora de suas próprias experiências.

> *Os termos ensinante e aprendente não são equivalentes a aluno e professor. Estes últimos fazem referência a lugares objetivos em um dispositivo pedagógico, enquanto aqueles indicam um modo subjetivo de situar-se. Esse posicionamento, embora relacionado com as experiências que o meio provê ao sujeito, não está determinado por elas (FERNÁNDEZ, 2001, p. 53).*

Portanto, os saberes psicopedagógicos elucidam o processo de construção do conhecimento, ressaltando que, para que o ensino e a aprendizagem ocorram, é preciso que os sujeitos (tanto aquele que está ensinando como aquele que está aprendendo) se ocupem de ambos os posicionamentos subjetivos. Essa articulação entre ensinante e aprendente perpassa pela diferenciação entre si e o outro e pela construção do vínculo entre pares. Dessa forma, o sujeito (a criança) se apropria do conhecimento, colocando-se como ser pensante e desejante, fazendo-se autor de seu pensamento.

A reflexão sobre como isso acontece, como essa criança se relaciona com o conhecimento, diz respeito à sua modalidade de aprendizagem. Sob essa concepção psicopedagógica, cada criança tem uma modalidade singular de aprendizagem, diferenciando-a das outras. Reconhecer essa modalidade permite-as serem mais livres e criativas.

Atuação do psicopedagogo no Hospital Israelita Albert Einstein

Dada a especificidade do aporte deste profissional aos processos de desenvolvimento e de aprendizagem do sujeito, o psicopedagogo, tradicionalmente conhecido por sua prática clínica e institucional no âmbito escolar, vem ampliando suas possibilidades de atuação, em especial, no âmbito hospitalar.

A psicopedagogia hospitalar é uma realidade pequena nos hospitais brasileiros, no entanto, de acordo com Acampora (2015), vem se configurando como uma nova possibilidade de contribuição tanto para os processos de humanização como para os de desenvolvimento e de aprendizagem do paciente pediátrico.

A hospitalização infanto-juvenil pode ser uma experiência muito difícil, tanto para o paciente como para a família, pois pode gerar medo, dor e sofrimento em função do adoecimento e suas implicações. Crianças e adolescentes ficam vulneráveis a fatores adversos, ocorrendo uma significativa mudança em sua rotina com a alteração das relações familiares e a interrupção das atividades cotidianas. Para muitos, o hospital passa a ser o seu principal contexto de convívio, sendo afastados dos ambientes nos quais vinham ocorrendo o desenvolvimento de seu repertório social, afetivo, cognitivo e motor. As restrições dentro do ambiente hospitalar podem também causar a diminuição dos estímulos e das possibilidades de exploração do meio, podendo interferir diretamente no desenvolvimento e na aprendizagem da criança hospitalizada. Mediante a fragilidade desses aspectos, é essencial, na relação do psicopedagogo com o paciente, abrir espaço para a escuta e a disponibilidade para acolher.

Nesse sentido, a psicopedagogia hospitalar vem destacar a importância do ato de aprender dentro dessas circunstâncias, pois é por meio da aprendizagem que a criança enferma sai da condição de paciente (passiva) para se tornar agente da sua realidade, agindo sobre a doença e não somente reagindo. Para isso, é necessário oferecer intervenções adequadas para que esta criança construa uma relação saudável com o conhecimento, contribuindo para a ressignificação dos processos de hospitalização e de adoecimento.

No Hospital Israelita Albert Einstein (HIAE), a psicopedagogia está integrada à equipe multiprofissional desde o ano de 2011 e, frente aos processos de humanização hospitalar, vem se apresentando como uma abordagem inovadora que, junto da equipe, contribui para os processos de desenvolvimento e de aprendizagem, para a aderência ao tratamento, bem como para a promoção da saúde do paciente pediátrico internado ou em tratamento oncológico ambulatorial.

Esse novo enfoque favorece ao paciente não só a manutenção do vínculo escolar, como também a construção do conhecimento de sua própria doença, do ambiente hospitalar e das implicações da hospitalização. Para tal, a assistência prestada é estreitamente conectada ao trabalho interdisciplinar com médicos, enfermeiros, psicólogos, nutricionistas, farmacêuticos e toda a equipe multiprofissional, atuando no desenvolvimento integral desse paciente.

O serviço de psicopedagogia do HIAE é pautado no código de ética do psicopedagogo e tem sua prática delineada pela política interna de atendimento psicopedagógico ao paciente pediátrico, visando redimensionar a singularidade da criança por meio de situações de aprendizagem que permitam que o paciente se conecte ao mundo externo, apesar de estar hospitalizado. Assim, também vem garantir os direitos à educação e ao brincar previstos em lei (BRASIL, 1988, 1990, 1996), restaurando os laços com o cotidiano escolar e lúdico do paciente.

O atendimento psicopedagógico é disponibilizado aos pacientes pediátricos da unidade de internação da pediatria e do CTI pediátrico, na unidade de internação de oncologia e transplante de medula óssea (TMO), seja essa internação de curta, média ou longa duração, e aos pacientes pediátricos em tratamento oncológico ambulatorial, no ambulatório de quimioterapia pediátrica. Esses atendimentos ocorrem individualmente ou em pequenos grupos, em espaços eleitos pelo psicopedagogo para atender às demandas do paciente, como na classe hospitalar, nas brinquedotecas ou nos leitos, de acordo com a disponibilidade desse paciente e com a intervenção planejada.

Para tal, primeiramente é realizada uma parceria junto à equipe multidisciplinar para verificar a demanda psicopedagógica, por meio de discussões de casos semanais e, posteriormente, de anuência médica. A entrada do profissional é realizada por meio de uma entrevista inicial com os pais, em que é levantado um breve histórico do adoecimento, das relações sociais e do processo de ensino-aprendizagem do paciente.

Em seguida, realiza-se a avaliação psicopedagógica com o paciente para identificar a modalidade e a disponibilidade interna da criança de se dedicar ao aprender, mesmo com a situação de adoecimento que está vivendo, bem como as habilidades e competências que já adquiriu. Os instrumentos utilizados nas avaliações são testes projetivos, testes específicos para a avaliação da escrita, da capacidade leitora e do raciocínio lógico matemático, jogos e observação do desenvolvimento global por meio de interação lúdica.

Após a avaliação com o paciente, é feito contato telefônico com sua escola de origem (no caso de pacientes já matriculados) a fim de garantir a manutenção do vínculo com a mesma, facilitando então o processo de ensino-aprendizagem. Dessa forma, com todas as informações da escola, dos pais e do paciente, é traçado um plano de acompanhamento frente às necessidades da criança, seja em relação ao conteúdo acadêmico ou à aprendizagem de sua doença, levando em consideração a sua fase do desenvolvimento e as limitações impostas pela enfermidade.

Por meio desse acompanhamento, são criadas situações de aprendizagem, nas quais o paciente tem a oportunidade de brincar, jogar, construir, pensar e repensar sobre sua ação, explorar objetos, imaginar, fantasiar, questionar, criar, produzir, enfim, se expressar das mais variadas formas. É por meio da constituição de um ambiente acolhedor, no qual a sensibilidade da escuta e do olhar da psicopedagogia se fazem presentes constantemente, que a relação entre ensinante e aprendente é construída e o vínculo positivo entre esses pares abre espaço para que a aprendizagem aconteça.

Durante todo acompanhamento, a evolução do paciente no tratamento é discutida frequentemente pela equipe multiprofissional em espaços formais e informais. Dentro desse contexto, as trocas constantes, em especial entre os profissionais da psicologia e da psicopedagogia, são muito importantes, pois trazem suas percepções quanto à condição psicoemocional, à motivação para a aprendizagem, ao envolvimento no tratamento e à expectativas para a alta.

A inter-relação dos conhecimentos específicos dessas duas assistências (psicologia e psicopedagogia) possibilita uma maior assertividade do cuidado, promovendo o contato da criança com suas potencialidades, ainda que esteja vivenciando uma situação de intensa fragilidade. Dessa maneira, é promovido o resgate da autoestima, da qualidade de vida adaptada ao contexto hospitalar, e são fomentadas expectativas positivas para a etapa posterior ao tratamento.

Ao longo dos atendimentos, são dadas também as devolutivas tanto à equipe multiprofissional (em discussões de caso) como aos pais e à escola, com relação ao processo de ensino-aprendizagem da criança e a importância dessa atuação para seu desenvolvimento biopsicossocial.

Ao ser planejada a alta hospitalar, inicia-se o processo de preparação do paciente e da família para o retorno para casa. Por meio da articulação da equipe multiprofissional, são delineadas orientações, cada qual dentro de sua especialidade, para que a criança retorne ao seu convívio social da forma mais adequada possível. Nesse processo de alta, é entregue aos pais e à escola de origem da criança um relatório psicopedagógico descritivo do acompanhamento realizado durante a hospitalização/tratamento, contendo as informações e as orientações necessárias para a devida (re)integração da criança no cotidiano escolar e lúdico.

Diante do exposto, percebemos que o trabalho da equipe multiprofissional, pautado na troca de saberes e na comunicação alinhada, faz com que todo o processo de hospitalização do paciente pediátrico seja de fato acolhedor e humanizado, desde a descoberta da doença até o momento da alta hospitalar.

A atuação psicopedagógica, nesse contexto, favorece a abertura de espaços facilitadores de protagonismo e de produção de sentidos no processo de desenvolvimento e aprendizagem desse paciente. Crianças e adolescentes que, num primeiro momento, se mostram assustados e temerosos com a hospitalização, se beneficiam desse espaço de aprendizagem para (re)descobrir a sua originalidade, o seu posicionamento, fazendo-se autores de sua própria história.

A seguir, também abordando práticas de humanização hospitalar, serão descritos dois importantes espaços de aprendizagem e, portanto, de atuação psicopedagógica: a classe hospitalar e a brinquedoteca hospitalar.

Classe hospitalar

Crianças e adolescentes hospitalizados sofrem com privações impostas pela patologia, assim como pelo afastamento do seu meio de convivência familiar, social e escolar, conforme já citado. O reconhecimento de que existem outras necessidades na vida de um paciente pediátrico hospitalizado que não sejam apenas clínicas significa adotar outros meios de intervenção para também contribuir de forma significativa para o bem-estar e a qualidade de vida desse paciente. Isso é humanização.

O apoio pedagógico ao escolar em tratamento de saúde é uma importante ferramenta nesse sentido, pois, além de propiciar a continuidade ao direito de escolaridade, é reconhecido como um dos remédios que ajudam na qualidade de vida da criança e do adolescente hospitalizados.

Se, atendo às questões legais, a educação é um direito de toda e qualquer criança e adolescente, isso inclui, portanto, o universo das crianças e dos adolescentes hospitalizados. A legislação brasileira garante esse direito por meio da Constituição Federal de 1988, artigo 205; das Leis nº 1.044/69 e nº 6.202/75; do Estatuto da Criança e do Adolescente, Lei nº 8.069/90; da Lei de Diretrizes e Bases da Educação Nacional nº 9.394/96; da Resolução nº 02/01 do Conselho Nacional de Educação; e da Resolução nº 41/95 do Conselho Nacional de

Defesa dos Direitos da Criança e do Adolescente, que descreve: "Direito a desfrutar de alguma forma de recreação, programas de educação para a saúde, acompanhamento do *curriculum* escolar, durante sua permanência hospitalar" (BRASIL, 1995).

A esta modalidade de atendimento educacional denomina-se *classe hospitalar* que, segundo a Política Nacional de Educação Especial, publicada pelo MEC – Ministério da Educação e da Cultura, em Brasília, em 1994, visa ao atendimento pedagógico de crianças e adolescentes que, devido às condições especiais de saúde, encontram-se hospitalizados.

> *Denomina-se classe hospitalar o atendimento pedagógico-educacional que ocorre em ambientes de tratamento de saúde, seja na circunstância de internação, como tradicionalmente conhecida, seja na circunstância de atendimento em hospital-dia e hospital-semana ou em serviços de atenção integral à saúde mental (BRASIL, 2002, p. 13).*

Preconizando o atendimento humanizado e observada a necessidade de adequação à legislação vigente, no ano de 2015, foi implantada e autorizada a classe hospitalar do Hospital Israelita Albert Einstein.

A esse serviço, cumpre-se oferecer o atendimento educacional aos pacientes pediátricos internados ou em tratamento oncológico ambulatorial, na faixa etária de 4 anos a 17 anos e 11 meses, correspondentes aos níveis escolares da Educação Infantil, Ensino Fundamental I, Ensino Fundamental II e Ensino Médio. A esses alunos-pacientes, busca-se garantir a conservação do vínculo entre a criança/adolescente e a escola por meio da mediação psicopedagógica e pedagógica hospitalar que favoreça o processo de ensino e aprendizagem por meio da flexibilização e/ou adaptação do currículo e da adequada (re)integração ao seu grupo escolar correspondente, como parte do direito de atenção integral.

Em virtude da diversidade das faixas etárias, a classe tem característica multisseriada, portanto, tem a finalidade de oferecer um atendimento pedagógico especializado, contemplando uma dinâmica de trabalho que considera as necessidades dos alunos de acordo com seus estágios de desenvolvimento.

Nesse cenário educacional, as mediações pedagógica e psicopedagógica oferecem importantes possibilidades de ressignificações para o escolar hospitalizado, cada qual dentro de suas especificidades, porém, ambas em comum, resgatando a autoestima, minimizando o sofrimento com relação ao adoecimento e à hospitalização e restaurando os laços com a aprendizagem e com o cotidiano escolar.

A atuação psicopedagógica, nesse contexto, utiliza-se de sua escuta apurada e seu olhar sistêmico para mediar as relações e as aprendizagens do paciente no enfoque da sua compreensão da doença e do tratamento, bem como do afastamento escolar. Sob esse olhar, o psicopedagogo cria situações que permitem que o aluno-paciente atue na construção e na ampliação dos seus saberes, promovendo novas perspectivas, tanto a favor do tratamento, quanto para sua reintegração escolar. Essa atuação, além de diagnosticar e intervir nos problemas de aprendizagem pré-existentes, contribui também para a prevenção de possíveis dificuldades ou defasagens de alunos-pacientes em função do processo de hospitalização.

Dessa maneira, a psicopedagogia pode auxiliar no planejamento pedagógico do professor da classe hospitalar exaltando a singularidade e a modalidade de aprendizagem de cada um. Por meio dessa parceria entre a psicopedagogia e a pedagogia, as atividades planejadas tendem a ampliar as potencialidades do aluno, proporcionando diferentes situações significativas de aprendizagem.

O pedagogo representa uma pessoa de confiança da criança, pois faz parte do seu mundo real. Portanto, é uma figura de grande importância nesse resgate do cotidiano escolar, podendo, inclusive, proporcionar ao aluno-paciente a reconstrução do sentido da vida. Para isso, o professor, também inserido na equipe multiprofissional, deve estar preparado para atuar na diversidade da área da saúde, se propondo a conhecer a rotina hospitalar, as diferentes enfermidades, os medicamentos e seus efeitos, dentre outras práticas não tão usuais na educação.

A classe hospitalar possui singularidades que se diferenciam da classe regular em muitos aspectos, como a rotatividade dos alunos, a rotina diária de tempo de atendimento e de quantidades de alunos, a fragilidade emocional em função da doença, as diferentes faixas etárias. Dessa forma, é necessário que o professor também se adeque às exigências e às necessidades das crianças e dos adolescentes ali atendidos.

A classe hospitalar do HIAE atende aos pacientes pediátricos com internações curtas, médias, longas e em tratamento oncológico ambulatorial. Mesmo com essas variações, qualquer tempo de permanência no hospital pode ter um significado importante para o processo de desenvolvimento e de aprendizagem do paciente, desde que esse tempo seja preenchido com significado e qualidade.

A atuação do pedagogo exige o desenvolvimento de habilidades em trabalhar com o imprevisto, com esta pluralidade de aspectos que permeiam o cotidiano hospitalar. Por isso é importante que o professor tenha clareza de seu papel como agente mediador do processo de ensino-aprendizagem, para não ter seu trabalho confundido com recreação. De fato, a recreação tem sua relevante contribuição para a criança e o adolescente hospitalizados, no entanto, quando inserida no atendimento pedagógico, deve-se tomar o cuidado de orientar pais e equipe que a atividade lúdica também é planejada e tem seus objetivos traçados como qualquer outra atividade pedagógica.

> *A classe hospitalar pode e deve se valer de projetos lúdicos e atividades recreativas como ferramentas para provocar o desenvolvimento e a aprendizagem, no entanto, seu ponto central é a prática educativa; ela está vinculada ao sistema de ensino como atendimento educacional especializado e ao sistema de saúde como programa de atenção integral aos educandos em tratamento nas instituições hospitalares e congêneres (ASSIS, 2009, p. 30).*

Para o atendimento pedagógico, é necessário estruturar as ações de organização e funcionamento da assistência a ser prestada por meio de uma dinâmica de trabalho que englobe o planejamento pedagógico, o preenchimento de formulário individual com dados pessoais e escolares, atividades em grupo e/ou individuais, registro diário das atividades realizadas, contato telefônico com as escolas de origem e relatório descritivo.

No que se refere particularmente às atividades escolares, o professor deve levar em consideração as diversas experiências que o aluno-paciente traz consigo, para, assim, dar sentido ao conteúdo trabalhado. Ao relacionar conteúdos com experiências pessoais, como a vivência hospitalar, por exemplo, o professor abre espaço para a aprendizagem significativa.

Assim sedimentado, o trabalho do pedagogo, dentro de uma visão humanista, ocupa um expressivo espaço no ambiente hospitalar, pois, quando bem estruturado, gerencia um espaço de interação social e de aprendizagem propício para o resgate da vitalidade, da autoestima e da autoconfiança. Além disso, mantém o vínculo com a escola de origem do paciente e favorece sua reintegração escolar após a alta hospitalar.

Dentro desse contexto, a parceria com a equipe multiprofissional, em especial com a psicopedagogia, é fundamental para o trabalho pedagógico. A partir de discussões clínicas, o pedagogo se instrumentaliza para planejar e executar seu atendimento.

A atenção integral à criança e ao adolescente hospitalizados em um espaço diferenciado, considerando o tempo de ensinar e o tempo de aprender, concretiza de fato a política de humanização hospitalar, uma vez que envolve a família, a escola e a equipe multiprofissional. Quando falamos de atenção integral, não podemos deixar de citar a importância do brincar nesse processo. A seguir, trazemos a relevância da brinquedoteca hospitalar para a criança e o adolescente em tratamento de saúde.

Brinquedoteca hospitalar

O adoecimento e todas as suas implicações – internação, procedimentos invasivos e dolorosos, afastamento social, quebra da rotina etc. – podem configurar uma experiência desgastante tanto para a criança como para seus familiares.

A reação e o enfrentamento do paciente pediátrico variam de acordo com idade, estágio de desenvolvimento, efeitos colaterais, limitações impostas, compreensão sobre a doença e suporte familiar. Portanto, para melhor enfrentamento da doença e do tratamento, faz-se necessária a mobilização de recursos individuais que fortaleçam os aspectos cognitivos e emocionais da criança de acordo com cada fase do desenvolvimento infantil. Nesse sentido, a atividade lúdica é inserida como um importante instrumento para auxiliar o enfrentamento da criança enferma, pois, por meio do brincar, ela própria encontra meios para ampliar a sua realidade interna e externa, se organizando cognitiva e afetivamente.

> [...] a atividade lúdica baseia-se no enfrentamento do inesperado, exigindo capacidade de enfrentá-lo e ensinando como fazê-lo. Deste modo, brincar no hospital ensina a enfrentar a doença, promovendo a saúde, especialmente se a saúde for concebia como afirmação da vida (VIEGAS, 2007, p. 42).

O brincar revela-se, então, como uma forma de a criança compreender e lidar com os aspectos da enfermidade, sendo possível a vivência e a expressão dos seus sentimentos, transpondo a fantasia para a realidade, sendo sujeito de suas ações e percebendo com maior clareza o que está se passando.

Brincando, a criança se coloca no domínio da situação, onde ela pode dominar os "vilões" ou as circunstâncias que provocariam medo ou insegurança. Assim, quando a criança brinca, ela passa a vivenciar a prazerosa experiência de sentir o corpo ativo, interagindo a seu gosto, o que reflete diretamente em seu bem-estar e, consequentemente, colabora para sua recuperação.

A partir dessas considerações, torna-se visível a importância da interação lúdica para compor o atendimento psicopedagógico. Para Oliveira e Bossa (1994), o olhar interessado em compreender a natureza das relações da criança com a aprendizagem não pode deixar de se ocupar das manifestações dela enquanto brinca. A observação da brincadeira da criança muito esclarece sobre a forma como ela está construindo e organizando seus conhecimentos e sentimentos. O brincar, portanto, é também um instrumento essencial para a avaliação e a intervenção psicopedagógica hospitalar.

Assim, a brinquedoteca hospitalar, como espaço por excelência do brincar, oferece muitas possibilidades para o atendimento psicopedagógico ao paciente pediátrico. Neste ambiente especialmente lúdico, o psicopedagogo pode promover a interação social e a troca de experiências entre pacientes e familiares; estimular o desenvolvimento e a ampliação de habilidades específicas; enriquecer as relações familiares; estimular a livre expressão por meio da brincadeira livre; provocar a transposição de papéis sociais por meio da brincadeira simbólica. Enfim, são inúmeras as possibilidades de intervenções que enriquecem a experiência infantil dentro da brinquedoteca.

A brinquedoteca hospitalar do HIAE tem como missão ajudar a amenizar o sofrimento e o desconforto que, muitas vezes, são causados pelo adoecimento e pela internação. É um espaço sobretudo acolhedor, estruturado para estimularem as crianças e os adolescentes da unidade de internação pediátrica a se expressar livremente, possibilitando o acesso a uma gama variada de jogos e brinquedos. Dessa forma, esse espaço contribui para a continuidade do desenvolvimento saudável da criança e vem garantir seu direito ao brincar, conforme previsto na Constituição Federal de 1988, artigo 227, e no Estatuto da Criança e do Adolescente, Lei nº 8.069/90, artigo 16. A partir dessa legislação, em 21 de março de 2005, foi decretada e sancionada a Lei nº 11.104, que dispõe sobre a obrigatoriedade de instalação de brinquedotecas nas unidades de saúde que ofereçam atendimento pediátrico em regime de internação. Isso mostra que a brinquedoteca no ambiente hospitalar é vista como direito essencial ao desenvolvimento da criança enferma.

Vimos que a psicopedagogia se beneficia, de forma significativa, com as possibilidades de trabalho neste ambiente, no entanto, são atividades pontuais, de acordo com o plano de intervenção delineado para cada paciente.

As atividades cotidianas da brinquedoteca do HIAE são realizadas por brinquedistas e, atualmente, supervisionadas por psicopedagogos e psicólogos.

As brinquedistas são responsáveis por promover o ambiente acolhedor e seguro, favorecendo o brincar de forma ética, sem invadir o espaço da criança. Por meio de uma rotina bem organizada, elas incentivam o deslocamento do paciente à brinquedoteca e favorecem a interação lúdica de forma prazerosa e espontânea. Assim, faz parte da rotina a visita das brinquedistas aos leitos, com o propósito de apresentar a brinquedoteca, entregando o informativo com todas as orientações sobre o ambiente e seu funcionamento, bem como convidando pacientes e acompanhantes a visitarem o espaço lúdico.

No caso de pacientes isolados (em precauções de contato, gotícula ou aéreas) a interação lúdica com as brinquedistas pode acontecer no leito, favorecendo o alívio das reações negativas referentes ao isolamento. Ainda há a possibilidade do empréstimo de brinquedos para todos os pacientes que solicitarem, em isolamento ou não.

Também faz parte da rotina das brinquedistas a limpeza e desinfecção dos brinquedos, seguindo as diretrizes do controle hospitalar para uso de brinquedos, orientada pelo Serviço de Controle de Infecção Hospitalar (SCIH) do HIAE. Essa política ainda estabelece critérios para a escolha dos brinquedos. Dentre eles, destaca-se a preferência por brinquedos laváveis e higienizáveis, excluindo a possibilidade do uso de brinquedos de madeira, tecido e pelúcia. Livros, revistas e materiais de papelão devem ser encapados ou plastificados. Além dos cuidados com a limpeza e desinfecção dos brinquedos, as brinquedistas se preocupam também em incentivar a higiene das mãos de todos os frequentadores da brinquedoteca.

Ainda sobre a atuação das brinquedistas, a rotina engloba planejar e executar, semanalmente, oficinas dirigidas, auxiliar na decoração de eventos em datas comemorativas e aniversários de pacientes, acompanhar e dar suporte às oficinas semanais realizadas pelas voluntárias do hospital e realizar a manutenção dos brinquedos e a plastificação dos jogos e materiais.

Por ser um espaço próprio do brincar, a brinquedoteca deve permanecer livre de associações negativas e/ou dolorosas, portanto, fica restringido todo e qualquer tipo de procedimento (exame médico, administração de medicamentos, exame físico etc.). Para evitar situações desconfortáveis para as crianças que estão em jejum ou têm restrições alimentares, também se deve evitar a alimentação neste espaço. Essa medida também facilita que o ambiente se mantenha limpo e os brinquedos, higienizados.

Diante do exposto, percebemos o quanto o brincar e a brinquedoteca hospitalar beneficiam não só a atuação psicopedagógica, como todo o processo de adoecimento e de hospitalização vivenciados pela criança e seus familiares. A brinquedoteca traz, em seu interior, a concepção de infância, e isso determina sua estrutura e organização. Este espaço favorece as mais variadas manifestações comportamentais, produzindo e reproduzindo a construção de saberes e a expressão de emoções.

Muito mais que uma atividade prazerosa, o lúdico possibilita o desenvolvimento biopsicossocial do paciente pediátrico e contribui para a construção do vínculo entre este, a família e a equipe de saúde, frente aos processos de humanização hospitalar.

Considerações finais

Ao olhar o paciente pediátrico em sua totalidade, abrimos espaço para novas perspectivas a favor de seu tratamento de saúde, permeadas pela política de humanização hospitalar. Inserindo a psicopedagogia nesse contexto, permite-se dar a devida atenção ao indivíduo em estado permanente de aprendizagem e desenvolvimento, executando ações diagnósticas e de intervenção que integram os aspectos cognitivos e emocionais na garantia das aprendizagens e da circulação dos conhecimentos, de acordo com a singularidade do sujeito.

As contribuições desse profissional são possíveis por meio das ações integradas à equipe multiprofissional na troca de saberes. Essas ações permeiam o atendimento psicopedagógico ao paciente pediátrico e circulam entre espaços variados de aprendizagem, como na classe hospitalar e na brinquedoteca.

Concluindo, a psicopedagogia hospitalar favorece ao paciente pediátrico a construção da confiança em sua capacidade pensante de produzir algo, (re)estabelecendo relações entre o seu pensamento e o seu desejo, ancorados aos limites da realidade. Assim, o paciente tem a oportunidade de reconhecer-se como sujeito autônomo e autor de sua história.

Referências

ACAMPORA, B. *Psicopedagogia hospitalar:* diagnóstico e intervenção. Rio de Janeiro: Wak, 2015.

ASSIS, W. de. *Classe hospitalar:* um olhar pedagógico singular. São Paulo: Phorte, 2009.

BRASIL. *Constituição da República Federativa do Brasil.* Brasília, DF: Imprensa Oficial, 1988.

_____. Conselho Nacional dos Direitos da Criança e do Adolescente. Resolução nº 41, de 13 de outubro de 1995. Direitos da criança e do adolescente. *Diário Oficial da União*, Brasília, DF, 17 out. 1995. Seção 1.

_____. Lei nº 8.069, de 13 de julho de 1990. Dispõe sobre o Estatuto da Criança e do Adolescente e dá outras providências. *Diário Oficial da União*, Brasília, DF, 16 jul. 1990.

_____. Lei nº 9.394, de 20 de dezembro de 1996. Estabelece as diretrizes e bases da educação nacional. *Diário Oficial da União*, Brasília, DF, 23 dez. 1996.

_____. Ministério da Educação. *Classe hospitalar e atendimento pedagógico domiciliar:* estratégias e orientações. Brasília, DF, 2002.

FERNÁNDEZ, A. *Os idiomas do aprendente*: análise das modalidades ensinantes em famílias, escolas e meios de comunicação. Tradução de Neusa Kern Hickel e Regina Orgler Sordi. Porto Alegre: Artmed, 2001.

OLIVEIRA, V. B. de; BOSSA, N. A. (Org.). *Avaliação psicopedagógica da criança de zero a seis anos.* Petrópolis: Vozes, 1994.

SANTOS, J. C. F. dos. *Aprendizagem significativa:* modalidades de aprendizagem e o papel do professor. Porto Alegre: Mediação, 2008.

VIEGAS, D. (Org.). *Brinquedoteca hospitalar:* isto é humanização. 2. ed. Rio de Janeiro: Wak, 2007.

12. Atuação com a equipe de saúde

Ana Merzel Kernkraut

Introdução

Na área da saúde, os trabalhadores estão expostos a riscos biológicos, químicos, físicos e psicossociais devido ao tipo de trabalho realizado e à condição de saúde da população a qual assiste.

Em relação aos aspectos psicossociais, observa-se que existe uma parcela de trabalhadores que se ausentam de sua rotina profissional devido a causas relacionadas a sintomas de ansiedade, estresse e depressão. Tais sintomas podem estar correlacionados com os riscos no ambiente de trabalho, com o ambiente psicossocial, a remuneração, a jornada e a organização do trabalho.

A motivação é um componente do comportamento humano que é regido individualmente e faz com que uma pessoa persiga determinado objetivo durante certo tempo, e isso não pode ser explicado somente pelos seus conhecimentos, experiências e habilidades.

Segundo a Organização Mundial da Saúde (OMS), a população ativa no mercado de trabalho representa 50% da população e é a maior contribuinte para o desenvolvimento social e econômico de um país. A saúde do trabalhador é determinada não somente pelos riscos do ambiente de trabalho, mas também por fatores individuais e sociais e pelo acesso ao serviço de saúde. Dessa forma, a OMS propõe um modelo para um ambiente de trabalho saudável que consiste em ter a atenção voltada para os riscos físicos e psicossociais a que estão expostos os trabalhadores, para a promoção e o suporte de comportamentos saudáveis e para determinantes ambientais e sociais em um sentido mais amplo.

No Brasil, a saúde é um direito universal e um dever do Estado. No âmbito desse direito, encontra-se a saúde do trabalhador. A partir de 2003, as diretrizes políticas nacionais começaram a ser implementadas e dentre as estabelecidas estão a atenção integral à saúde dos trabalhadores e o desenvolvimento e a capacitação de recursos humanos.

O absenteísmo é um indicador fiel do nível de satisfação com o trabalho, portanto, também é um indicador fiel do risco de adoecimento e/ou de ocorrência de acidente do trabalho. Outro aspecto que aponta para a satisfação com o trabalho são as pesquisas de clima organizacional realizadas com os trabalhadores de determinado local. Tal pesquisa identifica os focos de insatisfação por meio da resposta obtida nos questionários respondidos pelos trabalhadores.

O ambiente profissional atual exige que o clima de trabalho seja satisfatório e que os trabalhadores tenham grande comprometimento com as tarefas realizadas, flexibilidade para adaptação aos novos rumos da empresa, criatividade na implementação de atividades que promovam crescimento da empresa e superação das dificuldades encontradas no dia a dia de seu trabalho.

Os clientes, por sua vez, se mostram cada vez mais exigentes e demandam que o trabalhador esteja atento às técnicas, rotinas e procedimentos da área e ao relacionamento interpessoal.

Do ponto de vista de gerenciamento, existe a preocupação com a saúde do trabalhador e de como ele percebe a instituição e a área na qual trabalha. Para conhecer a satisfação do colaborador com a organização, anualmente, é realizada uma pesquisa de clima organizacional em nosso hospital, com o objetivo de conhecer o grau de motivação, a satisfação com a instituição, com a área de trabalho, com a coordenação e com a equipe de trabalho.

Um dos pontos críticos que aparecem na pesquisa de clima em algumas áreas é a insatisfação com o clima da equipe de trabalho, que ultrapassa a discussão do caso do paciente e o manejo do mesmo.

Outro aspecto que deve ser levado em conta é o número de licenças médicas dos colaboradores devido a queixas relacionadas com o aspecto psíquico; entre os sintomas mais frequentes, estão a depressão, a ansiedade e o estresse.

Considerando que profissionais da saúde, especificamente os da equipe de enfermagem, lidam diariamente com aspectos ligados à técnica profissional e ao relacionamento interpessoal, seja entre a equipe ou com os pacientes sob seus cuidados, a atenção com o aspecto psicossocial desses colaboradores é essencial para que haja prevenção com relação ao adoecimento psíquico do indivíduo e para que ele possa ter um espaço de fala e escuta e que suas vivências possam ser compartilhadas e compreendidas pela equipe. Por meio da troca de experiências entre a equipe, é possível garantir o acolhimento necessário para que o profissional mantenha suas atividades no nível exigido pela instituição e pelos clientes por ele atendidos. Nesse sentido, no HIAE foi implementada a possibilidade de a equipe de psicologia atender os colaboradores de maneira grupal com foco no sofrimento psíquico em decorrência das atividades laborais. A iniciativa foi nomeada como Grupo de Suporte à Equipe de Enfermagem para Minimização da Sobrecarga Profissional.

A iniciativa dos grupos de suporte à equipe surgiu da frequência com a qual os psicólogos que estão na assistência ao paciente eram requisitados pela equipe para conversar sobre aspectos que são próprios do profissional, como sentimentos em relação a determinado paciente, percepção sobre o grupo de trabalho e dificuldades encontradas no dia a dia para realização das atividades.

A constituição do sujeito

O sujeito é constituído por meio do outro; a constituição do aparelho psíquico é realizada pela mãe na relação mãe e bebê. Para que haja reconhecimento do Eu, é necessário o Outro na relação. A partir desse conceito, observa-se que o grupo precede o sujeito, pois a experiência do grupo traz a própria castração a partir do momento em que você é dependente do Outro.

É necessário que existam pessoas castradas no mundo para manutenção da sociedade, caso contrário haveria o caos.

O grupo primário é a família; antes de o indivíduo se constituir como sujeito, ele é um grupo composto por ele e sua mãe, portanto, a experiência primária advém de um grupo, e todas as relações secundárias (social, trabalho) se darão baseadas nessa primeira relação.

Essa relação com o Outro constitui, no plano pessoal, o fundamento da identidade individual e, no plano coletivo, isso fundamenta a identidade social. A identidade pessoal e as identidades coletivas resultam da relação que um indivíduo ou um grupo mantêm com a alteridade, que nada mais é do que o modelo do apoio ou do adversário que o Outro representa para o indivíduo, e é dessa relação que acontecem inúmeros comportamentos que são observados no cotidiano. Essas relações são dinâmicas e se modificam com o tempo ou com acontecimentos.

No dia a dia do trabalho, ou diante de novas demandas ou exigências, o indivíduo pode apresentar sofrimento psíquico manifestado em forma de insatisfação difusa, falta de gosto pela vida, ausência de objetivos, sentimento de futilidade ou de aborrecimentos, acesso de raiva e depressão, constituindo uma perturbação do próprio Eu ou do *self*.

Aspectos da comunicação

O ser humano é dotado de uma forma extremamente sofisticada de comunicação que se dá pela linguagem. O uso da linguagem nas organizações se dá de várias maneiras, seja ela escrita, em forma de circulares, notícias, comunicados, e-mails, ou de forma oral, por meio de reuniões e discussões.

A função primordial da linguagem é a comunicação, isto é, a expressão de pensamentos e de emoções por meio da escrita ou da verbalização. Como função secundária, ela funciona como instrumento da socialização, da cultura, do grupo e da individualidade e, dependendo da maneira como ela é empregada, pode afetar o cotidiano nas organizações, tanto no conteúdo como no contexto na qual ela é transmitida.

A partir daí temos a consequência do que é transmitido pela linguagem, ou seja, uma comunicação clara que não gera dúvidas do que deve ser realizado, uma comunicação ambígua ou um mal-entendido que ocorre quando diferentes contextos são utilizados por diferentes participantes para interpretar uma mesma mensagem.

Assim, devemos considerar todos os aspectos da comunicação e levantar os problemas que são gerados a partir de falhas nela. Uma das primeiras questões é com relação aos diferentes termos utilizados dentro de cada organização: pessoas de funções diferentes utilizam diferentes terminologias, dependendo da relação existente com o propósito do que deve ser expresso.

O benefício do trabalho grupal

A possibilidade de trabalhar com grupos permite a exteriorização de sentimentos, percepções e modos de ação e propõe, ao mesmo tempo, um *feedback* em tempo real sobre o que foi colocado no grupo. Além disso, é possível haver o compartilhamento de todos os aspectos envolvidos e, dada a característica de um grupo que atua na mesma instituição em circunstâncias semelhantes, trocar experiências promove um aumento de conhecimento no sentido de que existem várias maneiras de lidar com a mesma situação, podendo não existir uma maneira mais correta que a outra, e sim a melhor maneira dentro daquele determinado momento.

O grupo se constitui por indivíduos que trazem diferentes características e estão em torno de um mesmo tema ou objetivo, sendo este o elo que os une.

Para se formar um grupo, é necessário que os indivíduos se percebam como tendo uma mesma motivação para estarem juntos. Sob a ótica da sociologia, a definição de grupo é um sistema de relações sociais e de interações recorrentes entre pessoas.

Os vínculos estabelecidos em um grupo devem levar em conta a estrutura relacional entre os integrantes e também as características de personalidade, pois, no cenário grupal, ocorrerá uma experiência que reflete aspectos emocionais vivenciados no cotidiano. As dimensões nas inter-relações são: a intrassubjetiva, que vincula os pensamentos com os sentimentos e interliga as estruturas mentais do consciente, pré-consciente e inconsciente; a intersubjetiva, que diz respeito às diferentes formas de relacionamento entre as pessoas; e a transobjetiva, que traduz as diversas modalidades de vinculação com regras, leis e valores, bem como a cultura, a fantasia e o mito com os quais compartilhamos por meio do grupo. Pode-se dizer que, em um grupo, se trabalha com as diferenças o tempo todo, portanto, a presença do Outro tem um peso especial.

Em todo grupo, existe a posição de líder, seja ela formal ou não, e esse líder é revestido de uma série de pretensões do grupo. A técnica de condução de grupo sofre diferentes adaptações e a tarefa do coordenador assumirá diferentes papéis de acordo com o objetivo e o modelo do grupo. Um líder tem a capacidade de fazer intermediações, portanto, o grupo é um dispositivo de trabalho que permite intervenções.

Modelos de trabalho com grupos

Existem vários modelos de grupo, que podem ser abertos ou fechados. Denomina-se grupo aberto aquele em que é permitida a entrada de novos integrantes a cada sessão e de grupo fechado aquele em que existe um contrato prévio de trabalho. O grupo pode durar somente uma sessão ou pode ter uma meta de tempo para duração do tratamento.

Outra divisão possível é por meio dos grupos homogêneos (pertencentes a uma mesma classe, por exemplo, alcoólatras, ou pertencentes a uma mesma unidade de trabalho etc.) ou heterogêneos (pessoas de várias idades, nacionalidades, sem algo em comum).

Eles podem variar também com relação ao propósito: nos grupos terapêuticos, a função técnica do condutor do grupo é interpretar as transferências existentes no grupo e trazer à tona aspectos inconscientes. Nos grupos psicopedagógicos, além da função terapêutica, existe também a intenção de orientar e promover a educação dos membros sobre determinado tema.

A escolha do tipo de grupo deve considerar a condição dos participantes, as características do local onde o grupo irá se encontrar e qual o propósito da formação do grupo.

Em qualquer tipo de grupo, cabe ao coordenador ficar atento ao movimento que o grupo não percebe, pois os grupos fazem pactos do que dizer e do que não dizer dentro dele, do que pode ou não aparecer, e esses pactos fazem os grupos adoecerem.

Grupos terapêuticos

Os grupos terapêuticos consistem na participação de dois ou mais membros em sessões terapêuticas em que há o esforço para resolver problemas comuns entre os membros. Nos grupos terapêuticos, podem existir duas formas: um grupo natural, em que a composição do grupo já existe, como um grupo familiar; ou um grupo sintético, em que as pessoas são estranhas e o relacionamento mútuo é novo. O grupo precisa, além de um cenário abstrato, de um espaço concreto para que haja interação livre e espontânea dos participantes. A busca por um grupo terapêutico se dá para alívio ou diminuição de sintomas, desenvolvimento pessoal ou autoconhecimento. Em um grupo terapêutico, o paciente é agente terapêutico dos outros e um grupo é agente terapêutico para outros grupos. É importante que o terapeuta forme grupos eficazes para os participantes, pois a interação terapêutica pode ser benéfica ou prejudicial, dependendo de como se dá a formação do grupo.

A limitação de se instituir um grupo terapêutico para profissionais que trabalhem em uma instituição está relacionada ao tipo de relações estabelecidas em um ambiente profissional. Os problemas normalmente aparecem com alguns membros do grupo, podendo ser localizados, ou podem se apresentar ao grupo como um mal-estar difuso; é diferente, por exemplo, de um grupo familiar, em que a questão a ser tratada pertence a todos os envolvidos, ou de um grupo de pessoas que se propõem a estar juntas para que seja possível o tratamento de cada uma delas; existe, neste último caso, uma semelhança que pode ser entre situações ou idades ou diagnósticos e um compromisso para a promoção de alívio do sintoma psíquico individual.

Grupos Balint

Uma das formas de trabalho são os chamados grupos Balint. A característica desses grupos é apresentar um enquadre sistemático e rigoroso. São muito utilizados no treinamento do papel médico. Na sistematização do trabalho, os integrantes do grupo falam sobre a história clínica dos pacientes e são estimulados a falar sobre os sentimentos em relação ao paciente atendido, permitindo o reconhecimento da transferência e da contratransferência entre médico e paciente, bem como a transferência e a contratransferência institucional do paciente e do profissional e vice-versa.

Foi observado que a questão primária é a relacional, principalmente quando se trata da relação entre a equipe de trabalho e interequipes. O enfoque pretendido é oferecer um espaço para poder conversar sobre o que não é falado no dia a dia, priorizando as relações estabelecidas nos grupos de trabalho e não na relação profissional-paciente. A relação médico-paciente necessita ser revisitada, mas não neste contexto.

Grupo operativo

Em um grupo denominado operativo, o propósito tem a ver com a tarefa do grupo; só existirá a interpretação da transferência se ela atrapalhar a execução da tarefa do grupo. A função do coordenador é auxiliar o grupo, por meio de intervenções interpretativas ou não, a realizar a tarefa interna e reflexiva, a fim de se colocar em condições de realizar a tarefa externa, que é de responsabilidade do grupo e não do coordenador do grupo.

A limitação desse formato de grupo, nesse contexto, é a inexistência de uma tarefa a ser executada; existe o propósito de se falar sobre as relações estabelecidas, mas não existe uma meta a ser cumprida, seja sob o ponto de vista interno ou externo. O tema a ser discutido deve ser previamente acordado para o estabelecimento de um grupo operativo.

Grupo focal

Esse tipo de grupo tem por objetivo dialogar sobre um tema particular ao receber estímulos apropriados para o debate. A tarefa do mediador do grupo é proporcionar o desenvolvimento da interação grupal, favorecer a troca entre os participantes, as descobertas e as participações comprometidas. Outro aspecto do grupo é a descontração para os participantes responderem as questões em grupo, em vez de individualmente. Essa técnica facilita a formação de ideias novas e originais e dá a oportunidade de interpretar crenças, valores, conceitos, conflitos, confrontos e pontos de vista, possibilitando compreender a relação do tema com o cotidiano.

Da mesma maneira que no grupo operativo, é necessário ter escolhido antecipadamente um tema para ser trabalhado. Esse tipo de intervenção é bastante útil a partir de constatações objetivas sobre situações problemas que desencadeiam a desmotivação em determinado grupo e pode ser facilitadora na medida em que a mensagem que aparece é do ponto de vista grupal e não individual.

Grupo de discussão

Nesta modalidade, existe uma tarefa restrita à discussão de um tema e do contexto em que ocorre o tema. O objetivo é divulgar e circular o saber e o pensamento de cada participante e, a partir daí, despertar as associações, com o objetivo de formar um conhecimento homogêneo com relação à prática de cada um. O coordenador tem a tarefa de perceber as dificuldades e procurar sempre facilitar a circulação dos temas, evitando polêmicas e monopolizações intermináveis que comprometem o andamento produtivo do grupo; para tanto, se faz necessário colocar no objetivo os limites do grupo de discussão.

A limitação desse tipo de trabalho é restringir a discussão a determinado aspecto. A participação dos membros no grupo é incentivada no intuito de explorar e ampliar o conhecimento sobre determinado tópico; o sentido aqui é a apropriação do tema propriamente dito e não a exploração dos sentimentos que envolvem a questão, mas é bastante útil quando se pretende aprofundar e unificar o conhecimento dos integrantes em determinado aspecto.

Grupo de reflexão

O grupo de reflexão é uma modalidade dos grupos operativos, entretanto, não há um tema pré-fixado para trabalhar, deixando espaço para projeções e para a construção dos temas pelos próprios participantes. O propósito desse tipo de trabalho é promover a diminuição da ansiedade, mostrar temas manifestos, explicitar conflitos que dificultam o trabalho e explicitar as leis de funcionamento de grupos, implícitas nas dramatizações inconscientes. Não existe grupo de reflexão sobre um tema específico, como grupo de reflexão sobre a aids ou sobre hipertensão; para temas específicos, trabalha-se com grupos de discussão.

O processo de implementação dos grupos de suporte

Anteriormente à criação dos grupos no HIAE, houve algumas discussões entre o grupo de psicólogos e, posteriormente, com a direção do hospital.

Os psicólogos observavam que existia uma procura espontânea da equipe de saúde para conversar sobre determinado caso. Essas conversas se davam durante o horário de trabalho e normalmente aconteciam concomitantemente com outra atividade no posto de enfermagem, sem privacidade, tempo delimitado ou mesmo uma cadeira para que pudessem sentar e conversar.

Outro ponto que ficou evidente é que esse tipo de solicitação por parte dos funcionários ocorria em várias áreas e normalmente o tema central era o mesmo em todas as situações: a dificuldade em atender bem pacientes, médicos, famílias e colegas de trabalho difíceis ou que solicitam um esforço extra do indivíduo. Os profissionais se mostravam mais ansiosos, irritadiços, intolerantes às demandas extras de trabalho. Outro ponto muito abordado era o clima de trabalho estabelecido em cada subgrupo, relacionamento com a liderança, alianças estabelecidas que pudessem funcionar como facilitadoras ou limitadoras na execução de determinada tarefa.

Foram vários desafios com relação à implementação dos grupos: eles abarcaram desde a necessidade de preparo da equipe da psicologia para a realização desse tipo de trabalho até a mobilização das coordenações de enfermagem para a liberação dos profissionais para participação dessa atividade.

Em nosso hospital, optamos em trabalhar com grupos de reflexão que foram testados com relação à forma de trabalho.

O grupo

O grupo é realizado durante a jornada profissional para viabilização da presença e cada encontro segue o mesmo esquema de funcionamento:

- abertura: neste momento, o mediador explica sobre o funcionamento do grupo, ou seja:
- contrato de trabalho com as regras, que consistem no sigilo entre os participantes sobre os assuntos abordados no grupo e a escolha do tema a ser abordado após breve exposição de cada integrante;
- lista de presença com objetivo de comunicar o coordenador da área sobre a presença do colaborador e para que o tempo despendido no grupo possa ser inserido no banco de horas;
- registro dos temas abordados no grupo sem a identificação do profissional;
- os integrantes podem participar quantas vezes quiserem, sem ter um compromisso em retornar na semana seguinte;
- no final de cada encontro, é fornecido um breve questionário sobre a satisfação com a experiência de participação no grupo;
- escolha do tema: o mediador do grupo questiona os integrantes sobre quais assuntos eles gostariam de abordar;
- todos os integrantes se colocam brevemente e é escolhido o tema a ser trabalhado – essa escolha é feita pelos próprios membros;
- o mediador mantém uma postura ativa de escuta, indagações, considerações, e estimula para que todos os integrantes participem de forma ativa, garantindo que todos possam se integrar à discussão;

- fechamento: no final, o mediador realiza um apanhado de todas as colocações e levanta os pontos mais importantes que foram discutidos pelo grupo.

Casos

Grupo de suporte à equipe do berçário

Contexto do grupo: o hospital está passando por uma reestruturação administrativa e vários colaboradores estão sendo demitidos, não importando a função que ocupam na instituição; a reestruturação está acontecendo em todas as unidades e para todos os cargos.

Encontro 1

Realizado contrato com o grupo, que tem quatro participantes presentes. Um dos integrantes se coloca sobre a nova situação do hospital e o movimento de demissão que está ocorrendo em todas as unidades; também comenta que, no momento, nenhuma das colegas da unidade foi demitida. Essa colocação leva a uma discussão sobre a própria carreira e sobre como gerenciar o crescimento profissional. Todos se colocam com relação ao objetivo profissional, uns sobre um plano para quando não estivessem mais trabalhando no hospital, e uma das integrantes diz que não sabe o que fazer se não estiver trabalhando aqui, mas reflete que não sabe se é isso o que quer fazer por toda a vida; comenta que sua carreira é ela quem tem que administrar e não será culpa da instituição ou da coordenação caso ela não tenha nenhuma progressão.

Esse encontro permitiu uma reflexão sobre o papel de cada um na instituição, o plano de carreira e as mudanças institucionais que não estão relacionadas com a vida pessoal e sim com um rumo estratégico da organização.

Encontro 2

Retornam ao grupo os mesmos participantes do grupo anterior. Eles falam novamente sobre as questões discutidas e sobre a acomodação que o tempo de função na instituição proporciona, que eles percebem que, no momento, ninguém está acomodado, todos estão tentando realizar a sua tarefa profissional da melhor maneira possível, muitas vezes sabendo que estão ociosos, e temendo haver repercussão pela ociosidade da unidade, em outras vezes estão sobrecarregados devido ao aumento do número de pacientes.

Esse encontro permitiu uma reflexão sobre o potencial de cada indivíduo, sobre as relações existentes de cooperação do grupo e sobre uma situação adversa poder proporcionar mudanças positivas na maneira de gerenciar o tempo das atividades e o trabalho realizado.

Encontro 3

Neste grupo, compareceram os mesmos profissionais do grupo anterior, exceto uma, devido a um conflito ocorrido no plantão anterior. Os membros falam sobre o relacionamento entre a equipe, que muitas vezes é difícil lidar com a expectativa do outro, tarefas a serem realizadas e atritos comuns do grupo. Comentam que existe uma dificuldade de conversar com alguns membros da equipe sobre o que não está bom e também de que todos compreendam qual a meta de produtividade a ser alcançada e, portanto, deve haver prioridades para a realização das atividades. Os integrantes do grupo concordam com o que foi colocado e realizam uma análise do seu comportamento com relação ao outro no sentido de perceber as limitações próprias e do outro.

Este encontro possibilitou uma reflexão sobre as características pessoais de cada profissional em termos de afinidades e limitações e sobre existir a possibilidade de melhor alocação de cada profissional se levarmos em consideração os fatores de personalidade que influenciam de maneira positiva e negativa diferentes grupos.

Como *feedback* dos integrantes sobre esses encontros, houve comentários sobre o quanto o grupo é fundamental para o bem-estar psíquico, pois permitiu que os participantes refletissem sobre a equipe de trabalho e o lugar que ocupam nessa equipe.

Grupo de suporte à equipe de captação de órgãos

Participação de sete integrantes, todos enfermeiros, sendo cinco do sexo feminino e dois do sexo masculino.

Este grupo foi solicitado pela coordenação da equipe a partir da demanda da própria equipe de captação de órgãos em conversar sobre a atividade profissional. Os enfermeiros captadores de órgãos fazem parte de uma parceria da secretaria municipal de saúde e do Hospital Israelita Albert Einstein e trabalham em diversos hospitais do município de São Paulo. Esse grupo tem, por característica, já trabalhar em conjunto: apesar de cada um realizar o seu trabalho em um hospital diferente, eles se encontram para discutir questões técnicas e administrativas, portanto, é um grupo fechado com a característica de exercerem a mesma função. Devido à demanda desse grupo, estabeleceu-se que haveria três encontros.

Encontro 1

Os integrantes falam sobre o conceito de morte e sobre a percepção deles, que é diferente dos demais: o morto deles tem um coração que bate, o corpo se mexe (reflexo de Lázaro); falam sobre a solidão que eles sentem durante sua atividade profissional. A função dessa equipe é criar a cultura de doação de órgãos nesses hospitais, então, comentam que eles começam do marco zero. Abordam também as condições dos hospitais e as tragédias vivenciadas pelas famílias que perderam o ente querido. Por isso, com frequência, eles se sensibilizam durante a entrevista de possível doação de órgãos, e isso acarreta uma sobrecarga emocional muito grande. Relatam que, nesse momento, o pensamento existente é dar ao familiar o que é de direito a ele: escolher sobre a possibilidade de doação de órgãos do falecido. Um dos integrantes diz que um pensamento que lhe ocorre é que o familiar perdeu tudo e eles, como captadores, ainda querem mais.

Esse encontro propiciou a reflexão de como cada integrante lida com o sofrimento psíquico vivenciado diante da atividade profissional e foi possível a verbalização de uso de tabagismo, excesso de sono, de alimentação ou atividades de lazer.

Encontro 2

Neste encontro, compareceram cinco integrantes, devido a um dos participantes estar ministrando um curso externo. Os integrantes começam a falar sobre o mau atendimento que eles recebem nos hospitais, com frases do tipo: "na hora que meu familiar precisou de vocês foi mal tratado e agora que vocês necessitam da gente, somos bem tratados" ou "agora que é para saber se existe morte encefálica vocês conseguem realizar exames, quando se está vivo não é possível fazer exame". Nesses momentos, existe um impasse sobre como prosseguir: se eles devem orientar a procura pela ouvidoria do hospital ou se eles devem absorver as reclamações. Colocam que quem é captador de órgão vive e respira esta atividade o tempo todo, é um trabalho com pouca previsibilidade e, a qualquer hora, podem ser requisitados para conversar com uma família, tendo que abrir mão de atividades pessoais. Verbalizam que é necessário ter um ideal, alguma coisa além do trabalho em si, e que eles sempre identificam alguém na família como retaguarda emocional para compartilhar o sofrimento, mas é difícil abordar a atividade deles com pessoas com as quais eles estabelecem um relacionamento recente. Comentam também que lidam com a fantasia e a rejeição das pessoas à sua volta, pois, por trabalharem no Hospital Israelita Albert Einstein, as equipes locais dizem que eles realizam essa atividade porque recebem salários vultosos e, muitas vezes, que realizam tráfico de órgãos; e eles percebem que existem médicos que tentam de toda maneira dar uma sobrevida ao paciente à custa de gastos e esforços desnecessários para evitar a entrega do corpo para a equipe de captadores.

Nesse encontro, foi possível realizar um desabafo de todos os incômodos referentes à atuação profissional, colocando os próprios preconceitos com relação à atividade que eles realizam, bem como a percepção que eles sentem com relação às outras equipes. Também foi possível perceber que existe um aspecto narcísico forte nesta equipe, que foi observada por colocações como "é necessário ter algo a mais para a realização desta atividade".

Encontro 3

Neste encontro, compareceram quatro integrantes, pois dois profissionais estavam em trabalho externo de captação de órgãos. Iniciam o grupo abordando a questão da progressão de carreira e falando que, nos eventos aos quais eles comparecem, sempre existem as mesmas pessoas e, nesse sentido, eles não percebem oportunidade de crescimento. Comentam que o trabalho tem uma exigência muito grande por um longo período, bem como requer uma disposição física e emocional muito grande. Dizem que sempre há uma cobrança quando recebem um retorno positivo da família com relação à doação de órgãos e, quando ocorre uma resposta negativa, eles assumem um sentimento de culpa e percorrem todo o processo realizado em busca do que fizeram de errado naquele processo da entrevista. Trazem a questão sobre um dos aspectos difíceis para ser abordado na entrevista de doação – eles orientarem sobre os benefícios que o familiar enlutado recebe ao doar os órgãos, como funeral gratuito, ausência de pagamento de taxas etc., e que, para eles, existe a percepção de que eles estão oferecendo uma barganha pelos órgãos. Outro aspecto abordado é a dificuldade de relacionamento que existe com as equipes locais e, para driblar essa dificuldade, tentam encontrar coisas que a equipe gosta para agradá-la.

Neste encontro, foi possível identificar possibilidades de atuação frente a esse grupo. Uma delas foi oferecer supervisões dos casos, com o intuito de fortalecer a forma como realizam a atividade profissional. Também foi identificada a necessidade de esse grupo ter um sentimento de pertencimento e, nesse sentido, foi realizada uma aproximação com a equipe de transplante do Hospital Israelita Albert Einstein, para que todos possam se integrar e conhecer o trabalho que toda a equipe realiza, que se inicia com a captação do órgão e termina com o transplante do mesmo.

Como *feedback* dos integrantes desse grupo, houve a verbalização da importância do grupo como benefício e possibilidade de enxergar o problema de outra maneira. Também foi colocado que há necessidade de verificar as outras necessidades do grupo que devem ser trabalhadas em outra esfera.

Outros grupos

Outra possibilidade de trabalho com grupos foi com relação aos médicos residentes. A partir da percepção da coordenação e da preceptoria da residência em oncologia clínica, foi solicitado que houvesse algum tipo de trabalho com esse grupo.

Neste caso, optou-se por trabalhar com grupos Balint para que, por meio dos casos atendidos por eles, pudesse acontecer uma discussão sobre os aspectos subjetivos que permeiam a sua condução. Dessa maneira, os participantes podem trazer ao grupo sentimentos, reações e reflexões envolvendo os casos, ou seja, aquilo que diz da contratransferência.

Além disso, feito o relato, os participantes do grupo colocam interrogações e afirmações, propõem questionamentos, solicitam esclarecimentos e apresentam recortes de situações semelhantes vivenciadas por eles, possibilitando um debate.

Considerações finais

Dessas experiências relatadas, observamos que definir uma metodologia de implementação de grupo é fundamental para que possa haver clareza em seu propósito.

É necessário que a direção do hospital apoie a iniciativa de estabelecer o grupo. Também se faz necessária a definição do objetivo do grupo e das pessoas às quais ele se destina.

De um lado, existe o profissional que anseia por um espaço para que possa se expressar e falar sobre o que normalmente não é dito no ambiente de trabalho, seja pela execução das atividades cotidianas, seja pela manutenção dos pactos estabelecidos pelo grupo. De outro, existe a instituição, com sua cultura, regras e valores que norteiam o trabalho de todos os colaboradores com metas de produtividade e financeiras a serem alcançadas.

O desafio é fazer com que as pessoas se engajem nessa proposta, pois, apesar dos relatos verbais da necessidade de suporte emocional à equipe, no momento em que essa possibilidade é oferecida, ela encontra certa resistência na adesão aos encontros. É necessário que o profissional também se comprometa com o trabalho.

Diante do exposto, o valor dos grupos para os colaboradores é um benefício que pode ser considerado como um bem intangível da instituição, pois sua principal característica é dar suporte a quem cuida da atividade principal do hospital: assistir de maneira eficiente e eficaz ao paciente, a seus familiares e à equipe responsável pelo tratamento do paciente.

Dar a possibilidade aos enfermeiros e aos médicos residentes para participar dos grupos de suporte é proporcionar um ambiente mais saudável para que ele exerça sua atividade; é escutar os anseios e instrumentalizá-los para serem agentes de mudança dentro do seu ambiente profissional.

O valor do grupo está na possibilidade de compartilhar as dificuldades e, a partir do ponto de vista de cada integrante, construir novos caminhos, com novas oportunidades, no intuito de promover a transformação do indivíduo e do grupo de trabalho.

Referências

CHANLAT, J-F. *O indivíduo na organização*. São Paulo: Atlas, 2012. v. II.

_____. *O indivíduo na organização*. São Paulo: Atlas, 2012. v. III.

FERNANDES, W. J. A importância dos grupos hoje. *Revista da SPAGESP*, Ribeirão Preto, v. 4, n. 4, p. 83-91, 2003.

MORENO, J. L. *Psicoterapia de grupo e psicodrama*. 2. ed. Campinas: Editorial Psy, 1993.

SEHMEN, G. D. et al. O uso do grupo focal em pesquisa qualitativa. *Texto & Contexto Enfermagem*, Florianópolis, v. 17, n. 4, p. 779-86, 2008.

WHO – WORLD HEALTH ORGANIZATION. *Workers' health:* global plan of action. 2007. Disponível em: <http://www.who.int/occupational_health/WHO_health_assembly_en_web.pdf>. Acesso em: 16 nov. 2016.

PARTE III
Possibilidades de atuação do psicólogo em diferentes contextos

13. Atuação do psicólogo com pacientes graves

Ana Lucia Martins da Silva
Juliana Gibello

Introdução

A disponibilidade de assistência psicológica nos centros de terapia intensiva é prevista na resolução que regulamenta o funcionamento dessas unidades, a RDC 07/10, mas a atuação do psicólogo junto à área de pacientes críticos é abrangente e vai além da assistência direta a pacientes e familiares.

É certo que a atuação do psicólogo junto à medicina intensiva tem particularidades que podem ser compreendidas a partir de um conhecimento sobre o histórico dessa especialidade, sobre suas características e sobre o impacto orgânico e emocional que a internação – e até mesmo o trabalho neste tipo de unidade – podem desencadear.

Este capítulo tem como objetivo oferecer ao psicólogo conhecimentos sobre as características de centros de terapia intensiva e as possibilidades de atuação junto à área de doentes críticos.

Desenvolvimento histórico da terapia intensiva

As unidades de terapia intensiva, como conhecemos atualmente, desenvolveram-se a partir do avanço do conhecimento na área da saúde. Podemos citar três eras desse desenvolvimento (GRENVIK; PINSKY, 2009):

- Era Florence – 1884: o conceito de terapia intensiva começou a se estabelecer em 1884, na Guerra da Criméia, quando Florence Nightingale, enfermeira britânica, pioneira no atendimento a feridos de guerra, separou homens de mulheres, adultos de crianças, graves de não graves e estabeleceu vigilância contínua, 24 horas por dia, para que o nível de atenção aos pacientes fosse proporcional às necessidades de cada caso de forma organizada;

- Era Dandy – 1927: a criação da primeira UTI ocorreu nos Estados Unidos, em Boston, pelo médico neurocirurgião Walter Dandy no ano de 1927. Foram criados três leitos neuropediátricos pós-cirúrgicos. Assim, foi possível observar que pacientes submetidos a este tipo de acompanhamento apresentavam melhor recuperação. Nesse mesmo momento, Philip Drinker criou o primeiro ventilador mecânico, apelidado de "Pulmão de Aço";

- Era Saffar – 1962: Peter Saffar, o primeiro médico intensivista, fundou a UTI pós-cirúrgica do hospital de Pittsburgh, com monitoramento continuado de 24 horas. Também foi Peter Saffar quem criou o primeiro protocolo de reanimação, fundou a Associação Mundial de Medicina de Emergência e foi cofundador da Society of Critical Care Medicine (SCCM), da qual foi presidente em 1972.

O centro de terapia intensiva

O permanente monitoramento, a limitação de acesso ao familiar e o acesso restrito mesmo a outros profissionais do hospital proporcionavam controle e consequente facilitação do manejo de alterações clínicas, proporcionados pela rigidez de processos e pela limitação de acesso a estes locais. Dessa maneira, o conhecimento acerca do doente crítico se ampliou, ganhou corpo e colaborou para o desenvolvimento de técnicas de tratamento, uso de drogas e tecnologias que permitem, hoje, intervir no tempo e na proporção corretas, de forma a oferecer condições favoráveis à recuperação e obtendo melhores resultados no que diz respeito à sobrevivência dos doentes.

Atualmente, o Conselho Regional de Medicina de São Paulo define assim a unidade de terapia intensiva:

> *CARACTERIZAÇÃO DOS SERVIÇOS DE TRATAMENTO INTENSIVO*
> *Unidade de Tratamento Intensivo (UTI), é constituída de um conjunto de elementos funcionalmente agrupados, destinada ao atendimento de pacientes graves ou de risco, potencialmente recuperáveis, que exijam assistência médica ininterrupta, com apoio de equipe de saúde multiprofissional, e demais recursos humanos especializados, além de equipamentos (CREMESP, 2007).*

Mesmo com este recorte, "que com o suporte e tratamento intensivos tenham possibilidade de se recuperar", as unidades de terapia intensiva (UTI), para a população geral, ainda possuem a representação de "antessala da morte". Parte dessa percepção, deve-se ao fato de a medicina intensiva ser, como vimos anteriormente, uma especialidade nova, sendo difundida no Brasil apenas a partir da década de 1980.

De fato, a internação em UTI sinaliza um caso com maior risco de complicações, mas, para além da apreensão natural de quem está internado ou tem alguém querido nesta situação, o próprio ambiente, que apresenta monotonia visual, odores, ruídos e luz incessantes, somado a alterações orgânicas, ao uso de dispositivos que invadem o corpo, como tubos, sondas e cateteres, e ao uso de drogas potentes pode levar a alterações psíquicas que implicam em sofrimento dos envolvidos no cuidado, sejam pacientes, familiares ou cuidadores. Durante algum tempo, esses aspectos foram considerados menos relevantes, pois o desfecho a ser observado como medida de sucesso era apenas o de salvar a vida do doente.

Com a evolução do conceito de saúde, as medidas de sucesso se ampliaram, passando a considerar conceitos como funcionalidade, qualidade de vida e impacto emocional dos tratamentos aos sobreviventes de UTI. Vários estudos demonstraram o impacto da exposição a estressores característicos desses setores sobre o bem-estar dos pacientes e de seus familiares (KORNENFELD; ZIMBERG; MALM, 1965; NOVAES; ARONOVICH; FERRAZ et al., 1997; NOVAES; KNOBEL; BORK et al., 1999) e, a partir deste conhecimento, o movimento de humanização das UTI se iniciou com o intuito de reorganizar o espaço físico para aperfeiçoar a tarefa assistencial e minimizar os efeitos estressores (SESSLER, 2014; BAZUIN; CARDON, 2011).

O uso de biombos ou cortinas para separar leitos e proporcionar alguma privacidade, o controle de ruídos, luminosidade e temperatura, o posicionamento dos equipamentos na cabeceira do leito para ficarem fora da visão do paciente, o uso de relógios e calendários para manter a orientação temporal e, sempre que possível, luz natural para auxiliar na manutenção do ciclo sono-vigília passaram caracterizar os ambientes humanizados (SESSLER; 2014; BAZUIN; CARDON, 2011).

Em razão da necessidade crescente de incorporar o cuidado humanizado no ambiente de terapia intensiva e considerando as suas particularidades, a Society of Critical Care Medicine (SCCM) publicou, em 1990, um consenso entre especialistas para estabelecer diretrizes capazes de nortear os diferentes serviços (HARVEY et al., 1993).

Premissas básicas:

- cada indivíduo é único e tem valores específicos;
- a busca da humanização não deve comprometer a segurança do paciente, nem deve transpor as barreiras éticas ou legais;
- o paciente e sua família são as próprias fontes de conhecimento das suas necessidades;
- a autonomia do paciente e da família deve ser respeitada;
- a privacidade do paciente e da família deve ser respeitada.

Estas são premissas amplas que refletem os valores do cuidado humanizado, cuja aplicação poderá variar de acordo com o contexto cultural e a maturidade do serviço.

Essa outra dimensão do cuidado humanizado, que está além das características físicas do ambiente, veio ao encontro da necessidade de um cuidado psíquico e da busca por desfechos que têm a qualidade de vida dos sobreviventes como medida de sucesso, pois, apesar da reabilitação física, a passagem pela UTI pode deixar sequelas psíquicas, tanto em pacientes como em familiares, e estas podem ser observadas a curto, médio e longo prazo.

É comum observarmos alterações psíquicas como transtorno de ajustamento, *delirium*, humor deprimido e o humor ansioso (ver Capítulo 10, "A psiquiatria no hospital geral") e, por esta razão, devemos identificar e propor o cuidado de saúde mental adequado, ainda no centro de terapia intensiva (JACKSON et al., 2014; PETRINEC; DALY, 2014; CACHÓN-PÉREZ; ALVAREZ-LÓPEZ; PALACIOS-CEÑA, 2014; CROXALL; TYAS; GARSIDE, 2014).

Paciente e família no CTI

Para entendermos o que é um cuidado de saúde mental adequado em CTI, precisamos entender como o paciente chegou até ali. As internações em UTI se dão de forma programada, por exemplo, no pós-operatório de uma grande cirurgia, ou de forma não programada, como no caso de traumas, casos agudos e intercorrências. Essa informação nos revela o quanto o paciente e sua família contavam com a permanência nesse ambiente. Também é preciso entender quem é o paciente em seu núcleo familiar e social, conhecer seu momento de vida para perceber o impacto do adoecimento em sua rotina e no seu entorno e as possíveis implicações de adaptação no pós-alta hospitalar.

Esse cuidado também deve ser estendido a familiares, pois a família reproduz sua dinâmica durante a internação, muitas vezes, no ambiente assistencial, interferindo diretamente no cuidado ao paciente. Os papéis desempenhados por cada membro da família podem sofrer alterações e os familiares podem se dar conta das demandas geradas pela internação, o que pode levar a uma crise familiar.

Observamos que os familiares passam por fases de adaptação, a partir da internação de um membro em CTI, que não são lineares, mas indicam a necessidade de um tipo específico de cuidado.

Fases de adaptação dos familiares:

- *período de flutuação:* confusão, tensão, emoções como ansiedade, medo e preocupação. Familiares não têm consciência de suas necessidades, nem das do paciente;
    - ◊ *intervenção:* reassegurá-los de que o paciente está sendo cuidado e dar uma estimativa sobre quando terão acesso a ele. Auxiliá-los a reconhecer os ambientes, onde podem obter informações, descansar etc.;
- *período de busca de informações:* procuram compreender o que está acontecendo, para sair da confusão do primeiro estágio;
    - ◊ *intervenção:* informar, esclarecer e orientar sobre o diagnóstico e o plano de cuidados. Reforçar informações da fase anterior;
- *período de acompanhamento:* os familiares estão atentos ao processo de evolução do paciente e à qualidade do cuidado prestado pela equipe de saúde;
    - ◊ *intervenção:* reconhecer a representação do paciente para seu núcleo familiar e social. Destacar a atenção às necessidades emocionais e culturais, como a dignidade e a privacidade do paciente;
- *período de busca de recursos:* os familiares procuram por meios de atender às próprias necessidades e às do paciente, sejam elas físicas ou psicossociais;
    - ◊ intervenção: estimular o autocuidado dos familiares que acompanham a internação, orientando sobre a necessidade de períodos de descanso e oferecendo informações que os deixem seguros para ausentarem-se por alguns períodos, por exemplo.

Alcance das intervenções com pacientes e familiares:

- manejo de situações psicologicamente difíceis: apoio psicológico após a comunicação de más notícias, orientação e preparo para a visita de crianças;
- atendimento direto ao paciente e seus familiares: assistência psicológica para promover o bem-estar emocional de pacientes e seus familiares;

- assistência educacional à equipe: discussões de caso para compartilhar o saber psicológico com a equipe multiprofissional, de forma que seus membros possam compreender a dinâmica do caso e atuar de modo a oferecer o cuidado emocional em todas as suas atividades.

O cuidado psíquico é atribuição do profissional de saúde mental, mas o cuidado emocional é de responsabilidade de todos os envolvidos no cuidado. Espectro da atuação do psicólogo no CTI:

- assistência: pacientes e familiares;
- ensino: equipe/formação profissional;
- pesquisa: produção de conhecimento;
- grupos técnicos de suporte: trabalho integrado.

Adoecimento e hospitalização

Os centros de terapia intensiva (CTI), compostos pelas unidades de terapia intensiva e semi-intensivas, são serviços existentes em hospitais de médio e grande porte, onde são internados pacientes graves ou potencialmente graves que necessitam de recursos tecnológicos e humanos especializados para sua recuperação (CARVALHO, 2000).

A hospitalização no CTI, muitas vezes, é um momento que desestabiliza não só o paciente, mas também seus familiares, já que nunca estamos preparados para enfrentar a doença, a possibilidade de morte e o imprevisível. Nesses momentos, as respostas existenciais que o paciente e seus familiares sustentavam deixam de ser suficientes, pois algo aconteceu, e suas certezas começam a vacilar. A surpresa, o imprevisto, o acaso da doença e a possibilidade de morte podem caracterizar um momento de crise (MOHALLEM; SOUZA, 2000).

Assim, a experiência traumática pode irromper na vida de um paciente e de seus familiares que passam por uma internação no CTI, quebrando violentamente esse transcorrer, até então, natural. É um momento em que o sujeito não tem escolhas, a mudança já aconteceu (adoecimento, diagnóstico grave, prognóstico ruim, óbito). O que passa a existir é um antes e um depois dessa situação. É neste contexto que sentimentos, conflitos, questões emocionais e angústias poderão surgir.

Pode-se nomear isso também como um momento de crise, ou seja, a clínica da urgência subjetiva, que, segundo BATISTA (2010), "sempre traz o confronto do sujeito com um excesso: ruptura aguda, quebra do equilíbrio na qual a vida do sujeito se sustentava, ou seja, a urgência subjetiva se desencadeia diante da impossibilidade de o sujeito dar sentido a algo, algo que diz do encontro com o real que não se deixa significar".

O contato mais próximo com a angústia ou o sofrimento psíquico favorece uma situação propícia para a implicação do paciente com a sua subjetividade, possibilitando uma abertura para a escuta do psicólogo hospitalar se colocar na posição de desejar saber, ainda que a busca principal, inicialmente no hospital, seja da cura da enfermidade inscrita no corpo biológico (ELIAS, 2008).

Assim, a própria hospitalização pode, por si só, propiciar a atualização de perdas, na medida em que consiste na quebra da rotina de vida pessoal e profissional e no afastamento de familiares, para ingressar em um espaço desconhecido em que será submetido ao saber médico, diante do tempo do Outro (espera por diagnósticos, exames, efeitos de tratamentos, condutas médicas) e da possibilidade de morte. Essas condições podem desencadear o surgimento de questões acerca de si, da sua posição de sujeito, podendo se caracterizar como demanda de saber sobre si e sobre sua posição diante de seu sofrimento (ELIAS, 2008).

O encontro com o psicólogo hospitalar

No hospital, o encaminhamento ao psicólogo, na maioria das vezes, surge de um terceiro: o médico, a equipe multiprofissional, a família, e decorre de situações em que há impasses (CARVALHO, 2008), em momentos em que a dimensão subjetiva – que permanece fora da determinação que visa ao saber médico – irrompe de forma abrupta e sempre inesperada (BATISTA, 2010).

A resposta do psicólogo a esse pedido de atendimento, chamado ou encaminhamento é um espaço para que o sujeito fale e possa ser escutado de um lugar outro em que ele não é só aquele paciente, o doente ou o número de um leito. É ser escutado no mais além, que sabemos ter como efeito sua participação no processo de tratamento, já que esse relaciona-se a sua vida, seu corpo e sua história (MOURA, 2000).

Não podemos falar em um processo analítico ou psicoterápico dentro do CTI, mas é possível dizer que a presença, a escuta e as possíveis intervenções do psicólogo podem, sim, levar o paciente a elaborar e lidar melhor com a situação traumática vivida (SOARES, 2000).

Cabe ao psicólogo que atua no centro de terapia intensiva, a partir do referencial teórico que norteia sua prática, buscar possibilidades de trabalho tanto com o paciente como com a sua família e a equipe assistencial na qual está inserido.

Com o paciente, é importante compreender:

- qual seu posicionamento diante da doença, da vida e da possibilidade de morte;
- como são suas relações transferenciais com a equipe médica e a equipe multiprofissional;
- qual seu posicionamento diante de seu tratamento;
- quais suas expectativas reais e ideais;
- se possui suporte familiar;
- quais familiares são referências no cuidado.

Com os familiares:

- qual o impacto da doença e da hospitalização;
- quais estratégias de enfrentamento têm utilizado neste momento;
- se têm suporte de outros familiares e/ou cuidador;
- caso o paciente tenha possibilidade de morrer, como estão compreendendo e se posicionando diante desse momento delicado;
- como é o vínculo família – médico/equipe.

Considerações finais

Os centros de terapia intensiva surgiram a partir da década 1950 e hoje são reconhecidos como o ambiente onde são utilizadas técnicas e procedimentos sofisticados, que podem propiciar condições para reversões de distúrbios que colocam em risco a vida do paciente (KNOBEL, 1994).

Essas unidades são compostas por médicos intensivistas e por equipe multidisciplinar, e o psicólogo hospitalar também compõe este contexto. Assim, o psicólogo trabalha e intervém considerando o particular de cada caso na instituição hospitalar e o que visa não é a uma adaptação dos indivíduos à sua situação de adoecimento, de sofrimento, de conflitos e das possíveis situações geradoras de angústia. Quando é chamado para resolver um impasse (avaliação psicológica, assistência psicológica, manejo com equipe, discussão de casos, reuniões familiares), o que o psicólogo no CTI pode fazer é oferecer não uma resolução predeterminada, mas uma que passe pelas necessidades e singularidades de cada caso, seja com o paciente, com a sua família ou com a equipe assistencial.

Referências

BATISTA, G. "Fora do protocolo": intervenção psicanalítica em situação de urgência. In: BATISTA, G.; MOURA, M. D; CARVALHO, S. B. (Org.). *Psicanálise e Hospital 5:* a responsabilidade da psicanálise diante da ciência médica. Rio de Janeiro: Wak, 2010.

BAZUIN, D; CARDON, K. Creating healing intensive care unit environments: physical and psychological considerations in designing critical care areas. *Critical Care Nursing Quartely*, Hagerstown, v. 34, n. 4, p. 259-267, out./dez. 2011.

CACHÓN-PÉREZ, J. M.; ALVAREZ-LÓPEZ, C.; PALACIOS-CEÑA, D. Non--pharmacological steps for the treatment of acute confusional syndrome in the intensive care unit. *Enfermería Intensiva*, Madrid, v. 25, n. 2, p. 38-45, abr./jun. 2014.

CARVALHO, S. B. *O hospital geral:* dos impasses às demandas dirigidas ao saber psicanalítico. Como opera o psicanalista? Articulação teórica a partir da experiência da clínica de psicologia do Hospital Mater Dei. 2008. Dissertação (Mestrado em Psicologia) – Departamento de Psicologia da Universidade Federal de Minas Gerais, Belo Horizonte, 2008.

CARVALHO, S. C. Na angústia do desmame: o surgimento do sujeito. In: MOURA, M. D. de (Org.). *Psicanálise e hospital.* Rio de Janeiro: Revinter, 2000. p. 73-82.

CREMESP – CONSELHO REGIONAL DE MEDICINA DO ESTADO DE SÃO PAULO. Resolução Cremesp nº 170, de 6 de novembro de 2007. Define e regulamenta as atividades das Unidades de Terapia Intensiva. *Diário Oficial do Estado de São Paulo*, São Paulo, 22 nov. 2007. Seção 1, p. 152.

CROXALL, C.; TYAS, M.; GARSIDE, J. Sedation and its psychological effects following intensive care. *The British Journal of Nursing,* London, v. 23, n. 14, p. 800-804, jul./ago. 2014.

ELIAS, V. Psicanálise no hospital: algumas considerações a partir de Freud. *Revista da SBPH*, Rio de Janeiro, v. 11, n. 1, p. 87-100, 2008.

GRENVIK, A.; PINSKY, M. R. Evolution of the intensive care unit as a clinical center and critical care medicine as a discipline. *Critical Care Clinics*, Philadelphia, v. 25, n. 1, p. 239-250, Jan. 2009.

HARVEY, M. A. et al. Results of the consensus conference on fostering more humane critical care: creating a healing environment. Society of Critical Care Medicine. *AACN Clinical Issues in Critical Care Nursing*, Philadilphia, v. 4, n. 3, p. 484-549, 1993.

JACKSON, J. C. et al. Depression, post-traumatic stress disorder, and functional disability in survivors of critical illness in the BRAIN-ICU study: a longitudinal cohort study. Bringing to light the Risk Factors and Incidence of Neuropsychological dysfunction in ICU survivors (BRAIN-ICU) study investigators. *The Lancet Respiratory Medicine*, Kidlington, v. 2, n. 5, p. 369-379, maio 2014.

KNOBEL, E. *Condutas no paciente grave.* São Paulo: Atheneu, 1994.

KORNENFELD, D. S.; ZIMBERG, S.; MALM, J. R. Psychiatric complications of open-heart surgery. *Massachusetts Medical Society*, Boston, v. 273, n. 6, p. 287-292, ago. 1965.

MOHALLEM, L. N.; SOUZA, E. M. C. D. Nas vias do desejo. In: MOURA, M. D. de. (Org.). *Psicanálise e hospital*. Rio de Janeiro: Revinter, 2000. p. 17-30.

MOURA, M. D. Psicanálise e urgência subjetiva. In: MOURA, M. D. de (Org.). *Psicanálise e hospital*. Rio de Janeiro: Revinter, 2000. p. 3-15.

NOVAES, M. A. et. al., E. Stressors in ICU: patients' evaluation. *Intensive Care Medicine*, New York, v. 23, n. 12, p. 1282-1285, dez. 1997.

NOVAES, M. A. et al. Stressors in ICU: perception of the patient, relatives and health care team. *Intensive Care Medicine*, Berlin, v. 25, n. 12, p. 1421-1426, dez. 1999.

PETRINEC, A. B.; DALY, B. J. Post-traumatic stress symptoms in post-ICU family members: review and methodological challenges. *Western Journal of Nursing Research*, Beverly Hills, v. 38, n. 1, p. 57-58, jul. 2014.

SESSLER, C. N. Evolution of ICU design: smarter is better. *Chest*, Chicago, v. 145, n. 2, p. 205-206, fev. 2014.

SOARES, C. P. Uma tentativa malograda de atendimento em um Centro de Tratamento Intensivo. In: MOURA, M. D. de (Org.). *Psicanálise e hospital*. Rio de Janeiro: Revinter, 2000. p. 41-48.

14. Atuação em gestação de risco e parto prematuro

Soraya Gomiero Fonseca Azzi
Ana Merzel Kernkraut

Introdução

O momento miraculoso do nascimento de um filho é um dos eventos mais desafiadores da vida. Testemunhar o início de uma vida coloca à prova todos os nossos valores e ideais. A chegada de um filho traz, para os pais, uma experiência emocionante, impressionante e, ao mesmo tempo, exaustiva diante das expectativas que ela carrega. Todos os sonhos, as esperanças e os planos se encontram. É uma grande oportunidade de crescimento pessoal para os pais quando eles podem se sentir legitimamente responsáveis por outro ser humano. Uma gestação saudável, com um resultado fisicamente seguro e emocionalmente satisfatório para a mãe e para o bebê é um desejo materno.

Apesar da maioria das gestações ocorrerem em mulheres abaixo de 35 anos, atualmente, existe um número crescente acima dessa faixa etária dando à luz pela primeira vez. Muitas dessas mulheres adiaram a gravidez por questões da contemporaneidade, como carreira profissional e segurança financeira. Algumas delas estão nos seus últimos anos de reprodução e estão vivendo a gestação tardia após várias tentativas e tratamentos sem sucesso.

Independentemente da idade materna, a gestação pode ser um período conturbado para algumas mulheres que enfrentam complicações, interferindo na manutenção de uma gestação saudável e evoluindo para gestações de riscos, com o desfecho do nascimento prematuro de um bebê.

O parto prematuro

A incidência do parto prematuro não tem declinando nos últimos cinquenta anos, a despeito dos avanços tecnológicos. A prematuridade pode ocorrer de forma espontânea, como consequência de um trabalho de parto espontâneo, ou eletiva, decorrente de complicações maternas ou fetais que levam à decisão médica de antecipar o parto (DEUTSCH, 2013).

Algumas das complicações da gravidez que podem aumentar o risco do trabalho de parto prematuro são: infecção urinária; infecção intrauterina; pré-eclâmpsia (hipertensão); asma; cardiopatia; anemia grave; diabetes; cirurgias maternas; descolamento prematuro da placenta; gravidez múltipla (gêmeos); malformações e óbitos fetais.

Diante da incidência do parto prematuro relacionado a vários fatores da gestação, foi fundamental o investimento na neonatologia para o aumento de sobrevida de bebês prematuros, para a recuperação de bebês submetidos a cirurgias logo após o nascimento ou bebês com alguma enfermidade crônica. Na maternidade do Hospital Israelita Albert Einstein (HIAE), os progressos de recursos terapêuticos, obstétricos, neonatais e da enfermagem resultaram em uma UTI neonatal especializada em casos de prematuridade extrema.

Assim, a tecnologia e a humanização na neonatologia avançaram de mãos dadas no cuidado do bebê e de sua mãe, proporcionando um ambiente na UTI neonatal que possibilitasse a construção do vínculo materno e, em menor grau, mas com a mesma importância, também paterno.

Os cuidados assistenciais prestados na UTI neonatal do HIAE pela equipe multiprofissional especializada valorizam tanto a garantia e a segurança da manutenção das funções vitais com o uso de ventilação mecânica, cateteres, sondas, eletrodos, como a presença dos pais na construção do vínculo com o bebê (DEUTSCH, 2013).

Atendimento à gestante que enfrenta uma gestação de risco

A notícia de que existe algum fator que merece atenção no período gestacional provoca angústia e, por vezes, ansiedade, por não haver controle sobre os riscos e as complicações da gestação. Podemos considerar que ter um filho é um dos maiores projetos de vida de uma pessoa e a ameaça da sua não concretização provoca reações emocionais diversas, incluindo o temor de perda desse projeto de vida.

Em muitos casos, diante de alguma intercorrência na gestação, a mulher tem necessidade de internação hospitalar para a manutenção da gestação por meio de medicações e repouso contínuo com intuito de postergar ou mesmo inibir o trabalho de parto.

O processo de internação hospitalar sempre acarreta a interrupção da rotina diária e a gestante, de um dia para outro, está impossibilitada de exercer as suas funções. Isso requer uma adaptação muito rápida da mulher e uma tolerância em se manter inativa durante o período necessário para a manutenção da gestação.

Sentimentos de culpa também podem aparecer, pois é natural do ser humano buscar uma explicação para o ocorrido e, invariavelmente, a gestante encontrará algum comportamento inseguro e poderá associá-lo à intercorrência gestacional.

Uma das intervenções do psicólogo é buscar mecanismos e estratégias para que ela consiga uma organização e uma delegação de suas obrigações diárias, para que possa passar por essa fase da internação hospitalar de maneira mais tranquila, além de promover a escuta e acolher as angústias e os receios que a gestante de alto risco apresenta.

Nas situações em que o parto prematuro é inevitável, proporcionar ao casal a possibilidade de uma visita à unidade de terapia intensiva neonatal auxilia na preparação do que estará por vir. Conversar com os profissionais que ali trabalham e conhecer a estrutura física possibilita um ajuste entre o que é imaginado e o que é a realidade.

Visita dos pais à UTI neonatal durante a gestação, diante do risco do parto prematuro

A necessidade de o recém-nascido ser encaminhado para a UTI neonatal exige que os pais lidem não só com a frustração de não realizarem suas expectativas de celebrar o nascimento como um evento alegre, aguardado e desejado, mas também com sentimentos de medo, angústia, ansiedade, culpa e impotência diante da vulnerabilidade do recém-nascido. Em função do risco do parto prematuro, por cardiopatias congênitas, malformação fetal, gestações múltiplas, entre outras condições, alguns pais são incentivados pelo obstetra a realizarem uma visita à UTI neonatal antes do nascimento do bebê. Embora isto não vá mudar o curso nem o prévio diagnóstico do bebê, poderá aproximar a realidade do cuidado assistencial prestado por uma equipe multiprofissional especializada na prematuridade e nas várias comorbidades fetais.

Os pais, quando fazem a primeira visita na UTI, estão fragilizados, curiosos, preocupados e sentem um turbilhão de emoções. Podem, nessa visita, ter uma prévia experiência do ambiente e ter a oportunidade de observar o relacionamento de outros pais com seus bebês em situações muito próximas daquelas que irão vivenciar. Nessas visitas, o que se observa é que os pais têm a possibilidade de serem fortalecidos mesmo em situações extremas como as vivenciadas na UTI.

Após uma visita à UTI, um pai disse à mãe: "a UTI é um lugar muito mais afetivo do que o seu quarto", referindo-se ao quarto onde a mãe, gestante de gêmeos, estava em repouso absoluto.

A visita dos pais à UTI neonatal antes do parto ajuda-os a conhecer a equipe multiprofissional que ali trabalha e a entender o papel de cada um no cuidado ao bebê, sendo essa uma tarefa da equipe multiprofissional. Nessa visita, asseguramos aos pais que eles terão livre acesso, poderão tocar seu bebê, conversar com ele, cantar para ele e, logo que for possível, segurá-lo no colo e fazer o método canguru.

Adaptação familiar à gestação

A gestação afeta todos os membros da família. Cada um deve se adaptar e interpretar o seu significado, tendo em vista suas próprias necessidades. Esse processo de adaptação familiar ocorre em um ambiente cultural influenciado por tendências sociais. A gestação é uma crise maturacional que pode ser estressante, mas compensadora, pois prepara a mulher para um novo nível de cuidado e de responsabilidade. Seu autoconceito modifica-se, aprontando-se para a maternidade, enquanto ela se prepara para assumir um novo papel. Gradualmente, ela passa de um ser independente e autossuficiente para ter um compromisso de vida inteira com outro ser humano. É um período de intenso aprendizado para os pais e para as pessoas próximas a eles. Esse crescimento exige o domínio de determinadas etapas do desenvolvimento: aceitação da gestação, identificação com o papel de mãe e reorganização dos relacionamentos com sua mãe e com seu parceiro são algumas delas, determinantes para o crescimento maturacional intenso no período gestacional. O apoio emocional do parceiro constitui um importante fator de realização bem-sucedida dessas etapas de desenvolvimento. O seu envolvimento durante o desenvolvimento da gestação contribui para o estabelecimento de um relacionamento com o bebê que ainda não nasceu e para a preparação para experiência do parto (EDWARDS, 2002).

No caso de os pais já terem outros filhos, é importante conversar com eles de maneira apropriada e considerando a idade de cada um sobre o que está acontecendo. Quando a internação da mãe é inevitável, o filho mais velho pode se sentir em uma condição de vulnerabilidade, pois a figura materna deixa de estar presente como anteriormente e outra pessoa assumirá o cuidado temporário da criança. Abordamos os pais sobre a criança ter a oportunidade de perceber que existe um núcleo familiar que cuida dela. O desafio de enfrentar a troca de tarefas em que pai, avós ou tios podem se revezar no cuidado da criança enquanto sua mãe está no hospital é um aprendizado no desenvolvimento e na autoestima da criança.

É importante que a criança esteja a par do que está acontecendo para que ela possa lidar de maneira mais adequada com a ausência da mãe na rotina diária. Promover visitas constantes ao hospital é muito benéfico, pois, nesse sentido, a mãe tem condições de estar com o filho de alguma maneira. Uma das perguntas frequentes a nós psicólogos é se a criança não vai ficar impressionada ou traumatizada se ela ver a mãe com acesso venoso e deitada na cama.

Temos a tarefa de esclarecer os benefícios da possibilidade de contato entre mãe e filho e auxiliar a criança a desmistificar. Orientar os pais sobre a possibilidade de brincar com o filho usando jogos de tabuleiro, *video game* ou mesmo um almoço diferente no quarto da mãe denota para a criança a percepção de que a mãe está bem, apesar de ter que estar longe de casa.

Primeira visita dos pais à UTI

A construção do vínculo pais-bebê incide na compreensão e no conhecimento do bebê. Por meio dos cuidados com o recém-nascido e da observação, do contato visual, do toque, da fala, os pais iniciam uma descoberta encantadora para conhecerem o seu filho durante o período de pós-parto imediato.

Quando o bebê nasce prematuro ou mesmo a termo, mas com um quadro clínico que necessite de cuidados intensivos ou cirúrgicos, o conhecimento do bebê, a ligação e a construção do vínculo com os pais fica capturada pela equipe de cuidados assistenciais do bebê, isto é, nesta situação, a equipe faz intervenções que, ao mesmo tempo que são necessárias ao cuidado do bebê, de certa forma destituem provisoriamente o papel dos pais no cuidado pleno do seu filho.

A oportunidade de ligar-se ao filho minutos depois do nascimento, segurando-o e mantendo-o no colo o tempo que for possível em contemplação, torna-se interrompida. Cabe à equipe multiprofissional da UTI neonatal o importante papel de facilitar a ligação com os pais, favorecer o contato positivo entre pais e bebê, aumentando a consciência e compreensão das necessidades de um bebê prematuro ou com alguma comorbidade.

As intervenções da equipe multiprofissional relacionadas à promoção da construção de vínculo pais-bebê são numerosas, variadas e valiosas: assegurar um ambiente encorajador e de apoio aos pais, auxiliando no engajamento dos pais e principalmente das mães em interações positivas com seus bebês; promover o contato seguro dos pais com o bebê e incluir a apresentação da unidade de cuidado intensivo no que diz respeito à estrutura, à equipe e aos cuidados sob os quais o bebê está submetido.

A chegada dos pais à UTI neonatal sempre é carregada de apreensão em relação à condição clínica do bebê, que provavelmente estará em uma incubadora com acessos em seu pequeno corpo, ao ambiente desconhecido com seus monitores e alarmes, à quantidade de pessoas que circulam neste ambiente, sejam profissionais ou outros pais.

Este é o desafio da equipe que trabalha na UTI neonatal: fazer com que os pais se familiarizem e se adaptem a esse quadro temporário da vida deles.

A hospitalização do bebê na UTI neonatal

A separação precoce do bebê de sua mãe pode ser determinante e interferir no desenvolvimento psicoafetivo. Por isso, se faz necessário conhecer a visão da mãe e acompanhar como se dará o desenvolvimento da maternagem para, se possível, prevenir um desenvolvimento pouco funcional e até mesmo nocivo na relação mãe-bebê. Sair de braços vazios da maternidade não é natural e é um dos momentos de maior dificuldade relatados pelas mães: sentem-se como se estivessem abandonando seus bebês e se culpam por serem incapazes de fazer filhos completos. A frase "meu colo ficou vazio" é legítima e verdadeira (KLAUS; KENNELL, 1993).

Faz-se necessário ajudar esses pais a lidarem com a angústia, com as incertezas com relação à evolução do bebê na UTI neonatal e com as decepções de ter um filho que necessita de auxílio para sobrevivência.

O comportamento de apego de uma mãe e de um pai com relação a seu bebê é o resultado de influências de uma combinação complexa de sua própria herança genética, as respostas do bebê a eles, uma longa história de relações interpessoais com suas próprias famílias e um com o outro, experiências passadas com esta ou com outras gravidezes anteriores, a absorção de práticas e de valores de suas culturas e, provavelmente, a mais importante de todas, a maneira como cada um foi criado por seus próprios pais. O comportamento parental, a capacidade de cada um tolerar tensões e as necessidades que cada um tem de atenção especial e apoio diferem imensamente e dependem de uma mistura desses fatores (WILLIAMS, 2002).

A culpa provocada pelo parto prematuro e a ansiedade diante da internação do bebê em uma unidade de cuidados intensivos são as emoções encontradas com maior frequência nas mães. Esses sentimentos estão diretamente relacionados ao entendimento e à tentativa de compreensão do que ocorreu de errado na gestação, que levou à necessidade do parto prematuro e que culminou na internação do bebê na unidade.

Uma das tarefas de toda a equipe envolvida no trabalho com pais é poder responder suas dúvidas de uma forma que eles possam construir a compreensão das necessidades específicas de cuidados do bebê prematuro.

A preocupação em trazer os pais para dentro da UTI neonatal com o intuito de promover o vínculo precoce com seus bebês foi detectada em meados do século XX, quando se observou que, a partir do momento que o bebê poderia ter alta hospitalar, aparecia a dificuldade para esses pais assumirem o cuidado dos seus bebês e a resistência de os levarem para casa.

Desde então, iniciou-se um processo de aproximação dos pais com seus bebês. Em um primeiro momento, foram permitidas visitas com horários preestabelecidos e tempo rígido para o contato entre o bebê e seus pais, pois ainda havia a crença de que os pais eram os responsáveis pela transmissão de infecção aos bebês. Atualmente, existe uma liberdade em entrar e sair da unidade e participar do cuidado e do desenvolvimento do bebê de maneira muito próxima.

Em nossa UTI neonatal, tanto as mães como os pais são incentivados a ter um contato íntimo e próximo de seu bebê. A prática do método canguru possibilita que haja um resgate da situação que o binômio mãe-bebê deveria passar após o nascimento, que é o bebê sair da barriga e terem contato corpo a corpo, debruçado no colo da mãe. Sabemos que, quando ocorre um nascimento em que o bebê tenha necessidade de qualquer suporte à vida, esse movimento de voltar para os braços da mãe fica impedido, pois a prioridade é a vida.

O método canguru auxilia no estabelecimento do vínculo entre pais e bebê, no reconhecimento de sinais de conforto e desconforto do bebê, no aprendizado do que é agradável para essa dupla; é o começo de uma relação de grande cumplicidade.

Outro ponto extremamente importante é com relação à amamentação. Geralmente, o primeiro contato que o bebê tem com o alimento via oral se dá por meio de sondas e mamadeiras, isso porque, diante de um bebê prematuro ou com condições especiais, é necessário assegurar-se de que ele é capaz de controlar o mecanismo sugar-deglutir e respirar sem engasgar.

Quando o bebê está maduro, consegue ingerir o leite sem engasgo e é o momento de ele mamar diretamente no seio materno. Esse processo da amamentação pode se estabelecer rapidamente ou ser vagaroso, porque o bebê se cansa, faz diversas pausas e pode ter dificuldade na pega do seio, ou a mãe pode ter dificuldade de colocar o seio em sua pequena boca. É outro momento em que a mãe pode ficar ansiosa, porque, dentro da jornada do bebê em UTI neonatal, um dos objetivos para alta hospitalar é que ele seja capaz de mamar todo o leite via oral.

A equipe acaba interferindo bastante nesse processo, pois, para saber se houve uma ingestão de leite adequada, o bebê é pesado antes de ir ao seio para mamar, operação repetida no final para ver o quanto ele ganhou de peso. Quando o bebê consegue ganhar pouco peso na mamada, muitas mães se sentem fracassadas, pois tiveram um empenho grande, se dedicaram, e o resultado lhes parece pobre. Outra questão é a manipulação existente neste processo: se ele dorme, é recomendado que ele seja acordado ou que suas roupas sejam retiradas, de maneira que ele possa ficar mais alerta. Muitas mães precisam de ajuda para posicionar seus bebês ao seio, então várias mãos estão em contato com a dupla mãe-bebê com o objetivo de proporcionar uma boa mamada em termos de volume de leite ingerido. Enfim, a equipe deve sempre ter muito cuidado com a interferência e ser parcimoniosa em relação ao quanto é possível ajudar e quando a interferência se torna exagerada e nociva ao binômio mãe-bebê.

Hospitalização de bebês múltiplos

No caso de bebês múltiplos (gêmeos, trigêmeos), o apego pode ser formado de duas maneiras: separadamente com cada um dos bebês ou com a unidade (todos os bebês) e depois separadamente. É natural a mãe sentir-se mais próxima do bebê que responde primeiro a ela. Frequentemente este é o bebê que está estável e a mãe pode cuidar, estar mais envolvida nos cuidados assistenciais desse bebê na UTI neonatal, começar a exercer de fato o seu papel de mãe.

Outra vivência típica dos pais de múltiplos é com relação à evolução clínica de cada bebê. Nem sempre os bebês apresentam a mesma resposta e os pais precisam lidar com situações muito diferentes em um mesmo contexto: a preocupação pela recuperação *versus* a possibilidade de piora e mesmo de óbito de um dos bebês. Essas oscilações emocionais acontecem e podem estar mais próximas à situação real dos bebês ou não, e observa-se que a melhora emocional dos pais é diretamente proporcional à melhora da condição clínica dos bebês.

Entretanto, quando ocorre uma intercorrência grave, ou o óbito de um dos bebês, é comum os pais experimentarem sentimentos misturados com relação à unidade e aos profissionais. Essa situação é difícil para todos os envolvidos, pais e equipe, e é necessária atenção extra para que não se consolide e se rompa o vínculo de compromisso e segurança estabelecidos previamente.

A difícil realidade dos pais, de enfrentar a alegria pela sobrevida de um bebê e o luto pela perda do bebê gêmeo, mobiliza toda equipe, que se empenha em cuidar desses pais com dedicada atenção pela delicadeza desta situação. O luto dos pais nesse processo, principalmente da mãe que está em recuperação de seu parto e, muitas vezes, iniciando o processo de amamentação, demonstra características específicas: os pais tocam o bebê que está vivo, o seguram no colo, conversam e continuam lutando pela sobrevivência dele, e choram silenciosamente a perda do outro. A mãe amamenta, os pais se encantam e ficam felizes com as novas reações do bebê sobrevivente e nunca saberão quais seriam as reações do bebê que foi a óbito.

Na necessidade imperativa de seguir em frente com o bebê vivo, os pais vão seguindo a rotina da UTI neonatal, elaborando o luto e tentando reorganizar uma nova configuração da relação pais-bebê diferente da anterior com os bebês gêmeos. Os pais dolorosamente vão reescrevendo a sua história.

A atenção da equipe, em especial a atuação do psicólogo no apoio aos pais, é cuidar para que eles possam viver o luto do bebê que morreu e seguir em frente com o bebê que está vivo. Fortalecer pai e mãe para que tenham a compreensão de que o tempo, a intensidade e a forma de elaboração do luto é individual, para que eles possam lidar com a dor da perda e, de forma segura, continuar a construção de vínculo com o bebê que sobreviveu.

Ajudando os pais na compreensão dos sinais dos bebês

O apego com relação a um novo bebê é construído. Muitos pais acreditam que ter um bebê e ligar-se a ele é algo instintivo e que todos estão prontos para assumir o papel de pai e de mãe quando o bebê chega. É instintivo, mas não é instantâneo e automático, e deve-se compreender o vínculo como um processo contínuo.

Winnicott afirma que a mãe se dedica à tarefa de cuidar de seu bebê e faz isso com tanta naturalidade que os profissionais deveriam ter cuidado para não interferir desnecessariamente. A mãe é capaz de saber se o bebê está ou não com fome e todas as outras coisas sobre seu bebê, se ela está em sintonia com o filho.

Os bebês nascidos em riscos, por deficiências fetais ou intercorrências maternas, geralmente necessitam de cuidados intensivos o mais breve possível. A prioridade nos cuidados assistências e intervenções médicas se sobrepõem às primeiras oportunidades de tocar e segurar o bebê por tempo prolongado.

Algumas mães estão há algumas semanas ou meses internadas, em repouso absoluto. Para outras, o parto foi difícil e prolongado, e frequentemente estão exaustas para reagir além de superficialmente ao primeiro contato com seu bebê. Nesse momento, a equipe divide sua atenção: parte dela dirige atenção aos cuidados especializados ao bebê, e outra parte, aos cuidados da mãe que sustentou uma gestação de risco em prol de seu desejo de maternagem.

Contudo, numa vivência de UTI, quando grandes incertezas e riscos ameaçam a vida, os pais se sentem impotentes e excluídos do cuidado e, nesse panorama, a construção do apego e do vínculo sofre grande interferência dos cuidados prestados pela equipe assistencial.

O que parece emergir é a existência de diferenças qualitativas na habilidade tanto dos pais quanto do bebê para expressar o vínculo. Os pais querem muito se aproximar do bebê e contemplá-lo, mas estão muito fragilizados emocionalmente e com medo de tocar o bebê e de machucá-lo. O bebê, por conta de sua prematuridade ou gravidade do quadro clínico, responde com poucos recursos aos comportamentos afetivos e às expectativas dos pais. O apoio da equipe na compreensão e na tradução dos sinais e das necessidades do bebê se torna imprescindível.

Neste cuidado aos pais, o alinhamento da equipe e o apoio de todos são atitudes imprescindíveis, pois, a todo momento, os médicos estão realizando os diagnósticos e tratando os bebês; as enfermeiras, explicando e executando a assistência, descrevendo para os pais as necessidades de suporte dos bebês; a nutricionista, orientando sobre o banco de leite e o lactário e a importância da alimentação da mãe para a produção adequada de leite; as fonoaudiólogas, sendo as primeiras professoras dos bebês, ajudando no aprendizado da amamentação; e nós, psicólogos, realizando o suporte emocional possível aos pais, identificando o sistema de apoio familiar, ajudando os irmãos mais velhos na adaptação à nova configuração familiar, ajudando a equipe a compreender as reações de enfrentamento dos pais, que podem estar acompanhadas de suas histórias, crenças, valores e gestações anteriores, de lutas e perdas e de muitas tentativas sem sucesso para realização do sonho de um filho.

Alguns teóricos argumentam que o apego é a característica qualitativa do laço emocional com o outro. A determinação de sua presença ou ausência tem de ser feita por alguma medida da interação entre os envolvidos. A mãe tende a reagir aos sinais do bebê com comportamentos mais afetivos e, por outro lado, o bebê que mostra uma resposta preferencial à mãe, reagindo a sua estimulação verbal e tátil, favorece a retroalimentação e o estabelecimento de um vínculo profundo e duradouro.

O processo de estabelecimento do vínculo entre bebês internados em UTI neonatal e seus pais é mais complexo, porque as mães estão exaustas e ainda em recuperação do parto, há a preocupação do pai com a fragilidade de sua esposa, agora mãe, quando ocorre uma intercorrência com o bebê ou quando necessitam receber informações da equipe sobre o quadro clínico de eu bebê. Proporcionar momentos de interação pais-bebê, por meio do toque das mãos, contato visual, voz e contato pele a pele pelo método canguru pode fortalecer o relacionamento.

Os autores Klaus e Kennel (1993), em seus estudos, descrevem um padrão previsível de comportamento de toque: os pais começam pela exploração das extremidades e da cabeça do bebê com as pontas dos dedos, aos poucos eles usam a palma da mão para acariciar o tronco do bebê. Os pais fazem contato visual repetidamente com seus bebês, contudo, a tão esperada resposta de que os bebês abram os olhos e olhem para seus pais geralmente é adiada diante da condição fragilizada que eles se encontram, dentro da incubadora, recebendo cuidados intensivos.

A ajuda da equipe, apoiando e orientando como realizar esse contato, já que os pais querem tocar o bebê, mas temem machucá-lo ou causar algum dano ao estado clínico do bebê frágil, assegura aos pais o importante papel que eles têm nesse início de vida do bebê. Oferecer essa credibilidade aos pais promove a construção de uma ligação deles com o bebê.

Atitudes que favorecem o enfrentamento dos pais durante o período na UTI neonatal

Em nossa prática, existem algumas atitudes que devemos promover a fim de favorecer a adaptação dos pais ao período de estadia na UTI neonatal. Entre elas, algumas recomendações são essenciais, como:

- aprender sobre prematuros: é importante que os pais saibam como devem estimular seus bebês. Por exemplo, o recém-nascido prematuro tem uma pele muito fina e sensível, muitos pais acariciam seus bebês passando a mão sobre eles. Olhando para o bebê, é possível notar que ele se contrai, faz expressões de desconforto, esse toque não é agradável para ele. Existe a preferência por um toque firme e envolvente: o bebê, frente a este toque, se sente protegido e confortável. Os pais devem aprender como acalmar/tocar o seu bebê e a compreender o que ele precisa;

- favorecer a visita frequente ao bebê: nos chama atenção os pais que visitam pouco seus bebês; deve-se encorajar a visita e buscar entender qual a dificuldade existente para viabilização de possível ajuda para que eles possam estar mais presentes. Quando existe a impossibilidade da visita, é importante que eles se atualizem sobre a condição do bebê, e é nosso dever passar essas informações, pois isso também contribui para a construção de um bom vínculo entre a equipe e os pais;

- ajudar os pais a se aliviarem da culpa pelo nascimento prematuro ou pela gravidade do quadro clínico;

- a culpa é improdutiva e ocorre quando os pais querem ser perfeitos para não causar sofrimento aos bebês. Na vida, não temos o controle de tudo e principalmente na vida dos filhos. Pais de bebês em UTI neonatal aprendem essa lição muito cedo e de maneira precoce;

- devemos incentivar os pais a conhecer outras experiências de pessoas que estão passando por situação similar. Isso faz com que eles possam se perceber como um grupo e não sozinhos e estranhos nessa fase da vida;

- se possível, trazer objetos pessoais de cada bebê, uma manta para quando for colocar o bebê no colo ou roupas para quando o bebê puder estar vestido. Importante salientar aqui que as mães respondem com muito contentamento quando chega o momento de trazer as roupas que elas escolheram para seu bebê: é como se a equipe estivesse legitimando e resgatando o seu tão esperado papel de mãe;

- auxiliar os pais a compreenderem seus próprios sentimentos como reações naturais e legítimas a essas situações únicas pode facilitar o enfrentamento deste difícil início.

O puerpério: fatores de riscos para baby blues *e depressão pós-parto*

O psicólogo do serviço precisa estar atento aos sinais de *baby blues* e depressão pós-parto das mães. Os sintomas são choro fácil sem causa aparente, irritabilidade, ansiedade, tristeza, alterações no padrão de sono e de alimentação, palpitação, angústia, insegurança em relação ao bebê ou excesso de proteção.

Mães de bebês internados em UTI neonatal têm maior probabilidade de desenvolver depressão pós-parto e é comum que esses sinais só apareçam no momento em que elas levam o bebê para casa. Por isso, o trabalho preventivo durante a estadia do bebê na unidade é imprescindível.

Promover a educação dos pais quanto ao aparecimento desses sintomas e como buscar ajuda minimiza o tempo de sofrimento com essa patologia. O tratamento existe e pode ser uma combinação de terapia medicamentosa e psicoterapia, sendo seguro com relação ao processo de amamentação. Devemos orientar que, se houver a percepção desses sintomas, a mãe deve conversar com o obstetra ou o pediatra da criança para que seja feito encaminhamento ao profissional de saúde mental.

Rotina da reunião de pais como apoio na compreensão das necessidades dos cuidados intensivos do bebê prematuro

Essa rotina foi criada com o intuito de se estabelecer uma relação de confiança entre os pais e a equipe de cuidados. Em uma unidade de terapia intensiva, os pais terão contato com vários profissionais; entre eles, sempre existirá o profissional que tem uma visão mais otimista, o que tem a visão mais realista e o que tem a visão mais pessimista.

Em nossa visão, essas diferenças são comuns e fazem parte do ser humano. Os pais, por estarem em um momento de forte pressão e fragilizados, também podem distorcer o que foi informado.

A rotina de reunião funciona da seguinte maneira: durante a primeira semana de internação dos bebês, os pais são convidados a participarem de uma reunião pré-agendada com o médico intensivista e a psicóloga, e ali são passadas as informações de como deve ser o período de internação do bebê, quais os obstáculos que devemos vencer e o que é esperado com relação à evolução do bebê. São esclarecidos também sobre os períodos mais comuns com relação à estadia do bebê, desde a fase inicial de admissão e adaptação até o planejamento de alta.

Nessa reunião, médico e psicóloga informam e trabalham as questões relativas à internação do bebê com intuito de acolher os pais neste momento inicial. Essa iniciativa se provou válida e observamos uma maior parceria entre pais e bebê à medida que podemos antecipar algumas das vivências que eles provavelmente irão experienciar durante a internação.

Suporte psicológico aos pais

O suporte psicológico para os pais enquanto o bebê está na unidade ocorre sempre que for necessário, desde a admissão do bebê ou mesmo antes, quando se trata de uma gestante de alto risco internada no hospital. É trabalhado com os pais o impacto do nascimento prematuro, os medos e as decepções desse primeiro momento, pois o bebê sobreviveu ao parto prematuro e, quando evolui clinicamente para estabilidade, os pais têm a tarefa de aprender a compreender as necessidades de cuidados do filho.

O bebê mostra seu próprio desempenho e ritmo de desenvolvimento independente das expectativas dos pais: a alta vai demorar, e os pais se sentem inseguros com a clínica do bebê; ou a alta vai acontecer em breve, e os pais não se sentem preparados para assumir o bebê e "desmamar da equipe".

Sempre há a necessidade de esclarecer dúvidas a respeito do desenvolvimento do bebê e as possíveis sequelas e traumas que a criança pode apresentar são dúvidas frequentes e que precisam ser dirimidas para que não haja fixação dos pais na posição de que o bebê nasceu de uma maneira não planejada e por isso está fadado a uma vida mais difícil. Em parte, essa visão não é verdadeira e sempre temos que reforçar o poder que os pais têm de oferecer ao bebê experiências positivas e prazerosas por meio do carinho e da atenção que dispensarão a ele durante toda a vida.

Temos que oferecer o suporte à equipe multiprofissional na compreensão da história desses pais, das atitudes e dos comportamentos que podem estar interferindo no enfrentamento da internação do bebê na UTI e na construção dos vínculos afetivos.

Auxiliamos na adaptação dos irmãos à chegada do novo membro da família, proporcionando visitas à UTI neonatal com o intuito de minimizar a ansiedade dos pais e promover o vínculo precoce da família com o novo bebê.

Fortalecemos os pais na compreensão de que o bebê, na aquisição do desenvolvimento, vai apresentar constantes mudanças. Esse aspecto vai demandar dos pais contínuos esforços para compreender os sinais e as necessidades de cada fase do desenvolvimento do bebê. Por fim, ajudamos os pais a confiarem no próprio conhecimento e no desempenho do papel de pais que eles adquiriram durante a internação do bebê.

Suporte aos pais no processo de morte do bebê

A maternidade de um hospital geral é um lugar de alegrias e sonhos realizados. A chegada de um recém-nascido traz sonhos, esperanças e renovação no núcleo familiar. Contudo, quando o bebê que está lutando na UTI neonatal para sobreviver morre, o início encontra o fim e a equipe testemunha a intensa dor dos pais e dos familiares (KLAUS; KENNELL, 1993).

A perda de um bebê na UTI é distinta de outras perdas: o tempo de os pais conhecerem e construírem recordações de uma convivência mútua com seu bebê foi encerrado.

A equipe tem a dolorosa tarefa de informar os pais e confortá-los numa vivência de extremos: parto, dar à luz ao bebê frágil e o óbito do bebê. A preocupação com a mãe enlutada é singular, pois ela tem necessidades paradoxais e conflitantes. A mãe está recebendo cuidados do pós-parto, pronta para iniciar o aleitamento materno e enfrenta a perda de seu bebê.

Quando a morte do bebê na UTI é iminente, a equipe, em nossa prática hospitalar, se esforça para proporcionar aos pais a possibilidade de se despedirem de seu filho: de tocarem; segurá-lo no colo, prestarem homenagens religiosas se assim o desejarem. Os avós e familiares mais próximos também participam desse momento de despedida, que tem uma característica específica para os pais: homenagear o bebê no único ambiente que ele conheceu.

É importante salientar que muitos pais de recém-nascidos que morrem ou de natimortos têm medo inicialmente de tocar ou segurar seu bebê por causa da sua condição delicada e frágil e por temor de não dar conta dos intensos e dolorosos sentimentos que envolvem essa situação.

O objetivo primário dessa intervenção diante do óbito do bebê é fortalecer os pais e os seus familiares próximos para que realizem a perda e o luto. Possibilitar que os pais e seus familiares toquem o bebê e compartilhem o legado emocional da perda – o sonho perdido, a raiva, a dor, a tristeza – no ambiente onde o bebê viveu sua breve história, na UTI neonatal, pode auxiliar os pais e os membros da família a integrar a experiência da perda em suas vidas, reestruturando e reorganizando seus relacionamentos, promovendo seu sentido de continuidade e conexão familiar, fortalecendo-os para que desenvolvam perspectivas mais benignas e menos traumáticas do papel da perda em suas vidas, para que possam seguir em frente (WALSH; MCGOLDRICK, 1998).

Rotina da visita do irmão

Existe uma grande preocupação dos pais com as emoções que o filho mais velho pode sentir com a chegada do novo membro da família. Os pais reagem com certo sofrimento e apreensão a pensar que o filho mais velho pode sentir ciúmes com a vinda do bebê ou fique frustrado porque não pode visitar o bebê na UTI.

A rotina da visita do irmão foi construída por uma demanda dos pais, que ficavam muito angustiados e sem muitos recursos efetivos para lidar com a frustração de não poder apresentar o bebê aos irmãos logo após o nascimento. Os pais realizam toda uma preparação com os filhos para a chegada do novo membro da família e, por conta de o bebê necessitar de cuidados assistenciais na UTI, o leito da mãe na maternidade está com "berço vazio" e o filho mais velho pergunta: "cadê o bebê?".

Os irmãos de 2 a 11 anos podem realizar visitas agendadas com a psicóloga para conhecerem o bebê na UTI, sempre acompanhados de seus pais. O critério impeditivo é: quando a criança tem qualquer quadro clínico que afete o próprio bem-estar e ponha em risco a vida do bebê frágil.

Alguns pais ficam imediatamente aliviados com a possibilidade da visita. Outros têm dúvidas da efetividade da visita, questionam sobre o ambiente da UTI ser tenso e têm medo de causar traumas nos irmãos. Nesses casos de dúvidas, sugerimos aos pais que esperem até o momento que se sentirem fortalecidos para enfrentarem a visita junto com os filhos e orientamos que, em algum momento, a criança vai questioná-los – esse pedido também os fortalece para realizarem a visita.

Nossa experiência de quase dez anos da rotina de visita de irmãos na UTI tem mostrado resultados muito positivos. Os irmãos conversam com o bebê, tocam na incubadora, fazem curiosas perguntas sobre o bebê, que são respondidas de acordo com a faixa etária do visitante. Os irmãos são incentivados a deixarem desenhos e sua própria foto. Durante a visita, os desenhos e fotos são fixados na parte externa da incubadora, como reconhecimento da importância deles à visita ao bebê. Os pais têm satisfação em registrar esta visita com fotos e vídeos.

Ao final dos quinze minutos da visita, os irmãos ganham faixas coloridas, iguais às que os bebês usam para fixar o sensor que monitora a saturação, batimento e frequência cardíaca. Existe uma enorme receptividade com este simbólico presente aos irmãos mais velhos, fazendo-os se sentirem próximos ao bebê. Testemunhar a alegria, a participação e o envolvimento dos irmãos durante a visita nos traz a segurança de incentivar os pais a usufruírem dessa oportunidade singular.

Conclusão

Os progressos obstétricos, neonatais e da enfermagem especializada ampliaram os conhecimentos na identificação de fatores de riscos envolvidos no trabalho de parto prematuro, reduzindo a morbidade e a mortalidade neonatal e ampliando a compreensão e o conhecimento das mães e de seus bebês.

Os estudos que identificam a necessidade de se promover o contato mãe-bebê o mais breve possível de forma segura para ambos fez com que as UTI repensassem suas rotinas, tornando-as mais humanizadas e envolvendo os pais e familiares, tanto nos casos favoráveis com a alta do bebê como nos desfechos desfavoráveis de óbito. Contudo, o aumento dos serviços de medicina reprodutiva traz para atualidade o dilema de reduzir a morbidade e a mortalidade perinatal e repensar a qualidade de vida desses bebês no convívio com seus pais, irmãos e a família extensiva.

Nosso papel é continuarmos sensíveis na escuta e ao olhar dos pais, para que o apoio emocional dado a eles nestas situações, possa refletir positivamente, de alguma forma, na continuidade do papel de pais que exercerão com seus filhos depois da alta hospitalar. Sabemos que a vida é um contínuo de desafios e aprendizagem. Pais fortalecidos no seu papel poderão contribuir na construção da autopercepção e da percepção de mundo de seus filhos.

Referências

DEUTSCH, A. D'A. et al. *O bebê prematuro:* tudo o que os pais precisam saber. Barueri: Manole, 2013.

EDWARDS, L. D. Adaptação à paternidade/maternidade. In: LOWDERMILK, D. L. et al. *O cuidado em enfermagem materna*. 5. ed. Porto Alegre: Artmed, 2002. cap. 18.

FIKAC, L. B. O recém-nascido de risco: problemas relacionados com a idade gestacional. In: LOWDERMILK, D. L. et al. *O cuidado em enfermagem materna*. 5 ed. Porto Alegre: Artmed, 2002. cap. 27.

KLAUS, M. H.; KENNELL, J. H. *Pais/bebês:* a formação do apego. Tradução de Daise Batista. Porto Alegre: Artmed, 1993.

SAUNDERS, R. B. Cuidado de enfermagem durante a gestação. In: LOWDERMILK, D. L. et al. *O cuidado em enfermagem materna*. 5. ed. Porto Alegre: Artmed, 2002. cap. 10.

STETSON, B. Mudanças fisiológicas no puerpério. In: LOWDERMILK, D. L. et al. *O cuidado em enfermagem materna*. 5. ed. Porto Alegre: Artmed, 2002. cap. 16.

WALSH, F.; MCGOLDRICK, M. *Morte na família:* sobrevivendo às perdas. Tradução de Claudia Oliveira Dornelles. Porto Alegre: Artmed, 1998.

WILLIAMS, R. P. A Família e a cultura. In: LOWDERMILK, D. L. et al. *O cuidado em enfermagem materna*. 5. ed. Porto Alegre: Artmed, 2002. cap. 2.

YONKERS, K.; STEINER, M. *Depressão e mulheres:* transtornos de humor associados ao ciclo reprodutivo. 2. ed. São Paulo: Lemos Editorial & Gráficos Ltda., 1999.

15. Atuação com pacientes pediátricos

Melina Blanco Amarins
Maiara Mattosinho Soares Zukauskas

No contexto hospitalar, é extremamente necessário que os profissionais envolvidos no cuidado com o paciente pediátrico tenham conhecimento acerca do desenvolvimento infantil, visto que, em cada etapa, a criança lida de formas diferentes com o adoecimento e a hospitalização, um momento que engloba o aparecimento de sentimentos e reações muitas vezes desconhecidas e que geram mudanças significativas para a vida do paciente e seus familiares.

A partir dessa perspectiva, a proposta deste capítulo é fornecer informações a respeito das principais características de cada período relacionado ao desenvolvimento infantil, dos aspectos emocionais frente ao impacto do adoecimento e da hospitalização, bem como da atuação da psicologia nesse contexto, com criança, equipe e família.

Desenvolvimento infantil

O desenvolvimento humano engloba o estudo de variáveis que têm interface com diversas áreas do conhecimento, como biologia, antropologia, sociologia, educação e medicina, entre outras. Essas variáveis dizem respeito aos aspectos afetivos, cognitivos, sociais e biológicos. Nesse sentido, podemos identificar a complexidade que envolve os cuidados em cada etapa e o histórico dos estudos que contribuíram para a percepção das características conhecidas atualmente, já que a preocupação com o saber a respeito do desenvolvimento infantil é relativamente recente.

No final do século XVII, a criança era tratada como um pequeno adulto e os cuidados especiais eram oferecidos apenas até três ou quatro anos de idade. Somente no final do século XIX e no início do século XX é que o olhar sobre as especificidades do desenvolvimento infantil foi ampliado, indicando a necessidade de uma educação formal. Nessa mesma época, estudiosos como Binet, na França, e Gesell, nos Estados Unidos, criaram escalas de desenvolvimento infantil com o objetivo de descrever características de comportamentos específicos para cada faixa etária, delimitando os comportamentos esperados para a fase, identificando o comportamento "normal" e os comportamentos atípicos, caracterizando-os como "patológicos" (RAPPAPORT, 1981).

Atualmente, a psicologia do desenvolvimento é reconhecida como uma disciplina científica, que tem como objetivo estudar e descrever como ocorrem as mudanças nos indivíduos, desde a concepção até a morte, incluindo as descrições das variáveis afetivas, cognitivas, biológicas e culturais envolvidas no processo (PAPALIA; OLDS; FELDMAN, 2009).

A primeira infância compreende o período de zero a três anos de idade, sendo que as primeiras quatro semanas de vida são consideradas o período neonatal. A influência ambiental nesse período marca uma condição importante para o desenvolvimento satisfatório do bebê: experiências vivenciadas durante o primeiro ano de vida têm efeitos duradouros e influenciam no desenvolvimento neurológico do indivíduo.

A segunda infância é caracterizada pelo período dos três aos seis anos de idade, o período pré-escolar. Nessa fase as crianças aperfeiçoam habilidades já adquiridas e começam a conquistar algum tipo de independência com relação ao autocuidado. Começam a apresentar também maior compreensão da relação causa-efeito, apesar de estarem pautadas na lógica da irreversibilidade. Por exemplo, em sua lógica, entendem que um corte não irá nunca mais cicatrizar, porém, já são capazes de representar suas vivências e sua realidade através de diferentes significantes, como o brincar.

Por meio da brincadeira, as crianças crescem e se desenvolvem. Estimulam os sentidos, aprendem a utilizar os músculos do corpo, coordenam o que veem com o que fazem e adquirem domínio sobre seus corpos, além de explorarem o mundo à sua volta e, consequentemente, construírem novas habilidades.

A brincadeira das crianças progride da seguinte maneira: inicia-se com o brincar repetitivo, envolvendo movimentos musculares (rolar uma bola), para formas mais complexas, como brincar construtivo (construir uma torre de blocos), jogo imaginativo ou faz de conta (brincar de ser professor), para então passar para os jogos formais com regras (amarelinha).

> *A integração numa comunidade humana, ou a adaptação a ela, aparece como uma condição dificilmente evitável, que tem de ser preenchida antes que esse objetivo de felicidade possa ser alcançado [...]. Em outras palavras, o desenvolvimento do indivíduo nos parece ser um produto da interação entre duas premências, a premência no sentido da felicidade, que geralmente chamamos de "egoísta", e a premência no sentido da união com os outros da comunidade, que chamamos de altruísta (FREUD, 1976).*

O contato que as crianças têm com os demais membros da sociedade propicia a vivência de um processo pelo qual ocorre a aquisição de valores, padrões e conhecimento de sua sociedade, ou seja, possibilita a construção da socialização. Em conjunto com a socialização, a formação da personalidade é outro aspecto importante do desenvolvimento social; nela, a criança desenvolve padrões singulares de pensamentos, sentimentos e comportamentos em diversas circunstâncias, bem como tendências e capacidades inatas, que são moldadas por meio de suas interações com a família e com a comunidade.

A formação da personalidade e a socialização estão em constante conflito, uma vez que a criança descobre o dilema, descrito por Freud, em que suas ideias individuais frequentemente estão em conflito com as normas de sua cultura e os desejos das outras pessoas; ao interagir, a criança desenvolve uma percepção mais explícita de si mesma e de suas habilidades.

Junto com esses aspectos, temos a questão do desenvolvimento emocional, no qual, na primeira infância, ao reconhecer suas emoções e as emoções das outras pessoas, o bebê consegue modular as suas próprias. Na segunda infância, além dessa estratégia, buscam versões mais refinadas e aceitáveis do que sentem que está acontecendo para se tranquilizarem, pois a capacidade para demonstrar emoções de maneira socialmente adequada requer controle na expressão destas, habilidades que as crianças pequenas ainda não desenvolveram, já que exibem suas emoções independentemente das circunstâncias.

A evolução da capacidade de socialização, bem como o aumento de outras habilidades, dá continuidade às características dos períodos que compreendem o desenvolvimento infantil, considerando que dos 6 aos 12 anos a criança entra na fase da terceira infância, momento no qual há maior consciência de sua imagem corporal e dos seus sentimentos. Adquirem também a capacidade de nomear esses sentimentos e relacioná-los com as situações vivenciadas, uma característica que demonstra a evolução para o pensamento lógico.

Nessa fase, iniciam o processo de alfabetização efetivamente, sendo que essa inserção no contexto escolar propicia à criança o contato com a diversidade, por meio da interação e da aprendizagem de novos conhecimentos, além de assumirem cada vez mais responsabilidades e autonomia.

Esse contexto é, muitas vezes, um grande balizador do desenvolvimento emocional, já que o desempenho escolar das crianças também está relacionado com a vida emocional dela, ou seja, uma criança deprimida ou agressiva pode apresentar dificuldade de atenção e concentração, que afetam diretamente a aprendizagem do conteúdo, bem como na interação social (PAPALIA; OLDS; FELDMAN, 2009).

Assim, a personalidade da criança vai se desenvolvendo por meio da formação de conceitos e vivências de sucesso e fracasso nos diversos tipos de relações e ambientes, tendo como reflexo a transformação de sua imagem corporal e de sua autoestima, que, neste momento, está relacionada com a produtividade e o apoio social. Nessa fase, a criança utiliza como referência a competência em si mesma e a capacidade de produzir algo, necessitando da aprovação e valorização das pessoas.

O brincar, nessa fase, engloba o interesse por atividades que envolvem regras e habilidades motoras, momentos que podem testar a aquisição dos conceitos adquiridos ao longo do processo do desenvolvimento vivenciado até agora.

A aproximação da puberdade caracteriza uma nova fase. A adolescência é um momento de transição entra a infância e a fase adulta e varia dos 12 aos 18 anos. Nesse período, há alterações significativas nos âmbitos físicos, emocionais e sociais, bastante percebidas pelo adolescente, e, também por isso, é caracterizado como um período de instabilidade de humor. Há uma transformação intensa do corpo, a descoberta da sexualidade, a busca de uma identidade e a necessidade de pertencer a um grupo. Estão em constante descoberta e em busca de uma identidade em um momento no qual precisam identificar o que sabem e o que podem fazer e se orgulharem disso, pois a capacidade de realizar reflexões, elaborar teorias e julgar moralmente as situações que serão expressas no contexto social está presente de forma constante.

Nesse processo de construção de sua própria identidade, o adolescente passa a confiar em si mesmo e não somente nos pais, como antes, o que ocasiona muitos conflitos emocionais. Ao se relacionarem com as outras pessoas, têm que organizar suas habilidades, necessidades e desejos para conseguirem serem aceitos no ambiente em que vivem.

Aspectos emocionais relacionados ao impacto do adoecimento e da hospitalização

A literatura norte-americana mostra que, até a década de 1930, a criança hospitalizada era privada da companhia dos pais e de seus familiares, sendo cuidada pela equipe de saúde de forma rigorosa. Seus aspectos emocionais frente ao adoecimento e à privação da presença dos pais eram desconsiderados.

Ao longo do avanço da medicina, as principais doenças infantis se tornaram cada vez mais complexas. Essa transformação começou a exigir outro olhar dos profissionais de saúde para a criança, a qual começou a ser vista como um ser em desenvolvimento e crescimento, não só com necessidades biológicas, mas também psicológicas, sociais e emocionais, tendo uma necessidade de suporte maior.

Na década de 1950, a Organização Mundial da Saúde apresentou a preocupação com a privação dos pais durante a hospitalização das crianças, levando em consideração possíveis impactos nos comportamentos delas. No Brasil, somente em 13 de julho de 1990 foi promulgada a Lei nº 8.069, que regulamenta o Estatuto da Criança e do Adolescente e dispõe, no seu artigo 12, que "os estabelecimentos de saúde devem proporcionar condições para a permanência, em tempo integral, de um dos pais ou responsável, nos casos de internação de crianças e adolescentes" (BRASIL, 1991).

Nesse sentido, o conceito de humanização foi sendo desenvolvido e está sendo paulatinamente incorporado às instituições de saúde até os dias atuais. A medicina tem por objetivo focar no diagnóstico e na terapêutica, respondendo prioritariamente às necessidades do corpo biológico. Porém, apresenta também a possibilidade de considerar outras necessidades de um ser em fase de crescimento e desenvolvimento, que quer brincar, ter autonomia, estabelecer vínculos, ser respeitado, receber e dar afeto, mesmo quando doente.

A literatura aponta que a presença constante dos pais durante a internação e/ou no tratamento da criança se torna benéfico em diversos sentidos, como na redução do tempo de hospitalização, na melhora do comportamento da criança após a alta, no declínio da incidência de infecção cruzada e de complicações pós-operatórias.

A doença e o processo do adoecimento têm suas consequências no processo de desenvolvimento da criança, sejam elas físicas, sociais ou emocionais. O apoio para os sentimentos gerados por essas mudanças é bastante restrito para as crianças, tendo como única fonte de segurança a presença dos pais.

Segundo Lepri (2008), o adoecimento e a necessidade de hospitalização infantil trazem para a criança experiências novas e geralmente ameaçadoras. O acometimento físico na criança convoca seus familiares, em especial seus pais, a lidarem com questões básicas à condição humana, a fragilidade do corpo e a finitude.

Ao longo do processo de adoecimento, tanto os familiares como a criança se acometem por inúmeras perdas transitórias e permanentes, o que é intensificado quando há a necessidade de internação. Na internação, a criança se depara com um novo ambiente e pessoas desconhecidas, procedimentos invasivos, ausência de uma parte de seus familiares, amigos e ambiente escolar, bem como sentimentos inéditos.

Ao receber um diagnóstico, os familiares se sentem extremamente vulneráveis, com medo e impotentes frente ao adoecimento, visto que a maior preocupação é se deparar com uma possível perda do filho. Alguns fatores podem contribuir para aprofundar esses sentimentos, como gravidade da patologia, efeitos colaterais desagradáveis de determinados tratamentos, estigma social vinculado à doença e restrições ambientais impostas pelo tratamento.

Com esse novo contexto da inserção da família junto ao cuidado com a criança, a equipe multiprofissional apresenta a possibilidade de propiciar também um suporte para os familiares, visto que eles têm suas próprias necessidades. Ressalta-se a importância de preparar os pais no cuidado do filho durante a hospitalização, bem como ter uma comunicação clara e efetiva de todas as informações inerentes ao tratamento.

Atuação da psicologia

A presença do psicólogo está sendo cada vez mais solicitada nos hospitais para suporte à criança e seus familiares. No Hospital Israelita Albert Einstein, a solicitação pode ser feita pela equipe médica, multidisciplinar ou pela própria família, porém, sempre com a necessidade da anuência médica, pois o médico que interna o paciente é responsável pelas condutas relacionadas a ele, podendo escolher a entrada da psicologia institucional ou de um psicólogo de sua própria equipe.

Quando o pedido da solicitação de avaliação psicológica é direcionado à criança, primeiramente, é realizada uma escuta frente à equipe multidisciplinar para a compreensão da queixa. Logo em seguida, é realizada a entrevista inicial com os pais com o objetivo de avaliar seu estado emocional, verificar possíveis alterações de humor frente ao impacto da condição de adoecimento e internação e também como se configura a relação familiar. Após a discussão de caso com a equipe e a entrevista inicial com os pais, é realizada a avaliação psicológica com a criança, com o objetivo de avaliar seu estado emocional, bem como verificar seu humor e sua adaptação à situação atual.

Na entrevista e na avaliação com os pais, é oferecida uma escuta para todas as angústias e demandas inerentes à condição de adoecimento do filho, visto que os pais muitas vezes buscam respostas para essa vivência e se culpam por não poderem ter prevenido tal acontecimento. Durante as avaliações, a maior demanda observada é o sofrimento causado pelas experiências dolorosas do filho e pela necessidade de passar por todos os procedimentos invasivos, além dos efeitos colaterais do tratamento. As informações obtidas com os pais a respeito dos comportamentos da criança, relacionados ou não à internação, colaboram com a avaliação psicológica na medida em que a criança pode apresentar comportamentos de regressão, agressividade e introspecção mediante os procedimentos. Nesse sentido, a partir da atuação da psicologia, é possível identificar se as manifestações durante a hospitalização dizem respeito a um comportamento de base ou uma alteração relacionada à condição de adoecimento.

Entre outros aspectos relacionados às demandas dos pais, estão os sentimentos de insegurança frente à situação de comunicar ao filho sobre sua doença, já que tendem a apresentar uma lógica protetora, na qual a omissão de informações pode se tornar um caminho de proteção para o sofrimento identificado.

Dentro desse contexto, o papel do profissional de psicologia é auxiliar na identificação de recursos emocionais para promover o enfrentamento, visando à possibilidade de os pais conseguirem dar continuidade aos seus papéis, proporcionando melhor compreensão das necessidades da criança durante o período de hospitalização.

A avaliação psicológica da criança será direcionada a partir do conhecimento a respeito das características relacionadas a cada estágio de desenvolvimento. Crianças pequenas conseguem expressar seus sentimentos por meio de atividades lúdicas, as quais possibilitam ao profissional verificar o conhecimento (entendimento) sobre a internação e seu adoecimento, bem como sua adaptação emocional a esse contexto.

A partir da brincadeira, a criança constrói sua experiência de se relacionar com o mundo de maneira ativa e vivencia situações de tomadas de decisões. No hospital, a criança consegue reproduzir suas vivências e seus sentimentos e, consequentemente, obter certo controle sobre a situação a ser enfrentada. Ela altera o ambiente em que se encontra, aproximando-o de sua realidade cotidiana, o que pode ter um efeito bastante positivo em relação ao adoecimento e no processo adaptativo da hospitalização.

Para Winnicott (1975), o brincar, por si só, é uma terapia com possibilidade autocurativa. Quando as crianças sentem que os outros estão livres e também podem brincar, ou seja, quando há disponibilidade da equipe e dos pais para isso, elas se sentem confiantes para fazê-lo. Quando a criança não é capaz de brincar, há algo errado, fazendo-se necessário trazê-la para o seu estado natural em que ela possa brincar.

Na observação lúdica, o profissional percebe o posicionamento da criança e proporciona também o desenvolvimento da autonomia, da criatividade e das responsabilidade com relação às suas próprias ações, visto que, durante a internação, a criança se depara com algumas limitações que podem torná-la mais passiva e impossibilitada para desenvolver sua autonomia. Dessa forma, diante de um jogo, por exemplo, ela pode optar por brincar ou não, demonstrando a possibilidade de realizar escolhas dentro de um ambiente restritivo.

Quando o profissional da psicologia avalia crianças mais velhas (terceira infância e adolescência), as quais apresentam uma maior compreensão cognitiva sobre a situação, o acesso pode ser feito, na maioria das vezes, pelo discurso, a partir do qual são verificadas as dúvidas com relação a seu adoecimento, os sentimentos relacionados ao momento vivenciado e a preocupação com estado emocional dos pais.

Dentro do contexto hospitalar, algumas reações emocionais são esperadas em função das limitações e restrições relacionadas ao momento; as principais observadas são irritabilidade, raiva, medo e ansiedade. Sentimentos estes vivenciados de forma intensa, visto que, principalmente na fase da adolescência, o indivíduo está passando por um processo de transformações tanto físicas como emocionais, bem como pela construção de sua identidade. Nessa fase, conseguem refletir sobre o significado, o impacto e as consequências do adoecimento na vida deles.

É um período em que as crianças que estão em fase escolar demonstram muita ansiedade com relação ao afastamento da escola e dos amigos, seja por uma semana ou por meses. Dessa forma, há a possibilidade de oferecer o acompanhamento pedagógico, o que auxilia na adaptação ao processo, fazendo com que as crianças se sintam mais tranquilas, seguras e tenham a oportunidade de retomar, em parte, a sua vida.

A atuação do profissional da psicologia com as crianças durante esse período possibilita a expressão dos sentimentos frente à internação e ao adoecimento, bem como fortalece seus recursos de enfrentamento diante dos procedimentos. Em muitas situações que ocorrem no contexto hospitalar, elas se sentem ameaçadas e com medo, pois, muitas vezes, são situações desconhecidas, como a realização de exames, procedimentos invasivos ou procedimentos cirúrgicos necessários.

Frente a essa demanda, há também a possibilidade de a equipe realizar a preparação para os procedimentos cirúrgicos e invasivos, proporcionando à criança o contato e o manuseio de materiais utilizados pela enfermagem no procedimento a ser realizado. A utilização de bonecos para a marcação do local da cirurgia, a reprodução dos procedimentos e a utilização de vestimentas cirúrgicas também propicia a vivência das situações hospitalares a partir do lúdico, de forma que a criança consiga ressignificar seus sentimentos.

Esse processo de preparação pode ser feito pelo profissional psicólogo e também pelo profissional de enfermagem, por meio do brinquedo terapêutico ou de materiais disponíveis que exerçam a mesma função. Através da avaliação psicológica e das discussões de casos com a equipe, é possível uma melhor compreensão a respeito dos recursos emocionais que a criança apresenta naquele momento, facilitando o manejo realizado por outro profissional que não o psicólogo. O vínculo entre criança e profissional se fortalece e ambos se sentem mais seguros frente ao procedimento a ser realizado.

A visão da equipe com relação às necessidades individuais de cada criança se torna extremamente importante frente à possibilidade de expressão dos seus sentimentos, bem como na construção de uma boa relação com a equipe e o sucesso na condução do caso. Os profissionais envolvidos no processo, trabalhando em conjunto, podem proporcionar o cuidado para a criança, a partir da percepção e do manejo de sentimentos que causam algum tipo de desconforto, físico e/ou psicológico nela, independentemente do grau da doença ou do motivo da internação.

A atuação não se restringe à criança e à família: em muitos casos, são necessárias intervenções com a equipe, que auxiliam na mediação, no manejo e na comunicação entre equipe, paciente e família, facilitando a compreensão do processo de enfrentamento de ambos e contribuindo para um cuidado humanizado, já que não podemos descartar a condição emocional dos profissionais que atuam diretamente na assistência dessas crianças. A forma como cada pessoa lida com o sofrimento do outro pode levar à percepção de sobrecarga e estresse relacionados a esses cuidados.

Em função do trabalho ser realizado por diversos profissionais, a contribuição da percepção de cada um deles se faz necessária para o cuidado com qualidade, sendo que, por meio de discussões de casos com a equipe multidisciplinar, o psicólogo consegue promover reflexões que auxiliam a equipe a ter um olhar diferenciado para a criança e família.

Essa interação pode ser exemplificada a partir da atuação com o paciente L., 7 anos, com diagnóstico de rabdomiossarcoma em olho direito, internado na pediatria por neutropenia febril. A equipe de enfermagem solicitou avaliação psicológica para a criança em função de ter observado alteração de comportamento, intensificação de reação frente aos procedimentos invasivos e agressividade com a mãe.

Após anuência médica, o psicólogo realizou entrevista psicológica com a mãe, que validou a percepção da enfermagem e mostrou-se bastante fragilizada com a mudança repentina de comportamento do filho. No mesmo dia, foi realizada avaliação psicológica com a criança, que se mostrou receptiva e interagiu de forma satisfatória, sendo que, por meio da ludicidade, demonstrou insegurança e raiva frente ao momento, evidenciando dificuldade para lidar com as punções do cateter, justificadas pelas intercorrências.

Nesse sentido, foi observado de que forma as dificuldades vivenciadas pela criança (desconforto físico relacionado à intercorrências com a necessidade de troca de cateter, restrições ocasionadas pela necessidade da internação e o cuidado por uma equipe diferente da qual estava acostumado) estavam relacionadas com os recursos que naquele momento ela conseguiu utilizar: a expressão de sua insatisfação por meio da agressividade direcionada à mãe, que representa a figura de responsável pela sua condição.

Dessa forma, a intervenção da psicologia por meio de material gráfico e da interação lúdica pode favorecer a melhor compreensão por parte da criança a respeito de seus sentimentos e da relação existente entre seu comportamento e a situação vivenciada, possibilitando a expressão desses sentimentos de outra forma que não somente pela via da agressividade.

As discussões de caso com a equipe de enfermagem se fizeram necessárias para a compreensão da dinâmica estabelecida pelo paciente naquele momento, evidenciando a possibilidade de atuação da equipe, de forma a minimizar atuações reativas nos momentos de dificuldade do paciente com relação aos procedimentos invasivos e intensificando o acolhimento.

Considerações finais

O adoecimento faz parte da condição humana. Nesse sentido, as informações disponibilizadas para o conhecimento a respeito dos aspectos físicos, emocionais e sociais da criança frente ao processo de hospitalização possibilitam, aos profissionais envolvidos no cuidado, a identificação de algum tipo de desajuste que possa aparecer durante o período de tratamento.

Em cada etapa do desenvolvimento, há o aparecimento de características singulares que dizem respeito à forma como a criança irá lidar com o momento da hospitalização. A compreensão satisfatória desse processo por parte dela perpassa pelo olhar da equipe e da família, pois, sendo uma fase repleta de mudanças e transformações, pode influenciar na constituição de sua identidade, que se dá a partir da elaboração entre seus recursos internos e o meio suficientemente bom.

A necessidade de uma comunicação eficaz e de uma integração por parte dos profissionais envolvidos é condição essencial para que seja possível abarcar as especificidades relacionadas ao atendimento do paciente pediátrico, visando a um cuidado com qualidade e inserindo a criança e os familiares como parte integrante do processo.

Referências

BRASIL. Ministério da Saúde. *Estatuto da criança e do adolescente*. Brasília, DF, 1991.

FREUD, S. O futuro de uma ilusão, O mal-estar na civilização e outros trabalhos (1927-1931). In: _____. *Edição standard brasileira das obras completas de Sigmund Freud*. Tradução de J. Salomão. Rio de Janeiro: Imago, 1976. p. 65-147. v. XXI.

LEPRI, P. M. F. A criança e a doença: da fantasia à realidade. *Revista da SBPH*, Rio de Janeiro, v. 11, n. 2, p. 15-26, dez. 2008.

PAPALIA, D.; OLDS, S. W.; FELDMAN, R. D. *Desenvolvimento humano*. 10. ed. Porto Alegre: McGraw-Hill do Brasil, 2009.

RAPPAPORT, R. C. *Psicologia do desenvolvimento*. São Paulo: E.P.U., 1981. v. 1.

WINNICOTT, D. W. *O brincar e a realidade*. Rio de Janeiro: Imago, 1975.

16. Atuação com pacientes oncológicos

Alyne Lopes Braghetto Batista
Maiara Mattosinho Soares Zukauskas
Marcus Vinícius Rezende Fagundes Netto
Marita Iglesias Aquino

Introdução

Câncer é o nome dado a um conjunto de mais de cem doenças distintas que têm em comum o crescimento desordenado de células que invadem órgãos e tecidos, podendo espalhar-se para outras regiões do corpo (metástase). O tecido corporal de onde essas células se originam e começam a se multiplicar determina o tipo de câncer e influencia o seu grau de gravidade, bem como a maior ou a menor facilidade de tratamento (INCA, 2016).

As causas de câncer são variadas, podendo ser externas ou internas ao organismo, estando ambas inter-relacionadas. Como existem muitos tipos diferentes de câncer e como os seus tratamentos variam, a determinação do tipo específico é absolutamente essencial; o conhecimento do tipo de câncer ajuda o médico a determinar quais exames devem ser solicitados e qual é o tratamento mais adequado a ser seguido.

Vários exames são utilizados para determinar a localização do tumor, o seu tamanho, a sua disseminação para estruturas próximas e para outras partes do corpo, para assim propor o tratamento mais adequado. Atualmente, os tratamentos utilizados são: cirurgia, administração de antineoplásicos (quimioterapia, hormonioterapia, imunoterapia e terapia molecular), radioterapia e transplante de medula óssea; em muitos casos é realizada uma combinação dessas modalidades.

O diagnóstico precoce de câncer e os avanços farmacológicos vêm possibilitando resultados cada vez mais favoráveis no tratamento.

Cercada de vários tabus e frequentemente associada a situações como sofrimento, mutilação e morte, algumas pessoas evitam até pronunciar a palavra "câncer". Apesar dos avanços da medicina no tratamento do câncer e do aumento de informações veiculadas pela mídia, a doença ainda equivale, muitas vezes, a uma "sentença de morte" e é comumente associada à dor, ao sofrimento e à degradação.

Dessa forma, o diagnóstico de câncer e todo o processo da doença são vivenciados pelo paciente e pela sua família como um momento de intensa angústia, sofrimento e ansiedade; o paciente vê sua vida tomar um rumo diferente do que poderia imaginar, já que a doença pode acarretar alterações significativas nas diversas esferas da vida, como trabalho, família e lazer.

Assim, considerando-se os avanços médicos recentes na área de oncologia, que em muito ampliam as perspectivas de cura e a sobrevida dos pacientes com câncer, ganha destaque a assistência psicológica destinada ao cuidado desses indivíduos. De acordo com Veit e Carvalho (2008), aos sobreviventes do câncer cabe lidar com a condição de cura ou cronicidade da doença, bem como com outras demandas emocionais que se apresentem diante da possível vulnerabilidade acarretada pelo fato de já terem adoecido uma vez, por carregarem consigo marcas desse adoecimento e terem de se inserir em um cotidiano transformado pela experiência do câncer enfrentado.

Nesse sentido, as ações desenvolvidas pelo profissional de psicologia na área de oncologia enfocam, principalmente, a melhoria da qualidade de vida de pacientes e familiares, favorecendo a participação ativa daquele que está em tratamento ao longo de todo processo, desde o diagnóstico até a cura ou terminalidade.

O adoecimento, o paciente oncológico, sua família e a equipe

"Agora tô caindo na real!". Essa é uma fala bastante recorrente dos pacientes e dos familiares. Cair na real é a maneira encontrada de se dizer que o limite da vida ficou claro e que o futuro se coloca cada vez mais como uma ilusão. Falando de outra forma, ao entrarem em contato com a doença e com as perdas inerentes ao tratamento, pacientes e familiares angustiam-se por estarem, muitas vezes, frente a frente com a castração, em termos freudianos, ou de frente ao Real, conceito lacaniano que aqui nos é muito caro. Com isso, parafraseando o dito popular, pacientes e familiares, de fato, caem no Real!

Mas o que isso quer dizer? Jacques Lacan (1976/2007), em seu retorno a Freud, nos dirá que o psiquismo seria regido por três registros nomeados por ele de Real, Simbólico e Imaginário. Há várias maneiras de compreendermos esses conceitos. Entretanto, para efeitos didáticos, vamos abordá-los pela via do sentido. Assim, enquanto o registro do imaginário fala da univocidade de sentido, do sentido único, do amor ou do ódio, da vida ou da morte, o simbólico comporta a duplicidade de sentido. Entre o amor e o ódio cabe a indiferença, entre a vida e a morte, cabe o viver dentro do possível. Naquilo que toca o Real, Lacan é categórico: o real é o registro do não sentido, daquilo que é impossível de simbolizar. Ou seja, muitas vezes, ao escutarmos os pacientes e seus familiares, o que se percebe é que a doença e o risco de morte iminente quebram os sentidos construídos e que, até então, sustentaram a vida dessas pessoas. Nesse ponto, portanto, é importante fazer uma diferenciação naquilo que concerne à condução do tratamento desses sujeitos.

Se alguns pacientes chegam até nós em nossos consultórios colocando-se como vítimas de suas próprias fantasias, e a condução do tratamento se pauta por promover um desatar de algumas amarras imaginárias para que o sujeito se depare com algo do Real, há casos, no contexto hospitalar, nos quais o Real encontra-se sem o anteparo da fantasia. O caminho então nos parece ser outro. Ou seja, seguindo as orientações de Lacan (1962-63/2005), a partir de seu retorno ao texto "Inibição, sintoma e angústia", quando a angústia paralisa, cabe ao psicólogo possibilitar, por meio do simbólico, um novo enlace ao imaginário para que uma defesa necessária possa se erigir. Dizendo de outra forma, diante do Real, é necessária a construção de novos sentidos que possam dar sustentação ao sujeito, tirando-lhe da paralisia da pulsão de morte, provocada pela alienação mortífera aos limites e às perdas decorrentes da doença ou do próprio tratamento.

A partir dos ensinamentos propostos por Freud (1930/2010), pode-se considerar que, com o padecimento no Real do corpo, a angústia se faz presente, e a abordagem objetiva não dá conta, por si só, desse mal-estar, fato que abre a possibilidade da escuta para a subjetividade do indivíduo em sofrimento – sofrimento este que atravessa não só pacientes e familiares, mas também a equipe multidisciplinar, que convoca o psicólogo, inserido na equipe de saúde. Isso pode acontecer de diversas formas, desde um encaminhamento formal por meio da avaliação de risco psicológico (ver Capítulo 3, "Formas de atuação, organização e gestão de serviços de psicologia") até uma conversa informal de corredor, na qual um membro da equipe demonstra sua dificuldade em lidar com um paciente/familiar. O psicólogo deverá então acolher e diferenciar as demandas do paciente daquelas da própria equipe e, a partir disso, instrumentalizá-las no manejo da situação que se apresenta.

A equipe multidisciplinar do centro de oncologia e hematologia do Hospital Israelita Albert Einstein é composta por enfermeiros, auxiliares e técnicos em enfermagem, farmacêuticos, dentistas, nutricionistas, psicólogos, dosimetristas, físicos-médicos, tecnólogos em radioterapia e profissionais da medicina integrativa.

Ambulatório de radioterapia

A radioterapia é um método de tratamento capaz de destruir células tumorais por meio da emissão de feixe de radiação ionizante, indicada para tratamento de doenças oncológicas e onco-hematológicas.

O tratamento radioterápico é geralmente administrado liberando uma pequena dose de radiação por dia ao longo de várias semanas, por meio de um equipamento denominado acelerador linear. A maioria dos pacientes faz cinco aplicações por semana, ou seja, uma por dia, com pausa no fim de semana.

Entretanto, em alguns casos, as aplicações de radioterapia podem ser administradas mais do que uma vez ao dia. Geralmente, o tratamento tem duração de uma a sete semanas, variando de acordo com a região tratada e a terapêutica proposta. O tratamento fracionado causa menos danos às células normais do que às células cancerosas. O dano às células normais é temporário, mas este é o que causa os efeitos colaterais da radioterapia, que variam de acordo com o organismo do paciente e sua sensibilidade. Dentre os possíveis efeitos colaterais estão fadiga, náuseas, mucosites, alopecia, radiodermites (que são lesões de pele decorrentes da radiação), alterações hemodinâmicas e alterações urinárias e intestinais, tendo ligação direta com a localidade a ser irradiada (INCA, 2016).

Ainda de acordo com o Instituto Nacional do Câncer, a radioterapia pode ser utilizada com dois objetivos principais, curativo ou paliativo:

- *radioterapia com objetivo curativo:* nesta situação, há a possibilidade de cura da doença e a radioterapia tem importante papel, tanto isoladamente, indicada para tumores iniciais sensíveis ao tratamento e com alta probabilidade de cura, como associada a outros tratamentos. Também pode ser utilizada para os pacientes que não têm condições clínicas para a cirurgia, considerados inoperáveis, por cardiopatias ou pneumopatias severas. Outra situação em que se usa exclusivamente a radioterapia é para os tumores considerados irressecáveis, seja pela localização desfavorável do tumor ou pela grande infiltração tumoral que inviabiliza qualquer procedimento cirúrgico para a retirada do tumor;

- *radioterapia com objetivo paliativo:* realizada quando não há possibilidade de cura, no entanto, é possível proporcionar qualidade de vida para os pacientes, inclusive por um longo período.

O tratamento pode ser administrado de duas maneiras:

- *radioterapia externa ou radioterapia convencional:* consiste na irradiação de um determinado alvo (tumor) com um feixe de radiação a longa distância. A maioria das pessoas que realiza radioterapia recebe essa modalidade de tratamento. A equipe multidisciplinar da radioterapia planeja o tamanho, a forma e a direção do feixe para tratar de maneira eficaz o tumor, poupando o tecido normal adjacente. Esse tratamento consiste em irradiar o órgão-alvo com doses fracionadas;

- *radioterapia interna ou braquiterapia:* ao contrário da radioterapia convencional, utiliza fontes de radiação internas a curta distância. O material radioativo é colocado, por meio de instrumentos específicos, próximo à lesão tumoral.

Os pacientes são encaminhados para tratamento radioterápico em diversos momentos do estágio da doença, desde o pós-diagnóstico até a indicação de tratamento paliativo.

Assim, as angústias manifestadas pelos pacientes e seus familiares permeiam o momento vivido, assim como seu posicionamento subjetivo para o enfrentamento diante do adoecimento e das limitações decorrentes do tratamento oncológico. Por sua vez, a equipe multidisciplinar também é afetada em sua subjetividade, como já discutido anteriormente, colocando em cena sua própria fragilidade à medida que se dá conta da sua própria impotência. A entrada do psicólogo é possibilitada a partir dessa demanda.

A solicitação de avaliação psicológica pode ser feita por qualquer membro da equipe que identifique algum tipo de sofrimento emocional no paciente. A equipe de enfermagem, semanalmente, preenche um formulário chamado de avaliação de risco (ver Capítulo 3, "Formas de atuação, organização e gestão de serviços de psicologia"), no qual notifica se o paciente apresenta dificuldades que caracterizem um risco psicológico. O psicólogo discute o caso com o enfermeiro, com o objetivo de avaliar a demanda e validar ou não um risco psicológico. Em muitas situações, observamos que a demanda é do profissional de saúde e não do paciente. Nesses casos, o psicólogo auxilia o profissional com o intuito de instrumentalizá-lo no manejo com o paciente. Caso seja configurado um risco psicológico, a avaliação é realizada junto ao paciente.

O paciente ou o familiar também podem solicitar, em qualquer momento do tratamento, a assistência psicológica. A partir da avaliação, o psicólogo traçará um plano terapêutico com o paciente e estabelecerá a frequência de atendimento frente à demanda apresentada.

Como já abordado, as repercussões emocionais do tratamento radioterápico, nos pacientes e seus familiares, dependem do momento do tratamento em que se encontram, bem como do seu objetivo. Dependem também do posicionamento subjetivo desse paciente, seus recursos psíquicos de enfrentamento, o grau de compreensão da doença e o lugar que essa ocupa em sua subjetividade. Muitas vezes, o tratamento radioterápico é a única terapêutica utilizada, ou é iniciada após a realização de cirurgia para retirada do tumor, para consolidação do tratamento, tomando lugar de profilático.

Alguns exemplos podem ser descritos, como o caso de pacientes com diagnóstico de câncer de mama em estágio inicial, na qual a terapêutica proposta é a cirurgia para retirada do tumor e a radioterapia adjuvante, para consolidação do tratamento e profilaxia. Diante desse cenário, as angústias mobilizadas, muitas vezes, são permeadas pela relação que estabelecem com o próprio corpo, com a sexualidade, sua relação conjugal e, finalmente, a retomada da rotina. Muitas dessas pacientes afirmam sentirem-se "protegidas" pelo tratamento, já que, durante ele, sentem-se autorizadas a ocupar somente o lugar de paciente, afastando-se de outros papéis por elas desempenhados (como o de mulher, esposa e profissional). Com o término do tratamento, são convocadas a retomarem seus lugares, que vão para além da ordem física – são de ordem subjetiva, podendo ser mobilizadores de angústia e sofrimento emocional para muitas delas.

Alguns pacientes que fazem tratamento radioterápico para a região de cabeça e pescoço, por exemplo, acabam se deparando com as limitações impostas por esse tipo de tratamento, como fadiga extrema, dificuldade em alimentar-se, necessidade de passagem de sonda e mucosites. A debilidade do corpo mobiliza angústia no paciente, já que muitos deles relatam se sentirem doentes pelos efeitos decorrentes do tratamento e não pela doença em si. O tratamento pode trazer limitações importantes ao paciente e seus familiares, fato que não é vivido sem algum grau de sofrimento psíquico, já que denuncia a fragilidade do corpo, condição inerente do ser mortal.

A atuação do psicólogo no ambulatório de radioterapia apreende também o manejo com a equipe multidisciplinar envolvida no cuidado com paciente, por meio de discussões de casos, interconsulta e reuniões de equipe, que acontecem semanalmente, já que a equipe também é diariamente afetada em sua subjetividade, que muitas vezes entra em cena no cuidado com o paciente.

Ambulatório de quimioterapia

O ambulatório de quimioterapia adulto é composto por *boxes* individuais utilizados para a realização de procedimentos relacionados aos cuidados com os pacientes que apresentam doenças oncológicas, onco-hematológicas ou hematológicas, com diagnóstico inicial de doença ou em vigência de tratamento quimioterápico curativo ou paliativo.

Neste local, ocorre a administração principalmente da quimioterapia, que é um tratamento no qual são utilizadas medicações antineoplásicas, que atuam no funcionamento celular, provocando a morte de células que estão em divisão; porém, a atuação dessas medicações ocorre de forma não seletiva, sistêmica, afetando tanto as células malignas quanto as saudáveis (INCA, 2016). Nesse sentido, há uma grande incidência de efeitos colaterais, que variam de acordo com as medicações utilizadas e com as particularidades de cada organismo, ocorrendo em intensidades diferentes, dependendo da sensibilidade de cada paciente; esses efeitos são desencadeadores de alterações importantes na rotina e influenciam diretamente no enfrentamento emocional do indivíduo.

Dentro desse contexto, podemos somar outros elementos, não somente medicamentosos, que desencadeiam essas alterações e que também estão associados ao diagnóstico e ao tratamento, que acarretam perdas importantes na qualidade de vida dos pacientes e implicam a necessidade de intervenções psicoterapêuticas. Esses elementos estão relacionados com os estigmas social e cultural associados ao diagnóstico de câncer, um momento no qual situações que permeiam questões psíquicas relacionadas à finitude se fazem intensamente presentes.

O paciente que recebe o diagnóstico experiencia mudanças de níveis biopsicossociais durante as diversas fases do tratamento e a vulnerabilidade emocional ocasiona a possibilidade de reflexão a respeito de condições previamente existentes e a construção de significados diferentes para as vivências relacionadas ao processo de tratamento.

Especificamente no momento do tratamento ambulatorial, o paciente é exposto a uma rotina permeada de peculiaridades e cuidados que estão relacionados à possibilidade de adaptação à nova condição (pós-diagnóstico), na qual as mudanças corporais inerentes ao procedimento (alopecia, caquexia, inapetência etc.) podem desencadear a necessidade de ajustes com relação às atividades cotidianas anteriormente desempenhadas (trabalho e convívio social).

As mudanças referentes à autoimagem, as alterações significativas em hábitos alimentares, entre outras condições às quais os pacientes em tratamento ambulatorial estão expostos, levam a alterações importantes relacionadas à vivência de uma diminuição na autonomia, ocasionando o contato com a demanda emocional de maior ocorrência nesse momento: a angústia frente à falta de controle das questões relacionadas à vida – um controle ilusório, porém, necessário para o funcionamento satisfatório do nosso psiquismo. A partir dessa constatação, é importante que o paciente se aproprie de sua condição e consiga pensar a respeito das escolhas possíveis frente a uma situação inerente da condição humana: o adoecimento. Um adoecimento causado pelo câncer, por apresentar multiplicidade de causas, promove a emergência de uma lacuna que favorece a criação de um sentido singular para seu aparecimento (VEIT; CARVALHO, 2008).

Nesse sentido, a abordagem psicológica ao longo de todo o tratamento se faz importante na medida em que proporciona um espaço terapêutico para a manifestação das angústias e das demandas relacionadas à especificidade de cada etapa do tratamento. O suporte psicológico favorece um posicionamento mais seguro do paciente frente às demandas que se apresentam e possibilita a construção de um novo sentido a partir dessas diversas mudanças.

No ambulatório de quimioterapia do centro de oncologia e hematologia do HIAE, a atuação da psicologia ocorre, na maioria das vezes, de forma individual com os pacientes encaminhados pelos médicos ou pela equipe multiprofissional. Além dessas solicitações da equipe, o paciente e/ou seus familiares também podem realizar a solicitação por meio da abordagem direta aos profissionais da equipe.

Outra forma do acionamento do serviço de psicologia é por meio de um instrumento utilizado pela equipe de enfermagem, a avaliação de risco, na qual, a partir da admissão do paciente no ambulatório, a equipe de enfermagem observa determinadas reações e comportamentos dos pacientes e notifica o profissional para informar sobre a demanda observada (ver Capítulo 3, "Formas de atuação, organização e gestão de serviços de psicologia"). A partir dessa notificação, o profissional da psicologia discute o caso com a equipe, valida ou não o risco e define a conduta, que pode ser a avaliação psicológica do paciente e/ou do familiar ou então algum manejo com a equipe de saúde.

O contexto familiar também sofre modificações mediante o adoecimento de um dos membros: os familiares passam por estágios que coincidem ou não com os vivenciados pelo paciente, experienciando também alterações emocionais. Dessa forma, podem ocorrer problemas de comunicação, isolamento social e confusão nos papéis desempenhados, e a atuação da psicologia favorece a possibilidade de auxiliar nas questões como a elaboração do sentimento de impotência diante do sofrimento do outro (e de si próprio), comumente relatado pelos familiares, no acolhimento das dificuldades emocionais, visando à minimização da angústia e ao reforço das estratégias de enfrentamento utilizadas pelo familiar.

Dessa forma, a integração da psicologia com as outras especialidades que compõem a equipe de saúde auxilia na identificação das manifestações emocionais que o paciente apresenta durante a condição na qual se encontra, bem como no manejo com a família. As informações, orientações e intervenções psicológicas contribuem para o desenvolvimento de estratégias de prevenção e de cuidados com os pacientes e seus familiares, além de possibilitar uma comunicação mais eficiente entre paciente e equipe.

Transplante de medula óssea

O transplante de medula óssea apresenta-se, atualmente, como recurso terapêutico promissor no tratamento de doenças congênitas, autoimunes, onco-hematológicas e hematológicas graves antes consideradas fatais. Compreende fases distintas, nas quais o paciente e sua família têm que lidar com ameaças constantes e efeitos colaterais com importante impacto em sua qualidade de vida.

No Hospital Israelita Albert Einstein, os transplantes de medula óssea são realizados desde 1987. Os pacientes ali assistidos recebem um cuidado integral proporcionado por uma equipe multiprofissional conforme descrita anteriormente. Dessa forma, busca-se garantir que tanto os pacientes quanto os familiares possuam espaços de atenção destinados a suprir necessidades biopsicossociais relacionadas a um período de vivências intensas que podem ser bastante fragmentadoras.

Ao pensarmos em todas as etapas do transplante, é possível considerá-las a partir do contexto em que ocorrem, da condição física em que o paciente se apresenta e das vivências emocionais inerentes a cada uma delas. Levando-se em conta esses aspectos, dividiremos aqui este procedimento em etapas pré, intra e pós-transplante.

Em termos de contexto, em geral, na *fase pré*, os pacientes estão em acompanhamento ambulatorial, lugar no qual costumam ocorrer as diversas avaliações pelas quais devem passar antes de darem início de fato ao tratamento. O olhar de toda equipe faz-se muito importante, pois uma boa condição global do indivíduo contribui em grande parte para o sucesso da terapêutica. Os pacientes, apesar de não gozarem de plena saúde, encontram-se neste momento em uma condição física favorável ao enfrentamento das adversidades relacionadas à etapa seguinte.

O transplante em si *(fase intra)* ocorre com o paciente internado, período que tem duração média de trinta dias. Nesta fase, o paciente passa pelo condicionamento, recebe a medula saudável e aguarda pelo tempo necessário para que a mesma comece a funcionar e lhe proporcione segurança imunológica para a alta hospitalar. O condicionamento citado anteriormente refere-se à intensa quimioterapia com o objetivo de extinguir a medula adoecida, dando espaço às células saudáveis a serem recebidas pelo paciente no dia da infusão. Como efeitos colaterais da quimioterapia, os pacientes podem experimentar mucosite, náuseas, vômitos, anorexia, fraqueza, alopecia, febre e dor. Além disso, o estado de extrema imunossupressão em que são colocados nesta fase exige que estejam em completo isolamento, sendo permitida a permanência de apenas um acompanhante no quarto.

O tempo de espera pela pega medular varia dependendo do tipo de transplante realizado pelo paciente e da resposta de seu organismo. É somente a partir da pega que o mesmo pode experimentar algum alívio para os sintomas apresentados como efeitos do condicionamento. Segue-se, então, um período de preparação para a alta, no qual paciente e acompanhante recebem inúmeras orientações com relação aos cuidados necessários fora do hospital.

Sua condição física neste momento é de maior fragilidade, tendo o mesmo passado por importante mudança corporal diante da perda do cabelo, do emagrecimento e, em alguns casos, de alterações na coloração da pele.

A etapa *pós-transplante* tem continuidade depois da alta hospitalar do paciente e é pautada principalmente pela sua reabilitação, que deve ocorrer com ele já em sua residência, porém, com acompanhamento frequente em retornos ambulatoriais. Não são incomuns as reinternações do paciente nesta fase, devido a descompensações clínicas ou acometimento por infecções. A retomada da rotina como era conhecida antes leva um tempo considerável para acontecer, a depender da recuperação possível de cada indivíduo.

Em todas as etapas do tratamento, o paciente segue sendo assistido pelos diversos profissionais da equipe, mantido sempre o foco em sua recuperação global.

A avaliação psicológica, assim como a dos demais profissionais já descritos, está prevista pelo protocolo institucional de transplante de medula óssea. A assistência psicológica permeia todas as fases, com frequência e focos de atenção variáveis em função do momento em que o paciente se encontrar dentro do tratamento e do que apresentar como demanda psicológica.

Retomando as fases do tratamento, poderemos agora abordar as vivências emocionais relacionadas a elas, assinalando o foco de cuidado específico da psicologia e os manejos possíveis diante das situações que se apresentam.

Na etapa anterior à internação, o paciente recebe orientações com relação ao tratamento. Segundo Cardoso e Santos (2013), de forma ambivalente, as informações passadas neste primeiro contato, ao mesmo tempo em que revelam um potencial efeito curativo da terapêutica, colocam o paciente em contato com um elevado risco de morte relacionado ao procedimento. A importante imunossupressão alcançada pelo paciente antes de receber a medula sadia, a possibilidade de, nessa fase, contrair infecções oportunistas, o risco de desenvolver a doença do enxerto contra o hospedeiro e a possibilidade de, mesmo após todo investimento no tratamento, a doença recidivar são algumas das ameaças das quais o paciente precisa tomar ciência e que permearão o dia a dia e o imaginário daqueles que se submetem a esse tratamento. Além disso, os efeitos colaterais inerentes a este procedimento afetam significativamente a qualidade de vida de pacientes e familiares durante e após a hospitalização para o tratamento.

A avaliação psicológica ocorre após o paciente ter tomado consciência dos benefícios e das dificuldades relacionadas ao transplante. Considera-se, então, que está ainda nesse primeiro contato, sob impacto dessas notícias. Cabe ao psicólogo, neste encontro, possibilitar um espaço para a externalização do indivíduo sobre a forma como se sente afetado pelo prenúncio das experiências a serem vividas em um futuro próximo. O acolhimento e a validação de sentimentos, que, não raro, referem-se a medo e ansiedade pelo enfrentamento da situação desconhecida, promovem, nessas pessoas, a sensação de amparo necessário para o vislumbre da possibilidade de ser bem-sucedido naquilo a que está se propondo, apesar das ameaças que se apresentam.

Ainda na avaliação, faz-se importante compreender o tempo de adoecimento, as mudanças ocasionadas por este e pelo tratamento na vida do paciente, bem como a forma como tem conseguido lidar com estas transformações, colocando em evidência os recursos psíquicos dos quais dispõe para enfrentar esse momento. Isso pode se antecipar em certa maneira se, em termos de dinâmica psíquica, trata-se de um paciente ansioso, ou que apresenta sintomas depressivos diante de situações difíceis, ou que se envolve ativamente no próprio cuidado, até mesmo aquele que se coloca em condição de dependência em relação aos cuidadores, dentre outras características possíveis de serem elucidadas a partir da escuta destes indivíduos.

Em termos gerais, na avaliação psicológica, fica evidenciada a forma como esse paciente está implicado naquilo que vem sendo sua realidade nos últimos tempos e que, em certas instâncias, pode se agravar no tratamento pelo qual irá passar, antes que retome a vida passível de relativo controle novamente. Considerando o tempo de isolamento relacionado à internação e às privações de convívio social, inerentes ao tratamento mesmo após a alta, cabe aqui um olhar atento do psicólogo a como tal pessoa vem se preparando para essa etapa, podendo antever algumas dificuldades de adaptação e, por vezes, até auxiliar na descoberta por parte do paciente de artifícios que lhe ajudem a ocupar um tempo de espera prolongada.

Além disso, outros dados importantes dizem respeito à rede de apoio psicossocial de que dispõe esse paciente e à existência ou não de diagnósticos psiquiátricos prévios. Tais informações, compartilhadas com a equipe, naquilo que disserem respeito à adaptação possível da assistência às particularidades de cada sujeito, favorecem, em certa medida, o seu bem-estar e o exercício de intervenções profissionais pautadas pela humanização do cuidado (KOVÁCS; MACIEIRA; CARVALHO, 2008).

Segue-se o período da internação, no qual o desconforto experimentado pelos efeitos da quimioterapia e a condição de isolamento aproximam o paciente das perdas inerentes ao tratamento. Não obstante o desejo do paciente de cura e superação das dificuldades relacionadas ao adoecimento, seu corpo parece funcionar neste momento alheio à sua vontade, causando-lhe estranhamento e gerando preocupações com relação à morte. A ansiedade mobilizada pela espera da pega medular, acontecimento este que trará atenuação dos sintomas clínicos e a possibilidade de considerar o êxito do tratamento, permeia toda a hospitalização. Considerando tais vivências, o acompanhamento psicológico regular neste período possibilita ao paciente espaço para expressão dos sentimentos nele despertados e seu acolhimento. O trabalho psicoterapêutico neste contexto favorece, ainda, a atribuição de significados e a elaboração das situações de adversidades por ele enfrentadas.

Após a alta hospitalar, são comuns sentimentos de frustração diante da impossibilidade de retomada imediata das atividades da rotina e do convívio social. Nesse sentido, Torrano-Masetti, Oliveira e Santos (2000), acentuam que um cotidiano ainda bastante determinado pelos cuidados necessários à efetividade do tratamento acaba por limitar escolhas e experiências do paciente, dificultando sua reinserção e reabilitação psicossocial. Por certo tempo, perduram medos e inseguranças relacionadas ao risco de infecções e de reincidência da doença.

Assim, diante das questões apresentadas, a assistência psicológica nesta fase contribui para a adaptação do paciente à sua nova condição e o auxilia na identificação de recursos para minimizar as angústias que se apresentam neste período de novos e intensos desafios.

Internação oncológica

A internação oncológica recebe pacientes portadores de doenças oncológicas e onco-hematológicas. Entretanto, a internação não é apenas um espaço físico. Na verdade, a internação pode ter diferentes representações para o paciente, dependendo do momento do tratamento em que se encontra. Há pacientes que são recém-diagnosticados e se internam para fazer a primeira aplicação de quimioterapia, com o objetivo de que a equipe médica possa verificar como o paciente irá reagir à medicação. Há aqueles que já estão em tratamento ambulatorial, mas, devido a intercorrências das mais diversas, precisam ser internados. Além disso, devido ao fato de alguns convênios cobrirem apenas o tratamento oncológico caso o paciente esteja internado, muitas vezes, a internação é condição para o tratamento. Finalmente, com a progressão da doença e a impossibilidade de uma terapêutica curativa, o paciente entra em cuidados paliativos exclusivos e precisa ser internado para controle de sintomas que não podem ser manejados em sua casa.

Atrelado a isso, não podemos nos esquecer que estar internado significa também uma mudança de lugar. Lugar físico, uma vez que pacientes e familiares não estão em suas casas e, portanto, têm que se adequar à rotina hospitalar, e lugar subjetivo, já que, muitas vezes, o paciente ocupa a posição de objeto. Essa posição, evidentemente, não é sem importância, pois, para que o paciente possa ser tratado, essa é, em algumas situações, a posição possível. Como não se objetalizar diante de tratamentos e procedimentos que podem vir a ser tão agressivos quanto a própria doença? Como se deixar tratar? Assim, a posição de objeto muitas vezes possibilita o tratamento.

Entretanto, é importante ressaltar que, muitas vezes, a equipe e a família colocam o paciente nessa posição quando falam por ele e tomam decisões sobre o tratamento à sua revelia. Nesse caso, percebemos o quanto é necessário possibilitar que o paciente possa ocupar a posição de sujeito e, com isso, consiga se implicar em seu sofrimento e no seu tratamento.

Dessa forma, independente do motivo que levou o paciente e seus familiares/cuidadores a dar entrada na internação e os efeitos que isso tem para ambos, há um denominador comum. A internação coloca em cena a fragilidade do paciente e de seus familiares, a qual pode estar relacionada ao impacto do diagnóstico, ao corpo que começa a falhar, seja devido à progressão da doença, aos efeitos do próprio tratamento ou à angustiante personificação da morte diante de um prognóstico fechado.

Assim, quando essa fragilidade se apresenta para equipe de cuidado de alguma forma, seja por não adesão ao tratamento, comportamentos agressivos, variações de humor, queixas com relação à equipe, dentre outras, a equipe, via risco psicológico (ver Capítulo 3, "Formas de atuação, organização e gestão de serviços de psicologia"), aciona a psicologia. Neste momento, o psicólogo discute o caso com a equipe para avaliar a demanda – afinal, é muito comum que a equipe se sensibilize e se angustie com o quadro do paciente e suponha um sofrimento que nem sempre está presente. Nesse caso, a demanda é muito mais da equipe do que do próprio paciente e, diante disso, é importante que o psicólogo possa instrumentalizá-los a poder lidar com a situação que se apresenta. Por outro lado, caso fique nítido que o sofrimento psíquico é do paciente, o psicólogo realizará o contato inicial e uma avaliação psicológica e, se necessário, o acompanhamento do paciente durante seu período de hospitalização.

Considerações finais

O câncer já é considerado uma das maiores causas de morte no Brasil e no mundo. Com isso, a relação estabelecida entre essa doença e a morte é, geralmente, imediata, mesmo que consideremos as pesquisas incessantes e as recorrentes descobertas de novas formas de tratamento na área da oncologia e hematologia.

Diante desse panorama, a atuação do psicólogo hospitalar mostra-se cada vez mais relevante, seja no atendimento ao paciente e seus familiares, seja na sensibilização e instrumentalização da equipe com relação ao sofrimento psíquico.

Assim, por meio de um espaço de escuta, novos sentidos podem ser construídos, e outros investimentos, realizados. Pacientes e familiares podem fazer do câncer parte de sua vida, não se alienando completamente ao adoecimento, enquanto a equipe, mais atenta para as questões subjetivas, pode compreender seus limites de atuação e, dessa forma, passar a identificar também aquilo que é possível em cada caso.

Referências

CARDOSO, É. A. de O.; SANTOS, M. A. dos. Luto antecipatório em pacientes com indicação para o transplante de células-tronco hematopoéticas. *Ciênc. Saúde Coletiva*, Rio de Janeiro, v. 18, n. 9, p. 2567-2575, 2013.

FREUD, S. *O mal-estar na cultura*. Porto Alegre: L&PM, 2010. (Obra original publicada em 1930).

INCA – INSTITUTO NACIONAL DE CÂNCER JOSÉ ALENCAR GOMES DA SILVA. Rio de Janeiro, 1996-2016. Disponível em: <http://www.inca.gov.br/>. Acesso em: 23 maio 2016.

KOVÁCS, M. J.; MACIEIRA, R.C.; CARVALHO, V. A. de. Formação profissional em psico-oncologia. In: KOVÁCS, M. J.; FRANCO, M. H. P.; CARVALHO, V. A. de. *Temas em psico-oncologia*. São Paulo: Summus, 2008. p. 543-555.

LACAN, J. *O seminário, livro 10:* a angústia. Rio de Janeiro: Jorge Zahar, 2005. (Obra original publicada em em 1962-63).

LACAN, J. *O seminário, livro 23:* o sinthoma, Rio de Janeiro: Jorge Zahar, 2007. (Obra original publicada em 1976).

TORRANO-MASETTI, L. M.; OLIVEIRA, E. A.; SANTOS, M. A. Atendimento psicológico numa unidade de transplante de medula óssea. *Medicina*, Ribeirão Preto, v. 33, n. 2, p. 161-169, 2000.

VEIT, M. T.; CARVALHO, V. A. de. Psico-oncologia: definições e área de atuação. In: KOVÁCS, M. J.; FRANCO, M. H. P.; CARVALHO, V. A. de. *Temas em psico-oncologia*. São Paulo: Summus, 2008. p. 15-20.

17. Atuação com pacientes na clínica médico-cirúrgica

Thiago Amaro Machado

Pacientes internados no Hospital Israelita Albert Einstein

De acordo com dados do Ministério da Saúde, em abril de 2016, o Brasil contava com 438.409 leitos de internação (destes, 310.064 SUS e 128.345 não SUS), sendo que 644 destes estão dispostos no Hospital Israelita Albert Einstein (HIAE) na unidade Morumbi, localizado na cidade de São Paulo, capital do estado (BRASIL, 2015).

No Hospital Israelita Albert Einstein, a clínica médica e cirúrgica é caracterizada internamente por todas as modalidades adultas de atendimento, com exceção da oncologia, e dispõe de com 310 leitos, equivalente a 48,2% da capacidade total de internação do hospital. Sua equipe conta com 720 colaboradores alocados (entre enfermeiros, técnicos de enfermagem, assistentes de atendimento, farmacêuticos, fisioterapeutas e psicólogos), além das equipes de apoio (nutricionista, terapeuta ocupacional, assistente social) e da equipe médica externa, a qual se configura como corpo clínico aberto.

Hospitalização: contexto geral e aspectos psicológicos

Os hospitais são estruturados de modo a facilitar o trabalho dos profissionais, ao favorecer o tratamento mais eficaz possível a um grande número de pacientes (SEINZ, 2005). Nesse sentido, a clínica médico-cirúrgica é organizada de forma a receber doentes crônicos e agudos que podem estar hospitalizados tanto para tratamento clínico como para tratamento cirúrgico. Para maior e melhor direcionamento desse trabalho, tais pacientes, geralmente, são distribuídos por unidades de acordo com seu diagnóstico, faixa etária, grau de complexidade do quadro e, muitas vezes, acabam sendo submetidos a normas e rotinas rígidas e pouco flexíveis, de acordo com a estrutura e política de cada instituição, o que pode favorecer um ambiente de solidão e isolamento ao indivíduo, desencadeando sentimentos diversos, como angústia e insegurança.

Complementarmente, Amin (2001) postula que a pessoa internada perde a privacidade de seu lar, sofrendo uma redução do seu próprio espaço, abdicando de sua autonomia. Seu espaço de vida é modificado e há uma necessidade interna de reorganização em que o sujeito tenderá a criar novos espaços e pontes, modificando, dessa forma, seus próprios horizontes, já que as referências do hospital são outras. Essa referência, na instituição, traz consigo alguns paradoxos, como descuidos e proteção, contágios e contaminações, tensões e intenções, tecnologias e seres humanos, tristezas e alegrias, perdas e ganhos, vida e morte, rupturas e continuidades, as quais também acarretam particularidades a serem observadas.

Ainda, este mesmo sujeito, ao buscar o atendimento hospitalar, carrega consigo outras extensões que acabam participando de seu processo de adoecimento, internação e recuperação, sendo a família a principal e mais frequente delas (AMIN, 2001). A situação também envolve a equipe que o atende que, ao atuar no seu restabelecimento, pode absorver as suas dificuldades.

O paciente hospitalizado pode estar submetido a diferentes categorias de estresse psicológico, como relacionado por Botega (2002):

- ameaça básica à integridade narcísica: sentimento de não controle do indivíduo sobre seu próprio destino, podendo surgir fantasias catastróficas associadas a pânico, aniquilamento e impotência;

- ansiedade de separação: de pessoas, objetos, ambiente e estilo de vida;
- medo de estranhos: o paciente desconhece as pessoas às quais, a partir da internação, estão entregues seus cuidados;
- culpa e medo de retaliação: ideias de que a doença é um castigo;
- medo da perda do controle: perder o controle sobre as funções adquiridas durante o desenvolvimento humano, como fala, marcha, esfíncteres, entre outras;
- perda de amor e aprovação: sentimentos de autodesvalorização ocasionados pela dependência de outras pessoas;
- medo da perda de, ou do dano a, partes do corpo: mutilações ou alterações que podem modificar seu esquema corporal;
- medo da morte e da dor.

Tendo em vista estas características, o período de internação pode ser configurado como uma situação crítica, em que a subjetividade pode estar afetada, conforme afirmam Jugend e Jurkiewicz (2012), já que há ruptura com o cotidiano, a família e os hábitos rotineiros. Além desses aspectos e do impacto das condições de estresse psicológico, ressalta-se a influência dos procedimentos médicos realizados no corpo e o estado de adoecimento em si.

Atuação da psicologia

O papel do psicólogo no contexto hospitalar vai além das expectativas de cura, pois ele contribui, de maneira relevante, na relação do paciente consigo mesmo, com a sua doença e com a equipe, de forma integrada, focando o sujeito e não sua doença (PAES et al., 2014).

Sua atuação, especialmente na clínica médica e cirúrgica do Hospital Israelita Albert Einstein, segue as rotinas de avaliação de risco, avaliação psicológica e atendimento psicológico (ver Capítulo 3, "Formas de atuação, organização e gestão de serviços de psicologia"), realizado por meio do pleno cumprimento da rotina de solicitação, por intermédio da solicitação do profissional de ligação com o paciente, sendo, na maioria dos casos, o profissional de enfermagem. Dentre as práticas, é usual orientar-se para a psicodinâmica da estrutura intrapsíquica e do funcionamento interpessoal, buscando estar atento ao que está implícito na comunicação para melhor compreensão do contexto e eficácia de intervenção.

Nesse atendimento, é determinante, segundo a concepção de Botega (2002), a assertividade na observação das reações emocionais dos pacientes internados, pois reagem diferentemente de acordo com seu tipo de doença e internação. O significado subjetivo que a doença física desperta na pessoa é determinante, além de suas próprias características de personalidade, circunstâncias sociais, patologia e tratamento.

Dessa maneira, é importante relacionar e avaliar possíveis transtornos de humor decorrentes desse momento, sendo elas o transtorno de ajustamento, a ansiedade e a depressão.

O transtorno de ajustamento é bastante comum entre os pacientes internados em hospital geral e constitui-se como um estado de angústia subjetiva e de perturbação emocional que não interfere no funcionamento e no desempenho social do indivíduo. Seu desenvolvimento é comumente esperado para esse evento e se desenvolve em um período de até três meses, com duração máxima de seis meses após a cessação do estressor ou de suas consequências. Esse transtorno é esperado para o tempo de internação, quando o estado emocional do paciente reage às situações físicas vivenciadas na hospitalização, sendo reativa às pioras e às melhoras físicas de maneira proporcional às pioras e às melhoras psíquicas. De acordo com Botega (2002), tais transtornos podem ser identificados em 9% a 21% dos pacientes internados em hospital geral.

A ansiedade configura-se como um estado de humor desconfortável, uma apreensão negativa em relação ao futuro, uma inquietação desagradável. É um sintoma não-específico de causas diversas e múltiplas manifestações clínicas, um estado emocional repetitivo e persistente, em que deve ser verificado o grau de sua autonomia e sua intensidade, para evidência de uma possível reação desproporcional e característica de amplitude, a qual pode ser normal ou patológica.

Delfini, Roque e Peres (2009) destacam que, no âmbito hospitalar, a exposição do indivíduo a determinadas contingências de tratamento aumenta a probabilidade da evocação de respostas indicadoras de ansiedade, pois pode ser uma resposta temporária a situações adversas. Botega (2002) salienta que os sintomas são transitórios e tendem a melhorar com apoio psicológico e uma comunicação efetiva, costumando cessar com a recuperação clínica e a alta hospitalar.

Já a depressão configura-se com a persistência dos sintomas relacionados. Tem causa, muitas vezes, não aparente, piorando com o decorrer do tempo, interferindo na rotina da pessoa de forma crucial, com prejuízo intelectual e perda do sentimento de vontade. Pacientes hospitalizados deprimidos sofrem um agravamento de seu estado clínico, tornam-se mais debilitados e, geralmente, passam a apresentar hostilidade para aqueles que o rodeiam (família e equipe médica e/ou de apoio), podendo causar resistência ao tratamento, o que pode aumentar seu período de internação, dentre outros desdobramentos (DIMATTEO; LEPPER; CROGHAN, 2000, apud DELFINI; ROQUE; PERES, 2009).

Ressalta-se, dessa forma, a importância da atuação do profissional de psicologia nessa demanda, sabendo-se que essas reações, principalmente a ansiedade e a depressão, possuem alta ocorrência de solicitação de interconsulta psicológica, como evidenciado por Gazotti e Prebianchi (2014) em estudo realizado em um hospital geral caracterizando os motivos da interconsulta psicológica nos anos de 2011 e 2012. Nesse estudo, verificou-se que os motivos mais indicados para a solicitação de interconsulta psicológica foram o humor depressivo dos pacientes (32,83% dos casos, no total) e sua evidente ansiedade (28,36%, no total). Ainda há um dado interessante nesse contexto: muitas solicitações de interconsulta foram feitas para pacientes que se encontravam diante do diagnóstico e nos períodos pré e pós-operatório, sendo este fator consonante com a indicação de Sebastiani e Maia (2005), citados pelas autoras, de que, apesar do avanço tecnológico da medicina no emprego de técnicas cada vez mais avançadas em cirurgias e anestesias, o paciente cirúrgico, o qual faz parte do universo da clínica médica, nunca se sente totalmente seguro.

Os transtornos ansiosos e depressivos normalmente são de base (anteriores a internação), contudo, podem ser extremamente potencializados na internação, como reação ao aumento do estresse vivenciado pelo paciente.

Outras reações emocionais possíveis de serem apresentadas durante a hospitalização são apego exagerado aos detalhes, diminuição de autoestima, não adesão ao tratamento e mudanças relacionadas aos sentimentos que o paciente tem de si mesmo e de seu corpo, as quais são provocadas por dores, fadiga e demais sintomas físicos provenientes da doença.

Mesmo com a literatura apontando possíveis causas emocionais que interferem na hospitalização, têm-se, na prática de atuação, fatores que dificultam o diagnóstico do transtorno mental pelo profissional de saúde, como: a queixa do paciente ser do "corpo" e não do "psíquico"; o profissional não desvendar as "pistas" que o paciente fornece sobre o seu estado emocional; o profissional aceitar a negação do paciente em relação aos seus problemas; falta de tempo e de privacidade para conversar; ter a investigação detida ao encontrar uma causa física para a queixa do paciente; considerar muitos sintomas psíquicos como "compreensíveis e normais" devido ao adoecer, não relacionando a demanda à intervenção do profissional de psicologia e, ainda, mesmo quando o problema é reconhecido e diagnosticado, ele não é registrado no prontuário ou comunicado ao especialista.

Tais dificuldades acabam por obstruir uma conduta mais eficaz de prática de internação, pois a identificação precoce das alterações psíquicas melhora a adesão ao tratamento, a recuperação pode ser encurtada, há melhoria dos estados funcionais e a menor utilização de serviços médicos. Em estudos de Levitan e Kornefeld (1981), menos de um terço dos pacientes com alterações psíquicas são reconhecidos, o que causa considerável sofrimento e possíveis implicações clínicas.

Nesse aspecto, conforme identificado por Jugend e Jurkiewicz (2012), pode-se considerar dizer que a oferta da escuta psicológica durante a internação torna-se uma possibilidade de elaboração de vivências, em que há a abertura de um espaço para que o paciente fale mais do que sabe conscientemente a seu respeito, ocasionando, muitas vezes, efeitos surpreendentes, até então desconhecidos, mas que revelam parte da sua vida e o ajudam a elaborar e a conviver com estes acontecimentos como parte de sua história.

Sendo assim, tendo em vista a amplitude das possíveis decorrências sobre o *status quo* da internação, quando analisada pela perspectiva da elevada demanda e de sua motivação, pode-se entender a atuação do psicólogo como um recurso fundamental para favorecer o período de internação do paciente, a relação entre a equipe de saúde e o paciente e seus familiares e também entre os próprios profissionais da equipe de saúde (GAZOTTI; PREBIANCHI, 2014). Neste processo, tal qual identificado por Jugend e Jurkiewicz (2012), como efeito de promoção de saúde, espera-se que sejam evitadas complicações clínicas de ordem psíquica, favorecendo o tratamento médico clínico ou cirúrgico.

Atuação da psicologia no Hospital Israelita Albert Einstein

Neste tópico, serão abordadas, de maneira sintetizada, as principais características e diferenças de cada área da clínica médica e cirúrgica, destacando-se alguns pontos de atuação da psicologia.

No Hospital Israelita Albert Einstein, a divisão de áreas ocorre da seguinte maneira:

- cardiologia;
- neurologia;
- pneumologia;
- transplante de órgãos sólidos;
- ortopedia;
- gastroenterologia;
- nefrologia/urologia;
- plástica;
- geriatria;
- reabilitação/crônicos.

Cardiologia

O coração, considerado por muitos como a fonte das emoções e o símbolo de vida, está carregado de significados subjetivos. Na cardiologia, as principais causas de internação são as doenças cardiovasculares: infarto, angina, insuficiência cardíaca, doenças que dificultam ou impedem a circulação do sangue no coração, podendo causar dano irreversível, como mau funcionamento ou morte do músculo cardíaco. Apesar de sua incidência ser maior em homens, sua mortalidade acomete mais o sexo feminino. É consenso que fatores biológicos (hipertensão, hipercolesterolemia, obesidade, diabetes e tabagismo) e psicossociais (nível socioeconômico, suporte social, idade, gênero, padrão de comportamento tipo A, estresse, depressão e emoções negativas e positivas) são as principais causas para as doenças cardiológicas e que, também, os fatores psicossociais aumentam significativamente o risco potencial (BONOMO; ARAÚJO, 2009).

Na internação e no tratamento dos problemas cardíacos, o acompanhamento da psicologia é focado na situação natural de ansiedade reativa: a preocupação com a internação relacionada a um órgão com tantos fatores simbólicos; a culpa pelos maus hábitos relacionados à patologia e possível início de tratamento crônico (medicamentoso e não medicamentoso) em decorrência de sequelas no músculo cardíaco. O paciente, a partir de um evento cardíaco, é convidado a pensar sobre a necessidade de mudança de hábitos nocivos (controle de peso, estresse e tabagismo) e observa-se que a população acometida é mais jovem a cada década.

Além desse enfoque, uma demanda frequente para atuação da psicologia é para avaliação de casos com predisposição a características de personalidade depressiva e que podem vir a desencadear uma depressão, a qual, na literatura, corresponde a 20% dos pacientes que tiveram infarto (CARVALHO; PINHO, 2010).

Neurologia

Na área da neurologia, encontram-se os pacientes que são acometidos por patologias que causam danos cerebrais, como: acidente vascular cerebral (AVC), que é uma das principais causas de morte no Brasil; traumas no sistema nervoso central e coluna vertebral, como lesão medular; doenças autoimunes, como esclerose múltipla e esclerose lateral amiotrófica, patologias consideradas graves e com diferentes níveis de sequelas físicas e cognitivas, com ampla variedade de faixa etária.

Não importando a idade, esses transtornos físicos podem gerar profundo desequilíbrio psicológico e reativo à perda funcional, com impacto significativo na vida do paciente, necessitando a (re)definição de novas metas, objetivos, mudança de valores e reestruturação de vida (BIM; CARVALHO; PELLOSO, 2007). Dessa forma, é comum o desenvolvimento de um processo de luto, não relacionado ao óbito de uma pessoa, tal qual descrito no estudo da psiquiatra Kübler-Ross na década de 1960 (Estados Unidos), o qual trazia os estágios de luto que os pacientes passam no momento em que se firma o mau prognóstico. Assim, nesse caso, o luto é relacionado à perda funcional, em que o paciente pode passar por todas as suas fases (negação, raiva, negociação, depressão e aceitação), na tentativa de lidar com sua perda física e as mudanças no estilo de vida. Desse modo, o acompanhamento psicológico nesse momento pode auxiliar muito na identificação e condução dessas fases.

Pneumologia

Doenças respiratórias são uma das principais causas de morbidade hospitalar no Brasil. Na área de pneumologia, a dificuldade mais frequente configura-se na categoria de neoplasia, doença que acarreta perdas funcionais e um prognóstico reservado. De acordo com estudo realizado por Osório (2004), citando Ferreira (1997), "a neoplasia, assim como toda doença grave, desperta ansiedades arcaicas que existem no íntimo de todo o indivíduo. Estas se relacionam com a questão do sentido de existência, a intolerância à ideia de finitude e transitoriedade da vida" (p. 81).

Ainda, salienta-se que doenças respiratórias crônicas, como asma e doença pulmonar obstrutiva crônica (DPOC), podem estar associadas a sintomas de ansiedade e depressão (LIMA et al., 2005).

Transplante de órgãos sólidos

De acordo com Lazzaretti (2006), a decisão por um transplante de órgão é muito delicada e requer entendimento e elucidações com paciente e equipe, afinal, o transplante pode provocar inúmeras implicações psicológicas que afetam tanto o doador como o receptor do órgão. A atitude diante do transplante depende das características subjetivas de cada transplantado e da motivação do doador e do receptor para o transplante, o que pode trazer à tona conflitos psicológicos que devem ser reconhecidos e abordados antes do procedimento.

Tendo em vista todas as implicações psicológicas nas etapas desse procedimento (avaliação psicológica do doador e do receptor, cirurgia, período de recuperação pós-cirúrgica e ajustes em longo prazo do pós-transplante) e sabendo-se ainda que tais etapas podem variar em sua duração, faz-se necessária a inserção do psicólogo como participante da equipe multidisciplinar, estando o profissional presente em todo o processo do transplante.

Ortopedia

Na ortopedia, os chamados da psicologia podem estar relacionados a traumas físicos, com sequelas como amputações ou perdas funcionais. Tal atuação pode ocorrer antes, durante e depois dos procedimentos, visto a ansiedade e os medos naturais frente a essas situações, contudo, esses mesmos medos e ansiedade, se prolongados após a cirurgia, podem dificultar o pós-operatório e a reabilitação, com uso exagerado de medicação para dor, perda da qualidade de vida e, posteriormente, má adesão ao tratamento (GABARRA; CREPALDI, 2009).

O acompanhamento psicológico pode ajudar na avaliação individualizada de cada paciente, na preparação do procedimento, na avaliação de possíveis traços de personalidade que podem atrapalhar o pós-cirúrgico e no manejo dos aspectos emocionais reativos a cirurgia, como sentimentos de incapacidade na hospitalização e no início do processo de reabilitação.

Gastroenterologia

Na gastroenterologia, o tempo de internação dos procedimentos cirúrgicos (como exemplo fístulas gástricas, colostomia e gastrostomia), bem como o diagnóstico de câncer, é o principal foco dos chamados para avaliação e acompanhamento psicológico.

Nos casos de câncer e outras doenças relacionadas, em decorrência do seu tratamento, são capazes de produzir desorganizações psíquicas singulares para cada paciente. Especificamente nas cirurgias para o tratamento do câncer do aparelho digestivo, as reações psíquicas dos pacientes também estão diretamente relacionadas, principalmente, com as modificações na rotina e na imagem corporal. Dentre essas mudanças, podemos evidenciar duas alterações específicas, sendo a primeira ligada às modificações decorrentes da ingestão de alimentos, a qual envolve grande influência das repercussões sociais – assim, os pacientes em tratamento de câncer do esôfago ou com outras patologias que acarretam esofagostomia, gastrostomia ou jejunostomia vivenciam uma situação, por vezes, dramática ao receberem dieta líquida por meio de tubos ou cânulas, podendo isolá-lo das demais pessoas.

O segundo caso trata dos pacientes que utilizam bolsa coletora e que acabam por sentir como público o que antes era privado, de modo a expor suas fezes e seu odor. As mudanças adaptativas necessárias à convivência com as estomias, que são as cirurgias de construção de um novo trajeto no abdômen para a saída das fezes e da urina, mobilizam reações intensas do ponto de vista emocional e a avaliação e o controle dos sintomas psíquicos geralmente propicia um melhor curso do tratamento (LUCIA, 2001).

Nefrologia/urologia

Na nefrologia, um dos principais motivos de pedido é a insuficiência renal crônica, que é o início de tratamento dialítico, podendo ter múltiplas causas (hipertensão, infecção urinária, nefrite, gota, diabetes, entre outras) com resultado final de comprometimento da função renal, com importante perda da qualidade de vida relacionada à saúde.

Essa doença renal e, consequentemente, a diálise, pode provocar uma sucessão de situações com forte repercussão psicológica, com impacto pessoal, familiar e social. A hemodiálise é o tratamento dialítico feito por uma máquina que filtra o sangue de forma extracorpórea, substituindo a função dos rins.

Esse procedimento é realizado, em média, três vezes por semana, num período de três a cinco horas, gerando dor, desconforto e fadiga física, além de ser um tratamento monótono e que restringe muito a qualidade de vida do paciente, ocasionando deficiência funcional com perda da independência e aumento de necessidade de assistência, com a alta incidência de depressão e falha de adesão como uma das principais repercussões psicológicas.

Dessa forma, é importante o acompanhamento psicológico (RESENDE et al., 2007) na necessidade de se adaptar de maneira positiva, assumindo o controle de seu tratamento, de sua vida e, consequentemente, melhorando seu ajustamento e a qualidade de vida.

Plástica

A cirurgia plástica, em geral, seja ela reparadora ou estética, norteia o princípio da expectativa, que pode ser manifesto em dois níveis: consciente e inconsciente. O primeiro leva em consideração o discurso manifesto, no qual há a expressão explícita do que se espera do resultado do tratamento; já o nível inconsciente leva em consideração o discurso latente, cuja interpretação pode revelar o desejo que norteia a procura pelo tratamento. No tratamento clínico ou cirúrgico, a relação profissional-paciente constitui uma experiência emocional, que pode se tornar frustrante para ambos se o paciente considerar como negativo o resultado obtido (SILVEIRA, 2004).

Assim, deve-se avaliar que, nesse processo, sempre existe o compromisso de que haverá uma melhora após a cirurgia. A falha na aquisição do objetivo pode ocasionar sentimentos de frustração e perda. Além desses aspectos, em estudo de Poltronieri (1995), citado por Silveira (2004), foram entrevistados candidatos à cirurgia plástica, identificando-se expectativas irreais subjacentes ao pedido de cirurgia, como aumento de vitalidade por meio do rejuvenescimento facial, sucesso nos relacionamentos interpessoais, conquistas amorosas, realização profissional e planos imediatos de mudança de vida após a cirurgia.

É recomendado que o médico indique a avaliação psicológica nos casos em que há suspeita de expectativa de um ganho irreal por meio do procedimento, para que haja consenso entre médico e paciente quanto a expectativas que podem ou não ser alcançadas com a realização do procedimento.

Em casos de suspeita de psicopatologia, atuações psicopáticas, depressão latente e dismorfofobia, há consenso na sugestão de avaliação psicológica como critério para seleção desses pacientes.

Geriatria

O estágio de desenvolvimento correspondente à população idosa requer um cuidado especial, já que, nesse período existencial, acontecem muitas perdas significativas, como a dos atrativos físicos jovens, as de função profissional e de padrão econômico, assim como as de autonomia e responsabilidade, o que pode acarretar uma visão negativa da autoimagem. Tendo em vista todos esses aspectos, quando o idoso é confrontado com o adoecimento, mais um grande desafio é apresentado e, dependendo de seus recursos disponíveis, responderá adequadamente ou não frente à experiência de adoecer e internar-se em uma instituição hospitalar.

No caso da atuação psicológica hospitalar, a família, o paciente idoso e a equipe de saúde representam focos de trabalho do psicólogo.

Tendo em vista a família, seu apoio durante a internação se torna essencial para o atendimento ao paciente internado. Familiares que se mostram angustiados e ansiosos em muito podem comprometer o prognóstico e a adesão ao tratamento por parte do paciente. Já o paciente hospitalizado necessita do acolhimento e da identificação de suas ansiedades, angústias, medos, e pode apresentar dúvidas com relação ao impacto que a doença pode acarretar em sua qualidade de vida. Cabe ao psicólogo observar, identificar, planejar as ações em conjunto com a equipe de saúde e elaborar um plano de intervenção que abarque essas necessidades. A equipe de saúde também merece um olhar diferenciado com relação ao lidar com esse paciente, pois nem sempre ela está preparada para as idiossincrasias desse período da vida e pode interpretar, por vezes, erroneamente o comportamento de idosos internados. Não raro, idosos se recusam ao tratamento proposto, ou por sua grande invasão, ou por não acreditarem em sua eficácia (LUSTOSA, 2007).

Reabilitação/crônicos

A área da reabilitação/crônicos é a única que não é definida pela área médica, mas sim pelas circunstâncias da internação do paciente. Essa área é objetivada para o planejamento da alta hospitalar. Dessa forma, os pacientes internados são pacientes de patologias diversas com um tempo de internação que ultrapassa trinta dias, sem data programada para a alta. Esses pacientes têm como característica um nível avançado de doenças crônicas e múltiplas necessidades de cuidados clínicos, sendo que, de forma frequente, faz-se necessário o suporte de um cuidador, seja ele um familiar ou um contratado, atuante nos cuidados da rotina diária do paciente.

Assim, o trabalho multidisciplinar é muito importante, pois cada uma das especialidades ajuda na melhora e no planejamento das condições necessárias para a desospitalização, e a psicologia auxilia na avaliação de causas que podem ser entraves para a saída do hospital, bem como no acompanhamento das demandas emocionais pertinentes.

O mesmo entendimento pode ser feito frente às solicitações de atendimento a pacientes portadores de doenças crônicas prévias, em que as limitações impostas pela doença, ao longo da vida, e o prognóstico extremamente reservado, acabam, também, despertando angústias na equipe (LIMA et al., 2005).

Aspectos gerais

A psicologia, na clínica médica e cirúrgica do HIAE, também pode atuar em fatores comuns a todas as áreas, como acompanhamento dos familiares dos pacientes internados, nos casos de dor, e ajuda na adesão a protocolos institucionais, relacionados à prevenção de queda ou de úlcera por pressão no hospital.

A família é um importante foco do trabalho do psicólogo hospitalar, pois os familiares dos pacientes internados podem apresentar grande sofrimento psíquico reativo à internação, demonstrando vulnerabilidade emocional, momentos de confusão e dor. Dessa forma, o psicólogo hospitalar, da mesma maneira que atua junto ao paciente, deve ajudar no suporte emocional para a reorganização de respostas para as situações de adversidade encontradas no hospital.

Já a dor tem aspectos subjetivos, e também é subjetiva sua percepção e tolerância, a qual pode variar entre os indivíduos. No hospital, ela pode ser classificada de duas maneiras: aguda ou crônica. A forma aguda, com início normalmente abrupto, está mais associada a acidentes e internação hospitalar com intervenção cirúrgica, e sua repercussão emocional aparece, principalmente, em pacientes com transtornos emocionais ou doenças psíquicas com baixa tolerância a dor, estando os sintomas emocionais relacionados com a sua intensidade. Observa-se que há melhora da dor por meio da utilização de medicação e que ocorre uma resposta positiva em relação ao controle da ansiedade. A dor crônica é outra manifestação de dor com forte demanda psicológica e é classificada pela manutenção de dor forte no mesmo lugar por mais de três meses, sendo sua demanda emocional mais grave e duradoura, normalmente associada a um alto índice de transtorno depressivo que piora o quadro álgico. Nesse caso, a atuação da psicologia objetiva o diagnóstico que permite compreender a multidimensionalidade desse fenômeno, visando a identificar a presença de aspectos emocionais, comportamentais, socioculturais e ambientais que possam estar contribuindo para a instalação ou manifestação do sintoma. Já o tratamento é focado no aspecto biopsicossocial, buscando integração do mesmo, e não a segmentação entre os aspectos físicos e psicológicos, bem como o auxílio no enfrentamento e no entendimento do significado da dor para o paciente (KERNKRAUT; VIDAL; MACHADO, 2015).

A Psicologia Hospitalar no HIAE tem contribuído na ajuda de evento adverso (infecção de corrente sanguínea, úlcera de pressão, flebite e queda no hospital), que são situações evitáveis e de risco para o paciente com repercussões para a instituição, a operadora de saúde e o paciente. Um dos exemplos é a atuação na falha de adesão ao protocolo de risco de queda. No protocolo de prevenção de queda Hospital Israelita Albert Einstein, a queda é definida como um evento adverso inesperado, repentino que tem como resultado a mudança de posição do indivíduo para um nível mais baixo em relação a sua posição inicial, seja estando em pé, sentado ou deitado. Uma parcela de pacientes mostra-se refratária às orientações que são dadas pelo enfermeiro no momento de admissão no hospital. Dessa maneira, esses pacientes se colocam em situação de risco para uma possível queda. O foco do trabalho do psicólogo é identificar os fatores que levam o paciente à falha de adesão às orientações e elaborar, em conjunto com a equipe multidisciplinar, estratégias para melhorar o comportamento de risco, melhorando, assim, o risco de lesão decorrente da queda hospitalar.

Considerações finais

Neste capítulo, procurou-se retratar, de forma sucinta, a diversidade de possibilidades de atuação do psicólogo hospitalar em clínica médica e cirúrgica, já que essa área tem como principal característica a amplitude de manifestações clínicas, as quais apresentam demandas intensas e bastante frequentes no cotidiano da prática da saúde mental.

Trata-se de uma fotografia da área, em que cada unidade conta com um cenário e um contexto próprio, com características específicas. Dessa forma, deve-se considerar que cada área tratada ainda é muito maior do que foi descrita, apresentando outras variedades de situações e demandas. Esperamos poder contribuir como referência para outras formas de atuação na área.

Referências

AMIN, T. C. C. *O paciente internado no hospital, a família e a equipe de saúde*: redução de sofrimentos desnecessários. 2001. 201 f. Dissertação (mestrado em ciências sociais) – Fundação Oswaldo Cruz, Escola Nacional de Saúde Pública, Rio de Janeiro, 2001.

BIM, C. R.; CARVALHO, M. D.; PELLOSO, S. M. Fisioterapia no enfrentamento de perdas em pacientes com doenças neurológicas. *Fisioterapia em Movimento*, Curitiba, v. 20, n. 3, p. 71-78, jul.-set. 2007.

BONOMO, A. M. S.; ARAÚJO, T. C. C. F. de. Psicologia aplicada à cardiologia: um estudo sobre emoções relatadas em exame de Holter. *Psicologia: Teoria e Pesquisa*, v. 25, n. 1, p. 65-74, jan.-mar. 2009.

BOTEGA, N. J. (Org.). *Prática psiquiátrica no hospital geral:* interconsulta e emergência. Porto Alegre: Artmed, 2002.

BRASIL. Ministério da Saúde. *Datasus.* Brasília, DF, 2015. Disponível em: <http://tabnet.datasus.gov.br/cgi/tabcgi.exe?cnes/cnv/leiintbr.def>. Acesso em: 1 jun. 2016.

CARVALHO, M. J. de; PINHO, M. X. Tristeza, luto e depressão. In: KNOBEL, E.; SILVA, A. L. M. da; ANDREOLI, P. B. de A. (Org.). *Coração... É emoção:* a influência das emoções sobre o coração. São Paulo: Atheneu, 2010. p. 50-63.

DELFINI, A. B. L.; ROQUE, A. P.; PERES, R. S. Sintomatologia ansiosa e depressiva em adultos hospitalizados: rastreamento em enfermaria clínica gerais. *Revista Interinstitucional de Psicologia*, Belo Horizonte, v. 2, n. 1, p. 12-22, 2009.

GABARRA, L. M.; CREPALDI, M. A. Aspectos psicológicos da cirurgia de amputação. *Aletheia*, Canoas, n. 30, p. 59-72, dez. 2009.

GAZOTTI, T. de C.; PREBIANCHI, H. B. Caracterização da interconsulta psicológica em um hospital geral. *Revista Psicologia: Teoria e Prática*, São Paulo, SP, v. 16, n. 1, p. 18-30, jan./abr. 2014.

JUGEND, M.; JURKIEWICZ, R. A assistência psicológica através da escuta clínica durante a internação. *Revista da SBPH*, Rio de Janeiro, v. 15 n. 1, p. 3-21, jan./jun. 2012.

KERNKRAUT, A. M.; VIDAL, F. R. de F.; MACHADO, T. A. Psicoterapia em paciente com dor. In: MINSON, F.; MORETE, M.; MARANGONI, M. (Org.). *Dor*. São Paulo: Manole, 2015. p. 127-132. (Coleção de manuais de especialização).

LAZZARETTI, C. T. Transplantes de órgãos: avaliação psicológica. *Psicologia Argumento*, Curitiba, v. 24, n. 45 p. 35-43, abr./jun. 2006.

LEVITAN, S.; KORNEFELD, D. S. Clinical and Cost Benefits of Liaison Psychiatry *American Journal of Psychiatry*, Washington, DC, v. 6, n. 138, p. 790-793, jun. 1981.

LIMA, M. S. et al. Depressão em pacientes clínicos e cirúrgicos internados em hospital geral. *Arquivos de Ciências da Saúde*, Ribeirão Preto, v. 12, n. 2, p. 63-66, abr./jun. 2005.

LUCIA, M. C. M. S. de. Psicologia em neoplasia. In: ZILBERSTEIN, B. et al. (Org.). *Cuidados pré e pós-operatórios em cirurgia digestiva e coloproctológica*. São Paulo: Roca, 2001. p. 309-319.

LUSTOSA, M. A. Atendimento ao paciente idoso Elder Care. *Revista da SBPH*, Rio de Janeiro, v. 10, n. 2, p. 7-11, dez. 2007.

OSÓRIO, F. O psicólogo interconsultor na enfermaria de pneumologia de um hospital escola: caracterização das solicitações de atendimento psicológico. *Medicina*, Ribeirão Preto, v. 37, p. 76-83, jan./jun. 2004.

PAES, B. et al. Experiência de escuta psicológica na clínica médica do hospital regional de Assis. *Colloquium Humanarum*, Presidente Prudente, v. 11, p. 1205-1211, jul.-dez. 2014. (Número especial).

RESENDE, M. C. et al. Atendimento psicológico a pacientes com insufiência renal crônica: em busca de ajustamento psicológico. *Psicologia Clínica*, Rio de Janeiro, v. 19, n. 2, p. 87-99, 2007.

SEITZ, E. Biblioterapia: uma experiência com pacientes internados em clínica médica. *ETD – Educação Temática Digital*, Campinas, v. 7, n. 1, p. 96-111, dez. 2005.

SILVEIRA, R. M. C. da. Estudos sobre a expectativa do paciente de cirurgia plástica. *Integração Ensino-Pesquisa-Extensão*, São Paulo, v. X, n. 36, p. 73-76, 2004.

18. Atuação com pacientes na clínica da obesidade

Christiane Hegedus Karam

Atualmente, a obesidade, considerada hoje pela Organização Mundial da Saúde (OMS) uma doença crônica, é um dos problemas de saúde pública mais preocupantes, sendo responsável pelo aumento significativo de desabilidades e outras doenças crônicas. Trata-se de um fenômeno multifatorial que envolve componentes genéticos, comportamentais, psicológicos, sociais, metabólicos e endócrinos (BJÖRNTORP, 2003).

O índice de massa corpórea (IMC) é uma forma objetiva de classificação da obesidade: pessoas com valores de IMC entre 19 e 24,9 kg/m² são consideradas normais; de 25 a 30 kg/m², consideradas acima do peso (sobrepeso); entre 30 e 40 kg/m², classificadas como obesas; e com IMC acima de 40 kg/m², portadoras de obesidade mórbida.

Pacientes com obesidade mórbida devem ser encarados como portadores de uma doença que ameaça a vida, que reduz a qualidade de vida e a autoestima, e necessitam de abordagens eficientes para promover a redução do peso. A cirurgia bariátrica é uma destas abordagens (BJÖRNTORP, 2003).

Indicações para a cirurgia bariátrica devem preencher alguns critérios, como IMC maior que 40 kg/m² ou IMC acima de 35 kg/m² associado a doenças com, no mínimo, cinco anos de evolução e que melhorem com a perda de peso, como diabetes mellitus e hipertensão arterial, doenças osteoarticulares (principalmente de membros inferiores), apneia do sono, histórico de falha de tratamentos conservadores prévios e ausência de doenças endócrinas como causa da obesidade (PORIES, 2003).

Uma pesquisa feita no Instituto de Métrica e Avaliação para Saúde (IHME) da Universidade Washington publicou, na revista Lancet, uma avaliação que considerou 188 países, incluindo o Brasil. Neste estudo, concluiu que a obesidade e o sobrepeso aumentaram, entre 1980 e 2013, em 27,5% nos adultos e 47,1% nas crianças. Especificamente no Brasil, mais de 50% da população adulta e 15% das crianças estão acima do peso. A OMS estima que, em 2025, 2,3 bilhões de adultos estarão em condição de sobrepeso e 700 milhões serão obesos. Com isso, a obesidade assumirá o papel de um dos principais problemas de saúde pública da sociedade moderna.

Em função desse contexto e evolução, atualmente, os serviços de saúde, compreendendo a gravidade dessa situação, vêm se organizando para a avaliação e tratamento dessa condição clínica.

O Centro de Cirurgia da Obesidade Einstein (CCOE) é um serviço que tem como proposta avaliar de forma multiprofissional pacientes que, a partir da indicação médica, buscam tratar a obesidade, quer pela via cirúrgica, quer pela via clínica. Geralmente, os pacientes que chegam para avaliação psicológica trazem em seus relatos histórias de tratamentos anteriores, interrupção precoce dos tratamentos e reaquisição de peso.

O enfoque, na maioria das vezes, está direcionado para a consequência/peso, em detrimento do tratamento e modificações das causas. De modo geral, observamos que os transtornos alimentares e "ataques de comer" estão relacionados à ansiedade e ao humor depressivo. Durante nossa abordagem, é realizada escuta e reflexão sobre essa situação. Este início de conversa caracteriza um dos pilares da nossa abordagem, que propõe a essas pessoas um convite a pensar sobre as questões relacionadas ao ato de comer que vão para além da cirurgia. Uma reflexão que propõe uma mudança de conceito e de filosofia de vida, com consequências projetadas a curto, médio e longo prazo.

Na anamnese, técnica que inicia a avaliação clínica, são abordados aspectos que estão relacionados à compreensão do paciente sobre a obesidade:

- o significado que ele atribui a esta condição clínica crônica;
- a identificação das possíveis causas que levaram o indivíduo a desenvolvê-la;
- a compreensão sobre a cirurgia e como ela foi inserida neste contexto;
- o lugar simbólico que a obesidade ocupa;
- a análise sobre o momento mais favorável para a cirurgia, caso ela ocorra;
- a identificação de potenciais riscos psíquicos;
- a motivação para mudança;
- a reflexão sobre os hábitos atuais, a rotina diária, o uso de drogas lícitas e ilícitas;
- o suporte familiar;
- o histórico de doenças psíquicas;
- a aplicação de escalas específicas.

Essas informações assumem importância significativa, pois, atualmente, o tratamento cirúrgico para obesidade tem tido elevada frequência e as consequências psicológicas e psiquiátricas decorrentes desse procedimento, até o momento, não estão bem definidas.

Os transtornos psiquiátricos (eixo I/eixo II do DSM-IV) são relativamente comuns e estão associados à gravidade da obesidade e à condição de saúde funcional diminuída (KALARCHIAN et al., 2007).

Estudos de seguimento pós-operatório de longo prazo reportam várias condições psiquiátricas como causas de morte no pós-operatório (APPOLINARIO, 2006) e relatos de casos de suicídio de pacientes previamente depressivos também são prevalentes após a realização da cirurgia bariátrica (OMALU et al., 2005).

Do ponto de vista psicodinâmico, entende-se que a obesidade é uma estrutura resultante de uma complexa trama de dificuldades psíquicas e interação com o meio e que, segundo alguns estudiosos, sua origem está em fases precoces do desenvolvimento do ser humano.

Winnicott afirma que a criança, ao nascer, é um ser desintegrado e que percebe de maneira desorganizada os diferentes estímulos provenientes do exterior, entretanto, o bebê também nasce com uma tendência ao desenvolvimento, e a tarefa da mãe é oferecer um suporte adequado para que as condições inatas alcancem o melhor desenvolvimento possível. Assim, a identidade da imagem corporal da criança fundamenta-se, a partir das experiências iniciais, no campo sensorial e motor experimentado na relação com a mãe, ou seja, a criança aprende e apreende o mundo por intermédio dessa relação (WINNICOTT, 2000).

Em seu texto, "A mãe dedicada comum", Winnicott traz o conceito de que esta acolhe o bebê em seu "ambiente interno", protegendo-o de tumultuadas tensões internas e externas, proporcionando uma progressiva diferenciação do soma da criança em direção à formação de um psicossoma (corpo e psique), estrutura que se forma a partir da relação do corpo com suas pulsões e o ambiente. Por exemplo, o bebê, quando chora de fome e a mãe lhe oferece o leite, além de se alimentar, percebe o mundo (mãe) como algo bom que lhe satisfaz no momento em que sente o desconforto fisiológico da fome (WINNICOTT, 2000).

Winnicott afirma que essa condição fará a intermediação entre as exigências vindas de dentro e as exigências do mundo externo. A deficiência nesse processo de maturação favorece que as partes desse corpo continuem funcionando de forma primitiva sem intermediação organizadora, submetidas às descargas imediatas da tensão. Para F. Tustin, psicanalista, esse fenômeno seria a base estrutural de transtornos mentais do tipo adições, transtornos alimentares e obesidade mórbida (TUSTIN, 1990).

Freud também traz a ideia de que, quando a criança experimenta um ambiente que predominantemente a frustra, um ódio surge em relação ao que a cerca. Assim, os ataques que a criança faz são intensos caso a resposta do ambiente se mantenha desfavorável. Nesse processo, o sistema relacional dessa criança sofre prejuízos, influenciando desfavoravelmente suas funções psíquicas básicas. Para ele, a função simbólica da incorporação da alimentação nesse período nos dá o modelo de como a criança se relaciona com o mundo. A partir de falhas na construção do sistema relacional da criança é que se estruturam os sintomas mais primitivos, que mais tarde irão se expressar por comportamentos aditivos, entre eles a obesidade mórbida (FREUD, 1974 apud MAGDALENO; CHAIM; TURATO, 2009).

Nessa linha de raciocínio, as patologias parecem expressar a incapacidade de criar um referencial simbólico que seja suficiente para dar algum destino para a forte pressão que os impulsos primitivos exercem.

Cirurgia bariátrica

A cirurgia bariátrica é uma estratégia terapêutica eficaz, com reais possibilidades de minimizar as falhas terapêuticas de tratamentos clínicos e nutricionais, mas não para dar conta de questões psíquicas.

A Conferência de Desenvolvimento de Consenso do National Institutes of Health (NIH), em 1991, recomendou esta estratégia a indivíduos bem informados, motivados; que desenvolveram obesidade classe 3, com riscos operatórios aceitáveis e/ou obesidade classe 2 com condições pré-mórbidas de alto risco, após seleção cuidadosa por equipe multidisciplinar (SEGAL; FANDINO, 2002).

Nos pacientes submetidos a essa intervenção, observa-se, na maioria dos casos, um sentimento de reencontro com sua identidade psíquica que estava encoberta pelo excesso de gordura corporal, rompendo o ciclo vicioso instalado no psiquismo: baixa autoestima; incremento da ansiedade; impulso alimentar; melhora da qualidade de vida; satisfação do paciente.

Com o tempo, se este movimento psíquico não é trabalhado, gradativamente essas pessoas, em alguns momentos, tendem a "adaptar" seu padrão de alimentação compulsivo na estrutura atual, podendo comprometer os resultados, "beliscando" carboidratos e ingerindo alimentos líquidos hipercalóricos. "Descobri que se eu me inclinar bem para esquerda, consigo comer muito mais" – fala de paciente com balão gástrico.

Observação a partir da clínica

A retirada ou o impedimento cirúrgico do sintoma (ato de comer compulsivamente), muitas vezes pode trazer à tona a angústia que, de algum modo, se resolvia por meio do sintoma. A via de expressão do conflito é impedida de forma aguda e artificialmente após a cirurgia bariátrica. A impressão que se tem é que a obesidade, vivida por todos como um grande problema, pode também ser uma resposta para os problemas.

Este é o depoimento de um paciente de 56 anos, com 192 kg, 1,97 de altura e IMC de 53,44:

> *Eu sou aquilo que não deu certo.*
> *Nasci num país que minha mãe não queria ter vindo.*
> *Meu irmão nasceu no país que ela queria ter ficado.*
> *Ele representava o que ela queria.*
> *A cirurgia dá depressão?*
> *Antes eu era alegre.*
> *Quero uma família.*
> *Quero voltar com minha esposa, ela não quer.*
> *Minha mãe se suicidou, eu tinha 16 anos.*
> *Meu irmão morreu quando tinha 51,*
> *Meu pai morreu com tumor no cérebro, com 53. Escapei desta.*
> *Não tenho ninguém.*
> *Meu cachorro está no hospital paraplégico, para morrer.*
> *Não estou bem. Tive muitas complicações. Perdi 29 kg em cinco meses. Devagar, mas perdi.*
> *A parte física está sendo cuidada.*
> *Agora preciso cuidar do meu emocional. Estou muito depressivo.*

Outro aspecto observado é o fato de o tempo psíquico não necessariamente acompanhar o tempo físico: "Interessante... tenho a impressão de que emagreci a cabeça antes do meu corpo" – fala de um paciente em tratamento clínico.

Observa-se, em algumas situações, que o compromisso de alguns pacientes está depositado no mundo externo, impedindo que ele reconheça e se aproprie desse processo como algo pessoal: "É minha última tentativa. Serei obrigado a comer pouco porque não terei outra alternativa".

Qual a possível contribuição da psicologia?

Dentro do serviço multidisciplinar, a assistência psicológica tem como foco o aspecto preventivo, educativo e o acompanhamento dos processos individuais.

Favorecer reflexões, construir expectativas com base em aspectos reais oferecidos pela cirurgia, prováveis mudanças nas relações que o indivíduo reestabelece com ele próprio, nas relações familiares e nas relações sociais faz parte desse acompanhamento.

Observa-se que cada um vive sua experiência de emagrecimento de uma forma particular e, nesse sentido, o acompanhamento psicoterapêutico pode contribuir para a apropriação e a ressignificação desse processo, construindo no tempo possível uma nova maneira de funcionamento psíquico. "É uma nova chance que estou tendo!". "Sinto como se estivesse nascendo de novo!".

Avaliação psicológica pré-operatória

A proposta da avaliação psicológica é promover uma reflexão sobre a doença obesidade, as possibilidades de tratamento e o momento em que esse cuidado surge no contexto psíquico do indivíduo.

A partir da entrevista clínica e dos dados levantados na anamnese, temos a possibilidade de conhecer a história de vida daquele paciente e compreender a relação estabelecida com essa doença.

A investigação do início da obesidade, dos padroes familiares, das maneiras de lidar com a doença, de quantas e quais foram as tentativas para emagrecer, dos prejuízos causados pela obesidade em sua vida, dos casos de obesidade na família, da autoestima, da imagem corporal, do estado de humor, da qualidade do sono, da vida social e profissional e das expectativas quanto ao procedimento cirúrgico são essenciais para que se possa estabelecer a correlação com seu estilo de vida, hábitos, costumes, atividades, relacionamentos, pensamentos, sentimentos e comportamentos. Todos esses aspectos nos dão elementos para compreender e refletir sobre sua dinâmica emocional.

A verificação da presença de compulsões, crises de ansiedade e fantasias acerca do emagrecimento, relação com o alimento e a presença de algum transtorno alimentar (compulsão alimentar periódica, anorexia, bulimia), níveis de estresse, ansiedade e depressão do paciente contribui para essa investigação.

Observa-se ainda a capacidade de manutenção de controle frente às situações de estresse, a relação entre o comer e os fatores emocionais, a tensão entre os aspectos psicossociais que possam comprometer os resultados.

Dentro desse processo, cabe considerar a implementação de novas estratégias que, junto com a cirurgia, irão contribuir para estabilizar a doença crônica obesidade desenvolvida pelo organismo dessas pessoas. Mudanças de hábitos, ajustes nos padrões alimentares, prática de exercícios físicos e psicoterapia, quando observada demanda, são estratégias que recomendamos.

Diante dessas observações, cabe a análise sobre a necessidade de encaminhar o paciente para tratamento psicoterápico antes da cirurgia e a importância de considerar essa possibilidade no pós-operatório.

Aspectos que podem inviabilizar o procedimento cirúrgico, ou que necessitam de tratamento de especialistas antes do procedimento: transtornos psicológicos mais graves, como transtorno bipolar ou esquizofrenia e depressão, sem tratamento, e demais transtornos mentais, como dependência química, são aspectos que necessitam ser avaliados com mais profundidade.

Utilização de escalas

Na avaliação psicológica, alguns testes são utilizados com o objetivo de identificar potenciais riscos psíquicos:

- Alcohol Use Disorder Identification Test (AUDIT);
- escala de compulsão alimentar periódica (BINGE EATING SCALE-BES);
- inventário de ansiedade de BECK (BAI);
- inventário de depressão de BECK-II (BDI-II);

- MoCA Montreal – Cognitive Assessment (em caso de dúvidas sobre a condição cognitiva do paciente).

A partir da identificação de potenciais riscos, como comportamento abusivo de álcool, compulsão alimentar e transtornos do humor, discute-se com o paciente a necessidade de realizar a avaliação psiquiátrica com o objetivo de validar ou não os riscos identificados e estabelecer o tratamento adequado, se necessário.

A partir da finalização da avaliação psicológica e do laudo da avaliação psiquiátrica (quando houver necessidade), é emitido um relatório da avaliação psicológica, que é enviado a todos os profissionais envolvidos nesse processo, incluindo o médico cirurgião, e os resultados são anexados ao prontuário clínico do paciente para que seja dado seguimento ao procedimento cirúrgico.

Principais problemas psicológicos associados ao paciente de pós-operatório de cirurgia bariátrica

No pós-operatório imediato, observa-se que o paciente, de modo geral, se apresenta de algum modo como um vencedor, pois venceu os desafios do período pré-operatório, sobreviveu à cirurgia e suportou o primeiro mês de operado.

A perda de peso visível traz a sensação de conquista e competência sobre a condição anterior de obesidade, como se todo o problema houvesse sido derrotado pela cirurgia. O reforço positivo dado pela equipe e pelos familiares contribui para essa condição. O sofrimento advindo da exclusão social, da rejeição por ser gordo, por ser um corpo fora dos padrões, de repente vai se revertendo.

Após esse momento inicial, de modo geral, surge uma fase de desafios, pois o paciente precisa aprender a lidar com suas angústias, que antes tinham relação com a alimentação e eram aliviadas pelo ato de comer, por outros meios. Como isso nem sempre é possível de imediato, ele fica suscetível às possíveis complicações emocionais e psiquiátricas: "Tenho medo de encontrar meus amigos e não conseguir me controlar. Vou passar mal. Tenho ficado em casa"; "Já achei a solução. Não me sento à mesa com a família.

Enquanto eles jantam, fico lendo ou assistindo televisão"; "Se vejo que exagerei e vou passar mal, ponho o dedo na garganta e vomito. Pronto! Resolvido problema".

Em algumas situações, a obesidade, vivida por todos como um grande problema, pode ser em algumas situações uma resposta para muito dos problemas: "Ando sem vontade para nada. Até o meu psiquiatra está impressionado com a força dos meus sentimentos"; "Perdi 60 kg! Me sinto ótimo! A única coisa é que estou com a tolerância reduzida! Não tenho paciência para nada! Brigo o tempo todo!".

Considerações finais

Sugerimos que pacientes candidatos ao tratamento da obesidade por meio da cirurgia bariátrica passem por uma avaliação da sua estrutura mental e, a partir dos resultados obtidos, haja a possibilidade de estabelecer um trabalho psicoterápico antes do procedimento cirúrgico. Deve-se considerar haver uma demanda por parte do paciente para olhar para as questões psíquicas envolvidas na obesidade.

É importante que os serviços que se proponham a trabalhar com esse tipo de tratamento tenham, em suas equipes profissionais, especialistas em saúde mental com experiência em práticas psicodinâmicas e técnicas psicoterapêuticas, para que consigam avaliar a estrutura mental de candidatos à cirurgia e propor estratégias de abordagem psicológica pré e pós-operatórias de maneira individualizada.

Essa proposta, provavelmente, irá diminuir potenciais complicações psicológicas no pós-operatório e analisar com maior segurança os riscos assumidos pelos pacientes e pela equipe.

Referências

APPOLINÁRIO, J. C. Transtornos alimentares. In: BOTEGA, N. J. (Ed.). *Prática psiquiátrica no hospital geral:* interconsulta e emergência. 2. ed. Porto Alegre: Artmed, 2006. p. 325-340.

BJÖRNTORP, P. Definition and classification of obesity. In: FAIRBUIRN, C. G.; BROWNELL, K. D. (Ed.). *Eating disorders and obesity*. 2. ed. New York: Guilford Press, 2003. p. 377-81.

KALARCHIAN, M. A.; MARCUS, M. D.; LEVINE, M. D. et al. Psychiatric disorders among bariatric surgery candidates: relationship to obesity and functional health status. *The American Journal of Psychiatry*, Arlington, v. 164, n. 2, p. 328-334, 2007.

MAGDALENO JR., R.; CHAIM, E. A.; TURATO, E. R. Características psicológicas de pacientes submetidos a cirurgia bariátrica. *Revista de Psiquiatria do Rio Grande do Sul*, Porto Alegre, v. 31, n. 1, p. 73-78, 2009.

OMALU, B. I. et al. Suicides following bariatric surgery for the treatment of obesity. *Surgery for Obesity and Related Diseases*, New York, v. 1, n. 4, p. 447-449, 2005.

PORIES, W. J.; JOSEPH, E. B. Surgery for obesity: procedures and weight loss. In: FAIRBUIRN, C. G.; BROWNELL, K. D. (Ed.). *Eating disorders and obesity*. 2. ed. New York: Guilford Press, 2003. p. 562-567.

SEGAL, A.; FANDINO, J. Indicações e contraindicações para realização das operações bariátricas. *Revista Brasileira de Psiquiatria*, São Paulo, v. 24, p. S68-S72, 2002. (Suplemento 3).

TUSTIN, F. *Barreiras autistas em pacientes em pacientes neuróticos*. Porto Alegre: Artmed, 1990.

WINNICOTT, D. W. A meste e sua relação com o psicossoma. In: _____. *Da pediatria à psicanálise:* obras escolhidas. Rio de Janeiro: Imago, 2000. p. 322-346.

19. A atuação da psicologia com clientes do *check-up*

Fernanda Codatto
Ghina Machado
Mayra Kruse de Morais
Selma Bordin

Promoção e prevenção em saúde

Quando se fala em promoção e prevenção em saúde, estamos lidando com dois conceitos diferentes, mas, ao mesmo tempo, intimamente ligados, que juntos têm o objetivo primordial diminuir a incidência de doenças na população como um todo, por meio, principalmente, da conscientização do indivíduo a respeito de sua saúde. O movimento de promoção da saúde surgiu no Canadá, em 1974, por meio da divulgação do documento *A new perspective on the health of Canadians*, também conhecido como *Informe Lalonde*. A realização desse estudo teve, como pano de fundo, os custos crescentes da assistência à saúde e o questionamento do modelo centrado no médico e no manejo das doenças crônicas, visto que os resultados apresentados eram pouco significativos. Percebeu-se que, apesar das principais causas de mortalidade estarem ligadas ao meio ambiente, ao estilo de vida e à biologia humana, a maior parte do investimento em saúde estava centrado nos serviços de assistência à saúde (BRASIL, 2009).

Em 1986, ocorreu a I Conferência Internacional sobre Promoção da Saúde, que originou a Carta de Ottawa. De acordo com esse documento,

> promoção da saúde é o nome dado ao processo de capacitação da comunidade para atuar na melhoria de sua qualidade de vida e saúde, incluindo uma maior participação no controle desse processo. Para atingir um estado de completo bem-estar físico, mental e social [...]. Nesse sentido, a saúde é um conceito positivo, que enfatiza os recursos sociais e pessoais, bem como as capacidades físicas. Assim, a promoção da saúde não é responsabilidade exclusiva do setor saúde, e vai para além de um estilo de vida saudável, na direção de um bem-estar global (BRASIL, 1996).

A partir desse momento, cada vez mais as questões ligadas ao meio ambiente e ao estilo de vida do indivíduo entraram no debate sobre saúde e o conceito de promoção de saúde foi se modificando ao longo dos anos. Hoje, quando se fala em promoção, esse conceito implica em uma responsabilização múltipla, pois envolve ações do Estado, dos indivíduos e da coletividade, e cada vez mais envolve autoconhecimento, autocuidado e, ainda, o desenvolvimento de habilidades individuais no sujeito que o permitam tomar decisões favoráveis a um estilo de vida mais saudável.

Promoção de saúde, de acordo com o Ministério da Saúde, inclui: alimentação saudável, prática de atividade física, prevenção e controle do tabagismo, redução do uso abusivo de álcool e outras drogas, redução da morbidade por acidentes de trânsito, prevenção da violência e estímulo à cultura de paz e promoção do desenvolvimento sustentável.

> Propõe-se que as intervenções em saúde ampliem seu escopo, tomando como objeto os problemas e as necessidades de saúde e seus determinantes e condicionantes, de modo que a organização da atenção e do cuidado envolva, ao mesmo tempo, as ações e os serviços que operem sobre os efeitos do adoecer e aqueles que visem ao espaço para além dos muros das unidades de saúde e do sistema de saúde, incidindo sobre as condições de vida e favorecendo a ampliação de escolhas saudáveis por parte dos sujeitos e das coletividades no território onde vivem e trabalham (BRASIL, 2010).

Ainda segundo o mesmo documento, a promoção da saúde é uma estratégia de articulação transversal que confere visibilidade aos fatores que colocam a saúde da população em risco e às diferenças entre necessidades, territórios e culturas, visando à criação de mecanismos que reduzam as situações de vulnerabilidade e defendam radicalmente a equidade (BRASIL, 2010).

A prevenção, por outro lado, trata de ações e intervenções voltadas para evitar o surgimento e desenvolvimento de doenças específicas, reduzindo sua prevalência na população.

> *A base do discurso preventivo é o conhecimento epidemiológico moderno; seu objetivo é o controle da transmissão de doenças infecciosas e a redução do risco de doenças degenerativas ou outros agravos específicos. Os projetos de prevenção e de educação em saúde estruturam-se mediante a divulgação de informação científica e de recomendações normativas de mudanças de hábitos (CZERESNIA, 2003, p. 39-53).*

Apesar de conceitos diferentes, um trabalho voltado para a saúde precisa considerar as duas frentes, tanto a de prevenção como a de promoção. É preciso conscientizar e orientar sobre mudanças de estilo de vida que promovam saúde e qualidade de vida, de maneira mais ampla, ao mesmo tempo que é essencial atacar frentes específicas para diminuir riscos de doenças que têm prevalência importante na população.

O ponto central, quando se fala em prevenção e promoção, é que o foco passa a ser não a doença, mas a saúde. É preciso modificar a concepção de saúde e doença para que esse tipo de trabalho possa ter efeito. É essencial ampliar o olhar e empregar conceitos mais amplos. Czeresnia (2003) afirma que as práticas em promoção, da mesma forma que as de prevenção, fazem uso do conhecimento científico. "Os projetos de promoção da saúde valem-se igualmente dos conceitos clássicos que orientam a produção do conhecimento específico em saúde – doença, transmissão e risco – cuja racionalidade é a mesma do discurso preventivo". Porém, diz a autora, a promoção vai além, pois ultrapassa a questão do conhecimento sobre as doenças e encontra mecanismos para seu controle; passa por um empoderamento e um fortalecimento do sujeito em relação à concepção de saúde e à multiplicidade dos fatores que a condicionam (CZERESNIA, 2003, p. 39-53).

Assim, quando falamos em promoção e prevenção de saúde, estamos falando também em educação para a saúde, que, segundo a OMS, é "toda e quaisquer combinações de experiências de aprendizagem concebidas para ajudar os indivíduos e as comunidades a melhorar a sua saúde, através do aumento do seu conhecimento, ou, influenciando as suas atitudes" (WHO, 2013). A educação é, assim, o instrumento central de intervenção quando se fala em promoção de saúde e pode ser voltada, por exemplo, para oferecer informações sobre doenças crônicas, como o diabetes. Ribeiro (2015) aponta que os programas educativos são eficazes na mudança de comportamentos, de atitudes, ou de outras características psicológicas úteis para implementar estilos de vida associados a melhor saúde.

O trabalho de promoção de saúde deve ser visto como a construção coletiva de espaços para pensar e agir, criando novas possibilidades de vida junto com a população. Uma política de promoção da saúde deve deslocar o olhar e a escuta dos profissionais da doença para os sujeitos em sua potência de criação da própria vida, objetivando a produção crescente de autonomia durante o processo do cuidado à saúde. Uma política, portanto, comprometida com serviços e ações de saúde que coloquem os sujeitos usuários e profissionais de saúde como protagonistas na organização do processo produtivo em saúde, entendendo que aí se produz saúde, sujeitos, mundo (CAMPOS; BARROS; CASTRO, 2004).

Podemos pensar então em qual seria o papel da psicologia dentro desse contexto de promoção de saúde. Para além da questão da saúde mental, o psicólogo pode se inserir no contexto da saúde como um profissional que pode auxiliar os indivíduos a refletir sobre o seu autocuidado, bem como sobre seus hábitos de vida, e orientar a respeito de uma mudança de posição subjetiva que aquele sujeito ocupa.

O psicólogo, enquanto alguém que oferece uma escuta ativa àquele que está a sua frente, pode ajudar a identificar quais são as prioridades e as mudanças que fazem sentido para aquele indivíduo ou grupo, sendo que as

> *ações devem ter por objetivo o aumento da capacidade dos indivíduos e coletivos para que definam e analisem os próprios*

problemas e atuem sobre eles. Mais do que repassar informações e induzir determinados comportamentos, se devem apoiar pessoas e coletivos a fim de que realizem suas próprias análises e, assim, tomem suas decisões (SANTOS; QUINTANILHA; DALBELLO--ARAÚJO, 2010, p. 181-196).

Além disso, o psicólogo pode atuar junto à equipe multiprofissional, no sentido de orientar os demais profissionais, mais acostumados com a lógica centralizada na doença, e no papel de detentor do saber. Essa orientação procura um modo de atuação mais diretivo, que valorize mais o sujeito e, ainda, busca treinar sua escuta para o que o indivíduo traz enquanto sentido de vida, como importante e essencial, focando sua ação em intervenções que permitam uma efetiva mudança de estilo de vida, bem como trazendo a prevenção para mais perto do sujeito, quando se consegue identificar o que de fato ele precisa.

Em relação ao trabalho voltado para a prevenção em saúde, sabemos que fatores psicológicos como estresse, ansiedade e depressão, bem como o consumo abusivo de substâncias como álcool e outras drogas, representam riscos à saúde do indivíduo como um todo e podem agravar outros quadros, como hipertensão e riscos cardíacos, por exemplo, além de interferir diretamente na qualidade de vida e na motivação do sujeito para a mudança no estilo de vida, o que muitas vezes é o ponto central para a prevenção de riscos. Assim, um trabalho preventivo em saúde mental torna-se essencial para pensar em redução de riscos e em promoção de saúde.

O check-up *no Hospital Israelita Albert Einstein*

O *check-up* aparece como uma forma personalizada de prevenção e promoção de saúde. A proposta é realizar uma avaliação ampla, com o objetivo de detectar doenças precocemente, ainda na fase assintomática, identificar fatores de riscos que possam, futuramente, comprometer o bem-estar e promover a mudança no estilo de vida das pessoas, com hábitos saudáveis.

A unidade de *check-up* do Hospital Israelita Albert Einstein teve início em 1998 e, em 2003, criou-se o conceito de revisão continuada de saúde (RCS), oferecendo uma abordagem multiprofissional que contempla o protocolo de avaliação da saúde mental. Em 2014, foi implantada a consulta de estilo de vida, que visa auxiliar o cliente, em um momento de reflexão conjunta, a repensar hábitos e estabelecer melhorias em prol da sua saúde e autocuidado. Para a revisão de saúde, os clientes são submetidos a exames e consultas com protocolos definidos a partir do sexo e da faixa etária. A RCS é realizada em um único dia, com duração aproximada de seis horas. A avaliação considera os riscos de doença cardiovascular, câncer, saúde mental, além da análise dos hábitos alimentares, o padrão nutricional, avaliação postural e a realização de atividades físicas.

Os clientes são submetidos a exames laboratoriais e de imagens, teste ergométrico, bioimpedância, *hand grip* (avaliação da força muscular), audiometria e avaliação psicológica. As consultas contemplam clínica médica, ginecologia, urologia, oftalmologia, dermatologia, fonoaudiologia e consultoria em saúde.

Na consultoria em saúde, é realizada uma avaliação do estilo de vida atual, considerando nível de atividade física, rotina alimentar, nível de força muscular, risco para diabetes e apneia do sono, tabagismo, consumo de álcool, acompanhamento médico regular, sendo também investigada a satisfação com a vida pessoal e profissional. Isso possibilita definir uma estratégia de saúde personalizada, alinhada com o momento de vida de cada cliente, suas necessidades e seus objetivos.

Os clientes com idade igual ou superior a 50 anos passam por investigação sobre a memória e os indicados ou os que apresentam queixa são submetidos a um teste de rastreio cognitivo e encaminhados para um especialista quando necessário. Também existe uma abordagem diferenciada e especializada para clientes idosos, com avaliação de dependência para atividades básicas e instrumentais, de risco de quedas e de síndrome de fragilidade.

Ainda faz parte do protocolo da RCS uma consulta de retorno clínico, no prazo de dez a noventa dias, com apresentação do resultado dos exames, em que são realizadas as orientações e entregues os laudos. Existe também a possibilidade de uma consulta com nutricionista, psicóloga, educador físico ou fisioterapeuta, indicada de acordo com as metas individuais e as orientações necessárias para mudanças no estilo de vida atual.

A RCS é destinada para todas as pessoas, a partir dos 18 anos, porém, a maior parte dos clientes (87%) são executivos – gerentes, diretores, presidentes, entre outros funcionários de alto escalão – de grandes companhias e corporações que fazem parceria com a nossa instituição. A proposta é olhar para a saúde desses funcionários, com a mesma finalidade de prevenção e promoção de saúde. Para esse público, é possível ir além da clínica e desenvolver ações educativas na empresa, para amenizar o impacto dos fatores de riscos característicos de cada ambiente.

A psicologia na revisão continuada de saúde

A avaliação da saúde mental na revisão continuada de saúde é de suma importância, considerando que os transtornos mentais podem ser condições graves e incapacitantes. A depressão, por exemplo, está associada a níveis de incapacitação funcional na grande maioria dos domínios da vida, comparáveis a transtornos físicos como hipertensão e diabetes (WHO, 2012).

Dentre as dez principais causas de incapacitação em todo o mundo, cinco estão associadas aos transtornos mentais (LOPEZ; MURRAY, 1998). Em estudo multicêntrico realizado no Brasil (n = 6.476), foram identificadas prevalências para alcoolismo (8%), transtorno depressivo (de 2% a 10%) e transtorno de ansiedade (até 18%) (ALMEIDA-FILHO et al., 1997).

As comorbidades mentais não tratadas significam complicações no tratamento e manejo das doenças físicas e na modificação do estilo de vida. Existem fortes evidências da eficácia de suporte psicológico e medidas psicoeducativas no manejo de doenças mentais (estresse, depressão e ansiedade), bem como na melhora da qualidade de vida (SCHNEIDDERMAN, 2001).

Baseado nessas premissas, o setor de psicologia da RCS, atualmente composto por quatro psicólogas e uma estagiária, criou um protocolo que contempla a avaliação da saúde mental para a identificação de riscos e encaminhamentos para tratamento, quando necessário. Além disso, participa ativamente da consulta de estilo de vida, que visa promover estratégias de ação junto com o cliente para a melhoria da saúde, com foco na mudança de estilo de vida. Também contribui com palestras, projetos de pesquisa, treinamento de novos componentes da equipe multiprofissional e ações educativas na área de medicina diagnóstica preventiva.

Como descrito anteriormente, o cliente da RCS perpassa um protocolo de avaliações clínicas e multiprofissionais, incluindo a avaliação psicológica por meio de questionários e escalas padronizadas. Na RCS, a avaliação psicológica contempla rastreio de sintomas depressivos, estresse, risco relacionado ao uso de drogas ilícitas, consumo de álcool, tabagismo e investigação de uso de medicações psiquiátricas sem acompanhamento médico regular, além da verificação de tratamento psicológico e psiquiátrico.

É importante destacar que a maioria dos clientes são executivos e não estão doentes, mas muitas vezes podem estar em sofrimento psíquico e não apresentarem percepção sobre a gravidade, que pode ser identificada durante a RCS. Uma vez verificado o risco na avaliação, o cliente é convidado para uma consulta psicológica no retorno da RCS, ou também pode solicitar a consulta independentemente dos seus resultados. É elaborado um laudo psicológico e todas as informações do cliente são registradas no banco de dados, de forma a garantir o acesso a elas quando o cliente comparecer ao retorno, o que colabora significativamente para o atendimento. Depois da consulta, a conduta realizada durante a sessão é evoluída em prontuário eletrônico restrito à psicologia. Dessa forma, também é possível acompanhar a evolução do cliente sempre que ele realiza a RCS.

A psicologia atua tanto na prevenção primária, por meio de palestras, campanhas, elaboração e distribuição de material informativo e educativo, como na prevenção secundária, em que visa identificar e minimizar fatores de risco e intervir para aumentar fatores de proteção. Na abordagem para controle do estresse, por exemplo, é realizada intervenção psicoterapêutica individual, utilizando as estratégias motivacionais para abordar fontes de estresse e manejo de seu enfrentamento, habilidades sociais, assertividade e técnicas de relaxamento.

A consulta psicológica realizada no retorno tem como objetivo apresentar para o cliente os resultados identificados nos questionários, verificar os fatores associados, avaliar a motivação para mudança e estabelecer as metas para promoção da saúde, compatíveis com o nível motivacional. Também se atém a sensibilizar para tratamento e realizar encaminhamento quando necessário. Para isso, é utilizada como técnica a entrevista motivacional (EM).

A EM, também conhecida como intervenção motivacional, é uma técnica originalmente descrita pelo psicólogo americano William Miller, na Universidade do Novo México (EUA), amplamente difundida na Europa, Austrália e, mais recentemente, no Brasil. De acordo com Miller e Rollnick (2002, p. 33-43) a EM é "um estilo de aconselhamento diretivo, centrado no cliente, que visa estimular a mudança do comportamento, ajudando os clientes a explorar e resolver sua ambivalência" (MILLER, 2004).

A EM parte do princípio de que a mudança é um processo e não um evento isolado. A mudança de comportamento ocorre por meio de uma sequência de estágios pelos quais as pessoas passam (PROCHASKA, 1983).

Dessa forma, na consulta psicológica da RCS, é identificado em qual estágio motivacional o indivíduo se encontra para que se possa intervir de acordo, seja informando, estimulando ou contribuindo para resolução da ambivalência sobre o comportamento a ser mudado, melhorando a autoeficácia, colaborando para o plano de ação, a manutenção do comportamento já modificado ou prevenindo recaídas. O foco é na avaliação da motivação para mudança e no estabelecimento das metas para promoção da saúde, compatíveis com o nível motivacional.

Em alguns casos, é identificado por algum profissional da saúde (geralmente o médico clínico), ou por meio do inventário de depressão, que o cliente necessita de intervenção de emergência, durante a realização da RCS. As queixas variam de dependência de drogas a algum nível de ideação suicida associado a risco elevado para depressão. Nesses casos, a psicóloga atende o cliente, realiza a intervenção e o encaminhamento e solicita agendamento no retorno para checagem e reavaliação do cliente.

Indicadores da psicologia na RCS

A Figura 19.1 exibe a taxa de ocupações das consultas realizadas pela psicologia, com boa adesão no retorno.

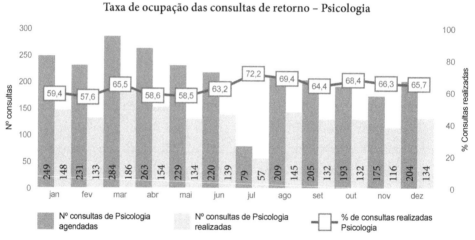

Figura 19.1 *Porcentagem de comparecimentos às consultas psicológicas de janeiro a dezembro de 2015.*

Nas figuras seguintes, são apresentadas as prevalências de risco para estresse, depressão e uso de álcool. Considerando o número total de indivíduos que realizaram a RCS em 2014 e 2015, os dados indicam que o risco maior se refere ao estresse, seguido de depressão, e justificam a importância da atuação da psicologia frente a essa população.

Figura 19.2 *Prevalência do risco para estresse.*

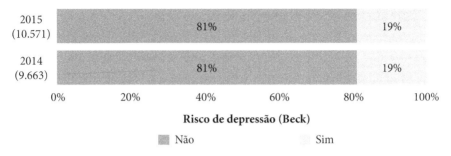

Figura 19.3 *Prevalência do risco para depressão.*

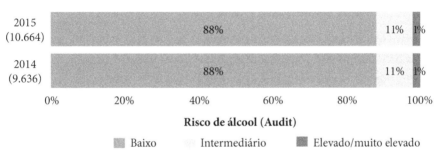

Figura 19.4 *Prevalência do risco para consumo de álcool.*

Considerações finais

Podemos concluir que a promoção e a prevenção em saúde são essenciais quando pensamos em políticas de saúde, visto que o foco está na melhoria da qualidade de vida e, consequentemente, na menor incidência de adoecimentos.

A atuação da psicologia é fundamental para a efetivação desse trabalho, pois traz o sujeito para o centro da atenção, com o foco em saúde, e não em doença. O trabalho do *check-up* passou a se chamar revisão continuada em saúde justamente pela importância de promover, constantemente, uma reflexão no sujeito sobre sua saúde e sobre as mudanças que necessita e pode fazer em sua vida.

É preciso pensar em prevenção de fatores como o estresse, a depressão e o abuso de álcool e outras drogas, também como forma de prevenir doenças físicas, já que estão intimamente relacionados. Assim como na literatura, nosso trabalho constata que um estilo de vida equilibrado, que contemple hábitos saudáveis, satisfação profissional e pessoal e capacidade em lidar com conflitos tem como consequência uma menor incidência de problemas no âmbito da saúde mental.

Referências

ALMEIDA FILHO, N. et al. Brazilian multicentric study of psychiatric morbidity: methodological features and prevalence estimates. *The British Journal of Psychiatry*, London, v. 171, p. 524-529, 1997.

BRASIL. Ministério da Saúde. Agência Nacional de Saúde Suplementar. *Manual técnico de promoção da saúde e prevenção de riscos e doenças na saúde suplementar*. 3. ed. Rio de Janeiro, 2009. Disponível em: <http://www.ans.gov.br/images/stories/Materiais_para_pesquisa/Materiais_por_assunto/ProdEditorialANS_Manual_Tecnico_de_Promocao_da_saude_no_setor_de_SS.pdf>. Acesso em: 25 maio 2016.

BRASIL. Ministério da Saúde. Informação, Educação e Comunicação. *Promoção de Saúde Carta de Ottawa, Declaração de Adelaide, Declaração de Sundsvall, Declaração de Bogotá*. Brasília, DF, 1996.

BRASIL. Ministério da Saúde. Secretaria de Vigilância em Saúde. Secretaria de Atenção à Saúde. *Política Nacional de Promoção da Saúde*. 3. ed. Brasília, DF, 2010.

CAMPOS, G. W.; BARROS, R. B. de; CASTRO, A. M. Avaliação de política nacional de promoção da saúde. *Ciência & Saúde Coletiva*, Rio de Janeiro, v. 9, n. 3, p. 745-749, jul./set. 2004.

CZERESNIA, D. O conceito de saúde e a diferença entre prevenção e promoção. In: CZERESNIA, D.; FREITAS, C. M. (Org.). *Promoção da saúde*: conceitos, reflexões, tendências. Rio de Janeiro: Ed. Fiocruz, 2003. p. 39-53.

LOPEZ, A. D.; MURRAY, C. C. The global burden of disease, 1990-2020. *Nature Medicine*, New York, v. 4, n. 11, p. 1241-1243, 1998.

MILLER, W. R.; ROLLNICK, S. *Motivational interviewing*: preparing people for change. 2. ed. New York, NY: The Guilford Press, 2002.

MILLER, W. R. Motivational interviewing in service to health promotion. *American Journal of Health Promotion*, Thousand Oaks, v. 18, n. 3, p. 1-10, 2004.

PROCHASKA J.; DICLEMENTE, C. Stages and processes of self-change of smoking: towards an integrated model of change. *Journal of Consulting and Clinical Psychology*, Washington, DC, v. 51, p. 390-395, 1983.

RIBEIRO, J. L. P. Educação para a saúde. *Psicologia, Saúde & Doenças*, Lisboa, v. 16, n. 1, p. 3-9, mar. 2015. Disponível em: <http://www.scielo.mec.pt/scielo.php?script=sci_arttext&pid=S1645-00862015000100002&lng=pt&nrm=iso>. Acesso em: 25 maio 2016.

SANTOS, K. L.; QUINTANILHA, B. C.; DALBELLO-ARAÚJO, M. A atuação do psicólogo na promoção da saúde. *Psicologia: Teoria e Prática*, São Paulo, v. 12, n. 1, p. 181-196, 2010. Disponível em: <http://pepsic.bvsalud.org/scielo.php?script=sci_arttext&pid=S1516-36872010000100015&lng=pt&nrm=iso>. Acesso em: 26 maio 2016.

SCHNEIDDERMAN, N. et al. Health psychology: psychosocial and biobehavioral aspects of chronic disease management. *Annual Review of Psychology*, Palo Alto, v. 52, p. 555-580, 2001.

WHO – WORLD HEALTH ORGANIZATION. *Health education*. Geneva, 2013.

WHO - WORLD HEALTH ORGANIZATION. *Cardiovascular diseases (CVDs)*. Geneva: 2012. Disponível em: <http://www.who.int/mediacentre/factsheets/fs317/en/#>. Acesso em: 28 maio 2016.

PARTE IV
Atuação com pacientes crônicos

20. Atuação psicológica com indivíduos portadores de doença renal crônica em hemodiálise

Christiane Hegedus Karam

Introdução

Por definição, doenças crônicas são aquelas de desenvolvimento geralmente lento, de longa duração e, por isso, levam um tempo mais longo para serem curadas ou, em alguns casos, não têm cura e geram incapacidades residuais. A maioria dessas doenças está relacionada ao avanço da idade e ao estilo de vida – hábitos alimentares, sedentarismo e estresse – situações características das sociedades contemporâneas.

Atualmente, as doenças crônicas são a principal causa de mortalidade no mundo, representando 60% das mortes, e caracterizam a principal causa de óbito e incapacidade prematura no país. Os dados relatados pelo IBGE em 2013 apontam que 57,8 milhões de brasileiros com mais de 18 anos afirmam ter pelo menos uma doença crônica, sendo que, destas, 31,3 milhões (21,40%) referem-se à hipertensão, 11 milhões (7,60%), à depressão, 9,1 milhões (6,20%), a diabetes, e 2,05 milhões (1,40%), à doença renal.

A maioria das doenças crônicas pode ser prevenida ou controlada, possibilitando viver com qualidade. Uma vez desenvolvida a doença crônica, o primeiro passo para a assistência é construir um ambiente psíquico que favoreça a fala e a escuta entre profissionais, pacientes e familiares. Compreender, refletir e aceitar a doença crônica, favorece que o paciente siga com o tratamento recomendado, que, muitas vezes, inclui, além da medicação e intervenções clínicas, mudanças no seu estilo de vida, na dieta e no desenvolvimento de hábitos saudáveis como a prática de exercícios físicos.

O objetivo desse cuidado é contribuir para que o paciente invista na sua reabilitação, desenvolvendo, dentro do possível, uma vida funcional e autônoma.

A doença renal crônica (DRC) caracteriza-se pela perda da filtração glomerular de < 60 ml/min/1,73 m², ou acima de 60 ml/min/1,73 m² com alguma evidência de lesão da estrutura renal (imagem ou exame de urina), por um período de mais de três meses (ISN, KDIGO, 2012). A progressão dessa doença é classificada por estágios de 1 a 5; para o estágio 5, caracterizado pela presença de lesão renal com doença renal terminal ou dialítica (filtração glomerular < 15 ml/min²) a terapia renal substitutiva é indicada como única possibilidade de manter a vida. São opções terapêuticas para tratamento de DRC terminal a diálise e o transplante renal. O transplante renal é a melhor opção terapêutica, entretanto, existe uma escassez de órgãos. O tratamento dialítico, hemodiálise ou diálise peritoneal é a forma mais prevalente em nosso meio (ISN, KDIGO, 2012).

Em relação ao diagnóstico da doença renal primária, os dados mais frequentes publicados no Censo de 2015 foram hipertensão arterial (35%) e diabetes (29%). Em relação ao número estimado de pacientes em tratamento dialítico por ano é de 112.004, sendo que a taxa de prevalência de tratamento dialítico em 2015 foi de 544 pacientes por milhão da população (pmp), variando por região entre 296 pacientes pmp na região Norte a 637 pacientes pmp na região Sudeste. Em relação à faixa etária, 22,7% encontram-se com idade entre 20 a 44 anos; 42,2% entre 45 e 64 anos, 21,6% entre 65 e 74 anos e 12,1% com mais de 75 anos. Desde 2012 até 2015, 58% da população em diálise era do sexo masculino e em relação à fila de espera para um transplante renal, entre 2014 e 2015, houve uma queda de 31.351 para 28.866 pacientes.

Em função das características do tratamento hemodialítico, várias esferas da vida do paciente sofrem impacto, pois a gravidade da doença exige uma frequência semanal média de três dias, por quatro horas a cada sessão, e que, dependendo da fase do desenvolvimento do paciente – infância, adolescência, vida adulta, terceira idade –, este experimenta repercussões com intensidades diferentes na sua vida social e produtiva.

Considerando as características da nossa instituição, população atendida, demanda pelo serviço e conhecimento das doenças psíquicas prevalentes, estruturou-se um serviço de atendimento. Dentro dele, a assistência psicológica avalia a percepção e a compreensão do paciente em relação à sua doença e ao tratamento, contribui para a adaptação do paciente a esta necessidade, avalia os riscos psíquicos que possam comprometer a aderência ao tratamento, avalia o suporte familiar, realiza intervenções psicológicas a partir da identificação de situações de risco e situações disfuncionais e, por fim, realiza pesquisas com objetivo de entender como essa população lida com a situação específica, apresentando esses resultados em congressos nacionais e internacionais.

Depressão: principal comorbidade psíquica

A depressão caracteriza-se como a principal comorbidade psíquica da doença renal crônica terminal (DRCt), manifestação clínica que tem sido reportada e associada ao aumento de mortalidade e morbidade (ZIMMERMANN, CARVALHO; MARI, 2004; FRÁGUAS, 2009).

O termo depressão tem sido usado de forma indiscriminada para descrever sintomas relacionados a condições clínicas. Descreve a síndrome, o transtorno de ajustamento, a personalidade, a distimia e o transtorno depressivo maior (TDM). No entanto, se valendo de critérios mais rigorosos para o diagnóstico de TDM, encontra-se uma prevalência que varia entre 5% e 22% para esta população, prevalência muito acima da população normal (4%) (ALMEIDA; MELEIRO, 2000; KIMMEL et al., 1998).

Considerando a depressão um fator de risco importante, chamamos a atenção para a necessidade das equipes especialistas estarem atentas aos sintomas que sugerem essa condição clínica e considerarem o encaminhamento para avaliação psiquiátrica a partir do risco identificado.

Em relação a esse cuidado, avaliamos semestralmente a presença e a intensidade dos sintomas para depressão por meio do inventário de depressão de Beck (BDI). Havendo sintomas em duas avaliações seguidas, pontuação acima de 20, ocorre a discussão com a equipe clínica e o médico titular, sugerindo, se pertinente, que o paciente seja encaminhado para avaliação psiquiátrica (GORENSTEIN; ANDRADE, 2000).

Cuidados paliativos no contexto da doença renal crônica terminal (DRCt)

Outro aspecto importante no contexto da DRCt é a identificação do momento para se considerar a expansão da assistência para cuidados paliativos, à medida que pacientes em diálise, geralmente, apresentam múltiplas comorbidades e expectativa reduzida de vida.

Sabe-se que quase 20% dos pacientes com DRCt, sob tratamento dialítico, param a diálise antes da morte. Dessa forma, provavelmente quase todos os nefrologistas estão envolvidos em discussões que consideram o fim de vida em pacientes com doença renal terminal (DRT) (HOLLEY, 2003). Em um estudo com médicos americanos e canadenses, somente cerca de 40% dos 360 nefrologistas entrevistados afirmaram sentir-se preparados para discutir decisões de fim de vida com seus pacientes (DAVISON et al., 2006).

O manual de cuidados paliativos ANCPO traz como premissa:

> *O cuidado paliativo não se baseia em protocolos, mas sim em princípios. Não se fala mais em terminalidade, mas em doença que ameaça a vida. Indica-se o cuidado desde o diagnóstico, expandindo o campo de atuação. Não se fala em impossibilidade de cura, mas na possibilidade ou não de tratamento modificador da doença, afastando a ideia de "não ter mais nada a fazer". Uma abordagem que inclui a espiritualidade dentre as dimensões do ser humano, onde a família é lembrada, portanto assistida também após a morte do paciente, no período de luto (CARVALHO; PARSONS, 2012, p. 26).*

Nessa linha de atenção, um estudo investigou a relação entre a questão "Você ficaria surpreso se o paciente morresse no próximo ano?" e o risco de mortalidade em pacientes graves (MOSS et al., 2008). Considerando o conceito de cuidados paliativos com a questão apresentada, introduzimos no Centro de Diálise Eistein (CDE) esta prática, como início de um fluxo para se pensar em cuidados paliativos.

Neste fluxo, semestralmente, essa questão é feita individualmente a cada profissional que compõe a equipe clínica e depois é realizado um consenso entre as opiniões técnicas.

O paciente em que a equipe assume uma posição consensual de que "não se surpreenderia se o paciente morresse no próximo ano", tem incluído, ao seu cuidado clínico, discussões que envolvem a equipe clínica da diálise, o médico titular do paciente, os familiares e, quando possível, a participação do próprio paciente, em relação aos cuidados e às decisões futuras.

Em nossa experiência, a forma como temos conduzido esses cuidados tem trazido, na maioria das vezes, verbalizações por parte dos familiares que indicam gratidão e reconhecimento.

Cuidador familiar

O sofrimento da doença crônica não se restringe apenas ao paciente, mas se estende a toda rede de relações estabelecidas, principalmente ao ciclo familiar, que convive diariamente com os problemas inerentes à doença. Dependendo da gravidade da patologia, a família acaba por alterar suas rotinas diárias para poder cuidar e apoiar o doente, o que acaba por não só influenciar o relacionamento, como por modificar o estilo de vida desse grupo.

Naturalmente, nem todos são afetados da mesma forma. O sofrimento e a demanda do cuidador serão influenciados pelas características individuais, pela forma mais ou menos intensa de sentir e vivenciar problemas, pela proximidade ao elemento doente da família, pela gravidade e incapacitação da patologia.

Entendemos que, à medida que os membros da família entendem que a doença crônica esperadamente afeta as pessoas em geral, provavelmente terão condições mais favoráveis para identificar e desenvolver recursos pessoais para o manejo possível da doença e o enfrentamento dos desafios específicos, reconhecendo, dessa forma, a necessidade de, em alguns momentos, procurar ajuda técnica, diminuindo a probabilidade dos seus membros desenvolverem, também, comorbidades psíquicas.

A assistência aos familiares atualmente é uma demanda clara no CDE e naturalmente vem sendo atendida na rotina assistencial da psicologia.

Considerações finais

Por fim, o que temos constatado é que a assistência direcionada ao doente renal crônico estágio 5 só é efetiva se contar com o trabalho de uma equipe multidisciplinar integrada e realmente comprometida com o processo de cuidar.

A atuação do psicólogo implica não só a identificação do significado particular que cada indivíduo atribui à sua doença e ao seu tratamento, mas também a identificação de possibilidades do indivíduo em resgatar, dentro do possível, uma vida funcional e autônoma.

> *O importante é ter bom humor, acreditar e fazer as coisas que a equipe clínica te orienta. Leva o bom humor para você e para as pessoas que te cercam, porque as pessoas funcionam melhor assim. Isto é o que eu penso. Isto é o que eu acredito (Depoimento de um paciente, na época, em hemodiálise há três anos, na fila do transplante).*

Referências

ALMEIDA, A. M.; MELEIRO, A. M. Depressão e insuficiência renal crônica: uma revisão. *Jornal Brasileiro de Nefrologia*, São Paulo, v. 22, n. 1, p. 192-200, 2000.

BALINT, M. *O médico, seu paciente e a doença*. Rio de Janeiro: Atheneu, 1988.

CAPLAN, B. Rehabilitation psychology and neuropsychological stroke survivors. In: FRANK, R. G.; ROSENTHAL, M.; CAPLAN, B. *Handbook of rehabilitation psychology*. 2. ed. Washington, DC: American Psychological Association, 2010. p. 63-93.

CAPLAN, L. R. *Caplan's stroke*: a clinical approach. 4. ed. Philadelphia: Elsevier, 2009.

CARVALHO, R. T.; PARSONS, H. A. Manual de Cuidados Paliativos ANCP. 2. ed. São Paulo: Academia Nacional de Cuidados Paliativos, 2012.

DAVISON, S. N. et al. Nephrologists'reported preparedness for end-of-life decision-making. *Clinical Journal of the American Society of Nephrology*, Washington, DC, v. 1, n. 6, p. 1256-1262, Sep. 2006.

FRÁGUAS, R. Depressão e condições médicas. *Revista de Psiquiatria Clínica*, São Paulo, v. 36, p. 77-78, 2009. (Suplemento 3).

GORENSTEIN, C.; ANDRADE, L. H. S. G. Inventário de depressão de Beck: propriedades psicométricas da versão em português. In: GORENSTEIN, C.; ANDRADE, L. H. S. G.; ZUARDI, A. W. *Escalas de avaliação clínica em psiquiatria e psicofarmacologia*. São Paulo: Lemos, 2000. p. 89-95.

HOLLEY, J. L. et al. The need for end-of-life care training in nephrology: national survey results of nephrology fellows. *American Journal of Kidney Diseases*, Philadelphia, v. 42, n. 4, p. 813-820, 2003.

HOLLEY, J. L. Palliative care in end-stage renal disease. *UpToDate*, [s.l.]. Disponível em: <http://www.uptodate.com/contents/palliative-care-end-stage-renal-disease>. Acesso em: 27 jan. 2017.

ISN – INTERNATIONAL SOCIETY OF NEPHROLOGY. KDIGO 2012 clinical practice guideline for the evaluation and management of chronic kidney disease. *Kidney International Supplements*, Washington, DC, v. 3, n. 1, p. 1-150, 2013.

KIMMEL, P. L. et al. Psychiatric illness in patients with end-stage renal disease. *The American Journal of Medicine*, Alexandria, v. 105, n. 3, p. 214-221, 1998.

MOSS, A. H. et al. Utility of the "surprise" question to identify dialysis patients with high mortality. *CJASN Clinical Journal of the American Society of Nephrology*, Washington, DC, v. 3, p. 1379-1384, 2008.

NKF – NATIONAL KIDNEY FOUNDATION. K/DOQI clinical practice guidelines for bone metabolism and disease in chronic kidney disease. *American Journal of Kidney Diseases*, Philadelphia, v. 42, n. 4, S1-201, 2003. (Suplemento 3).

SESSO, R. C. et al. Inquérito Brasileiro de Diálise Crônica 2014. *Jornal Brasileiro de Nefrologia*, São Paulo, v. 38, n. 1, p. 54-61, 2016.

ZIMMERMANN, P. R.; CARVALHO, J. O.; MARI, J. J. Impacto da depressão e outros fatores psicossociais no prognóstico de pacientes renais crônicos. *Revista de Psiquiatria do Rio Grande do Sul*, Porto Alegre, v. 26, n. 3, p. 312-318, 2004.

21. O cuidado do paciente acometido por acidente vascular encefálico (AVE) na reabilitação

Bruna Carraro Burkot de Alencar

O cuidado de pacientes em condição crônica no centro de reabilitação do Hospital Israelita Albert Einstein (HIAE) envolve o cuidar em diferentes fases e situações de saúde de pacientes com diagnósticos médicos de baixa complexidade (questões ortopédicas, doenças cardiovasculares e pulmonares) e alta complexidade (condições neurológicas, amputados e lesados medulares).

O foco deste capítulo estará voltado para o cuidado psicológico de pacientes vítimas de lesão encefálica adquirida (LEA), em especial indivíduos que sofreram um acidente vascular encefálico (AVE), por ser o maior grupo de encaminhamento médico e em atendimento no serviço de psicologia de reabilitação.

Acidente vascular encefálico (AVE)

A lesão encefálica adquirida (LEA) caracteriza-se como qualquer agressão ao sistema nervoso central – não congênita e degenerativa – capaz de provocar um impacto negativo ao funcionamento cerebral e consequências imediatas relacionadas a sequelas físicas, cognitivas, comportamentais e emocionais. Dentre as causas dessas lesões, estão o acidente vascular encefálico

(AVE), o traumatismo cranioencefálico (TCE), a lesão hipóxica-hipotensiva, as encefalites e outros distúrbios infecciosos, e os tumores cerebrais (SOHLBERG; MATEER, 2011a).

O acidente vascular encefálico, mais conhecido popularmente como derrame, é uma síndrome clínica que cursa com déficit neurológico focal (ou global), causado subitamente por alterações do fluxo sanguíneo, com sintomas que podem persistir por mais de 24 horas (WHO, 2006). Rabelo e Neri (2006) acrescentam que o AVE é uma lesão encefálica adquirida não traumática, causada por uma oclusão ou rompimento de vasos sanguíneos cerebrais.

Atualmente, os AVEs representam a principal causa de mortalidade e incapacidade neurológica no mundo, principalmente entre os países em desenvolvimento. Já é caracterizado como um problema de saúde pública, principalmente devido aos hábitos de vida e alimentares atuais (WHO, 2006; AHA, 2008).

No Brasil, o AVE é a principal causa de mortalidade e morbidade, atingindo 100 mil brasileiros por ano, com número de óbitos maiores que as doenças coronarianas, como o infarto do miocárdio, e até mesmo que o câncer de mama (LOTUFO, 2000).

Outro ponto de destaque é a taxa de incidência em indivíduos numa faixa etária precoce: aproximadamente 25% dos pacientes vítimas de AVE têm idade abaixo de 65 anos (SOHLBERG; MATEER, 2011a). Um estudo publicado pelo National Institute of Neurological Disorders and Stroke (NINDS, 2000) sobre a morbidade demonstrou que 10% dos sobreviventes se recuperam quase que totalmente, 25% se recuperam com poucas sequelas e 40% ficam com limitações moderadas a graves, sendo que, destes, 10% necessitarão de tratamento de longo prazo. Esses pacientes normalmente estão em fase produtiva; os que sobrevivem terão que conviver com incapacidades e menor autonomia, o que implicará o tratamento de reabilitação em longo prazo, além de problemas econômicos e psicossociais.

Os fatores de risco que contribuem para ocorrências dos AVEs estão relacionados a fatores modificáveis e não modificáveis. Os primeiros dizem respeito a fatores que podem ser prevenidos por meio das mudanças no estilo de vida e tratamentos, como hipertensão, obesidade, fibrilação atrial, dislipidemia, diabetes, tabagismo e sedentarismo. Os segundos não podem ser alterados mesmo com a mudança do estilo de vida e referem-se ao fator genético, à idade, ao gênero, entre outros (CAPLAN, 2010).

O AVE pode ser de dois tipos, o isquêmico (mais comum) e o hemorrágico (o menos comum, mas em geral mais grave). No AVE isquêmico (AVEi), ocorre uma privação do fornecimento de suprimento sanguíneo para o tecido encefálico, em decorrência de um trombo ou êmbolo que obstrui ou reduz a passagem de sangue pelos vasos sanguíneos cerebrais. Já no AVE hemorrágico (AVEh), há a ruptura da parede do vaso cerebral, levando ao extravasamento de sangue (hemorragia) para fora dos vasos, se acumulando no espaço intracerebral ou entre as membranas que envolvem o encéfalo, provocando efeitos compressivos e o consequente aumento da pressão intracraniana (CAPLAN, 2010; CARVALHO, 2007).

O AVE está associado a inúmeras sequelas e a gravidade delas dependerá de: 1) área do cérebro afetada; 2) fatores pré-mórbidos; 3) idade; e 4) tempo que demorou a ser socorrido. Geralmente, as lesões apresentam uma evolução lenta e progressiva, refletindo em incapacidades transitórias e permanentes com gravidade variada.

Levando em conta a complexidade da anatomia cerebral e da sua rede vascular, além dos fatores anteriormente citados, inúmeras incapacidades poderão ocorrer após o AVE, como prejuízos motores sensitivos, cognitivos, comportamentais, emocionais e sociais. É comum a presença de hemiplegia (paralisia de membros contralaterais à lesão cerebral), apraxias (menor capacidade para realizar movimentos voluntários), asterognosia (alteração da sensibilidade tátil), agnosias visuais (dificuldade no reconhecimento de objetos, figuras, pessoas e da própria face), afasias (dificuldade na expressão e na compreensão das linguagens oral e escrita), alterações proprioceptivas (discriminar a posição corporal) e visuais (diminuição do campo visual, visão dupla, entre outros). Também são muito frequentes as alterações neuropsicológicas (BARBOSA; FERREIRA; BARBOSA, 2012).

Tais sequelas podem ocorrer concomitantemente ou de forma isolada e representam um marco na vida do paciente, dividindo sua vida entre o antes e o depois do AVE; um caminho a percorrer em busca da autonomia, que envolve esforço, paciência e um processo de ressignificação diante de uma identidade estremecida.

Nesse processo, junto com a equipe multiprofissional, o psicólogo tem um papel significativo. Em seguida, serão descritos os pontos percorridos pelo psicólogo na busca pela compreensão e no cuidado desses pacientes.

Perspectiva neurológica das alterações emocionais e comportamentais nos AVE

Compreender as repercussões neuropsicológicas frequentes após o acidente vascular encefálico (AVE) é fundamental para o clínico distinguir corretamente as mudanças que podem estar ligadas a lesões cerebrais ou a aspectos emocionais reativos, evitando, assim, cometer interpretações superficiais e/ou errôneas, o que implicará em manejo e orientações inadequados, tanto para o indivíduo como para familiares e equipe multiprofissional.

A lesão cerebral adquirida pode repercutir negativamente no comportamento e no humor dos indivíduos, como resultado direto da lesão às regiões do cérebro envolvidas na regulação emocional e comportamental, ou indiretamente, como resultado da consciência do sujeito sobre as perdas reais e as mudanças envolvidas em sua nova vivência (SOHLBERG; MATEER, 2011b). Essas mudanças frequentemente levam a repercussões psicossociais negativas que limitam a participação do indivíduo nas atividades de tratamento, interferem na qualidade das relações interpessoais e na manutenção da estabilidade produtiva.

Para a maior compreensão da natureza das lesões cerebrais sobre o funcionamento comportamental e emocional do paciente, Lewis (1991)[7] apud Sohlberg e Mateer (2011b) propôs um modelo de avaliação psicossocial constituído de quatro componentes: 1) mudanças relacionadas a síndromes neurológicas decorrentes das lesões cerebrais; 2) alterações psicossociais advindas

---

7. LEWIS, L. A framework for developing a psychotherapy treatment plain with brain-injured clients. *Journal of Head Trauma Rehabilitation*, Philadelphia, v. 6, n. 4, p. 22-19, 1991.

do impacto emocional do significado da lesão na vida do indivíduo; 3) fatores psicológicos pré-mórbidos; e 4) contexto social do paciente (formas como o grupo responde ao indivíduo acometido pela lesão cerebral).

Esse modelo proposto engloba o entendimento do funcionamento do paciente antes e após a lesão cerebral, considerando os fatores intrínsecos e extrínsecos a ele, que repercutem em seu comportamento e emoções. A personalidade e o funcionamento afetivo emocional do sujeito antes e após o AVE, a própria lesão e o contexto ambiental interferem no resultado da psicoterapia e no trabalho em reabilitação. Portanto, o clínico deve ser cauteloso na diferenciação de sintomas de natureza emocional ou de sintomas característicos de efeitos neurológicos. Determinar a origem da incapacidade funcional após o AVE costuma ser um desafio na avaliação desses pacientes.

Dependendo da área e da extensão do comprometimento cerebral, os pacientes podem apresentar dificuldades específicas relacionadas à área cerebral lesionada, com um padrão lateralizado (lesão focal, característica de AVE isquêmico) e síndromes específicas. Lesões extensas tendem a repercutir em déficits extensos e generalizados, o que normalmente ocorre no AVE hemorrágico, e os déficits neurológicos são mais variados (GOUVEIA, 2006).

Com relação às alterações emocionais, após o AVE são comuns depressão, ansiedade, labilidade emocional e apatia. Quanto ao comportamento, menor percepção dos déficits (anosognosia), agressividade, impulsividade, dificuldade em planejar o futuro e menor iniciativa. Tais alterações podem estar relacionadas a lesões em região frontal do cérebro (parte da testa), mais especificamente no córtex pré-frontal, que está intimamente relacionado a funções complexas superiores, as chamadas funções executivas (BERTOLUCCI, 2012; CAPLAN, 2010).

O acometimento neurológico do paciente com AVE em hemisfério direito é caracterizado pelo conjunto de sintomas como síndrome do hemisfério direito (SHD). São comuns déficits de funções executivas (menor capacidade de planejamento, resolução de problemas e impulsividade), atenção, percepção, presença de anosognosia, heminegligência, dispraxia constutiva, alteração de memória visuoespacial e de trabalho (PAZ FONSECA, 2006). Nessa síndrome, merece destaque a definição da anosognosia.

A anosognosia está presente em um terço dos pacientes com AVE e é um termo que está relacionado à falta de consciência do indivíduo em perceber qualquer déficit após a ocorrência da lesão cerebral (Starkstein, 1992). É um transtorno de consciência frequentemente confundido com um mecanismo de origem emocional (negação). O paciente que se utiliza do mecanismo psicológico de negação apresenta habilidade de realizar julgamento e *insights* adequados de seus déficits, mas o faz por questões emocionais e não neurológicas.

Por outro lado, o indivíduo com anosognosia tem um entendimento limitado da natureza, grau e/ou impacto de suas incapacidades, o que pode implicar negativamente no processo de reabilitação, por criar expectativas irreais de recuperação e pela menor habilidade em entender o motivo para as restrições que lhe são impostas. Por exemplo, o paciente não tem consciência de seu déficit de memória e se recusa a fazer uso de um caderno de anotações como recurso compensatório que irá auxiliar no processo de terapia, ou então não aceita iniciar programa de estimulação cognitiva.

Portanto, a diferenciação entre a natureza dos problemas de autoconsciência (e de outras repercussões comportamentais/emocionais após o AVE) irá orientar, de forma mais satisfatória, o manejo clínico, o que só é possível por meio do conhecimento das repercussões neuropsicológicas em pacientes vítimas de lesões cerebrais.

O cuidado do paciente em psicoterapia: auxiliando a readaptação

No passado, sequelas cognitivas e comportamentais (decorrentes do dano neurológico) contraindicavam psicoterapia para pacientes com lesão cerebral adquirida. No entanto, a partir da década de 1980, profissionais que atuavam em programas de reabilitação passaram a observar que a psicoterapia deveria fazer parte dos objetivos do processo, auxiliando o paciente, a equipe e os familiares em uma melhor compreensão das dificuldades cognitivas e emocionais vivenciadas pelo paciente, na elaboração do luto frente às perdas e mudanças, na readaptação e na autonomia (PRIGATANO, 1999).

Independentemente da linha teórica do psicólogo clínico, torna-se imprescindível o conhecimento do funcionamento das repercussões cognitivas no comportamento e de instrumentos diagnósticos específicos, o que irá auxiliar na avaliação e em um manejo clínico mais satisfatório de pacientes com danos neurológicos. O psicólogo clínico precisa compreender o funcionamento cognitivo para acessar o paciente em suas dificuldades e potencialidades, isto é, compreender para cuidar. Sobre esse tema, Sbordone (1990) enfatiza que a falta de conhecimento do psicoterapeuta sobre as repercussões dos pacientes sob uma perspectiva neurológica é um obstáculo para a psicoterapia tradicional.

O conhecimento trazido pela neuropsicologia ampara o clínico nessa tarefa. Lezak (1995) define a neuropsicologia como uma ciência que estuda a expressão do comportamento por meio das disfunções cerebrais, ampara-se na avaliação de determinadas manifestações do indivíduo para a investigação do funcionamento cerebral. Shewinsky (2008) salienta que a atividade cerebral funciona de forma integrada e harmoniosa, e nem sempre uma disfunção corresponde diretamente ao local da lesão cerebral. Nesse sentido, caberá ao profissional que atende o indivíduo com lesão cerebral ter conhecimento do funcionamento cerebral e competência para fazer a análise dos sintomas.

O cérebro é o órgão responsável pelo funcionamento cognitivo global e é, portanto, responsável pelas características que nos individualizam e nos humanizam, moldando-se com a estimulação ambiental. Assim, para Caplan (2009), a perda da função cerebral pode ser desumanizante, nos tornando dependentes de outras pessoas, podendo ser percebida pelo paciente como um ataque ao senso de individualidade.

O AVE é um evento potencialmente estressor, que pode representar uma ameaça ao senso de controle pessoal, exigindo estratégias de enfrentamento e um esforço adaptativo nos aspectos físicos, cognitivos e emocionais (RABELO; NERI, 2006). Por ser uma condição crônica, a vivência de deficiências de ordem física, sensorial, cognitiva e/ou emocional após o AVE frequentemente geram no paciente mudanças no autoconceito e na autoimagem, isto é, coloca em suspenso sua identidade.

Nesse sentido, o psicólogo, no processo de reabilitação do paciente vítima do AVE, tem os seguintes objetivos: 1) realizar avaliação inicial; 2) psicoeducação;

3) suporte emocional; e 4) orientação aos familiares (será abordado na próxima sessão).

A *avaliação inicial* do paciente costuma proporcionar um quadro objetivo por meio do qual se desvelará uma experiência subjetiva; fazendo um paralelo com a arte, a experiência do paciente é um desenho abstrato que ganhará um significado dentro de suas particularidades e vicissitudes.

A compreensão inicial das reais mudanças, dificuldades e potencialidades do paciente podem ser obtidas por meio da avaliação neuropsicológica expandida, rastreio e/ou entrevista clínica comportamental, como instrumentos que norteiam o clínico quanto às mudanças entre os momentos anterior e pós-lesão cerebral (perfil atual *versus* o pré-mórbido), o que permitirá estabelecer o caminho a ser seguido (planejamento dos objetivos do acompanhamento).

Embora a avaliação neuropsicológica seja significativa, o terapeuta não especializado em neuropsicologia poderá realizar uma entrevista clínica detalhada sobre o funcionamento pré-mórbido e atual do paciente. A entrevista deve ser realizada na presença do paciente e de um familiar e/ou cuidador que lhes sejam próximos e saibam fornecer as informações solicitadas. O questionário pode abarcar as seguintes questões: histórico pessoal (dados de nascimento, neurodesenvolvimento, performance escolar, habilidades sociais, histórico profissional e interpessoal), histórico clínico (antecedentes clínicos pessoal e familiar, dados sobre o AVC e repercussões clínicas), perfil emocional-comportamental (informação do paciente sobre a doença e o tratamento, expectativas frente ao tratamento, atitude frente ao processo de reabilitação, estratégias de enfrentamento/defesas, entre outros) e traços de personalidade. Vale ressaltar que os questionamentos devem fazer um paralelo entre o perfil anterior e o atual, na tentativa de avaliar se há mudanças que impactam na funcionalidade, mesmo que sutis, após o acometimento cerebral.

Ao final da avaliação, o clínico conseguirá perceber se o paciente apresenta condições básicas para se beneficiar do acompanhamento psicoterápico, como: apresentar mínima disponibilidade psíquica e motivação, não demonstrar sequelas severas linguísticas, como dificuldade significativa de compreensão e/ou expressão, e apresentar alguma habilidade de abstração verbal (BOLOGNANI; FABRICIO, 2006).

Além disso, cabe avaliar se há queixas de alterações de memória, o que pode interferir no processo psicoterapêutico. Paciente com alterações de memória pode apresentar dificuldade em se lembrar de temas e informações trabalhados em sessões anteriores. Nesse caso, o clínico pode estimular o paciente a fazer uso de uma agenda ou um caderno para anotar as informações relevantes trabalhadas ao final da sessão, sempre o auxiliando. Na sessão seguinte, o terapeuta pode fazer uma síntese inicial das questões trabalhadas na última sessão. Com relação ao déficit de abstração, Gouveia (2006) orienta que os terapeutas podem minimizá-lo utilizando exemplos de situações concretas e esquemas.

Diante de ausência de consciência das dificuldades (anosognosia) e mudanças em termos cognitivo-comportamentais, caberá ao clínico realizar *orientações psicoeducativas* sobre as repercussões observadas após o advento cerebral, como uma forma de ampliar o nível de consciência e a adequação às expectativas de recuperação. Para Sohlberg e Mateer (2011b), a psicoeducação é um método que auxilia o paciente a sentir mais confiança, ao mesmo tempo em que o estimula a obter mais conhecimento sobre o funcionamento da lesão cerebral e seus efeitos.

Sobre esta temática, Prigatano (1999) ressalta que o psicólogo deve demonstrar um papel ativo e facilitador para promover a conscientização. Pacientes com lesão cerebral têm necessidades pontuais e, muitas vezes, os profissionais que atuam em psicoterapia nesses casos precisam agir como "advogados psicológicos", já que esses pacientes muitas vezes precisam de aconselhamento específico sobre seu curso de ação dentro das áreas de interesse, enquanto também tentam lidar com os efeitos da lesão cerebral. É preciso oferecer-lhes orientações práticas para evitar problemas e facilitar a adaptação diante de uma nova realidade angustiante.

Prigatano (1999) definiu metas de psicoterapia para pacientes vítimas de lesão cerebral adquirida, mostradas no Quadro 21.1.

Quadro 21.1 *Cinco metas de psicoterapia com pacientes acometidos por lesões cerebrais*

Metas

1. Proporcionar um modelo de atendimento que possibilite aos pacientes entenderem o que aconteceu com eles e que os facilite a lidar com o significado da lesão cerebral em suas vidas.
2. Mediar o processo de alcance da autoaceitação e da superação de preconceitos.
3. Auxiliar os pacientes a assumirem compromissos realistas diante das diferentes esferas de suas vidas.
4. Melhorar as habilidades sociais dos pacientes fornecendo estratégias comportamentais específicas que considerem a compreensão dos déficits.
5. Estimular um sentimento de esperança possível.

Fonte: adaptado de Prigatano (1999).

Com relação às metas propostas, o *suporte emocional* oferecido pelo terapeuta deve auxiliar o paciente a refletir sobre a sua nova condição, além de propiciar um momento para expor emoções como medo e questionamentos existenciais.

A vivência do acometimento cerebral é um divisor de águas entre passado, presente e futuro. O paciente inserido em seu presente, muitas vezes, acaba por se angustiar ao olhar para trás e visualizar quem foi. Ao mesmo tempo, essa conexão com o passado pode estar ausente ou perdida pela diminuição das habilidades mnemônicas. Outros pacientes até podem se lembrar do passado, mas não conseguem fincar um elo autêntico com o presente por problemas com a consciência e, para alguns, o futuro não é viável por não conseguirem tomar decisões, planejar, ou porque não conseguem vislumbrar um amanhã diante de um menor nível de autonomia.

Cuidando de quem cuida

A orientação dos familiares e/ou cuidadores do paciente também é fundamental no processo de acompanhamento psicológico. Paralelamente à psicoterapia, é importante fornecer à família (e/ou cuidador) *informações* sobre a patologia, já que surgem muitas dúvidas sobre as manifestações das alterações e sobre a evolução do paciente (GOUVEIA, 2006).

A família deve ser constantemente *orientada* sobre como lidar com o paciente frente às alterações cognitivas e comportamentais, o que irá auxiliá-la no manejo comportamental mais apropriado e na adequação das expectativas frente às características atuais do paciente, o que pode ajudar a diminuir as cobranças e o sentimento de frustração.

É comum os familiares se queixarem que o paciente está irredutível sobre realizar mudanças e aderir às adaptações propostas frente à nova condição, interpretando tais queixas como má vontade e teimosia. Na verdade, os comportamentos desajustados normalmente estão relacionados a repercussões de uma disfunção cognitiva no comportamento, neste caso, referente à diminuição de iniciativa e inflexibilidade de pensamento.

Outra função nesse trabalho é fornecer o *suporte emocional*, uma vez que a dinâmica familiar costuma sofrer alterações em vista da ruptura na vida de um indivíduo sadio, com um papel social definido, que se torna dependente e precisa de cuidados que antes eram desnecessários. Esse suporte ajuda o familiar a se preparar para realizar mudanças no ambiente e na divisão de papéis com a rede familiar e social para não se sobrecarregar em demasia. Nesse sentido, Smith e Godfrey (1995) enfatizam que o *suporte emocional* para os familiares deve abarcar a psicoeducação, reassegurar os aspectos positivos a determinados questionamentos, auxiliá-los a encontrar expectativas realistas, prover um momento de expressão emocional e reforçar positivamente as estratégias assertivas utilizadas pelos familiares em relação aos pacientes.

As deficiências apresentadas pelos pacientes costumam gerar as mais diversas reações nos familiares, o que pode impactar negativamente na qualidade de vida daqueles que estão envolvidos na rotina de cuidados. Uma reação frequente dos familiares é superproteger o paciente, o que tende a gerar nele sentimentos de insegurança e incapacidade, contribuindo para desavenças familiares. Por outro lado, a outra reação comum é a rejeição do paciente, reforçando seus sentimentos de insegurança. Nesses casos, cabe ao psicólogo fornecer estratégias alternativas aos cuidadores, almejando um contato mais adequado com o paciente e respeito às mudanças físicas e neuropsicológicas e, consequentemente, colaborando para um sentimento de maior satisfação e individualidade à pessoa com deficiência (PIMENTEL, 2013).

Para ilustrar o que foi descrito até agora, apresentaremos um caso clínico: um paciente idoso em atendimento psicológico sofreu um AVE hemorrágico em hemisfério direito, com repercussões motoras contralaterais à lesão (hemiplegia à esquerda), além de heminegligência atencional, alteração do sono, paladar, anosognosia (diminuição da consciência frente aos déficits), alentecimento no processamento de informações, menor iniciativa e inflexibilidade de pensamento. Como fatores pré-mórbidos, os familiares relataram que o paciente representava o papel de provedor e conciliador: as filhas pediam orientações constantes, além de auxílio financeiro. Quanto aos aspectos de personalidade, o descreveram com um perfil calmo, racional e um tanto quanto teimoso: por exemplo, mesmo sendo orientado a realizar mudanças nos hábitos alimentares devido a quadro de hipertensão arterial, relutava em aderir às orientações médicas. Após o acometimento cerebral, o paciente passou a se mostrar ainda mais inflexível, graças à disfunção cognitiva, acentuando o comportamento anterior (teimosia). De forma mais irredutível, continuou a não aderir às restrições alimentares, além de afirmar que gostaria de voltar a dirigir, demonstrando menor consciência de suas dificuldades atuais. A família tinha como expectativa que o paciente voltasse a desempenhar o papel anterior e realizava cobranças intensas, que contribuíam para brigas constantes e desentendimentos entre seus membros, reforçando sentimento de frustração e sobrecarga. Por outro lado, o paciente dizia não se sentir compreendido e reagia com irritabilidade. A família necessitou de inúmeras sessões para informações a respeito do quadro neurológico e suas repercussões, orientações quanto ao manejo mais adequado do paciente, além de suporte emocional, como uma forma de propiciar um ambiente de acolhimento diante dos sentimentos vivenciados.

Considerações finais

A vivência do acidente vascular encefálico, ou de qualquer outra lesão cerebral adquirida, insere o indivíduo em uma condição de cronicidade permeada por uma rotina de terapias, exigindo a superação de medos, incertezas e a dúvida do tempo. Muitos pacientes costumam questionar quanto tempo levarão para voltar a andar ou a desempenhar atividades anteriores, perguntas que não costumam ser respondidas de forma objetiva.

Neste caminho, independente de em qual momento no tempo o paciente se encontra em seu processo de reabilitação, o psicólogo, por meio de seu suporte, irá auxiliá-lo na busca de um sentido, de uma ressignificação e, principalmente, readaptação ao "novo eu" e aos desafios enfrentados. A psicoterapia oferece um espaço de reflexão sobre as mudanças ocorridas na vida do indivíduo, estimulando-o em uma participação ativa e esperançosa, auxiliando-o em uma mobilização de suas potencialidades, na busca de sua reintegração biopsicossocial.

O psicólogo representa um papel de mediador entre paciente, familiares/cuidadores e equipe de reabilitação, o que exige o conhecimento objetivo das repercussões da condição cerebral, sensibilidade quanto à subjetividade emocional, tato e um papel ativo.

Referências

AHA – AMERICAN HEART ASSOCIATION. *Heart disease and stroke statistics*. Dallas, 2008.

BARBOSA, M. N. M.; FERREIRA, R. S.; BARBOSA, D. M. Neuropsicologia no traumatismo cranioencefálico e no acidente vascular encefálico. In: CAIXETA, L.; FERREIRA, S. B. *Manual de neuropsicologia*: dos princípios à reabilitação. São Paulo: Atheneu, 2012. p. 205-214.

BERTOLUCCI, P. H. Tratamento farmacológico das lesões cerebrais adquiridas. In: ABRISQUETA-GOMES, J. (Org.). *Reabilitação neuropsicológica*: abordagem interdisciplinar e modelos conceituais na prática clínica. São Paulo: Artmed, 2012. p. 72-77.

BOLOGNANI, S. A. P.; FABRICIO, A. M. Reabilitação neuropsicológica em lesão cerebral adquirida: o desafio de trabalhar com a diversidade. In: ABRIZQUETA-GOMEZ, J.; SANTOS, F. H. *Reabilitação neuropsicológica*: da teoria à prática. São Paulo: Artmed, 2006. p. 97-110.

CAPLAN, B. Rehabilitation psychology and neuropsychological stroke survivors. In: FRANK, R. G.; ROSENTHAL, M.; CAPLAN, B. *Handbook of rehabilitation psychology*. 2. ed. Washington, DC: APA, 2010. p. 63-93.

CAPLAN, L. R. *Caplan's stroke*: a clinical approach. 4. ed. Philadelphia: Elsevier Inc., 2009.

CARVALHO, R. C. Acidente vascular cerebral: atualizações. In: MIOTTO, C. E.; LÚCIA, M. S. C.; SCAFF, M. Neuropsicologia e as interfaces com as neurociências. São Paulo: Casa do Psicólogo, 2007.

GOUVEIA, P. A. R. Introdução à reabilitação neuropsicológica de adultos. In: ABRIZQUETA-GOMEZ, J.; SANTOS, F. H. *Reabilitação neuropsicológica*: da teoria à prática: São Paulo: Artmed, 2006. p. 73-82.

LEZAK, M. D. *Neuropsycological assessment*. New York: Oxford University Press, 1995.

LOTUFO, P. A. Mortalidade pela doença cerebrovascular no Brasil. *Revista Brasileira de Hipertensão*, Rio de Janeiro, v. 7, n. 4, p. 387-391, 2000.

NINDS – NATIONAL INSTITUTE OF NEUROLOGICAL DISORDERS AND STROKE. *Accidente cerebrovascular*: esperanza en la investigación. Bethesda, 2000. Disponível em: <http://espanol.ninds.nih.gov/trastornos/accidente_cerebrovascular.htm>. Acesso em: 30 jun. 2011.

PAZ FONSECA, R. et al. Alterações cognitivas, comunicativas e emocionais após lesão hemisférica direita: em busca de uma caracterização da síndrome do hemisfério direito. *Psicologia USP*, São Paulo, v. 17, n. 4, p. 241-262, 2006.

PIMENTEL, P. G. Abordagem psicológica em programas de reabilitação. In: ANDREOLI, P. B. A.; CAIUBY, A. V. S.; LACERDA, S. S. *Psicologia hospitalar*: manual de especialização. São Paulo: Manole, 2013. p. 133-143.

PRIGATANO, G. P. Psychotherapeutic intervention with patients and family members. In: _____. *Principles of neuropsychological rehabilitation*. New York: Oxford University Press, Oxford, 1999. p. 201-227.

RABELO, D. F.; NERI, A. L. Bem-estar subjetivo e senso de ajustamento psicológico em idosos que sofreram acidente vascular cerebral: uma revisão. *Estudos de Psicologia*, Natal, v. 11, n. 2, p. 169-177, 2006.

SBORDONE, R. J. Psychoterapeutic treatment of the client with traumatic brain injury: a conceptual model. In: KREUTZER, J. S.; WEHMAN, P. *Community integration following traumatic brain injury*. Baltimore: Paul H. Brookes, 1990.

SCHEWINSKY, S. R. *Reabilitação neuropsicológica da memória no traumatismo crânio-encefálico*. São Paulo: Livraria Médica Paulista Editora, 2008.

SMITH, L. M.; GODFREY, H. P. D. *Family suport programsand rehabilitation*: a cognitive-behavioral approach to traumatic brain injury. New York: London: Plenum Press, 1995.

SOHLBERG, M. M.; MATEER, C. A. Distúrbios neurológicos associados às limitações cognitivas. In: SOHLBERG, M. M.; MATEER, C. A. *Reabilitação cognitiva*: uma abordagem neuropsicológica integrada. São Paulo: Santos Editora, 2011a. p. 25-56.

SOHLBERG, M. M.; MATEER, C. A. Controle da depressão e da ansiedade. In: SOHLBERG, M. M.; MATEER, C. A. *Reabilitação cognitiva*: uma abordagem neuropsicológica integrada. São Paulo: Santos Editora, 2011b. p. 371-394.

STARKSTEIN, S. Mania after brain injury: a controlled study of etiological factors. *Archives of Neurology*, Chicago, v. 44, p. 1069-1073, 1992.

WHO – WORLD HEALTH ORGANIZATION. *The WHO STEPwise approach to stroke surveillance*. Geneva, 2006. Disponível em: <http://www.who.int/ncd_surveillance/en/steps_stroke_manual_v1.2.pdf>. Acesso em: 30 maio 2016.

22. Abordagem da psicologia nas instituições de longa permanência para idosos

Ana Cristina Procópio de Oliveira Aguiar

O processo de envelhecimento, a cronicidade e a busca por novas formas de cuidado

As transformações no atual cenário demográfico vêm trazendo grandes modificações no perfil populacional mundial. Dentre elas, podemos destacar o aumento da expectativa de vida e, consequentemente, da longevidade (AGUIAR, 2012).

O processo de envelhecimento é heterogêneo e acontece num contexto individual multifacetado, o que pode diferenciar uma expectativa de vida saudável de uma não tão saudável. Questões biopsicossociais têm um papel muito importante nesses diferentes contextos de "velhices", mas outros fatores também podem influenciar, como questões financeiras e institucionais (JOHNSON e BIBBO, 2014).

Com esse aumento do curso de vida, novas possibilidades de cuidados devem ser pensadas. Algumas doenças que matavam antigamente, estão controladas hoje, e a transição epidemiológica trouxe luz à questão das doenças crônicas não transmissíveis (DCNT), que são as principais causas de morte e invalidez. Nesse contexto, o próprio envelhecimento é um fator de risco para o desenvolvimento dessas condições, que, quando associadas às perdas funcionais relacionadas à idade, podem ocasionar a incapacidade do indivíduo. Nesse cenário em que uma maior dependência do indivíduo surge, em que a rede de suporte social e familiar pode ser insuficiente, o cuidado institucional passa a ser uma opção (ILC BRASIL, 2015).

De acordo com a Agência Nacional de Vigilância Sanitária (Anvisa), as instituições de longa permanência para idosos (ILPIs) são instituições governamentais ou não governamentais, de caráter residencial, destinadas a domicílio coletivo de pessoas com idade igual ou superior a 60 anos, com ou sem suporte familiar, em condições de liberdade, dignidade e cidadania (ANVISA, 2005).

A origem desses aparelhos remonta aos antigos asilos, que, com seu caráter social, abrigavam a população mais carente que necessitava de cuidados. Nas últimas décadas, observamos uma mudança no perfil assistencial, em que a perda da funcionalidade, pela redução da capacidade física e/ou cognitiva, tem sido a principal busca por esse tipo de cuidado. Portanto, as ILPIs podem ser vistas como tendo uma finalidade assistencial híbrida, contemplando tanto os aspectos de saúde como os sociais. Assim, essas instituições podem assistir desde idosos independentes (questões sociais) até idosos com algum grau de dependência (questões de saúde) (CAMARANO e KANSO, 2010).

Pensando nessas possibilidades de atuação profissional, o objetivo deste capítulo é o de abordar a atuação da psicologia dentro dessas instituições, considerando a cronicidade da condição, levando em consideração os diferentes graus de funcionalidades, possibilidades de atuação e o cuidado com quem cuida.

Adaptação institucional

Ao longo do curso de vida, passamos por vários processos de mudança, sejam funcionais ou situacionais. Essas mudanças estão quase sempre acompanhadas de incertezas e geram certo grau de estresse (BRANDBURG, 2007).

A transição de situação de moradia vem carregada de aspectos simbólicos. O termo "casa" é utilizado para um lugar onde geralmente desfrutamos de saúde física e exercemos a nossa autonomia; e a escolha pela institucionalização, quase sempre vinculada a algum tipo de perda, tem um caráter multifatorial em que aspectos de saúde, financeiros ou mesmo questões legais são muitas vezes os grandes responsáveis por essa decisão (JOHNSON; BIBBO, 2014). Portanto, nesse momento, aspectos como autonomia *versus* independência podem tornar-se contraditórios. A busca pela autonomia, ou seja, o empoderamento do autogoverno, muitas vezes contrapondo graus de dependência, é o que pode tornar o papel do psicólogo em ILPIs mais desafiador (MORGAN; BRAZDA, 2013).

O processo de institucionalização se inicia no momento em que a família ou o idoso toma a decisão da mudança, em que começam todo o planejamento e as escolhas que essa resolução acarretará. Uma institucionalização não planejada pode criar maiores dificuldades de adaptação tanto para o idoso como para a sua família (CALJOUW et al., 2014).

Após a institucionalização, o idoso passa por uma fase de adaptação até atingir o período de estabilização. Inicialmente, acontece um momento de desorganização, em que o sujeito pode se encontrar mais vulnerável e com um sentimento de abandono latente. O fato de ter que selecionar seus pertences, escolher o que quer levar e o que não poderá levar mobiliza certas angústias, que podem o acompanhar nesta fase. Após o "caos" desse primeiro momento, o indivíduo está preparado para reorganizar-se. O resgate da autonomia e o conhecimento das novas "fronteiras" é o movimento esperado do indivíduo, o qual acontece para que ele se sinta seguro na construção de relacionamentos nesse novo ambiente. Reconhecendo-se nesse novo ambiente, ele estará preparado para retomar as "pontes" com o ambiente externo, ou seja, com a comunidade (BRANDBURG, 2007).

Com a família também existe um processo de adaptação. Por não se tratar meramente de uma terceirização de cuidados, a família pode passar por um momento de culpa, de insuficiência, até perceber que deve existir uma corresponsabilidade nos cuidados. O papel do psicólogo nesse momento é de extrema importância, pois, por meio dele, novas ressignificações podem ser feitas e novas perspectivas podem ser construídas.

Entender os reais motivos da institucionalização é fundamental para o auxílio nesse momento. Além dos aspectos objetivos, compreender as questões subjetivas, as fantasias, também faz parte do papel desse profissional. A real percepção do contexto pode facilitar o alinhamento das expetativas da tríade idoso-família-instituição, bem como auxiliar nas estratégias de *coping*.[8] Segundo Andersson, Pettersson e Sidenvall (2007), para aqueles idosos mais dependentes, pode-se utilizar a estratégia de *coping* focada na emoção, em que as angústias geradas no processo são trabalhadas diretamente. Já para aqueles idosos com maior autonomia, menos dependentes, a estratégia pode ser focada no problema e nas possibilidades de resolução.

O papel da instituição, nesse momento, é o de fornecer um ambiente onde este indivíduo possa ser atendido em todas as suas necessidades, sejam biológicas, psicológicas, sociais ou espirituais, e cabe à equipe promover esses cuidados. Ao psicólogo, especialmente, cabe realizar uma atuação psicoeducativa em que informações sobre o que esperar desse momento e o acolhimento e a tradução das angústias inerentes ao momento atual possam ser dados tanto para o idoso como para sua família e/ou instituição (equipe). O objetivo deve ser o de uma adaptação funcional, em que novos significados possam ser feitos/descobertos e novas perspectivas sejam traçadas, tanto para o idoso como para sua família (BRANDBURG, 2007).

Dessa maneira, o trabalho deve ser feito de maneira interdisciplinar, buscando a otimização de recursos, criando um ambiente onde todas as possibilidades possam ser potencializadas de maneira funcional.

Avaliação psicológica[9]

Um fator muito importante na avaliação psicológica numa ILPI é a questão cognitiva do idoso. A capacidade de elaboração do indivíduo será fundamental na determinação das possíveis condutas que serão estabelecidas.

---

8. Esforços cognitivos e comportamentais empreendidos para o controle de respostas do indivíduo a situações que estão sobrecarregando-o ou excedendo seus recursos pessoais (LAZARUS; FOLKMAN, 1984).

9. Trecho da avaliação psicológica utilizada no Residencial Israelita Albert Einstein – instituição de longa permanência para idosos (versão 5/2014).

Alguns aspectos devem ser explorados:

- motivo do encaminhamento;
- queixa atual;
- antecedentes psiquiátricos;
- uso de medicações que atuem no sistema nervoso central, ou que, de alguma maneira, possam interferir no estado de humor;
- descrição física: vestimenta/autocuidado;
- consciência e nível de alerta: estado de consciência/confusão mental/ ideias delirantes;
- estados emocionais: depressivo/ansioso/eutímico;
- condutas sociais: motivação/atitudes/colaboração;
- atenção e concentração: contato/limiar/intensidade;
- orientação temporoespacial;
- memória: curto prazo/longo prazo;
- raciocínio: pensamento/conteúdo;
- linguagem: compreensão/expressão;
- habilidades atuais: se possui algum déficit funcional;
- atividades de vida diária: rotinas/desempenho/necessidade de auxílio;
- espiritualidade/religiosidade;
- atitudes frente ao momento atual;
- estratégias de enfrentamento/mecanismos de defesas.

A estrutura de anamnese proposta apresenta melhor aplicabilidade quando o idoso possui cognição preservada para respondê-la de maneira adequada. Durante uma avaliação, quando possível, é sempre importante a participação de uma pessoa que conheça a rotina e os comportamentos prévios do idoso, podendo ser um cuidador formal ou um familiar. Algumas condições crônicas degenerativas podem ter início sem que o próprio idoso tenha percepção, ou mesmo algumas questões comportamentais secundárias a essas condições podem estar presentes e interferindo nos cuidados desse idoso.

A escuta de quem cuida desse idoso é de extrema importância, pois, por meio dela, podem ser sinalizadas possíveis alterações no padrão comportamental, situações desencadeadoras de alterações comportamentais, angústias e estresses gerados no cuidador, entre outras questões. Com essas informações, seja por meio de escalas formais ou de relatos informais, pode-se elaborar estratégias de intervenções diretas (com o idoso) e indiretas (equipe que fornece cuidados) em uma ILPI. Dentro de uma ILPI, a relação com o idoso pode se tornar muito estreita e até mesmo patológica entre quem fornece os cuidados e o idoso, e como o papel do psicólogo é pensar no bem-estar geral, cuidar de quem cuida é condição fundamental para a manutenção das boas práticas dentro de uma ILPI (AGUIAR, 2012).

Possibilidade de intervenções

As intervenções numa ILPI podem ser individuais ou grupais e têm o seu delineamento realizado baseando-se, principalmente, na funcionalidade do idoso. A decisão da escolha de intervenção deve ser pautada no bem-estar psíquico dos integrantes, seja individual ou em grupo, e deve ser levada em consideração a cronicidade da condição em que vivem, pois, muitas vezes, temas que são discutidos nesses momentos de intervenção são levados "extramuros" das atividades terapêuticas, podendo interferir diretamente nas relações humanas dentro da instituição.

As intervenções podem ser divididas da seguinte forma:

- *atividades individuais:* em idoso com certo grau de elaboração psíquica, podem ser realizadas, por exemplo, sessões de psicoterapia breve, para trabalhar queixas específicas, como: angústias geradas por perda funcional, auxílio no processo de adaptação à institucionalização, luto, dor crônica, finitude, alterações de humor e outras queixas que estejam interferindo na rotina do idoso; em idosos com dificuldade de elaboração, por exemplo, secundária a um quadro demencial, pode-se realizar treino cognitivo, terapia de reminiscências, técnicas de orientação para realidade, entre outras atividades;

- *atividades grupais:* estratégia que, quando possível de realizar, além de atingir um número maior de idosos, possibilita a interação social. Grupos com temas mais abrangentes podem ser incluídos na rotina da instituição, como qualidade de vida, quedas, dor, tolerância, envelhecimento, sexualidade, entre outros;
- *equipe de cuidado:* intervenções grupais com a equipe podem ser realizadas, pois, além de fornecer um ambiente acolhedor e de suporte, o compartilhamento de sentimentos e de reflexões pode possibilitar ressignificações de condutas – por exemplo, grupos Balint (BALINT, 1988);
- *família:* esta também deve ter o seu espaço. O acolhimento das angústias, fantasias, culpas e buscas por ressignificados também pode ser feita por meio de uma abordagem psicoeducativa, para que a corresponsabilidade do cuidado do idoso seja exercida de maneira saudável.

Considerações finais

O processo de envelhecimento é um fator de risco para o surgimento das doenças crônicas que, quando somado às perdas funcionais relacionadas à idade, pode tornar o indivíduo mais dependente de algum tipo de cuidado. As ILPIs surgem dentro desse contexto como uma alternativa ao cuidado da população idosa.

A intervenção do psicólogo deve levar em consideração todas as questões que envolvem o processo de institucionalização. O alinhamento de expectativas, seja do idoso, da família ou até mesmo da instituição, é fundamental para que os novos acordos sejam estabelecidos e os novos objetivos sejam traçados. Dessa maneira, com tantas possibilidades de atuação, o psicólogo pode atuar no auxílio da ressignificação do curso de vida, para que a tríade idoso/família/instituição possa construir um ambiente onde todas as potencialidades possam ser descobertas ou redescobertas.

Conclusão

A situação crônica nos remete a aspectos importantes da prática clínica, independentemente das características pessoais e clínicas do indivíduo.

É papel do psicólogo compreender a cronicidade como um processo dinâmico, que implica em mudanças funcionais para o indivíduo, instrumentalizando-o para que ele se aproprie do processo e visualize novas possibilidades, para ressignificar sua identidade e se empoderar de maior autonomia possível.

O trabalho do psicólogo deve se estender ao contexto familiar/cuidador e às orientações constantes da equipe multiprofissional, caracterizando um cuidado indireto ao indivíduo em processo de tratamento, esteja ele em situação ambulatorial, de reabilitação ou de institucionalização.

Referências

AGUIAR, A. C. P. O. Controle das alterações comportamentais nas demências: a experiência do Residencial Israelita Albert Einstein. In: ABRISQUETA-GOMEZ, J. (Org.). *Reabilitação neuropsicológica:* abordagem interdisciplinar e modelos conceituais na pratica clínica. Porto Alegre: Artmed, 2012. p. 297-304.

ANDERSSON, I.; PETTERSSON, E.; SIDENVALL, B. Daily life after moving into a care home – experiences from older people, relatives and contact person. *Journal of Clinical Nursing*, Oxford, v. 16, p. 1712-1718, 2007.

ANVISA – AGÊNCIA NACIONAL DE VIGILÂNCIA SANITÁRIA. *Resolução da Diretoria Colegiada, 283, de setembro de 2005*. Brasília, DF, 2005. Disponível em: <http://www20.anvisa.gov.br/segurancadopaciente/index.php/legislacao/item/rdc-283-de-26-de-setembro-de-2005>. Acesso em: 19 dez. 2016.

BALINT, M. *O médico, seu paciente e a doença*. Rio de Janeiro: Atheneu, 1988.

BRANDBURG, G. L. Making the transition to nursing home life: a framework to help older adults adapt to de long-term care environment. *Journal of Gerontological Nursing*, Thorofare, v. 33, n. 6, p. 50-56, 2007.

CALJOUW, M. A. A.; COOLS, H. J. M; GUSSEKLOO, J. Natural course of care dependency in residents of long-term care facilities: prospective follow-up study. *BMC Geriatrics*, London, v. 14, n. 64, p. 2-8, 2014.

CAMARANO, A. A.; KANSO, S. As instituições de longa permanência para idoso no Brasil. *Revista Brasileira de Estudos de População*, São Paulo, v. 27, n. 1, p. 233-235, 2010.

ILC BRASIL – CENTRO INTERNACIONAL DE LONGEVIDADE BRASIL. *Envelhecimento ativo*: um marco político em respostas a revolução da longevidade. Rio de Janeiro, 2015. Disponível em: <http://ilcbrazil.org/wp-content/uploads/2016/02/Envelhecimento-Ativo-Um-Marco-Pol%-C3%ADtico-ILC-Brasil_web.pdf>. Acesso em: 20 nov. 2016.

JOHNSON, R. A.; BIBBO, J. Relocation decision and constructing the meaning of home: a phenomenological study of the transition into a nursing home. *Journal of Aging Studies*, Greenwich, v. 30, p. 56-63, 2014.

LAZARUS, R. S.; FOLKMAN, S. *Stress, appraisal, and coping*. New York: Springer, 1984.

MORGAN, L. A.; BRAZDA, M. A. Family support and diminished control in older adults: the role of proxy control. *Journal of Applied Gerontology*, Tampa, v. 32, n. 6, p. 651-668, 2013.

23. Atuação do psicólogo no programa de transplantes de órgãos

France Matos de Oliveira
Meire Regina Aguilar
Thiago Amaro Machado

Introdução

A doação de órgãos e tecidos existe no Brasil desde a década de 1960 e, ao longo dos anos, avançou e se constituiu como tratamento de escolha para muitas doenças crônicas, para as quais os métodos convencionais não foram eficazes. Para os pacientes, a expectativa em torno do transplante envolve a melhoria na qualidade de vida, a busca por maior autonomia e a recuperação de papéis que foram interrompidos ou limitados a partir de um adoecimento grave.

A severidade de uma doença que leva à falência de um órgão vital envolve inúmeras morbidades e faz com que o indivíduo se depare com momentos críticos e sentimentos diversos, o que pode acarretar sofrimento emocional frente às mudanças vivenciadas na vida pessoal, profissional e social do indivíduo. Essas mudanças podem desencadear desequilíbrios temporários ou permanentes nas relações psicossociais, além de provocar prejuízo na qualidade de vida dos pacientes (KARAM; GUIMARO; RODRIGUES, 2008).

Diante da complexidade do tratamento, é essencial que as equipes de transplante atuem de forma interdisciplinar e estabeleçam ações colaborativas e coesas entre os profissionais envolvidos. O psicólogo no transplante de órgãos visa integrar essa equipe de especialistas, favorecer a percepção holística do paciente, atuar na promoção de recursos de enfrentamento às situações de crise e na adesão ao tratamento. Para tanto, espera-se que o profissional esteja disponível ao paciente nas diversas fases do processo: pré-transplante, perioperatório, pós-transplante imediato e tardio (LAZZARETTI, 2006).

A adesão do paciente é uma questão central no processo de transplante e um dos principais focos de análise do psicólogo. De acordo com Borges e Porto (2014), o conceito de adesão ultrapassa a ideia de simples concordância do paciente com as intervenções da equipe ou do seguimento irrestrito de prescrições médicas. Considera-se como adesão o comprometimento do paciente representado pela adoção das orientações dos profissionais de saúde, somado a mudanças no estilo de vida. Sobretudo, espera-se, com a adesão, a melhoria da saúde e a redução de sinais e sintomas da doença a partir de uma postura ativa do sujeito em seu autocuidado.

Nesse sentido, a compreensão da cronicidade da doença, complexidade do tratamento e autocuidado são fundamentais para o candidato ao transplante. O paciente precisará empenhar-se ativamente em seu processo de adoecimento e necessitará de uma rede de apoio consistente e efetiva para vivenciar as etapas do tratamento.

Outro foco crescente de atenção é o desfecho dos tratamentos, especialmente nas condições crônicas. A avaliação do impacto do tratamento na qualidade de vida do paciente tornou-se um dado relevante na escolha de condutas e objeto de análise do psicólogo. A reflexão de como o indivíduo retorna à sua rotina, à sociedade e aos papéis são expoentes importantes nesse processo.

Portanto, este capítulo abordará os aspectos centrais da avaliação psicológica nas diversas etapas do tratamento, com maior enfoque na fase de avaliação pré-transplante e em algumas questões singulares na avaliação de transplante intervivos.

Avaliação psicológica em transplante de órgãos

A avaliação psicológica em transplante de órgãos concentra-se na identificação do nível neuropsiquiátrico, cognitivo e social do paciente. Ela possibilita o desenvolvimento de um plano terapêutico, que almeja reduzir danos, mitigar riscos, otimizar a sobrevivência do enxerto e a qualidade de vida do indivíduo no pós-transplante (MALDONADO et al., 2015).

Kumming e Jowsey-Gregoire (2015) indicam que a avaliação psicológica pré-transplante deve contemplar itens como histórico psiquiátrico do paciente; capacidade de adaptação a estressores e recursos de enfrentamento; dados de adesão ao tratamento e medicação; histórico de uso de substâncias; rede de apoio; qualidade de vida; exame mental; rotina; religiosidade; afetividade e dados de saúde geral. Os autores compreendem o procedimento como essencial na identificação de fatores psicossociais preditivos de não adesão.

Maldonado et al. (2012) apontam que os critérios médicos na preparação e na escolha de um bom candidato para transplante de órgãos estão bem definidos pela literatura. Em contrapartida, afirmam que os protocolos e ferramentas para o estabelecimento dos critérios psicossociais estão menos descritos e menos padronizados na comunidade científica. Em seus estudos, os autores identificaram apenas três ferramentas disponíveis para avaliação de risco psicológico em transplante: Pact (The Psychosocial Assessment of Candidates for Transplantation), PLS (The Psychosocial Levels System) e Ters (The Transplant Evaluation Rating Scale). A análise do material indicou pouca consistência, simplicidade nos dados de avaliação e escassas pesquisas que comprovassem a eficácia das escalas. Desse modo, construíram e testaram uma ferramenta denominada Sipat (The Stanford Integrated Pychosocial Assessment for Transplantation).

O Sipat é uma ferramenta de triagem abrangente que visa auxiliar na avaliação psicossocial de candidatos a transplante de órgãos. Seus pontos fortes incluem a padronização do processo de avaliação, a capacidade de identificação de indivíduos com risco aumentado para resultados negativos no pós-transplante e a elaboração de intervenções dirigidas para melhorar a candidatura do paciente. A ferramenta é dividida em quatro grandes grupos (compreensão do paciente; rede de apoio social; estabilidade psicológica e psicopatologia; estilo de vida e uso de substâncias) e contempla dezoito itens de avaliação no total. A soma de todos eles resulta em um escore para o paciente, cuja interpretação implicará na análise do perfil do candidato e na identificação de contraindicações absolutas e relativas, estas últimas classificadas em alto, médio e baixo risco ao procedimento. A análise dos dados obtidos pelo Sipat facilita o planejamento de estratégias e intervenções para que o paciente, dentro de um espaço de tempo, comprometa-se com a mudança de comportamento e torne-se um candidato minimamente aceitável ao transplante (MALDONADO et al., 2012).

Em estudo mais recente, os autores divulgaram dados positivos quanto ao uso do Sipat e sua predição na evolução do transplante. Maldonado et al. (2015) analisaram dados de consultas e exames de 217 pacientes, avaliados com Sipat no pré-transplante e durante o primeiro ano após a cirurgia. Os achados do Sipat foram correlacionados estatisticamente com os seguintes aspectos: falência do órgão e mortalidade; episódios de rejeição; número de hospitalização; episódios de infecção; descompensação psiquiátrica; uso de substâncias; frágil adesão; falhas no sistema de apoio. Os resultados indicaram que altos escores no Sipat predizem altas taxas de rejeição, infecção, descompensação emocional e falhas da rede de apoio. A relação entre alto escore no Sipat e fragilidade na adesão foi sugerida, entretanto, os dados estatísticos não se mostraram relevantes nesse quesito. Quanto à mortalidade (21/217) e à perda do enxerto (12/217), não foram descritas relações significativas com altos escores no Sipat.

Considera-se, no momento atual, a ferramenta Sipat o instrumento de avaliação psicossocial pré-transplante mais refinada e com maior comprovação científica no cenário de transplantes. Ressalta-se a importância da identificação de riscos psicossociais dos candidatos a transplante e também o papel educativo e de orientação da equipe no manejo dos riscos identificados, permitindo o estabelecimento de um plano terapêutico singular para os candidatos que almejam a mudança de comportamento e a inserção na lista de espera.

Avaliação psicológica do receptor

Com base nos apontamentos de Maldonado et al. (2015) e na experiência do serviço de psicologia do programa de transplantes, descreve-se um roteiro que contempla os aspectos centrais da avaliação psicológica pré-transplante de órgãos para o receptor:

a. dados sociais e demográficos (nome, idade, estado civil, procedência, escolaridade, profissão, religião);

b. rede de apoio social e familiar (figuras centrais de apoio; disponibilidade física e afetiva das figuras de apoio; condição física e emocional do principal acompanhante; situações críticas vivenciadas pela família; local de estadia próximo ao centro transplantador; condição estrutural do local de estadia no pós- transplante; presença de animais no domicílio);

c. dados do histórico de adoecimento (relato do adoecimento, compreensão da doença e do tratamento de base – diagnóstico, etiologia, cuidados);

d. adesão ao tratamento da doença de base, relação estabelecida com seu processo de adoecimento antes do transplante (reações emocionais frente à doença; compreensão quanto ao comportamento de adesão esperado para a doença de base; dificuldades na instalação ou manutenção das mudanças necessárias à adesão; rotina de cuidados e remédios; autoavaliação do papel de paciente e autocuidado);

e. mudanças advindas do processo de adoecimento (percepção das implicações associadas à doença em diversos campos da vida, como autoestima, autonomia, trabalho, lazer, relacionamento interpessoal, aspectos fisiológicos e análise dos recursos de enfrentamento ao contexto);

f. motivação e expectativas quanto ao transplante (como ocorreu a tomada de decisão para o tratamento, expectativas quanto ao órgão recebido, identificação de crenças reais ou distorcidas frente ao processo);

g. compreensão do transplante (riscos, benefícios, cuidados no pós-transplante, uso dos remédios imunossupressores, acompanhamento regular com equipe transplantadora e organização pessoal e familiar para vivenciar esse momento);

h. histórico de cirurgias e hospitalizações anteriores (presença de sequelas emocionais ou dificuldades);

i. uso de substâncias lícitas e ilícitas (período, frequência, quantidade e dificuldades na interrupção do uso; necessidade de apoio médico ou outro; reações e pensamentos frente à interrupção do uso/abuso da substância);

j. hábitos e estilo de vida (rotina, lazer, atividade física);

k. histórico em saúde mental (avaliação psiquiátrica e psicológica prévias; dados de histórico familiar; uso de psicotrópicos; histórico de tentativa de suicídio e internação psiquiátrica);

l. escalas de rastreio para avaliação do humor (depressão, ansiedade e sintomas psicopatológicos);

m. escala de rastreio para qualidade de vida;

n. exame do estado mental;

o. escala de rastreio cognitivo.

No caso de doação intervivos, além dos itens da lista anterior, são investigados os tópicos relacionados a seguir:

p. características do relacionamento com o candidato a doador (tempo de convívio, vínculo estabelecido, características da relação, participação do candidato no processo de adoecimento e de tratamento e em outras esferas da vida do receptor);

q. ocorrência da tomada de decisão (como o doador tomou ciência do transplante intervivos, como ocorreu a conversa que gerou a candidatura – análise de coerção, bem como de fatores intrínsecos e extrínsecos ao processo de decisão);

r. pensamentos, sentimentos e postura adotada pelo receptor frente à doação intervivos e ao doador;

s. compreensão da implicação de riscos e benefícios para o doador;

t. expectativas quanto à qualidade do relacionamento após a doação;

u. ciência da possibilidade de o doador reconsiderar a decisão (identificação de possíveis reações, pensamentos e sentimentos).

O transplante intervivos

O transplante intervivos é compreendido como um método terapêutico, não tradicional, que implica em uma série de questões psicológicas, sociais, legais e filosóficas para todos os envolvidos no processo (doadores, receptores, familiares e equipe assistencial). Essa modalidade de tratamento ganhou força ao longo dos anos e permitiu que pacientes crônicos realizassem o transplante de maneira mais rápida e com menores índices de rejeição, possibilitando uma chance concreta de melhora em sua qualidade de vida (SOUZA; GUIMARÃES, 2014).

A Lei nº 9.434/1997 regulamenta a doação de órgãos no Brasil e, em seu capítulo terceiro, autoriza a doação intervivos gratuita, para fins terapêuticos ou transplantes a cônjuges ou parentes de até quarto grau consanguíneo. A legislação exige que o doador seja uma pessoa juridicamente capaz de realizar a escolha, que a doação permita o seguimento da vida sem risco à integridade e aptidões vitais e psicológicas do doador, que a doação não ocasione mutilação ou deformação inaceitável e que corresponda a uma necessidade terapêutica comprovadamente indispensável ao receptor. Por fim, indica a possibilidade de revogação do candidato a qualquer momento antes da concretização da doação (BRASIL, 1997).

Atualmente, o transplante com doador vivo não relacionado no Brasil ocorre após extensa avaliação médica e psicossocial do candidato e autorização judicial para a realização do procedimento. Em algumas unidades transplantadoras, os documentos da avaliação médica e multiprofissional também são encaminhados para análise em Comitê de Ética da instituição, fornecendo maior segurança ao processo e aos envolvidos.

Pruineli e Kruse (2011) apontam a questão da doação de órgãos como uma estratégia biopolítica, referindo-se à influência do discurso veiculado na mídia quanto à doação e as consequências na conduta das pessoas, modelando, guiando e governando comportamentos.

Segundo Caiuby, Lefèvre e Silva (2004), a doação de órgãos em vida é um assunto polêmico em todo o mundo, envolvendo questões éticas, legais, físicas, psíquicas, religiosas e culturais que devem ser cuidadosamente relatadas e debatidas. A fim de se conhecer as dimensões envolvidas no ato de doação de órgão, pesquisadores constataram que os doadores podem ser motivados por uma série de fatores intrínsecos (por exemplo, religião) e/ou extrínsecos (por exemplo, pressões sociais e relações familiares). Contudo, o estudo indicou que a combinação desses elementos motivacionais varia conforme o tipo de relação entre o doador e o receptor (pais, cônjuges, filhos, amigos e outros) e enfatizou a importância da inclusão dos aspectos familiares e sociais no processo de decisão de doação.

Fernandes e Germano (2011) analisaram, por meio de revisão bibliográfica, a produção discursiva sobre transplante renal intervivos na literatura médica. A análise de 89 artigos veiculados em periódicos internacionais indicou duas grandes metáforas quanto ao processo de doação, denominadas presente e mercadoria, ambas a serviço da solução do problema de escassez de órgãos. Segundo os autores, a metáfora do presente constrange os indivíduos à doação, ressoando que é natural e desejável que um familiar doe de modo espontâneo e altruísta, caracterizando a doação como algo valoroso na sociedade. Já a metáfora da mercadoria enfatiza a noção de corpo como um conjunto de partes recicláveis, passíveis de troca, e minimiza a separação corpo-identidade, pautando-se no princípio da autonomia e autorizando, em alguns países, a venda de órgãos motivada pela pobreza.

Ferreira et al. (2009) realizaram um estudo com quinze candidatos a doadores renais cujo objetivo era identificar o estado emocional dos candidatos e a decisão de doar. O estudo denotou a preocupação dos doadores em causar uma boa impressão no contexto de avaliação psicológica e uma possível apreensão quanto aos prejuízos da entrevista no processo de transplante. Os achados indicaram que grande parte dos candidatos apresenta compreensão precária quanto à patologia renal do receptor e um desconhecimento importante quanto ao procedimento ao qual seriam submetidos. A análise do discurso dos candidatos apontou uma postura passiva e ambígua diante da tomada de decisão e sugeriu que tal mecanismo funcionasse como modo de evitar elementos ansiogênicos que poderiam afetar a tomada de decisão do doador. Apenas três candidatos expressaram espontaneidade ao doar, denotando que grande parte dos sujeitos enfrenta pressões diretas e/ou indiretas do receptor, da família ou da equipe médica. Por fim, a pesquisa concluiu que a decisão de doar, muitas vezes, se pauta em motivos afetivos morais, o que implica em uma decisão rápida, pouco reflexiva e que desconsidera riscos e sentimentos negativos acerca do processo.

A doação de intervivos, portanto, demanda extensa investigação sobre a tomada de decisão e sobre as motivações envolvidas no ato de doar. Além disso, exige um intenso trabalho de orientação por parte da equipe, que deve investir na compreensão global do transplante e assegurar o bem-estar físico e psíquico dos envolvidos no processo.

Avaliação psicológica do potencial doador

Nos últimos anos, observa-se o aumento no número de doadores vivos para transplante. Por esse motivo, é evidente a necessidade de estudo e reflexão quanto à avaliação do doador, a fim de refinar a compreensão dos aspectos psicossociais que envolvem o processo de decisão, bem como assegurar a doação dentro das exigências previstas em lei.

Kohlsdorf (2012) reforça a importância do contínuo monitoramento da compreensão do doador sobre o transplante, dado o alto número de informações e o cenário de dúvidas, dificuldades e expectativas envolvidas. A autora aponta, ainda, a necessidade de investimento na qualidade da comunicação entre pacientes e equipe de saúde, e sublinha o papel da avaliação psicológica enquanto instrumento para a adequada preparação do doador e a garantia da autonomia em seu processo de escolha.

A avaliação psicológica do candidato a doador tem como objetivo identificar riscos para o transplante e realizar orientações quanto ao manejo destes. Contudo, também cabe ao psicólogo instrumentalizar o candidato enquanto sujeito ativo do processo, promovendo uma reflexão profunda das motivações e sentimentos que permeiam a decisão de doar (FERREIRA et al., 2009).

Recomenda-se que a avaliação psicológica de transplante intervivos seja realizada por dois profissionais diferentes, conferindo, assim, neutralidade e imparcialidade ao processo. Ao término das avaliações, os profissionais devem discutir os casos identificados com fatores de risco para o procedimento ou para o sujeito, e compartilhar os achados com a equipe de transplante.

De acordo com OPTN/UNOS (2007), os objetivos centrais da avaliação psicológica do doador são:

- avaliar os potenciais riscos e implicações psicossociais da doação, como histórico psiquiátrico e estabilidade social;
- assegurar a compreensão de riscos, benefícios e potenciais resultados da doação para doador e receptor;
- assegurar a compreensão do doador de que as implicações psicossociais dos doadores, a longo prazo, são escassas na literatura;
- avaliar a capacidade de tomada de decisão do doador diante do procedimento cirúrgico e possível estresse relacionado;
- avaliar os motivos da doação e a ocorrência da tomada de decisão, bem como a possibilidade de qualquer nível de coerção;
- conhecer hábitos, estilo de vida e fatores que possam ser afetados pela doação;
- assegurar que o doador dispõe de rede de apoio eficiente, suportiva e disponível ao longo de todo o processo de transplante;
- identificar quaisquer fatores que justificam orientação educacional ou intervenção terapêutica antes da doação.

Com base nos achados da literatura e na experiência no ambulatório de transplantes, descreve-se os principais tópicos pertinentes à avaliação do doador:

a. dados sociais e demográficos;

b. características do relacionamento entre o potencial doador e o receptor;

c. compreensão do doador sobre a doença e o tratamento do receptor;

d. conhecimento do doador em relação ao procedimento cirúrgico, aos riscos e à recuperação;

e. necessidades e motivações em relação à doação;

f. processo de tomada da decisão;

g. ciência do direito de reconsiderar a decisão;

h. apoio familiar sobre a decisão de doar;

i. expectativas em relação à doação e ao transplante;

j. suporte social, condição socioeconômica e aspectos que possam influenciar esta condição;

k. hábitos e estilo de vida;

l. histórico em saúde mental;

m. habilidades psicológicas de enfrentamento diante de situações de crise;

n. escalas de rastreio de humor;

o. escala de rastreio de qualidade de vida.

A recomendação central é que o candidato seja um indivíduo capaz de tomar a decisão de doar e a expresse livremente, sem qualquer tipo de coerção. O doador deve estar clínica e psicologicamente bem e receber informações sobre riscos e benefícios inerentes à doação para si e para o receptor, além de receber orientação quanto à possibilidade de tratamentos alternativos para o receptor. Ademais, os benefícios para ambos, doador e receptor, devem ser superiores aos riscos associados à doação e ao transplante do órgão. O doador deve ter acesso a apoio médico e psicológico em todas as etapas do processo (DEW et al., 2007).

Morana (2009) estabelece contraindicações relativas e absolutas aos candidatos à doação. Como contraindicações absolutas, aponta a presença de déficit cognitivo ou neurológico grave, psicose ativa e adição (drogas ou álcool). Como contraindicações relativas, ressalta o histórico de transtornos de personalidade; transtornos psiquiátricos; histórico de uso de álcool ou drogas; depressão; neurose; histórico de uso de psicotrópicos ou neurolépticos; suporte social ou familiar limitado; fragilidades na adesão e baixa motivação ao tratamento.

Dew et al. (2007) mostram-se mais conservadores quanto à nomeação e indicam fatores de proteção ou de risco aumentado para o transplante. Consideram doadores com risco aumentado aqueles que possuem: histórico psiquiátrico ou sintomas psiquiátricos em curso; uso, abuso ou dependência de substâncias; capacidade financeira limitada para gerenciar a doação; compreensão simplificada dos riscos ao doador; riscos médicos aumentados (por exemplo, portador de dor crônica); forte ambivalência sobre a doação; expectativas não reais sobre a experiência de doar ou visualização de benefícios adicionais; motivos relacionados a reconhecimento ou a utilização da doação para desenvolver mudanças no padrão de relacionamento; estressores familiares múltiplos; relação de subserviência com o doador (por exemplo, vínculo empregatício com o receptor); relacionamento familiar empobrecido ou pouco apoio familiar para a doação.

Como forma de proteção ao doador, os centros internacionais de transplante incluíram, na rotina de avaliação em doação de intervivos, um profissional denominado *donor advocate*. O objetivo da atuação desse profissional é proteger e promover os direitos dos doadores vivos, auxiliando-os na obtenção de informações e elucidação de dúvidas. Indica-se que esse profissional tenha amplo conhecimento sobre o tema e não seja um integrante direto da equipe transplantadora, garantindo assim livre acesso do candidato e maior segurança e autonomia para a reflexão sobre o processo de doação (RUDOW et al., 2015).

Auditorias internacionais que trabalham com a melhoria da segurança e da qualidade dos serviços médicos prestados a comunidade, como a Joint Commission International (JCI), também salientam a importância da inserção do *donor advocate* na rotina de transplantes intervivos. A quinta edição de seu Manual de Padrões de Acreditação (JCI, 2015) assinala a existência desse profissional nos programas de transplante como ponto de segurança e de cuidado para o paciente.

Assim, espera-se que o protetor ao doador esteja disponível ao candidato desde o início do processo de avaliação e ao longo de todas as etapas do tratamento. Indica-se que o profissional informe, apoie e respeite o doador vivo, de maneira culturalmente apropriada, durante a tomada de decisão.

Internação no transplante de órgãos sólidos

O Hospital Israelita Albert Einstein (HIAE), desde 2002, realiza transplantes de órgãos sólidos (fígado, rim, pâncreas-rim, coração, pulmão e multivisceral), propiciando uma assistência multiprofissional especializada e integral, atendendo pacientes de todas as regiões do país, de forma privada e financiada pelo Sistema Único de Saúde (SUS), como resultado de uma parceria entre a Instituição e o Ministério da Saúde.

Entre 2002 e 2015, foram realizados 3.157 transplantes de órgãos sólidos, sendo 93,3% destes pelo SUS. No ano de 2015, o programa realizou 258 transplantes, 238 pelo SUS e vinte privados, sendo 41,9% de fígado, 41,9% de rim, 11,6% de coração e 4% de outros órgãos. Ademais, o programa registrou 1.466 internações e 27.733 consultas ambulatoriais, somando um total de 3.913 pacientes em acompanhamento.

O transplante de órgãos é um tratamento que pode melhorar a qualidade e a sobrevida dos pacientes, mas também possui exigências e características peculiares aos participantes do programa. Tais características podem envolver grande parcela de dor, angústia e sacrifício por parte do paciente, sendo uma delas o período de internação hospitalar. As internações ocorrem para ajustes clínicos, para o próprio procedimento de transplante e também no pós-operatório, nos casos de possível rejeição do enxerto ou outros desdobramentos do tratamento.

No Hospital Israelita Albert Einstein, há um cálculo de 3,4 dias em média de internação no geral. Para os casos de transplante, os dias de internação ultrapassam consideravelmente esse índice, como demonstram diversos estudos, conforme descrição subsequente. O estudo de Portela et al. (2010) divulga que a média de dias de internação no transplante de fígado é de dezoito dias; já no transplante de rim, para Roque, Prates e Tonini (2007), essa média é de quinze dias. Em outros transplantes, o número pode se estender ainda mais, como nos casos de transplante pulmonar, com 30,1 dias (SCORTEGAGNA, 2013), e cardíaco, em que 36% dos pacientes permaneceram entre 31 e 101 dias hospitalizados (SILVA et al., 2009). Tais números podem variar nos estudos equivalentes e o cálculo inicia-se somente a partir do pós-cirúrgico. De todas as formas, é inegável a constatação de que a realidade do paciente na fila do transplante ou transplantado é de um tempo de internação que supera, em muito, a média hospitalar.

No pós-transplante, o paciente iniciará uma realidade própria, a rotina diária do uso de remédio imunossupressor. Esse medicamento controla o sistema imunológico do paciente, possibilitando que o corpo do transplantado não rejeite o órgão substituído. Esse ajuste pode variar de órgão para órgão ou pelos aspectos individuais do paciente, e a sua não adesão é uma problemática importante no tratamento. A não adesão está associada a múltiplos fatores, como idade do receptor, raça, gênero, nível socioeconômico, tipo de doador, relação médico-paciente, tempo de transplante, complexidade da doença, além de outros fatores psicossociais (SILVA et al., 2009). De acordo com Matas (2007), há uma prevalência de 22,6 casos de não adesão a cada cem pacientes transplantados por ano.

A não adesão ou falhas na adesão à terapia imunossupressora podem desencadear episódios de rejeição aguda ou perda irreversível do enxerto, representando uma das cinco principais causas de insucesso no transplante. Desse modo, identificar e manejar crenças sobre a medicação é um alvo promissor nas intervenções com pacientes transplantados (KARAM; GUIMARO; RODRIGUES, 2008).

O uso de imunossupressor em tratamento é especialmente relevante durante a internação, em virtude da infecção hospitalar (IH). O Ministério da Saúde, na Portaria nº 2.616 de 12/05/1998, define a IH como a infecção adquirida após a admissão do paciente na unidade hospitalar, manifesta durante a internação ou após a alta, como consequência de eventos da internação ou de procedimentos hospitalares. Para Prade (1995), esse problema é crescente nos hospitais brasileiros, com uma taxa de 15,5% de impacto no custo da internação, aumentando em três vezes o valor em comparação ao paciente que não apresentou infecção. Para Silva et al. (2009), no caso dos pacientes transplantados, isso é ainda mais relevante, pois, com o uso do imunossupressor, a infecção hospitalar surge como uma causa importante de internações e de morte nas diversas etapas do transplante.

O paciente pré e pós-transplante poderá vivenciar uma realidade intensa de longas internações e um tratamento que o deixará mais suscetível a infecções. Além disso, o convívio com a doença, o medo da morte e todas as outras nuanças da complexidade do tratamento podem repercutir em seu estado emocional.

Nesse sentido, a avaliação e o acompanhamento psicológico são fundamentais no manejo dos aspectos emocionais desencadeados pelo adoecimento que podem impactar negativamente a condição clínica e psíquica do paciente.

Para tanto, um trabalho integrado com a equipe médica é extremamente necessário e corrobora na identificação e no manejo de situações críticas. De forma complementar, a preparação emocional para os problemas previsíveis ao longo do processo terapêutico também se faz importante (SANTOS, 1996).

Durante o período de internação para o transplante e no pós-cirúrgico, muitas vezes, o paciente experimenta sentimentos diversos, como solidão, dependência e transtorno de ajustamento reativo às dificuldades do pós-operatório. Em casos mais graves, há desenvolvimento de depressão e ansiedade patológicas, e o acompanhamento psicológico pode auxiliar no reforço das defesas internas do paciente e no engajamento das ferramentas de superação interna. Sintomas emocionais mais graves podem significar fragilidade e doenças psiquiátricas de base ou agravamento do quadro clínico e, nesses casos, a avaliação psiquiátrica e o uso de medicação psicoativa podem minimizar os sintomas, intervindo na alteração de comportamentos mais disruptivos (LAZZARETTI, 2006).

O acompanhamento psicológico, nesta fase, também se estenderá aos familiares ou principais acompanhantes do paciente. A inserção na rotina dos cuidados do paciente, a comunicação com a equipe e o desgaste pelo longo período de hospitalização podem desencadear sintomas emocionais também nos familiares. Promover escuta e acolhimento, fortalecer o vínculo com a equipe e auxiliar a família a se reorganizar diante do momento vivido são objetos de atuação do psicólogo. Nos casos de desfecho negativo, como óbito do paciente, o psicólogo auxiliará no manejo do luto.

Avaliação psicológica no pós-transplante

Os primeiros meses após o transplante exigem adaptação ao novo modo de vida e ao tratamento. Trata-se de uma fase com alta exigência ao paciente, considerando a constante rotina de consultas e exames, a possibilidade de procedimentos invasivos, a permanência próxima ao centro transplantador, a realização de ajustes medicamentosos e os possíveis efeitos colaterais dos remédios.

Essa etapa pode ser vivenciada com apreensão, geralmente associada ao risco de rejeição do enxerto ou de uma nova internação, além das expectativas quanto à retomada de papéis no âmbito familiar e social. O uso do imunossupressor também pode desencadear alterações de humor e os pacientes podem apresentar sentimentos como irritabilidade, medo, frustração, culpa, depressão, desesperança, isolamento ou até mesmo euforia.

Nesse sentido, torna-se essencial a continuidade do suporte da equipe multiprofissional, acompanhando as reações e o processo de adaptação do paciente no pós-transplante. É necessário avaliar a eficácia dos cuidados, monitorar a adesão ao tratamento e instrumentalizar o indivíduo e sua família para as ações de autocuidado, tornando o paciente ativo e um verdadeiro parceiro da equipe que o assiste.

Essa premissa vai ao encontro da adesão enquanto um princípio de cooperação e igualdade, propiciando um contexto de aliança terapêutica na relação médico-paciente. Sabe-se que a não adesão é um dos fatores determinantes para o aumento da morbidade e da mortalidade, bem como para a redução da qualidade de vida e o aumento dos custos médicos (TELLES-CORREA et al., 2007).

O paciente transplantado terá que compreender a mudança na modalidade de tratamento e superar o conceito de cura, muitas vezes associado, ainda que inconscientemente, ao transplante. O psicólogo deverá atuar no sentido de estimular a compreensão do transplante como continuidade de tratamento, verificar as expectativas do paciente, avaliar seu contexto sociocultural e sua adesão.

Na etapa de pós-transplante, o profissional realizará uma entrevista psicológica que contemple os principais aspectos afetivos, comportamentais e cognitivos, além de checar e priorizar hábitos e rotina, adesão medicamentosa e às consultas, disponibilidade e efetividade da rede de apoio, qualidade de vida e possíveis alterações de humor e comportamento. Além disso, deverá propiciar ao paciente uma autoavaliação quanto ao processo de transplante, indagando e promovendo a reflexão quanto a aspectos positivos, dificuldades centrais, expectativas preenchidas e frustradas, planejamento de futuro, entre outros.

Por fim, a atuação do psicólogo estimulará o transplantado a estabelecer uma relação ativa, consciente e saudável com seu tratamento, possibilitando que o paciente aproxime suas expectativas e comportamentos às ações esperadas na adesão.

Interface psicólogo e equipe

O panorama atual de transplante de órgãos no Brasil expõe a necessidade de uma rigorosa avaliação médica e interdisciplinar dos candidatos. Considerando a escassez de órgãos, o tempo de espera em fila e os altos custos dos programas transplantadores, faz-se urgente o estabelecimento de critérios objetivos quanto aos fatores de risco ao transplante, visando ao aumento do tempo de sobrevida do enxerto e à melhor qualidade de vida do paciente transplantado.

Nesse contexto, é imprescindível uma intervenção interdisciplinar, envolvendo o trabalho das diferentes áreas de conhecimento da saúde. A atuação dos profissionais deve ser sincronizada e as ações colaborativas, ajustadas às especificidades de cada paciente. A uniformidade na transmissão de informações também é fundamental, pois minimiza o estresse da equipe e transmite segurança ao paciente e seus familiares (KARAM; GUIMARO; RODRIGUES, 2008).

Compreende-se que, após a avaliação dos diversos profissionais, os casos de risco devem ser discutidos pela equipe, preferencialmente antes da inserção do candidato em lista de espera. Maldonado et al. (2015) sugerem que o paciente obtenha informações quanto aos fatores de risco descritos em sua avaliação e receba orientações educativas quanto à mudança de comportamento e à adesão.

Assim, conhecer o histórico e a condição atual do paciente, bem como a sua compreensão das próprias limitações frente ao tratamento, permite o planejamento conjunto de estratégias terapêuticas. Desse modo, o paciente pode alcançar, dentro de um espaço de tempo, o acesso à lista de espera e se tornar um bom candidato ao transplante.

Considerações finais

Diante da complexidade do transplante de órgãos e das exigências físicas e psíquicas que envolvem o paciente em todas as etapas do tratamento, torna-se fundamental a avaliação e o cuidado especializado de toda a equipe multiprofissional na assistência a esses pacientes e familiares.

A temática do transplante de órgãos, como tantas outras na área médico-hospitalar, expõe a importância da ampliação da comunicação dentro da equipe e sublinha a valorização de um saber que transpassa a categoria médica e visualiza o sujeito doente, dotado de características idiossincráticas que devem ser foco de atenção, análise e manejo tempestivo. Este sujeito é enredado por tudo que o adoecimento trouxe e carregou de si, com condições sociais, familiares, cognitivas e comportamentais que influenciam no modo como ele se relaciona com a doença e, consequentemente, nos resultados de adesão.

É preciso refletir quanto ao uso adequado dos recursos, selecionando os candidatos a transplante de modo coeso e refinado. Do ponto de vista psicossocial, isso ocorrerá a partir da adequada identificação dos fatores de riscos e do estabelecimento de critérios claros na seleção dos candidatos. Para tanto, é necessário investir tempo no processo educativo dos pacientes e planejar ações que vão ao encontro do sucesso do transplante e da qualidade de vida do paciente transplantado.

Portanto, em todas as etapas do transplante, compreende-se que a avaliação psicológica estimula o paciente a se empoderar sobre a sua doença e seu tratamento por meio das reflexões sobre a sua postura frente ao processo de adoecimento e da análise das contingências desfavoráveis para sua saúde e da adesão.

Referências

BORGES, S. A. C.; PORTO, P. N. Por que os pacientes não aderem ao tratamento? Dispositivos metodológicos para a educação em saúde. *Saúde debate*, Rio de Janeiro, v. 38, n. 101, p. 338-346, abr.-jun. 2014.

BRASIL. Fundação Nacional de Saúde Diretrizes de educação em saúde visando à promoção de saúde. Portaria nº 483, de 1 de abril de 2014. Redefine a Rede de atenção à saúde das pessoas com doenças crônicas no âmbito do SUS e estabelece diretrizes para a organização das linhas de cuidado. *Diário Oficial da União*. Brasília, DF, abr. 2014. Seção 1, p. 50-52.

BRASIL. Ministério da Saúde Legislação brasileira sobre doação de órgãos humanos: Lei n° 9.434, de 4 de fevereiro de 1997. Dispõe sobre a remoção de órgãos, tecidos e partes do corpo humano para fins de transplante e tratamento, e legislação. *Diário Oficial da União*, Brasília, DF, 5 fev. 1997. Disponível em: <http://www.planalto.gov.br/ccivil_03/leis/L9434.htm>. Acesso em: 20 maio 2016.

BRASIL. Portaria n° 2.616, de 12 de maio de 1998. Regulamenta as ações de controle de infecção hospitalar no país. *Diário Oficial da República Federativa do Brasil*, Brasília, DF, 13 maio 1998. Disponível em: <http://www.anvisa.gov.br/legis/portarias/2616-98.htm>. Acesso em: 28 maio 2016.

CAIUBY, A. S.; LEFÈVRE, F.; SILVA, A. P. Análise do discurso dos doadores renais – uma abordagem psicológica. *Jornal Brasileiro de Nefrologia*, São Paulo, v. 26, n. 3, p. 137-144, 2004.

DEW, M. A. et al. Guidelines for the psychosocial evaluation of living unrelated kidney donors in the United States. *American Journal of Transplantation*, Copenhagen, v. 7, n. 5, p. 1047-1054, maio 2007.

FERNANDES, L. F.; GERMANO, I. M. P. A doação renal em textos científicos: entre as metáforas do presente e da mercadoria. *Interface*, Botucatu, v. 15, n. 38, p. 765-778, set 2011. Disponível em: <http://www.scielo.br/pdf/icse/v15n38/aop3711.pdf>. Acesso em: 29 maio 2016.

FERREIRA, V. M. A. P. et al. Aspectos psicológicos de doadores de transplante renal. *Aletheia*, Canoas, n. 30, p. 183-196, 2009.

JCI – JOINT COMMISSION INTERNATIONAL. *Manual de padrões de acreditação*. Oak Brook, 2015.

KARAM, C. H.; GUIMARO, M. S.; RODRIGUES, R. T. S. Abordagem psicológica do paciente submetido transplante de órgãos. In: KNOBEL, E.; ANDREOLI, P. B. A.; MANES, R. E. *Psicologia e humanização*. São Paulo: Atheneu, 2008.

KOHLSDORF, M. Avaliação psicológica de candidatos a transplante renal intervivos. *Psicologia Argumento*, Curitiba, v. 30, n. 69, p. 337-346, abr./jun. 2012.

KUMMING, M.; JOWSEY-GREGOIRE, S. Preoperative psychological evaluation of transplant patients: challenges and solutions. *Transplant Research and Risk Management*, v. 7, p. 35-43, 2015.

LAZZARETTI, C. T. Transplantes de órgãos: avaliação psicológica. *Psicologia, Saúde & Doenças*, Lisboa, v. 2, n. 6, p. 139-143, 2006.

MALDONADO, J. R. et al. The Stanford Integrated Psychosocial Assessment for Transplantation (SIPAT): a new tool for the psychosocial evaluation of pre-transplant candidates. *Psychosomatics*, Washington, DC, v. 53, n. 2, p. 123-132, mar.-abr. 2012.

MALDONADO, J. R. et al. The Stanford Integrated Psychosocial Assessment for Transplantation: a prospective study of medical and psychosocial outcomes. *Psychosomatic Medicine*, Hagerstown, v. 77, n. 9, p. 1018-1030, nov./dez. 2015.

MATAS, A. J. Impacto da não adesão do receptor nos desfechos em longo prazo de transplante. Revisão da literatura e experiência da Universidade de Minnesota. *Jornal Brasileiro de Transplantes*, São Paulo, v. 10, n. 4, p. 828-831, 2007.

MORANA, J. G. Psychological evaluation and follow-up in liver transplantation. *World Journal of Gastroenterology*, Pleasanton, v. 15, n. 16, p. 694-696, fev. 2009.

OPTN/UNOS. *Proposed Resource Document for the Medical Evaluation of Living Kidney Donors (Living Donor Committee).* 2007. Disponível em: <https://asts.org/docs/default-source/optn-unos/draft-living-kidney-donor-resource-document---optn-revisions-december-17-2007.pdf?sfvrsn=6>. Acesso em: 5 maio 2016.

PORTELA, M. P. et al. O custo do transplante hepático em um hospital universitário do Brasil. *Revista da Associação Médica Brasileira*, São Paulo, v. 3, n. 56, p. 322-326, 2010.

PRADE, S. S. Estudo brasileiro da magnitude das infecções hospitalares em hospitais terciários. *Rev. Controle Infecção Hosp.*, v. 2, n. 2, p. 11-23, 1995.

PRUINELI, L.; KRUSE, M. H. L. Biopolítica e doação de órgãos: estratégias e táticas da mídia no Brasil. *Texto Contexto Enfermagem*, Florianópolis, v. 20, n. 4, p. 675-81, out./dez. 2011.

RODRIGUES, R. T. S. et al. Transplante renal e hepático: Intervenção psicológica no hospital geral. In: BRUSCATO, W. L.; BEBEDETTI, C.; LOPES, S. R.

A. (Org.). *A prática da psicologia hospitalar na Santa Casa de São Paulo:* novas páginas de uma antiga história. São Paulo: Casa do Psicólogo, 2004.

ROQUE, K. E.; PRATES, E. C.; TONINI, M. T. Pós-operatório de transplante renal: avaliando o cuidado e o registro do cuidado de enfermagem. *Escola Anna Nery Revista de Enfermagem*, Rio de Janeiro, v. 3, n. 11, p. 409-416, set. 2007.

RUDOW, D. L. et al. The psychosocial and independent living donor advocate evaluation and post-surgery care of living donors. *Journal of Clinical Psychology in Medical Settings*, New York, v. 22, p. 136-149, 2015.

SANTOS, Z. Transplantes: aspectos psicológicos e psiquiátricos. *Clínica Psiquiatria*, São Paulo, v. 2, n. 17, p. 239-245, 1996.

SCORTEGAGNA, D. *Análise da capacidade pulmonar, capacidade funcional e qualidade de vida em pacientes com fibrose cística trinta meses após o transplante pulmonar seguido de um programa de reabilitação cardiopulmonar.* 2013. 84 f. Dissertação (Mestrado em Medicina) – Faculdade de Medicina, Universidade Federal do Rio Grande do Sul, Porto Alegre, Rio Grande do Sul, 2013.

SCHULZ, K. H.; KROENCKE, S. Psychosocial challenges before and after organ transplantation. *Transplant Research and Risk Management*, v. 7, p. 45-58, 2015.

SILVA, D. et al. Adesão ao tratamento imunossupressor no transplante. *Jornal Brasileiro de Nefrologia*, São Paulo, v. 2, n. 31, p. 139-146, abr./jun. 2009.

SIMONETTI, A. *Manual de psicologia hospitalar:* o mapa da doença. São Paulo: Casa do Psicólogo, 2004.

SOUZA, D. P.; GUIMARÃES, C. M. Doação de órgãos intervivos: atuação do enfermeiro. *Estudos,* Goiânia, v. 41, p. 165-177, 2014.

TELLES-CORREIA, D. et al. Adesão nos doentes transplantados. *Acta Médica Portuguesa*, Lisboa, v. 20, n. 1, p. 73-85, 2007.

PARTE V
Neuropsicologia hospitalar

24. Avaliação neuropsicológica de pacientes adultos

Walkiria Luciana Boschetti
Shirley Silva Lacerda

Introdução

Na década de 1970, surgiram os primeiros psicólogos que atuaram no campo da neuropsicologia no Brasil e foram os pioneiros na prática clínica e no ensino das técnicas em avaliação neuropsicológica. Somente no início da década de 1990, esse campo de atuação tornou-se mais difundido por meio da organização dos primeiros congressos, da formalização da Sociedade Brasileira de Neuropsicologia e do surgimento dos primeiros cursos de especialização para a capacitação de profissionais. Assim, a estruturação dessa área de atuação é recente no Brasil, tendo sido reconhecida como um campo de especialidade para os psicólogos a partir de 2004 (CFP, 2004). A partir de então, foram possíveis o registro e a titulação de profissionais especializados no Brasil e o reconhecimento do neuropsicólogo como o especialista que atua no diagnóstico, no tratamento e na pesquisa da cognição, das emoções, dos comportamentos e da personalidade sob o enfoque da relação com o funcionamento cerebral.

Portanto, o neuropsicólogo é um profissional com graduação em psicologia que, devido à formação teórica e à capacitação prática, se torna um especialista nos conhecimentos relacionados à área da neurologia do comportamento, neuropsicologia humana, neuroanatomia funcional, doenças neurológicas e neuropsiquiátricas, técnicas de avaliação neuropsicológica e de intervenções para reabilitação de pacientes.

As novas gerações de psicólogos, independentemente da área da formação e da atuação clínica, terão que ter pelo menos um acesso mínimo, se não aprofundado, do escopo atual de conhecimentos da neuropsicologia, sua validade e sua aplicabilidade no diagnóstico e no tratamento de pacientes acometidos por lesões neurológicas, doenças neurológicas e desordens neuropsiquiátricas. Essa necessidade será ainda maior para os psicólogos que atuarem na área da psicologia hospitalar, visto que muitos pacientes poderão apresentar alterações comportamentais e cognitivas decorrentes de disfunções neuropsicológicas associadas secundariamente ou primariamente às suas condições clínicas e seus diagnósticos médicos. Ao psicólogo hospitalar não especialista em neuropsicologia caberá a responsabilidade de saber, ou pelo menos reconhecer, algumas das possíveis manifestações das disfunções neuropsicológicas em seus pacientes e, a seguir, encaminhá-los para a avaliação do neuropsicólogo especialista. Ao psicólogo especialista em neuropsicologia que atuará no âmbito hospitalar caberá a responsabilidade de conhecer e aplicar as melhores práticas em avaliação, diagnóstico, tratamento e educação de pacientes e seus familiares.

Segundo Weintraub (2000), a avaliação neuropsicológica é um processo de exploração dinâmica do estado, o que envolve funções cognitivas, estado emocional e comportamentos, os quais podem estar alterados como resultado de disfunções neurológicas. Complementarmente, Zilmer et al. (2008) definem a avaliação neuropsicológica como um método empírico de exame que se aplica a vários contextos médicos e psiquiátricos, sendo um exame sensível para avaliar a integridade do funcionamento cerebral, apontando desordens neurológicas ou psicológicas, sendo útil nos serviços de diagnóstico e em ambientes de pesquisa clínica, quando os aspectos cognitivos e comportamentais estão envolvidos.

A avaliação neuropsicológica é utilizada desde a década de 1950 para a investigação das alterações cognitivas relacionadas à lesão ou à disfunção cerebral. Doenças neurológicas, transtornos psiquiátricos e até mesmo transtornos psicológicos podem cursar com sinais de alterações das habilidades cognitivas e da performance executiva.

O avanço tecnológico dos exames de imagem nas últimas décadas permitiu a visualização da estrutura cerebral por meio das técnicas de tomografia e de ressonância nuclear, tendo surgido, mais recentemente, técnicas que permitem a visualização da ativação neuronal das áreas cerebrais por meio das medidas de metabolismo da glicose (PET Scan) e da demanda de fluxo sanguíneo (SPECT) das áreas cerebrais em atividade. As técnicas de visualização da estrutura cerebral e da ativação dos neurônios têm permitido enormes avanços no conhecimento e no diagnóstico das doenças neurológicas e neuropsiquiátricas. E, nesse contexto atual da medicina tecnológica, baseada em pesquisa e evidência, a avaliação neuropsicológica continua sendo um método empírico de investigação do funcionamento cerebral, sensível à identificação de disfunções neuropsicológicas, específico para determinar as áreas cognitivas e comportamentais alteradas e preservadas, bem com o grau e/ou gravidade do comprometimento cognitivo e comportamental, de forma complementar às demais técnicas de investigação para diagnóstico.

Princípios da avaliação neuropsicológica

Questões éticas e clínicas

No ambiente hospitalar, é imprescindível que o encaminhamento do paciente para a avaliação neuropsicológica seja realizado pela equipe médica responsável pela ampla investigação diagnóstica e pelo tratamento clínico dos pacientes. Médicos encaminhadores de diferentes especialidades detectam as queixas dos pacientes ou seus familiares e\ou identificam sinais de comprometimento cognitivo e comportamental, que justificarão o encaminhamento para um exame de funções neuropsicológicas. Caberá aos médicos identificarem os pacientes que poderão necessitar e se beneficiar de uma avaliação neuropsicológica, assim como formular os motivos do encaminhamento e as questões sobre a descrição de diagnóstico ou dúvidas diagnósticas que possam contribuir para melhor direcionamento da investigação neuropsicológica e para o diagnóstico diferencial em questão.

Serão considerados como contraindicados para uma avaliação neuropsicológica extensa e formal aqueles pacientes não colaborativos, sob a condição de muita fadiga ou dor, pacientes ativamente psicóticos ou confusos, pacientes severamente deprimidos ou ansiosos, pacientes severamente demenciados e pacientes com comprometimento neurológico agudo, como logo após a ocorrência de um acidente vascular cerebral ou trauma cranioencefálico. A esse grupo de pacientes, caberá a realização de uma avaliação observacional, por meio de instrumentos breves ou escalas de rastreio cognitivo para o monitoramento de sua condição cognitiva.

Entre os pacientes que geralmente são encaminhados para a avaliação neuropsicológica, haverá o grupo com lesão cerebral estabelecida em decorrência de trauma cranioencefálico, acidente vascular cerebral, tumores, encefalites, esclerose múltipla, anóxias, malformações cerebrais etc. Também serão encaminhados para a avaliação neuropsicológica os pacientes que apresentam queixas cognitivas e condições de risco para disfunções neuropsicológicas como doenças cardíacas, doenças metabólicas e sistêmicas, epilepsias, pacientes com abuso de substâncias (álcool, drogas, medicações), transtornos neuropsiquiátricos (depressão, TOC, transtornos esquizotípicos, transtorno bipolar, transtornos de personalidade etc.), declínio cognitivo leve no idoso, doenças vasculares, doenças neurodegenerativas (demência de Alzheimer, demência vascular, demência frontotemporal, doença de Parkinson etc.), transtornos do desenvolvimento (TDAH, transtornos de aprendizagem, transtornos do espectro autista etc.).

No que diz respeito às questões éticas, se faz necessário obter o consentimento e a concordância por parte do paciente ou de um responsável legal para a realização da avaliação neuropsicológica. As questões relacionadas ao sigilo das informações devem se pautar nos preceitos da ética profissional, mas deverá ser esclarecida, aos pacientes e seus responsáveis legais, a necessidade de declaração, no laudo, das informações necessárias e pertinentes ao diagnóstico neuropsicológico, como histórico de queixas, impactos no dia a dia, histórico de fatores de risco (clínicos, psiquiátricos e psicológicos), medidas de desempenho nos testes e escalas utilizadas no processo de avaliação, interpretação clínica do perfil neuropsicológico e observações comportamentais. Deve-se assegurar que os dados relacionados à avaliação neuropsicológica serão compartilhados com o paciente e terceiros relevantes, que serão o médico solicitante do exame, o familiar autorizado pelo paciente ou a pessoa responsável legal ou formalmente pelo consentimento do exame.

Caberá ao neuropsicólogo esclarecer os motivos do encaminhamento, conhecer o histórico relevante do paciente e suas queixas, determinar sua competência ou não para avaliar o paciente e se é possível ou não realizar a avaliação neuropsicológica nas condições em que o paciente se apresenta.

Rapport

O *rapport* se faz tecnicamente necessário em qualquer atendimento psicológico, e não menos para a realização da avaliação neuropsicológica, independentemente de seu formato e extensão.

Caberá ao neuropsicólogo a habilidade de promover ao paciente a compreensão dos objetivos do exame, a previsão de demandas e tarefas, oferecer esclarecimentos, conforto e ambiente adequado para a realização do exame, ser continente e empático às manifestações do paciente, estabelecer uma agenda de atividades, manter o ritmo de trabalho, sem estabelecer pressão ou pressa. O *rapport* é fundamental para obter-se a cooperação e o melhor esforço do paciente, o que são fundamentais para a confiabilidade dos resultados do exame.

A fim de se obter a confiança do paciente, é necessário que o neuropsicólogo seja bem treinado nas técnicas de exame, esteja familiarizado com os procedimentos, seja competente na padronização de instruções e aplicação dos testes, seja habilidoso para observar o paciente, para registrar seu desempenho e manejar seu comportamento durante todo o período de avaliação.

Objetivos da avaliação neuropsicológica

A avaliação neuropsicológica atende a dois principais objetivos, que são, em primeiro lugar, auxiliar no diagnóstico clínico de possíveis alterações neuropsicológicas e, em segundo lugar (e não menos importante), promover orientações sobre os cuidados do paciente e recomendações de intervenções e tratamentos (AACN, 2007).

São bastante comuns queixas cognitivas subjetivas por parte dos adultos com ou sem histórico de doença neurológica, sendo a avaliação neuropsicológica o método confiável para a testagem de sintomas. Em relação ao objetivo diagnóstico, a avaliação neuropsicológica apresenta altos níveis de validade e confiabilidade, bem como valor de predição sobre os impactos que poderão ocorrer na vida do paciente. Permite obter medidas de performance nas esferas da cognição e o estabelecimento de um perfil de funcionamento cognitivo, identificando áreas preservadas e alteradas, bem como o nível de classificação das diversas medidas. Assim, é possível estabelecer as esferas de "forças" e "fraquezas" da cognição, as habilidades especificamente comprometidas ou não, o grau de eficiência das habilidades preservadas e o grau de dificuldade das habilidades deficitárias.

As desordens neurológicas, neuropsiquiátricas ou psicológicas apresentam padrões distintos de alterações comportamentais e cognitivas, que são chamados de fenótipos característicos ou típicos de cada transtorno. O conhecimento dos diferentes fenótipos neuropsicológicos, o histórico clínico e evolutivo dos diferentes transtornos, o padrão de queixas e o impacto funcional na vida real permitirão o diagnóstico diferencial entre condições consideradas normais, neurológicas e psiquiátricas.

As alterações neuropsicológicas identificadas podem ser correlacionadas aos achados de exame neurorradiológicos e laboratoriais, para maior validade do diagnóstico, nos casos de transtornos que cursam com alterações também nestas esferas.

Por meio da avaliação neuropsicológica, também é possível a mensuração de mudanças cognitivas e comportamentais longitudinalmente. Por meio das comparações entre as medidas de desempenho em momentos distintos, é possível estabelecer as mudanças no padrão de funcionamento cognitivo (piora ou melhora) de uma determinada condição clínica ao longo do tempo. A reavaliação neuropsicológica permite também medir os efeitos e os padrões de mudanças na cognição após tratamentos cirúrgicos, farmacológicos, psicossociais e outros. Em última instância, a avaliação neuropsicológica permite a diferenciação entre manifestações de disfunções neurocognitivas verdadeiras e condições forjadas (simulação).

Método e procedimento

O procedimento de avaliação neuropsicológica pode compreender até seis etapas: anamnese e coleta de informações, administração de testes cognitivos e escalas comportamentais, quantificação e classificação de resultados, interpretação e diagnóstico, redação de laudo e devolutiva. O formato de cada etapa e o tempo despendido a cada uma delas pode ser bastante variável, de acordo com os objetivos do exame, o contexto do serviço, o grau de dificuldade para avaliar o paciente, a complexidade de resultados e da análise do caso, as demandas do paciente, da família e da equipe envolvida.

A anamnese é a etapa de coleta de informações que deve ser realizada com o paciente e um familiar próximo que possa contribuir com o relato de informações relevantes. A anamnese é uma etapa importante para o estabelecimento de *rapport* com o paciente e o familiar, sendo extremamente importante para o conhecimento da perspectiva do paciente e sua autopercepção. A coleta de informações deve se iniciar com o histórico prévio do paciente (composição familiar, escolaridade, contexto sociocultural, histórico ocupacional), motivo do encaminhamento, tempo de evolução e tipo das queixas, impacto das queixas nas funções exercidas pelo paciente no cotidiano, histórico médico, medicações em uso, características de personalidade e mudanças, rotina e nível de autonomia e resultados de outros exames que possam ser correlacionados. O neuropsicólogo experiente saberá conduzir a anamnese de forma a pesquisar todas as informações relevantes – evolução e padrão das queixas e fatores de risco – a fim de poder estabelecer algumas hipóteses diagnósticas ao final dessa etapa e conduzir o planejamento da avaliação nas etapas seguintes.

A partir da solicitação médica e das hipóteses diagnósticas a serem estabelecidas por meio do exame, o neuropsicólogo deverá estabelecer seu planejamento de testes cognitivos e escalas comportamentais a serem realizadas.

Recomenda-se que os serviços de neuropsicologia tenham definido diferentes protocolos de exame de acordo com as indicações da literatura, para a avaliação de determinados grupos clínicos e as esferas cognitivas a serem investigadas. O desenvolvimento de protocolos específicos para diferentes grupos clínicos de pacientes, como protocolo de exame para pacientes com lesão encefálica (TCE, AVC, tumores etc.) ou protocolo de exame para pacientes idosos (declínio cognitivo leve, demências etc.), permitirá a melhor prática no procedimento – com foco na investigação das esferas relevantes – maior eficácia no processo de exame e otimização do tempo. Dessa forma, haverá protocolos mais reduzidos ou extensos, mais breves ou longos, de acordo com os objetivos da investigação. De modo geral, todos os protocolos de exame deverão investigar com maior ou menor ênfase a maioria das esferas cognitivas, a saber: orientação temporoespacial, habilidades de visuopercepção e visuoespaciais, habilidades sensoriomotoras, habilidades atencionais e funções executivas, linguagem, processos de memória e aprendizagem (verbal e visual), abstração e raciocínio fluido (verbal e visual), habilidades acadêmicas (leitura, escrita e cálculos), nível de eficiência intelectual, medidas de comportamento adaptativo na vida diária, sintomas de humor e sintomas neuropsiquiátricos.

A avaliação neuropsicológica baseia-se em um método e em procedimentos de exame que envolvem o uso de testes cognitivos com validade e confiabilidade comprovadas, de forma a obterem-se medidas de desempenho dos pacientes, que serão comparadas às normas estatísticas da população geral compatível com as características do paciente e, assim, classificadas como preservadas ou alteradas. O uso dos testes, a quantificação e a classificação dos resultados, a interpretação clínica, segundo o referencial da neuropsicologia, e o diagnóstico diferencial requerem experiência na prática clínica e boa formação do profissional nesta especialidade.

Além das medidas quantitativas da performance nos testes cognitivos, serão de extrema importância as observações comportamentais e reações do paciente frente aos testes. Nem sempre os pacientes encaminhados para avaliação neuropsicológica estarão devidamente motivados e cooperativos, uma vez que podem estar contrariados com a demanda do exame ou temerosos com os resultados finais e, dessa forma, se mostrarem resistentes e pouco cooperativos. Os aspectos qualitativos do desempenho relacionam-se em "como o paciente se apresenta" e podem evidenciar sinais extremamente importantes para a interpretação clínica dos resultados nos testes e a compreensão das disfunções neuropsicológicas. Desse modo, o neuropsicólogo deve observar o paciente de forma atenta para poder identificar sinais de desatenção, lentificação ou impulsividade, falta de iniciativa, problemas de planejamento e monitoramento de erros, falhas de memória, alterações da linguagem e da expressão da fala, dificuldades motoras e grafomotoras, condições de auto percepção, juízo crítico, reações emocionais, percepção e adequação social. Em contrapartida, deve-se também observar os padrões atípicos de respostas e inconsistências, que podem ocorrer em situações de baixa motivação ou simulação de déficits.

Redação de laudo

A redação de laudo ou relatório de avaliação neuropsicológica deve proporcionar dados de histórico do paciente e dados clínicos relevantes, identificação de testes e escalas utilizados, escores quantitativos e classificações de desempenho, bem como texto descritivo com análise do desempenho do paciente, finalizando com uma opinião direta, objetiva e independente sobre o perfil de resultados preservados e alterados, respondendo à solicitação de diagnóstico feita pelo autor do encaminhamento. A redação do laudo deve seguir as normas do Conselho de Psicologia, estando atento à necessidade de uma linguagem técnica e compreensível, texto claro e direto, com estilo formal e elegante.

Devolutiva final

Uma vez que identificamos as "áreas de problemas" do paciente e seu diagnóstico, torna-se possível estabelecer as orientações sobre cuidados ao paciente e intervenções indicadas. Déficits cognitivos e inabilidades comportamentais decorrentes de disfunções neurológicas podem ter grande impacto em muitas esferas da vida do paciente e da família. Sendo assim, torna-se importante, a partir da avaliação neuropsicológica, orientar os pacientes e seus familiares sobre as capacidades e limitações identificadas no exame, predizer os impactos na vida real, estimar o potencial de autonomia e de produtividade do paciente, as necessidades de assistência atual e futura, a evolução da condição clínica ao longo do tempo, principalmente quando se tratar de pacientes com déficits cognitivos. Dessa forma, a sessão de devolutiva final é a etapa de finalização do processo de avaliação, em que se realiza a entrega do laudo, a apresentação dos resultados e da hipótese clínica, os impactos previstos e o curso evolutivo, as sugestões de intervenções terapêuticas e outros apoios.

Avaliação neuropsicológica do paciente internado

Ao avaliar um paciente internado, é necessário levar em consideração o motivo pelo qual ele está hospitalizado, ou seja, a patologia que ocasionou a necessidade de cuidados mais intensivos. Dependendo disso, o funcionamento cognitivo do paciente pode estar, pelo menos em parte, sendo afetado não apenas pela doença, mas também pelo tratamento que está recebendo. Conhecer bem o motivo da internação e o tratamento que está sendo feito é primordial para que uma avaliação neuropsicológica realizada no contexto da internação seja útil na elucidação do funcionamento cognitivo do paciente.

Além do conhecimento do motivo da internação por meio do prontuário médico e de informações obtidas com a equipe de saúde, a condução de uma entrevista de anamnese é de extrema importância na elucidação das origens das queixas sobre dificuldades cognitivas. Saber quando e como determinada dificuldade começou e a forma como ela afeta a vida do paciente é crucial no entendimento do quadro neuropsicológico e para que o diagnóstico seja o mais preciso possível.

Na anamnese neuropsicológica do paciente internado, a busca pelas origens das dificuldades e a interação destas com o motivo da internação deve ser alvo constante do entrevistador. Compreender como as queixas surgiram, sua evolução ao longo do tempo, seus impactos no dia a dia e suas relações com o motivo da internação podem ajudar na compreensão dos resultados alcançados nos testes neuropsicológicos a fim de obter não só o diagnóstico neuropsicológico correto, mas também de proporcionar o melhor encaminhamento ao paciente.

A consulta ao prontuário hospitalar do paciente é muito importante, pois nele todas as informações relacionadas ao motivo da internação, ao diagnóstico clínico, ao tratamento e ao comportamento serão anotados pela equipe médica e multiprofissional que atendem o paciente, podendo ser úteis na compreensão do caso. O entendimento da condição atual do paciente durante a internação, os possíveis diagnósticos clínicos, as medicações em uso e as intervenções realizadas podem afetar o funcionamento cognitivo. Este impacto e as queixas são conhecimentos fundamentais para quem realiza a avaliação neuropsicológica do paciente internado em um hospital geral e devem ser consideradas não só na gênese, mas também na amplitude das dificuldades relatadas e identificadas pelos testes neuropsicológicos.

Após a consulta ao prontuário, deve ser conduzida a entrevista com o paciente e, sempre que possível, com um familiar próximo. Não apenas questões relacionadas ao início, à duração e à evolução das queixas/dificuldades devem ser abordadas, mas também todo o histórico cognitivo, comportamental, de personalidade, humor, rotinas, antecedentes clínicos pessoais e familiares devem ser investigados.

Existem alguns aspectos diferenciais da avaliação neuropsicológica do paciente internado em comparação ao paciente que é avaliado em outros contextos. A avaliação do paciente internado envolve maior complexidade no manejo e nas tomadas de decisão por parte do neuropsicólogo para a condução do exame, dada a maior complexidade clínica dos pacientes no momento da internação, as condições de colaboração do paciente, as expectativas e angústias dos familiares, a necessidade de agilidade para a realização e a finalização do exame por parte da equipe de saúde.

A avaliação neuropsicológica na beira do leito

No contexto da internação, devido à condição clínica do paciente, muitas vezes é necessário que a avaliação neuropsicológica ocorra na beira do leito. Essa necessidade pode advir da condição clínica do paciente, que demanda monitoramento constante, precaução de contato devido à patologia contagiosa ou imunossupressão. Nesses casos, os prós e os contras das adaptações necessárias para a avaliação do paciente na beira do leito devem ser considerados.

O primeiro cuidado a ser considerado é verificar se o paciente está em condições de ser avaliado. Para isso, o neuropsicólogo deve obter informações com a equipe responsável que cuida do paciente sobre o nível de consciência e orientação, capacidade de comunicação e colaboração, e outras condições que possam interferir nos resultados da avaliação do paciente. Essas informações iniciais permitirão avaliar o estado geral do paciente, a preparação e o planejamento da avaliação na beira do leito, bem como a abordagem ao paciente e ao familiar. Ao entrar em contato com o paciente e o familiar, o neuropsicólogo deve fornecer orientações sobre o procedimento a ser realizado, seus objetivos e sua duração, a fim de obter o consentimento tanto do paciente quanto do familiar para a realização do exame. O consentimento, o engajamento e a colaboração do paciente são fundamentais para a obtenção de resultados válidos e confiáveis.

Outro cuidado a ser tomado é em relação às condições em que os testes serão aplicados. Deve-se sempre informar à equipe e ao familiar a importância da privacidade, do silêncio e da continuidade no momento da aplicação dos testes, para que o paciente não seja abordado por terceiros e não ocorram interrupções indesejadas durante a avaliação. Apenas o paciente e o neuropsicólogo devem permanecer no ambiente durante o exame e a entrada de outras pessoas no ambiente deve ser evitada. Após assegurar um ambiente tranquilo, antes de iniciar a testagem, o avaliador deve procurar posicionar o paciente de forma confortável para que ele possa realizar as tarefas que serão propostas. Será necessária uma mesa que se adapte ao leito e que permita o apoio do material e do paciente durante a realização das tarefas. Muitas tarefas requerem o desempenho grafomotor para desenhar ou escrever, montagens com peças e manipulação de material. A devida acomodação do paciente é imprescindível para garantir seu melhor desempenho, visto também que muitas tarefas utilizam medidas de tempo de execução, e qualquer interferência nesta medida deverá ser considerada e interpretada com cuidado, levando-se em consideração os fatores de interferência.

Avaliação neuropsicológica por meio de protocolos específicos

Considerar a patologia do paciente é necessário para o planejamento da avaliação neuropsicológica, uma vez que nos permite a compreensão das causas e das consequências neuropsicológicas previstas e o padrão de dificuldades que poderão ser apresentadas pelo paciente na testagem neuropsicológica. Além da colaboração e do engajamento do paciente, necessitamos que ele seja capaz de compreender as instruções e executar as ações solicitadas. Pacientes afásicos apresentam limitações na expressão ou na compreensão de linguagem que podem impedi-los de emitir respostas verbais, porém, poderão comunicar-se por meio de gestos ou de forma escrita. Pacientes com hemiplegia podem exibir dificuldades para realizar tarefas motoras, contudo, a emissão de respostas verbais estará preservada. Sendo assim, a escolha do protocolo de avaliação é primordial para que possamos investigar as esferas de risco de comprometimento e obtermos resultados fidedignos na avaliação neuropsicológica. De forma geral, os protocolos sempre irão considerar a avaliação de aspectos atencionais, funções executivas, memória verbal e não verbal, linguagem, raciocínio, habilidades visuoespaciais, praxias motoras, gnosias e funcionamento intelectual.

Avaliação neuropsicológica nas lesões encefálicas adquiridas

As lesões encefálicas adquiridas são aquelas nas quais um indivíduo sofre um insulto cerebral, seja por ação externa (traumatismo cranioencefálico) ou interna (acidente vascular cerebral). Nos casos dos traumatismos cranioencefálicos (TCE), a lesão cerebral é decorrente de uma ação mecânica sofrida pelo cérebro, devido a desaceleração e golpes, rotação do eixo e estiramentos de fibras. Dependendo dos mecanismos da lesão, das regiões afetadas e da extensão, decorrerá o dano cerebral e, consequentemente, disfunções neuropsicológicas. Do mesmo modo, no caso dos acidentes vasculares cerebrais (AVC), o tipo de evento vascular (isquêmico ou hemorrágico), as regiões afetadas e a extensão da lesão determinarão as disfunções neuropsicológicas.

Para pacientes acometidos por TCE ou AVC, a consideração de lesões em hemisfério esquerdo ou direito determinará a escolha dos testes neuropsicológicos a serem utilizados. A elaboração de protocolos específicos leva em consideração não apenas a identificação de disfunções cognitivas previstas ao quadro etiológico, mas também a mensuração das habilidades que estão preservadas, que serão úteis para a programação da reabilitação neuropsicológica.

Avaliação neuropsicológica nas doenças degenerativas

Doenças neurológicas degenerativas são aquelas em que o indivíduo apresenta declínios ou perdas na sua capacidade cognitiva e/ou motora à medida que a doença evolui. Ou seja, com o passar do tempo e a progressão da doença, os déficits neuropsicológicos se agravam. Nesses casos, a avaliação neuropsicológica tem o papel não apenas de identificar os déficits cognitivos presentes no momento da avaliação para auxílio diagnóstico, mas também de ser uma referência para futuras reavaliações e acompanhamento da evolução e das mudanças no padrão das dificuldades ao longo do tempo.

A avaliação neuropsicológica das doenças degenerativas tem um importante objetivo como auxílio para o diagnóstico diferencial a partir do perfil de disfunções neuropsicológicas identificadas. É possível, por exemplo, diferenciar um paciente com disfunções da doença de Alzheimer (DA), em que a memória é a principal função comprometida, de um paciente com demência frontotemporal (DFT), cujas alterações de linguagem e comportamentais são as predominantes (PORTO et al., 2008). Além disso, é possível diferenciar o comprometimento de memória entre estas duas patologias distintas, em que portadores de DA exibem uma deterioração da capacidade de armazenamento da memória recente e de acesso da memória semântica, enquanto os portadores de DFT apresentam déficits mais proeminentes nos processos de codificação e de recuperação da memória espontânea da informação (ALLEGRI et al., 2001). Diferenças também podem ser encontradas entre portadores de demência decorrente da doença de Parkinson (DP), em que as funções atencionais e visuoespaciais são as mais comprometidas, e da demência secundária ao DA, em que os déficits de memória são mais proeminentes (NETO et al., 2005).

Desse modo, os protocolos de avaliação neuropsicológica nas doenças degenerativas devem contemplar as habilidades que nos permitirão identificar os déficits prováveis e auxiliarão no diagnóstico diferencial entre os quadros demenciais. Os resultados da avaliação neuropsicológica serão também importantes para a elaboração de programas de reabilitação neuropsicológica que contemplem as necessidades específicas de cada paciente.

Avaliação neuropsicológica em outras condições clínicas

Outras condições clínicas, como a esclerose múltipla (EM), hidrocefalia de pressão normal (HPN), tumores cerebrais, doenças hepáticas e renais, doenças cardiológicas, pacientes submetidos à quimioterapia e à radioterapia, poderão se beneficiar da avaliação neuropsicológica como forma de identificar possíveis alterações cognitivas decorrentes de suas doenças e/ou tratamentos. Em cada caso, a construção de protocolos específicos para a avaliação neuropsicológica deverá seguir as referências da literatura, de forma a ser um exame válido e sensível à identificação das alterações neuropsicológicas previstas.

Conclusão

Ao longo dos últimos quarenta anos, a neuropsicologia se tornou uma área de conhecimento e um campo de atuação bastante reconhecido no contexto brasileiro. A evolução do conhecimento e das técnicas no campo da neurociência nunca foi tão ágil, assim como as possibilidades de ensino e divulgação desta área de conhecimento. A neuropsicologia tem um lugar privilegiado no campo médico, hospitalar e da saúde mental.

Os campos de atuação da neuropsicologia frente ao diagnóstico, ao tratamento ou à reabilitação, ao ensino e à pesquisa, são necessários na área hospitalar, o que requer cada vez mais a capacitação dos psicólogos neste campo de conhecimento e de atuação.

Referências

ALLEGRI, R. F. et al. Perfis diferenciais de perda de memória entre demência Frontotemporal e a do tipo Alzheimer. *Psicologia: Reflexão e Crítica*, Porto Alegre, v. 12, n. 2, p. 317-324, 2001.

AACN – AMERICAN ACADEMY OF CLINICAL NEUROPSYCHOLOGY. American Academy of Clinical Neuropsychology (AACN) practice guidelines for neuropsychological assessment and consultation. *The Clinical Neuropsychologist*, Hove, v. 21, n. 2, p. 209-31, mar. 2007.

CFP – CONSELHO FEDERAL DE PSICOLOGIA. *Resolução nº 002/2004 do Conselho Federal de Psicologia:* legislação, resolução e recomendações para a prática profissional em psicologia. Brasilia, DF, 2004.

NETO, J. G.; TAMELINI, J. G.; FORLENZA, O. V. Diagnóstico diferencial das demências. *Revista de Psiquiatria Clínica*, São Paulo, v. 32, n. 3, p. 119-130, 2005.

PORTO, C. S. et al. Neuropsychological differences between frontotemporal lobar degeneration and Alzheimer's disease. *Dementia & Neuropsychologia*, São Paulo, v. 2, n. 3, p. 223-227, 2008.

WEINTRAUB, S. Neuropsychological Assessment of Mental State. In: MESULAM, M. M. (Ed.). *Principles of Behavior and Cognitive Neurology*. 2. New York: Oxford University Press, 2000. p. 121-74.

ZILMER, E.; SPIERS, M. V.; CULBERTSON, W. C. Neuropsychological assessment and diagnosis. In: ZILMER, E.; SPIERS, M. V., et al. (Ed.). *Principles of neuropsychology*. 2. ed. Belmont: Thomson Wadsworth, 2008. p. 62-90.

25. Avaliação de pacientes infantis

Taymara Ramos Verdun
Carla Cristina Adda

Neste capítulo, apresentaremos a avaliação neuropsicológica infantil, que é um processo psicodiagnóstico que tem como foco a relação cérebro-comportamento (MIRANDA, 2006), e tem como objetivo investigar o atual funcionamento intelectual, cognitivo e comportamental da criança e do adolescente, de modo a compreender a forma como processam informações e aprendem. A avaliação neuropsicológica infantil tem como propósito contribuir para o diagnóstico médico e para o planejamento de intervenções, fornecendo uma visão pormenorizada dos recursos e dos potenciais do indivíduo, bem como das áreas que necessitam de investimento terapêutico.

O modelo de avaliação neuropsicológica infantil que será descrito se refere ao formato utilizado no Serviço de Neuropsicologia do Centro de Reabilitação do Hospital Israelita Albert Einstein.

Objetivos da avaliação neuropsicológica infantil

A seguir, citaremos alguns dos objetivos da avaliação neuropsicológica infantil:

- realizar o *mapeamento do perfil cognitivo*, ou seja, estabelecer não apenas o perfil e a magnitude do déficit, os quais chamamos de "fraquezas", mas também descrever as habilidades preservadas, consideradas "forças" (MIRANDA, 2006);

- oferecer *informações sobre o funcionamento cognitivo-comportamental* da criança à família, à escola e à equipe multidisciplinar. Ao orientarmos os envolvidos, fornecemos recursos para o manejo apropriado e possibilitamos o alinhamento das expectativas. Além disso, pais conscientes sobre as limitações dos filhos tendem a não associar sintomas neuropsicológicos à desmotivação, ao desinteresse ou à preguiça (ARGOLLO; LEITE, 2010);

- auxiliar no *processo de diagnóstico*. Sabemos que, para alguns transtornos que são largamente estudados na literatura, são descritos perfis de funcionamento cognitivo-comportamental (ARGOLLO; LEITE, 2010). Dessa forma, ao analisarmos o perfil encontrado ao final da avaliação, podemos sugerir se tal padrão de funcionamento é compatível com um transtorno especifico;

- realizar o *diagnóstico diferencial* entre transtornos com expressões semelhantes de sintomas (MIRANDA, 2010). Por exemplo, fornecer recursos para distinguir se o comportamento de agitação exacerbada observado em uma criança é proveniente de um quadro de transtorno de déficit de atenção e hiperatividade (TDAH) ou de transtorno afetivo bipolar (TAB). Nesse caso, as alterações podem se assemelhar no que tange a topografia do comportamento (agitação). Todavia, a análise do padrão cognitivo-comportamental associada às demais informações obtidas na avaliação podem contribuir para a distinção entre diagnósticos;

- a avaliação neuropsicológica pode ser utilizada para a *detecção precoce de possíveis atrasos e/ou riscos no desenvolvimento*, independentemente de ter um diagnóstico associado ou não. Dessa forma, possibilita que se inicie um programa de estimulação também precoce, que contribua para o melhor prognóstico;

- a avaliação e a reavaliação podem assumir o *papel de linha de base* e medida do nível evolutivo antes e pós-intervenções farmacológicas ou não farmacológicas (RIBEIRO, 2015);

- a avaliação pode servir como ponto de partida para planejar as intervenções, medicamentosas ou não, bem como para pautar a *reabilitação neuropsicológica e planejamento educacional* (ARGOLLO; LEITE, 2010). A partir do mapeamento do perfil cognitivo, podemos traçar áreas preservadas, que poderão auxiliar em estratégias compensatórias, como também delinear áreas que necessitam de estimulação e devem compor o treino cognitivo (reabilitação).

Vale ressaltar que a avaliação neuropsicológica não tem como objetivo realizar um diagnóstico de forma cabal. Ao final da avaliação, o profissional poderá sugerir se o perfil encontrado é compatível com algum transtorno ou se ater à descrição dos achados cognitivos (ARGOLLO; LEITE, 2010).

Demandas de atendimento

Comumente, as crianças chegam ao Serviço de Neuropsicologia do Hospital Israelita Albert Einstein por apresentarem desenvolvimento atípico, como:

- atraso/ausência de uma determinada habilidade cognitiva e/ou comportamental, sendo mais comuns as queixas de atraso na aquisição na linguagem, dificuldade na interação social e na aprendizagem;
- alteração na intensidade de determinado comportamento com prejuízo funcional para a criança, como agitação, hiperatividade, desatenção, agressividade, dificuldade em seguir regras e limites.

O processo de avaliação neuropsicológica infantil

A avaliação neuropsicológica infantil, no nosso serviço, ocorre, em sua maioria, no contexto ambulatorial. Em alguns casos, é necessária avaliação no leito e durante o período de internação, mas nesta seção iremos nos ater ao formato ambulatorial.

São realizadas em torno de oito sessões de atendimento, a primeira destinada à entrevista com os pais ou o cuidador da criança, seis sessões com o paciente e uma sessão de devolutiva após finalização do processo de avaliação.

Segundo Navatta (2009), a avaliação neuropsicológica infantil é um processo composto pelos seguintes passos: entrevista de anamnese, observação lúdica, planejamento da avaliação e seleção de instrumentos, e análise e integração dos dados.

Na avaliação realizada em nosso serviço, adicionamos três tópicos: (1) coleta de informações com equipe multidisciplinar (médicos, fonoaudiólogos, terapeuta ocupacional, psicopedagogos e escola, entre outros); (2) sessão de devolutiva e entrega do laudo para pais/cuidadores; e (3) encaminhamentos e devolutiva para equipe multidisciplinar, se houver o consentimento da família.

A seguir, veremos cada uma das etapas desse processo, na sequência em que geralmente ocorrem em nosso serviço:

- entrevista de anamnese com pais/cuidadores;
- planejamento e seleção de instrumentos de avaliação;
- sessões de avaliação com a criança (observação lúdica);
- contato com a equipe multiprofissional;
- análise, integração dos dados e laudo;
- devolutiva para família e encaminhamentos.

Entrevista de anamnese com pais/cuidadores

No primeiro contato com os pais, é realizada a sessão de anamnese, destinada à coleta de informações. Nesse encontro, serão abordados e interrogados temas como o motivo do encaminhamento, queixa atual, história pregressa da patologia e histórico médico, histórico perinatal, desenvolvimento neuropsicomotor, histórico familiar, exames realizados, histórico comportamental e de personalidade, histórico educacional, social e rotina atual da criança.

Na entrevista de anamnese, utilizamos um questionário base que orienta a coleta das informações citadas. Concomitante à coleta desses dados, temos por objetivo elaborar hipóteses de funcionamento cognitivo e comportamental, e, no decorrer da entrevista, direcionamos perguntas com o intuito de confirmar ou descartar as hipóteses formuladas. Nesse sentido, é de extrema importância que o profissional tenha amplo conhecimento sobre o desenvolvimento infantil típico e acerca dos distúrbios do desenvolvimento (MIRANDA, 2006).

Nesse encontro, também temos por objetivo explicar aos pais como se dará o processo de avaliação neuropsicológica; o que é uma avaliação, como ocorrerão as sessões com a criança, o que são testes (aplicação, correção, tabela normativa, avaliação qualitativa e quantitativa) e o que almejamos alcançar no final do processo (mapeamento das forças e fraquezas, perfil cognitivo, como se dá o processo de aprendizagem). Ressaltamos, ainda, a importância da preparação para as sessões de avaliação, como a criança estar acompanhada por um adulto responsável, alimentada, descansada, ter boas horas de sono. O intuito é minimizar possíveis interferências no processo de avaliação.

Sessões de avaliação com a criança (observação lúdica)

Condições ambientais

O ambiente deve reunir condições adequadas, evitando possíveis fatores desfavoráveis e garantindo as melhores condições de resposta para o paciente (RABELO, 2011). Com relação à sala de testagem, algumas condições devem ser atendidas, como boa iluminação, ventilação, higiene, ausência de barulho e menor quantidade de estímulos distratores possíveis.

As condições de aplicação devem ser padronizadas e garantir uma coleta de dados de boa qualidade, visto que a má aplicação pode comprometer os resultados, tornando-os até mesmo inválidos, mesmo quando utilizadas boas ferramentas de testagem (RABELO, 2011).

Estratégias para atendimento infantil

O profissional é um elemento importante na situação de testagem, e seu modo de ser e de atuar pode interferir bastante nos resultados da avaliação (PASQUALI, 2003). Na testagem com o público infantil, o qual, em sua maioria, não compreende por completo a importância e a relevância de realizar a avaliação, cabe ao profissional motivar e engajar o paciente para que este obtenha o melhor desempenho nas tarefas realizadas.

Inserir brincadeiras e jogos contribui para a avaliação qualitativa, a observação lúdica e também para motivar a criança a manter-se engajada no processo de avaliação. A disponibilização do jogo/brincadeira, ou seja, acesso a algo reforçador para a criança, vai depender do perfil de funcionamento do paciente, que pode ter necessidade de reforço mais imediato ou capacidade de postergar a recompensa.

O ambiente favorável, presença de atividades lúdicas e a sensibilidade do profissional irão minimizar a possibilidade de ocorrerem comportamentos de esquiva frente às tarefas mais aversivas, por exemplo, no caso de crianças com dificuldade de leitura ao realizar um teste de desempenho escolar.

Bateria/protocolo de testagem

Avaliação quantitativa

Segundo Miranda (2010) do ponto de vista quantitativo, utiliza-se testes psicométricos compostos por baterias. A bateria de avaliação pode ser fixa ou flexível e sua composição pressupõe fornecer as informações necessárias para responder as hipóteses acerca do funcionamento cognitivo. Em nosso centro de reabilitação, existe um protocolo fixo, elaborado de acordo com cada faixa etária, no qual incluímos testes e escalas conforme demanda (queixa), ou seja, a pergunta a ser respondida.

Por exemplo, ao recebermos uma criança com hipótese diagnóstica de transtorno do espectro do autismo (TEA), adicionaremos testes que avaliam as esferas neurocognitivas correlacionadas ao transtorno, como a coerência central, a teoria da mente e as funções executivas (RIBEIRO, 2015).

A seleção dos testes deve contemplar um panorama geral das funções cognitivas e dar ferramentas ao profissional para formular hipótese diagnóstica dos prejuízos cognitivos, bem como fornecer o mapeamento/perfil neuropsicológico do paciente (MIRANDA, 2006).

O protocolo utilizado em nosso serviço se propõe a avaliar as seguintes esferas: atenção, funções executivas (planejamento, controle inibitório, flexibilidade mental), memória e aprendizagem, linguagem, funções motoras, organização visuoespacial e visuoconstrutiva, organização perceptual, habilidades sociais, habilidades acadêmicas, nível intelectual (inteligência) e esfera comportamental e emocional.

Existe, na literatura, vasta discussão sobre instrumentos de avaliação infantil. A seguir, iremos nos ater ao protocolo utilizado para avaliação quantitativa de crianças e adolescentes no centro de reabilitação do Hospital Israelita Albert Einstein:[10]

- *Atenção (sustentada, dividida, focalizada):* Dígitos, Cancelamento, Códigos, Procurar Símbolos e Completar Figuras (WISC-IV), (TDAH para professores).

- *Funções executivas (planejamento, controle inibitório, flexibilidade mental e memória operacional):* Cubos, Dígitos inversos e Sequência de Números e Letras (WISC-IV), Fluência de Desenhos (NEPSY-II), Wisconsin e planejamento para Cópia da Figura de Rey.

- *Memória e aprendizagem:* Lista de palavras, Memória para faces, Memória narrativa (NEPSY-II) e Figura de Rey (tardio).

- *Linguagem:* Vocabulário, Semelhanças, Compreensão (WISC-IV), Fluência verbal e Compreensão de Instruções (NEPSY-II).

- *Funções motoras:* precisão visuomotora e atividades qualitativas (preensão do lápis, manipulação de objetos, dominância manual).

- *Organização perceptual, visuoespacial e visuoconstrutiva:* Completar Figuras, Cubos (WISC-IV), Cópia de Desenhos (NEPSY-II), Cópia da Figura Complexa de Rey e Armar Objetos (WISC-III).

- *Habilidades sociais (percepção social, teoria da mente, coerência central):* Compreensão (WISC-IV), Reconhecimento de emoções, Teoria da mente (NEPSY-II), Arranjo de Figura, Armar Objetos (WISC-III) e escalas.

---

10. As baterias neuropsicológicas devem levar em consideração os instrumentos validados e padronizados (faixa etária, amostra populacional) e contexto utilizado. Alguns testes podem ser utilizados em centros de pesquisas. O Instrumento Nepsy-II encontra-se em fase de validação nacional (ARGOLLO; LEITE, 2010).

- *Habilidades acadêmicas:* Teste de Desempenho Escolar (TDE), Informação e Aritmética (WISC-IV), produção livre/redação (escrita), Método Horizontes, Prolec e escalas (EAVAP).

- *Processos intelectuais (QI, raciocínio lógico e abstração):* QI total, Matriz de Raciocínio, Conceito Figurativo, Semelhanças (WISC-IV) e Columbia.

- *Esfera comportamental e emocional:* EACIP (escala de avaliação infantil para o professor)

Análise qualitativa

Muitas vezes, os escores nos testes de forma isolada dizem pouco sobre o funcionamento do paciente, sendo importante verificar "como" a criança soluciona determinado problema, o "porquê" de não conseguir realizar uma demanda apresentada (MIRANDA, 2006).

Observamos e analisamos pontos como: após quanto tempo a criança se cansa ou apresenta queda no rendimento, se apresenta padrão de erros por impulsividade, apresenta erros isolados que podem ser relacionados à possível oscilação da atenção, não responde por falta de motivação para atender a uma instrução verbal.

A análise qualitativa do desempenho da criança nos testes tem o papel de complementar e auxiliar na formulação do diagnóstico cognitivo-comportamental do paciente.

Ainda na análise qualitativa, compondo a esfera de avaliação comportamental, podemos descrever comportamentos como presença de agitação, lentificação psicomotora, ansiedade, tolerância à frustração, contato interpessoal, presença de estereotipias, padrão rígido, prosódia ao falar, compreensão das instruções, qualidade do diálogo e discurso espontâneo, postura colaborativa entre outros.

Contato com equipe multiprofissional

Um dos principais aspectos na avaliação infantil é a obtenção de informações a partir de múltiplas fontes (SCIVOLETTO et al., 2012).

Com a finalidade de complementar e ter acesso ao funcionamento da criança para além do ambiente de testagem, é de extrema importância o contato com outros profissionais que acompanham ou avaliaram a criança, bem como o contato com a escola. É muito relevante saber se as dificuldades e as queixas apresentadas se repetem e se estão presentes em outros ambientes.

Análise, integração dos dados e relatório

A partir dos resultados quantitativos (escores brutos) obtidos de acordo com cada instrumento aplicado, poderemos compará-lo com a população normativa correspondente (idade, sexo, escolaridade) e obter a classificação dos escores.

Após termos os resultados e a classificação do desempenho em todas as esferas avaliadas de forma quantitativa, realizamos a análise e a interpretação dos resultados, correlacionando os quantitativos, os qualitativos, o motivo da avaliação, a hipótese diagnóstica e as demais informações obtidas em todas as etapas da avaliação.

Ao redigirmos o relatório da avaliação neuropsicológica, incluímos todos os dados coletados, como anamnese, escalas, informações fornecidas pela equipe multiprofissional, dados quantitativos (tabelas) e descrição e interpretação dos resultados, bem como sugestões de encaminhamento.

O relatório é o meio de comunicação oficial, o documento que responde a demanda, sendo o resultado final do processo, o fecho da avaliação e a abertura das orientações para reabilitação (MADER-JOAQUIM, 2010).

Devolutiva para família e encaminhamentos

Para os familiares da criança, um dos momentos mais importantes é a entrevista de devolutiva, na qual as alterações observadas devem ser traduzidas com exemplos das situações práticas, orientações e indicações para acompanhamento futuro (MADER-JOAQUIM, 2010).

O planejamento da intervenção e da reabilitação neuropsicológica infantil se inicia no processo de análise dos dados obtidos na avaliação neuropsicológica (NAVATTA, 2015). A intervenção geralmente abrange acompanhamento interdisciplinar com médico, psicólogo, neuropsicólogo, psicopedagogo, fonoaudiólogo, terapeuta ocupacional, entre outros.

Casos de avaliação na internação/leito

A avaliação neuropsicológica realizada durante a internação hospitalar pode ser necessária e muito útil (BOSCHETTI, 2013). Atualmente, a maior demanda relacionada ao público infantil está ligada a casos de traumatismo cranioencefálico (TCE), protocolos de pesquisas pré e pós-intervenções cirúrgicas e tumores cerebrais.

Diferentemente do protocolo descrito na avaliação em ambiente ambulatorial, o protocolo de avaliação no período de internação é mais flexível e adaptado à demanda. Isso porque, geralmente, o contexto hospitalar exige respostas rápidas por parte da equipe de saúde (BOSCHETTI, 2013). Em média, são destinados dois encontros para a sessão de avaliação e realização da testagem, e o protocolo deve ser composto por testes que tenham o objetivo de responder a demanda do encaminhamento.

Devemos levar em consideração o nível de alerta, atenção, ambiente no qual será realizado (leito), fadiga ou indisposição para realização de demandas específicas e quadro de saúde do paciente (incômodo, dor, sonolência etc.).

Em alguns casos, não devemos realizar uma avaliação neuropsicológica extensa devido à condição do paciente; dentre esses casos, destacam-se os de traumatismo cranioencefálico agudo, pacientes não colaborativos, gravemente deprimidos, confusos e psicóticos. O principal objetivo da avaliação, nesse contexto, é o acompanhamento evolutivo (utilização de escalas), a orientação aos familiares e à equipe multidisciplinar.

O fator tempo pós-lesão cerebral deve ser levado em conta, visto que a recência do insulto é um dos fatores mais críticos na determinação do estado neuropsicológico (GOUVEIA, 2015). Nessa fase, o desempenho do paciente nos testes pode mudar rapidamente de uma semana para outra, interferindo nos dados da avaliação neuropsicológica.

Levando em consideração a gravidade do caso, a avaliação neuropsicológica formal é indicada posteriormente, quando o paciente apresentar quadro relativamente estável, que possibilitará verificarmos déficits e nortearmos o planejamento da reabilitação e a intervenção terapêutica multidisciplinar. Escalas que avaliem a evolução do quadro podem auxiliar no estabelecimento do momento adequado para o início da avaliação neuropsicológica formal.

O momento que segue ao trauma é delicado e, muitas vezes, a família encontra-se fragilizada, ansiosa e angustiada diante da situação e do estado do paciente, sendo de grande importância, nessa etapa, a orientação e o fornecimento de informações emergenciais.

Considerações finais

A avaliação neuropsicológica infantil é fundamental na compreensão do atual funcionamento cognitivo-comportamental do indivíduo. Nela, verificaremos o padrão de desenvolvimento da criança, suas funções cognitivas, possíveis déficits e áreas de maiores habilidades.

A partir da análise de dados e da descrição do perfil cognitivo-comportamental encontrado ao final do processo de avaliação, é papel do neuropsicólogo compartilhar os achados com a família, a equipe multidisciplinar e os demais envolvidos no cuidado com a criança. Fornecer informações e orientações à rede de apoio do paciente contribuirá para o melhor desenvolvimento possível das intervenções e da reabilitação, provendo ferramentas para serem traçados objetivos terapêuticos baseados nas reais limitações e potencialidades do paciente.

Referências

ARGOLLO, N.; LEITE, W. B. Psiquiatria e Neurologia Infantil. In: MALLOY-DINIZ, L. F.; FUENTES, D.; MATTOS, P. et al. *Avaliação neuropsicológica*. Porto Alegre: Artmed, 2010. p. 274-279.

BOSCHETTI, W. L.; VIANA, R. M.; LACERDA, S. S. Avaliação neuropsicológica do paciente internado. In: ANDREOLI, P. B. A.; CAIUBY, A. V. S.; LACERDA, S. S. *Psicologia hospitalar*. Barueri, SP: Manole, 2013. p. 175-192.

GOUVEIA, P. A. R. Reabilitação neuropsicológica de pacientes com lesão encefálica adquirida: fases subaguda e crônica de evolução. In: MIOTTO, E. C. (Org.). *Reabilitação neuropsicológica e intervenções comportamentais*. Rio de Janeiro: Roca, 2015. p. 136-150.

MADER-JOAQUIM, M. J. O neuropsicólogo e seu paciente: introdução aos princípios da avaliação neuropsicológica. In: MALLOY-DINIZ, L. F.; FUENTES, D.; MATTOS, P. et al. *Avaliação neuropsicológica*. Porto Alegre: Artmed, 2010. p. 46-57.

MIRANDA, M. C. Avaliação neuropsicológica quantitativa e qualitativa: ultrapassando a psicometria. In: MELLO, C.B.; MIRANDA, M.C.; MUSZKAT, M. *Neuropsicologia do desenvolvimento:* conceitos e abordagens. São Paulo: Memnon, 2006. p. 127-143.

MIRANDA, M. C.; BORGES, M.; ROCCA, C. C. A. Avaliação neuropsicológica infantil. In: MALLOY-DINIZ, L. F.; FUENTES, D.; MATTOS, P. et al. *Avaliação neuropsicológica*. Porto Alegre: Artmed, 2010. p. 221-233.

NAVATTA, A. C. R. Planejamento na reabilitação neuropsicológica infantil. In: MIOTTO, E. C. *Reabilitação neuropsicológica e intervenção comportamental*. Rio de Janeiro: Roca, 2015. p. 23-29.

NAVATTA, A. C. R.; FONSECA, M. F.; MUSZKAT, M. Triagem diagnóstica no processo de Avaliação neuropsicológica interdisciplinar. *Psicologia: reflexão e crítica*, Porto Alegre, v. 22, n. 3, p. 430-438, 2009.

PASQUALI, L. *Psicometria teoria dos testes na psicologia e educação*. Petrópolis: Vozes, 2003.

RABELO, I. S.; BRITO, L.; REGO, M. G. S. Padronização e normatização de testes psicológicos: simplificando conceitos. In: AMBIEL, R. A. M. et al. *Avaliação psicológica:* guia de consulta para estudantes e profissionais de psicologia. São Paulo: Casa do Psicólogo, 2011. p. 129-161.

RIBEIRO, T. C.; MARTONE, M. C. C. Transtorno do espectro autista: da avaliação à intervenção. In: MIOTTO, E. C. *Reabilitação neuropsicológica e intervenção comportamental.* Rio de Janeiro: Roca, 2015. p. 90-105.

SCIVOLETTO, S.; SILVA, T. F.; CELERI, E. H. R. V. Avaliação clínica e formulação diagnóstica de crianças e adolescentes. In: POLANCYK, G. V.; LAMBERTE, M. T. M. R. *Psiquiatria da infância e adolescência.* Barueri: Manole, 2012. p. 30-39.

26. Reabilitação neuropsicológica do adulto

Paula Adriana Rodrigues Gouveia
Patricia Pimentel Gomes

Na prática clínica, o neuropsicólogo dispõe de técnicas e instrumentos de avaliação e tratamento (reabilitação) das alterações cognitivas e de comportamento, associadas às disfunções e/ou lesões cerebrais. A cognição corresponde às habilidades instrumentais necessárias para processar e responder aos estímulos e às situações experimentadas, como atenção, memória e abstração. Além disso, o cérebro também é responsável pelas emoções e pela regulação do comportamento. Por isto, um paciente com alteração cerebral pode vir a apresentar alterações de humor (depressão, ansiedade) e de regulação do comportamento, como impulsividade, inadequação social ou apatia, o que também terá um impacto negativo em sua funcionalidade.

A reabilitação neuropsicológica é uma área da neuropsicologia que visa minimizar os déficits de ordem cognitiva, comportamental e psicossocial. Deve-se considerar o processo de reabilitação como algo interativo e de mão dupla entre o indivíduo com incapacidades e a equipe de reabilitação. O neuropsicólogo trabalhará junto com o paciente e sua família para estabelecer as metas do tratamento, de acordo com as necessidades reais do paciente em seu cotidiano (WILSON, 2008). É importante ressaltar que o objetivo da reabilitação, considerando-se os preceitos da Organização Mundial da Saúde (OMS), não é atingir a "cura", uma vez que isso, muitas vezes, é inatingível frente à gravidade das sequelas com as quais muitos indivíduos passam a conviver. Como não é possível devolver o indivíduo à sua condição anterior à patologia, a reabilitação trabalha com a adaptação do paciente ao seu melhor nível possível, nos âmbitos social, físico e psicológico (WHO, 2001).

Ao iniciar o tratamento de reabilitação neuropsicológica, o profissional deve contar com uma avaliação neuropsicológica para ter o perfil atual de funcionamento cognitivo do paciente. Além disso, é muito importante realizar uma entrevista de anamnese minuciosa. O objetivo principal na entrevista para a reabilitação é compreender, em detalhes, como esse indivíduo está funcionando em sua rotina diária. Quais as queixas, as dificuldades que de fato aparecem, independentemente de estarem ou não relatadas na avaliação formal. Aliás, o ponto fundamental da entrevista seria justamente o de verificar, na vida real, como as alterações neuropsicológicas (tanto cognitivas como de comportamento) se manifestam em suas atividades no momento em que o paciente busca esse recurso de tratamento. Paciente e familiar poderão descrever quais as queixas cognitivas atuais, aspectos de humor, comportamento e relacionamento pessoal que interferem nos papéis sociais e ocupacionais (WILSON, 1999). O estabelecimento de metas no processo de reabilitação deve ser realizado em conjunto com o paciente e seu familiar, mas, para isso, é necessário que o profissional tenha obtido uma compreensão adequada das dificuldades do paciente e do impacto destas em sua autonomia e qualidade de vida.

Um fator importante a ser considerado no planejamento do tratamento é o estabelecimento das metas de trabalho. As metas de reabilitação devem ser objetivas, realistas e mensuráveis para que fiquem claras para todos aqueles envolvidos no processo. Isso auxilia na aderência e no compromisso do paciente e ajuda o terapeuta na preparação das sessões e na condução das intervenções, de forma que estas sejam adequadas às prioridades estabelecidas inicialmente. Além disso, outra vantagem de trabalhar a partir de metas objetivas é que elas podem servir de indicador de evolução, refletindo o rumo do tratamento, sendo reavaliadas quanto a sua efetividade (WILLIAMS; EVANS; WILSON, 1999). De acordo com Wilson (2003), as metas do trabalho de reabilitação devem ser estabelecidas em pequenos passos, com objetivos de curto e longo prazo, desmembrando a reabilitação em etapas menores que sejam atingíveis. Elas devem ser elaboradas em conjunto com o paciente e seu familiar. Um exemplo de meta atingível para um paciente com déficit de memória seria o de não se esquecer de tomar seus medicamentos no horário correto (foco no funcionamento, na atividade e na participação social), enquanto melhorar a memória seria um exemplo de meta ampla, difícil de ser atingida e estimada em um tempo determinado (principalmente por envolver restauração de função cognitiva). Para cada meta, elabora-se um plano de ação com as etapas a serem cumpridas, descrevendo qual o procedimento para alcançá-las.

A abordagem de reabilitação neuropsicológica não se atém apenas ao treino de funções cognitivas, como proposto na ideia de reabilitação cognitiva. Ela sugere algo mais amplo, que englobe problemas reais nas atividades diárias, além de aspectos psicossociais e comportamentais (PRIGATANO, 1997). Assim, técnicas de compensação de dificuldades devem ser enfatizadas e monitoradas de forma contínua, paralelamente ao uso de exercícios de treino de função. Em termos conceituais, tratam-se de técnicas distintas de reabilitação: o treino de função e o uso de estratégias compensatórias. O treino cognitivo consiste em uma tentativa de melhorar a função comprometida (isto é, memória, atenção etc.). O treino é realizado por meio de exercícios feitos de forma repetitiva para que o indivíduo melhore seu desempenho naquela tarefa (SOHLBERG; MATTER, 2009). Espera-se que essa melhora também se generalize em uma melhora da função comprometida, o que nem sempre ocorre, especialmente dependendo da gravidade do déficit.

Por outro lado, as estratégias compensatórias são focadas na funcionalidade, não têm por objetivo restaurar a função deficitária, mas permitir que o paciente realize atividades que dependam das funções afetadas (TREXLER; WEBB; ZAPPALA, 1994). Dessa forma, é necessário encontrar um auxílio ou uma nova forma de desempenhar uma atividade para que o indivíduo ganhe o máximo de independência que sua condição permitir. Essas estratégias são bastante utilizadas após o período de recuperação espontânea inicial, quando os prejuízos remanescentes passam a evoluir de forma muito lenta e podem ser abordados como sequelas, para as quais é necessário fazer adaptações. Um tipo de estratégia bastante utilizada são os auxílios de memória, como um alarme ou agenda. Ainda que a capacidade de se recordar dos compromissos seja falha, anotações na agenda (desde que usada regularmente) podem impedir que um indivíduo com comprometimento de memória falte aos seus compromissos. No entanto, para que isto funcione, é preciso haver um treino para ensiná-lo a utilizar o auxílio (especialmente porque o paciente amnésico não se lembra que tem que usá-lo) e para que haja a generalização para outras atividades fora do contexto clínico (tarefas do dia a dia). Assim, muitas estratégias precisam ser incorporadas à rotina de forma a se tornarem tarefas habituais e, para que isto ocorra no caso de pacientes graves, normalmente é preciso contar com a ajuda de um cuidador/familiar até que o comportamento se instale no repertório do paciente (GOUVEIA, 2006).

Patologias

Na prática clínica, os casos mais frequentes que chegam para assistência se referem às lesões encefálicas adquiridas, como acidente vascular cerebral (AVC), traumatismo cranioencefálico (TCE), anoxia e as doenças degenerativas, que cursam com alterações cognitivas, como no caso das demências. No entanto, cabe ressaltar que inúmeras patologias podem acarretar disfunções cognitivas e de comportamento, como alterações metabólicas, intoxicação exógena, tumores cerebrais, quadros infecciosos, dentre uma série de quadros clínicos associados. A seguir, faremos uma distinção quanto às características dos principais grupos de pacientes atendidos na rotina assistencial.

Lesão encefálica adquirida (LEA)

Quando nos deparamos com pacientes com LEA, sejam jovens ou pessoas de meia idade, uma característica importante do histórico destes pacientes é o fato de eles usualmente estarem ativos e funcionais até o momento da lesão. As expectativas em relação à recuperação física e cognitiva são bastante elevadas, buscando-se retomar todas as atividades prévias, especialmente no que se refere à autonomia para atividades de vida diária e retorno ao trabalho. Tratamse, na maioria das vezes, de pessoas envolvidas em papéis sociais com responsabilidade de cuidar da família e serem provedores da casa, fatores que pesam bastante na necessidade de minimizar e manejar as sequelas remanescentes. Lesões adquiridas se estabilizam e não há piora progressiva (exceto quando há outras condições clínicas específicas que acarretem lesões, como alterações vasculares crônicas, por exemplo). Dessa forma, embora a velocidade da recuperação diminua após a fase aguda e subaguda, é possível obter ganhos mediante treino de habilidades específicas, por meio de compensação das dificuldades (uso de estratégias compensatórias). Na presença de condições favoráveis, recursos disponíveis, aderência, engajamento e apoio familiar, o processo de reabilitação neuropsicológica dessas condições clínicas pode trazer muitos benefícios para pacientes e seus familiares, pela ampla gama de opções de atuação e busca de adaptações, visando tornar o indivíduo o mais independente e funcional possível, dependendo da gravidade do quadro.

A motivação para melhorar facilita a aderência a mudanças na rotina, a introdução de novas atividades, como *hobbies* ou mudanças e adaptações no ambiente de trabalho (por exemplo, passar a desempenhar atividades em local mais silencioso, com menos distratores, quando isso for possível). Ainda assim, os desafios são imensos, pois fatores como dinâmica familiar e perfil prévio de manejo de situações difíceis e de recursos do paciente para lidar com adversidades podem interferir significativamente no processo de reabilitação. Além disso, alterações de humor, sejam decorrentes da própria lesão ou associadas à forma de lidar com as limitações impostas pela nova condição, também contribuem para a dificuldade de aceitação e de adaptação dos pacientes.

Comprometimento cognitivo leve (CCL) e demências

Quando abordamos pacientes idosos com queixas cognitivas, nos deparamos com um panorama distinto daquele descrito nas lesões adquiridas. Primeiramente, na maioria das vezes, as queixas e as dificuldades aparecem de forma insidiosa e, durante muito tempo, perdura a dúvida sobre se há uma alteração de fato ou se se tratam apenas de mudanças decorrentes do envelhecimento normal. Mesmo diante de impacto negativo na funcionalidade, o diagnóstico nem sempre é dado de forma clara até que haja o comprometimento significativo da autonomia do paciente. Mesmo para aqueles que procuram ajuda tão logo as dificuldades surjam, a sensação é sempre de uma corrida contra o tempo, de evitar a perda, o declínio. O receio de tornar-se incapaz, de não manter seu nível de atividades e de perder a lucidez é muito assustador.

Pessoas com CCL, ou seja, aqueles que já apresentam alguma alteração cognitiva, porém, sem prejuízo da funcionalidade diária, sem preencher critérios para quadro demencial e que podem ou não evoluir para tal condição, usualmente apresentam perfil favorável para o trabalho de reabilitação neuropsicológica, pois dispõem de mais recursos cognitivos para utilizar estratégias internas e externas com o objetivo de otimizar o desempenho, compensando certas dificuldades no dia a dia. Esses indivíduos, em geral, conseguem realizar atividades de treino de habilidades com relativo grau de complexidade e, quando disciplinados, chegam a realizar mudanças de hábitos para adoção de estratégias, como registros em agendas e diários, mudanças de rotina, realização de resumos de leituras realizadas, dentre outras.

Nos quadros demenciais em fase inicial, os objetivos giram em torno da manutenção das habilidades cognitivas remanescentes, por meio de exercícios de estimulação (que devem ser adequados ao perfil neuropsicológico e ao nível de alteração do paciente), além da introdução de adaptações e estratégias de compensação na rotina diária, para que o paciente ainda possa obter ganhos de autonomia ou para que ele demande menor supervisão externa.

Os pacientes com quadro demencial instalado e déficits cognitivos graves podem apresentar maiores limitações para o emprego de recursos de reabilitação neuropsicológica, seja porque a crítica sobre a extensão e o impacto das limitações está reduzida, diminuindo a motivação e a aderência, seja porque os prejuízos instalados já reduziram sobremaneira a autonomia e assim a demanda por adaptações e compensações fica menor, pela necessidade constante de supervisão externa.

Atendimento no hospital

Uma característica no hospital é a possibilidade de atendimento ao paciente agudo e muitas vezes a pacientes graves, com outras condições clínicas que afetam seu nível cognitivo. No âmbito hospitalar, a atuação do neuropsicólogo é mais frequente em ambulatórios, por meio da prática da avaliação e da reabilitação neuropsicológica, porém, também há espaço para atuação em ambiente de internação, desde a fase aguda de recuperação até o acompanhamento de pacientes considerados crônicos. Ao acompanhar um paciente internado, o neuropsicólogo necessita manter maior contato com a equipe interdisciplinar para o desenvolvimento de objetivos comuns, trocar informações e ajustar as metas referentes ao atendimento do paciente. Também se deve ressaltar a assistência aos familiares e aos cuidadores, com o objetivo principal de orientá-los quanto ao perfil cognitivo e emocional do paciente, bem como sobre estratégias de manejo de possíveis alterações cognitivas e comportamentais nesta fase.

Em lesões encefálicas adquiridas, especialmente no AVC e TCE, o tempo decorrido do insulto é um dos fatores mais críticos na determinação do estado neuropsicológico do indivíduo. Assim, dados de observação/avaliação neuropsicológica obtidos durante o período recente de recuperação neurológica podem se tornar obsoletos em semanas ou mesmo dias. Devido à rapidez das mudanças, à vulnerabilidade à fadiga e às reações emocionais, uma avaliação formal e conclusiva, em geral, mostra-se prematura neste momento, devendo-se optar por um mapeamento de linha de base ou uso de escalas e instrumentos específicos para as condições do paciente (GOUVEIA, 2015).

Algumas condições clínicas demandam intervenções específicas, como pacientes com alterações da consciência, que podem ser avaliados com escalas apropriadas para distinção entre coma, estado vegetativo e pacientes minimamente conscientes (GIACINO et al., 2002). Instrumentos como a Coma Recovery Scale revisada (GIACINO; KALMAR; WHYTE, 2004) utilizam estímulos de diversas modalidades sensoriais (visual, auditivo, táctil, olfativo) e respostas a comandos simples para investigar a presença de respostas localizadas e intencionais. Muitas vezes, há dúvida por parte da equipe sobre o nível de compreensão e de respostas desses pacientes, o que leva à solicitação de avaliação do nível de consciência.

Outra condição específica são os pacientes de TCE moderado a grave em fase aguda de recuperação. Em geral, os pacientes que sofreram traumas fechados com lesão axonal difusa e que já recobraram a consciência apresentam confusão mental, alteração de comportamento e de memória recente, característicos do período de amnésia pós traumática (APT) (GRONWALL, 1989). Nesses casos, também são necessárias intervenções distintas e o uso de escalas para monitoramento da evolução, como a Galveston Orientation and Amnesia Test

(GOAT) (SILVA; SOUSA, 2007) e de estadiamento das fases de evolução após TCE, como a Escala de Níveis Cognitivos Rancho Los Amigos (HAGEN; MALKMUS; DURHAM, 1972).

Os pacientes neurológicos em período de internação, por encontrarem-se de modo geral em fase inicial de evolução ou em fase crônica de condições de maior comprometimento, tendem a apresentar características em comum, como a presença de limitações físicas e cognitivas que dificultam a abordagem neuropsicológica. Em geral, incluem-se, nesse grupo, indivíduos com estados alterados de consciência (coma, estado vegetativo e minimamente consciente), amnésia pós-traumática e em fase inicial de déficits cognitivos (memória, pensamento, linguagem/comunicação, atenção, síndrome de heminegligência).

Além disso, muitas vezes, estes pacientes apresentam déficits sensoriais (deficiência visual, auditiva, diplopia, hemianopsia), déficits motores (hemiparesias, hemiplegias), déficit de expressão e/ou compreensão verbal, distratibilidade e fadiga. Assim, neste período, apesar de observarmos dificuldades específicas relacionadas ao tipo, à localização e à extensão da lesão neurológica, devemos considerar alguns aspectos mais comuns às condições cerebrais agudas, como a capacidade de alerta e de atenção que podem oscilar bastante, com prejuízos da retenção imediata de dados e da capacidade de concentração e manutenção da atenção mesmo por períodos curtos de tempo. Também é comum o paciente apresentar confusão mental, déficit de memória para informações recentes, alterações de comportamento e labilidade emocional. Em geral, o déficit de memória grave, na fase aguda, pode levar a pouca ou nenhuma recordação dessa fase por parte do paciente.

Quanto à evolução cognitiva, em muitos casos, a regressão das alterações observadas pode ser rápida, com melhora gradual significativa durante as primeiras semanas e meses, quando a curva de evolução começa a se estabilizar. Assim, nas lesões menos graves, em geral, os ganhos serão mais rápidos nas primeiras semanas. Como exemplo, podemos citar a fase de recuperação após um TCE leve, quando o indivíduo pode permanecer por dias e até semanas com algum grau de confusão, desorientação, concentração e evocação de fatos recentes, fadiga, irritabilidade e afeto lábil (PRADE; GOUVEIA, 2008). Por outro lado, nas lesões moderadas a graves, a evolução cognitiva apresentará ganhos mais rápidos nos primeiros seis a doze meses. Após a estabilização, haverá maior possibilidade de persistirem sequelas, sejam elas motoras e/ou cognitivo-comportamentais, e o indivíduo poderá obter ganhos em reabilitação dentro de seu padrão de limitação (LEZAK, 2004).

Relatos de casos

A seguir, veremos dois casos clínicos com o intuito de ilustrar algumas das possibilidades de intervenções em reabilitação neuropsicológica, realizadas em condições clínicas e fases distintas de evolução.

Caso 1

O primeiro caso trata de uma paciente do sexo feminino com 39 anos, casada, com um casal de filhos, advogada que atuava em escritório particular. Foi vítima de um acidente vascular encefálico (AVE) hemorrágico, por hemorragia subaracnóidea (HSA) após ruptura de aneurisma em artéria cerebral média direita. Apresentava atrofia cerebral e seu quadro motor era condizente com dupla hemiparesia de predomínio à esquerda. A paciente foi hospitalizada e passou por procedimento cirúrgico de descompressão e, posteriormente, de cranioplastia. Passou a ficar mais alerta após troca de válvula de derivação e mudança de esquema medicamentoso.

A primeira avaliação foi realizada no leito, durante a internação hospitalar. Foi realizada a avaliação neurocomportamental, por meio da aplicação de escalas específicas para a investigação de nível de consciência: Coma/Near-coma (RAPPAPORT, 2000) e Coma Recovery Scale revisada (GIACINO; KALMAR; WHYTE, 2004), que compreendem a apresentação de comandos verbais e de estímulos visuais, auditivos, olfativos, táteis e dolorosos. Além disso, foi realizada estimulação direcionada com outros objetos para ampliar o repertório de investigação e incluir estímulos familiares.

Observou-se alterações de consciência, com abertura ocular espontânea. Estava traqueostomizada e em uso de Bipap. O familiar presente relatou que observava a evolução da paciente em relação a emissão de respostas, embora elas ainda se mostrassem oscilantes.

Os dados do exame foram sugestivos da presença de respostas localizadas consistentes para fixação e seguimento visual e inconsistentes, porém presentes, para as modalidades auditiva, dolorosa e táctil. Além disso, foi possível observar a presença de automatismos motores e respostas isoladas discerníveis de execução de comandos verbais. O perfil de funcionamento sugeria que a paciente tinha alguma percepção do ambiente e conseguia, em alguns momentos, organizar seu comportamento para emissão de respostas voluntárias, padrão compatível com o estado de consciência mínima. Apesar disso, não foi possível observar respostas que possibilitassem o estabelecimento de comunicação funcional naquele momento, sugerindo-se reavaliação neuropsicológica para seguimento evolutivo.

Após dois meses, foi proposta uma nova avaliação para essa paciente, devido à melhora de sua cognição observada pelo médico fisiatra e o familiar que a acompanhava. Nesse período, a paciente se mostrou alerta e comunicativa. Estava em processo de retirada da traqueostomia e fazia uso de válvula de fala. O familiar relatou observar significativa evolução cognitiva, se comparado ao período da primeira avaliação neuropsicológica, e descreveu ainda comportamentos claros e intencionais diante de diferentes estímulos visuais, auditivos e sonoros. Em contrapartida, percebia a paciente algumas vezes inapropriada no contato interpessoal.

Neste segundo exame, foi realizada avaliação qualitativa das funções cognitivas e observação do comportamento. A adaptação dos instrumentos utilizados foi necessária, em razão da dificuldade da paciente em sustentar o foco atencional e em organizar suas respostas sem apoio externo para a realização de atividades apresentadas de forma padronizada. A paciente estabeleceu contato satisfatório durante o exame, mas com dificuldade de sustentar a atenção. Demonstrou engajamento adequado diante da realização das tarefas, embora as instruções por vezes precisassem ser repetidas devido às alterações de atenção e memória. Além disso, a presença de alterações da linguagem, como fluência espontânea reduzida e disnomia, também dificultaram o exame.

Os dados da segunda avaliação foram sugestivos de comprometimento significativo na maioria das funções cognitivas avaliadas, especialmente para as esferas de atenção (sustentação, amplitude, velocidade de processamento, além de hemineligência espacial à esquerda), funções executivas (controle inibitório autoregulação, controle de comportamento, iniciativa e planejamento), praxias e linguagem (disnomia, fluência verbal reduzida e incapacidade para ler e escrever) que interferiam de modo negativo em seu funcionamento cognitivo global. Embora a paciente também apresentasse comprometimento do funcionamento mnemônico, foi possível observar interferência de aspectos de linguagem na recuperação de memória na modalidade verbal e no desempenho discretamente melhorado em tarefa de reconhecimento de memória visual.

A partir dos dados da avaliação, foi elaborado um plano de reabilitação neuropsicológica com estabelecimento das seguintes metas:

- melhorar a orientação temporal;
- promover melhora atencional (atenção seletiva e sustentada);
- realizar adequação comportamental, incluindo psicoeducação e orientação familiar para manejo.

A paciente iniciou sessões de reabilitação neuropsicológica duas vezes por semana, ainda no período da internação. A seguir, estão descritas as intervenções utilizadas neste caso.

Orientação temporal

A paciente iniciou uso de calendário impresso (mês a mês), sob supervisão da acompanhante, visando a facilitar a orientação temporal. Durante toda a internação, foi necessário que a acompanhante lembrasse a paciente e também que a auxiliasse quanto às marcações diárias e checagem do calendário, pelo menos três vezes ao dia. Ao final da internação, a paciente era capaz de referir o ano corretamente e, muitas vezes, o mês, porém não conseguia fixar o dia do mês e da semana, pelo déficit de memória.

Treino cognitivo de atenção

Treino computadorizado – foram propostas nas sessões diferentes tarefas atencionais envolvendo atenção seletiva e sustentação atencional, por meio de programa computadorizado específico para reabilitação cognitiva, o RehaCom (SCHUHFRIED, 2003). Inicialmente, a paciente mostrava-se lentificada e cometia vários erros, porém, foi melhorando ao longo do treino, quando foi possível passar para as tarefas em nível de dificuldade intermediário e não mais em nível fácil, como no início das sessões.

Cartões com cenas – foram realizadas também outras tarefas com o objetivo de treino atencional por rastreio visual pelo uso de cartões da coleção Color Cards (COLOR CARDS, 1996). Na atividade, a paciente deveria identificar diferenças entre duas imagens bastante semelhantes. Nesta tarefa, a paciente geralmente conseguia identificar (com alguma facilidade) pelo menos uma das diferenças entre os cartões, reconhecendo as demais com auxílio externo. Nesta atividade, seu desempenho também se mostrou um tanto lentificado, mas gradualmente a necessidade de auxílio da terapeuta foi se tornando menor.

Adequação de comportamento

Cartões com cenas – para esta finalidade, também foram utilizados cartões da coleção Color Cards, compostos por cenas inapropriadas socialmente. O objetivo era que a paciente pudesse identificar e descrever o que percebia como comportamento inadequado das personagens, além de sugerir opções de comportamentos adequados para cada uma das situações. Apesar de alguma dificuldade frente à abstração de conceitos, a paciente apresentou desempenho satisfatório na tarefa ao longo do treino.

Dramatização – por meio da técnica de *role playing*, em que a paciente assume o papel de outra pessoa, visou-se a que a paciente se sensibilizasse frente a alguns de seus comportamentos inapropriados nas relações interpessoais que impactavam principalmente os familiares, incluindo seus filhos. Nessas sessões, pôde-se observar que, inicialmente, a paciente não percebia suas inadequações e, assim, demonstrava resistência em mudar. No entanto, ao longo do tempo, as inadequações de comportamento foram se tornando menos frequentes não só pelo uso da técnica, mas também pelos *feedbacks* verbais da terapeuta diante de situações trazidas pela paciente ou sua acompanhante.

Orientação familiar

Durante os atendimentos, foram realizadas orientações psicoeducativas para a acompanhante da paciente (familiar) que esteve com ela em toda a internação. Os temas incluíam desde informações gerais sobre a patologia até detalhes das alterações cognitivas e neurocomportamentais. Além disso, a orientação também abordou a necessidade de organização do ambiente para promover formas de estimulação controlada no contexto hospitalar (evitar excesso de estímulos, para facilitar a organização das respostas e evitar fadiga e agitação).

Neste caso, a abordagem familiar se mostrou importante, ainda, para a manutenção do treino cognitivo supervisionado após a alta hospitalar, já que a paciente não apresentava condições de independência suficientes para realizar as atividades sozinha em casa e não podia contar com o auxílio do esposo, que viajava muito a trabalho, ou dos filhos, que ainda eram pequenos.

Durante a intervenção com a acompanhante da paciente, as principais demandas trazidas por ela estavam associadas à necessidade de enfrentamento de todas as limitações físicas e de funcionalidade da paciente. Houve ainda a necessidade de suporte psicológico visando a evitar comportamentos superprotetores (comuns quando se trabalha com pacientes com importantes alterações físicas, cognitivas e comportamentais) que geravam conflitos com a paciente e também com outros membros da família.

A paciente realizou sessões de reabilitação neuropsicológica durante dois meses, apresentando evolução cognitiva e comportamental satisfatórias.

Caso 2

Paciente do sexo masculino, 48 anos, casado, duas filhas, engenheiro. Iniciou vida profissional por volta dos 20 anos de idade, com notável ascensão profissional, tendo diversas experiências. Sofreu o primeiro episódio de acidente vascular encefálico (AVE) isquêmico aos 41 anos, com embolização de aneurisma sacular em região de artéria comunicante anterior, sem sequelas físicas e/ou cognitivas, segundo relatos do paciente e de familiares. Após sete anos do primeiro episódio, sofreu nova isquemia, com transformação hemorrágica durante procedimento cirúrgico, em região de artéria cerebral anterior esquerda.

Foi solicitada avaliação neuropsicológica, a pedido do neurologista, um mês após o evento vascular. Os dados do exame demonstraram alterações de moderadas a graves relacionadas à atenção e às funções executivas (sustentação atencional, atenção dividida, controle inibitório, fluência verbal dirigida fonêmica e semântica e planejamento), memória episódica verbal (imediata, tardia e processos de aprendizagem), memória semântica (repertório de vocabulário), abstração verbal e cálculos mentais.

Foi elaborado plano de reabilitação com o estabelecimento das seguintes metas:

- promover melhora atencional;
- minimizar alterações de memória verbal;
- minimizar dificuldades de controle de impulsos, planejamento, organização e estabelecimento de prioridades;
- promover melhora da abstração verbal.

Durante as intervenções de reabilitação neuropsicológica, foram propostas as atividades a seguir.

Treino cognitivo de atenção

Treino computadorizado – foram realizadas tarefas atencionais que envolviam atenção seletiva e sustentação atencional, por meio de programa computadorizado específico para reabilitação cognitiva, o RehaCom. Já nas sessões iniciais, foi possível observar que o paciente conseguia realizar as tarefas de nível intermediário a difícil e sentia-se motivado frente aos desafios.

Num primeiro momento, o paciente mostrou-se mais lentificado e cometia alguns erros, mas foi ganhando agilidade e maior eficiência no desempenho ao longo do treino.

Leitura de texto com marcação de palavras predeterminadas – além das atividades atencionais computadorizadas, foram utilizados, nas sessões, textos de jornal impresso ou retirados de sites da internet (com temas de interesse do paciente), para a realização de tarefa do tipo identificação de palavras alvo predeterminadas, visando à melhora da varredura visual e da velocidade de busca. Inicialmente, o paciente cometia muitas falhas por omissão, o que foi melhorando no transcorrer das sessões.

Treino cognitivo de memória: memória verbal

Treino computadorizado – foram propostas tarefas mnemônicas envolvendo memória de palavras e memória verbal para narrativas, com pistas, realizadas por meio de programa computadorizado de reabilitação cognitiva, o RehaCom. O paciente evoluiu de tarefas em nível fácil até intermediário, mas era possível observar ainda falhas nesta esfera ao longo do tempo, já que o paciente se mostrava resistente ao uso de estratégias compensatórias orientadas nas sessões, como uso de agenda impressa ou eletrônica, *check-lists* de tarefas cotidianas, pequenos lembretes de papel, entre outros.

PQRST: prévia, questões, releitura, seleção e teste (BADDELEY; WILSON; WATTS, 1995) – para a aplicação desta técnica, foram utilizados textos de interesse do paciente e outros retirados de sites da internet. O paciente deveria fazer uma leitura inicial do texto visando a se familiarizar com o conteúdo do mesmo. Depois, era necessário elaborar perguntas a respeito do texto do tipo: "quem", "como", "quando", "por quê" e "onde" para facilitar a evocação do conteúdo. Posteriormente, era realizada uma nova leitura do texto visando a responder as perguntas propostas, para então selecionar as respostas corretas e escrevê-las numa folha de papel. Por fim, bastava o paciente reler o texto e confirmar se suas respostas estavam corretas. Inicialmente, o paciente demonstrava desempenho regular com memorização de conteúdo muito superficial. No entanto, seu desempenho na tarefa foi melhorando ao longo do treino e das intervenções da terapeuta.

Resumos de textos – foram propostos ao paciente exercícios de resumos de textos diversos (inicialmente, com o auxílio de trechos predeterminados), visando a facilitar a fixação de conteúdos, com ênfase em ideias principais. A síntese de informações representa uma diminuição na quantidade de dados a serem apreendidos, além de demandar maior compreensão e associação do conteúdo, fortalecendo seu processamento. Essa tarefa ainda colaborava com o treino de organização de ideias.

Treino de abstração verbal

Interpretação de texto – foram selecionados textos diversos da internet ou retirados de cadernos de estimulação cognitiva (com ou sem o uso de metáforas) para que o paciente realizasse a interpretação dos conteúdos lidos a partir de respostas por alternativas, com bom desempenho.

Ditados populares – foi proposta a interpretação de diferentes ditos populares. Dependendo da familiaridade do paciente com o ditado e também do grau de abstração que o exercício exigia, ele conseguia realizá-lo sozinho ou com auxílio da terapeuta.

Semelhanças – foram realizados, ao longo das sessões, exercícios de abstração verbal de conceitos, dos mais simples até os mais complexos. Na tarefa, existiam duplas de palavras diante das quais o paciente deveria dizer em que elas se pareciam/em que elas poderiam ser semelhantes. Quanto mais abstração o exercício exigia, mais dificuldade de desempenho o paciente demonstrava.

Treinamento de funções executivas

Sequenciação lógica e temporal de eventos – neste exercício, o paciente se deparava com diferentes atividades do dia a dia (ir ao cinema, arrumar uma mala, tomar uma medicação etc.) e deveria ordenar a sequência correta dessas ações a partir de alternativas dadas. Inicialmente, necessitou do auxílio da terapeuta para algumas situações que lhe eram menos familiares, mas foi evoluindo positivamente no transcorrer do tempo.

Organização de frases – foi proposta tarefa de organização de frases simples e complexas que eram apresentadas ao paciente inicialmente de modo desordenado para que ele as deixasse passíveis de compreensão. Observou-se desempenho oscilante nesta tarefa, dependendo não só da complexidade da frase, mas também da quantidade de palavras em cada uma delas.

Planejamento de tarefas – neste tipo de exercício, o paciente deveria organizar diferentes atividades a serem realizadas em um único dia, conforme os horários de cada uma delas e com intervalo de tempo suficiente para a realização de cada uma sem atrasos. O paciente apresentou melhora do desempenho ao longo das sessões.

Suporte psicológico

Durante as sessões de reabilitação, foram realizadas ainda algumas orientações com foco no suporte emocional para o paciente, que, muitas vezes, se mostrou ansioso no que se referia à dinâmica familiar e também conjugal na época. Quanto às alterações cognitivas e ao engajamento nos trabalhos de reabilitação, embora ele não demonstrasse uma percepção clara de suas alterações neste período inicial após a lesão, mostrou-se colaborativo com o processo, mantendo bom contato interpessoal.

O paciente esteve em programa de reabilitação neuropsicológica durante seis meses e apresentou evolução cognitiva e emocional satisfatória durante todo o acompanhamento, com retorno para suas atividades profissionais prévias. Além disso, conseguiu manter seu papel e sua função paterna junto às suas filhas, ajudando nos cuidados delas, dentro de suas possibilidades, da forma como gostava de fazer antes dos eventos vasculares.

Considerações finais

A partir dos relatos dos casos apresentados, puderam-se ilustrar algumas propostas e exemplos de atividades realizadas durante o trabalho de reabilitação neuropsicológica. Faz-se importante ressaltar que as metas estabelecidas devem ser condizentes com as queixas e as demandas do paciente e seus familiares. Além disso, os tipos de tarefas e de exercícios propostos podem variar bastante, de acordo com a fase de recuperação do paciente, seu nível de autonomia e compreensão, assim como dos recursos disponíveis para o profissional. Dessa forma, espera-se que o trabalho possa contribuir de maneira positiva para a reabilitação global dos pacientes, minimizando as perdas e potencializando a readaptação de sua autonomia.

Referências

BADDELEY, A. D.; WILSON, B. A.; WATTS, F. N. *Handbook of Memory Disorders*. Chichester: John Wiley & Sons Ltd., 1995.

COLOR CARDS. Speechmark Publishing Ltd. Oxon, 1996. Disponível em: <http://www.speechmark.net>. Acesso em: 21 nov. 2016.

GIACINO, J. T. et al. The minimally conscious state. Definition and diagnostic criteria. *Neurology*, Minneapolis, v. 58, p. 349-353, 2002.

GIACINO, J. T.; KALMAR, K.; WHYTE, J. The JFK Coma Recovery Scale – Revised: Measurement characteristics and diagnostic utility. *Archives of Physical Medicine and Rehabilitation*, Philadelphia, v. 85, n. 12, p. 2020-2029, 2004.

GOUVEIA, P. A. R. Introdução à reabilitação neuropsicológica de adultos. In: ABRISQUETA-GOMEZ, J.; SANTOS, F. H (Ed.). *Reabilitação neuropsicológica da teoria à prática*. São Paulo: Artes Médicas, 2006. p. 73-82.

_____. Reabilitação neuropsicológica de pacientes com lesão encefálica adquirida: fases subaguda e crônica de evolução. In: MIOTTO, E. C. (Org.). *Reabilitação neuropsicológica e intervenções comportamentais*. Rio de Janeiro: Roca, 2015. p. 136-150.

GRONWALL, D. Behavioral assessment during the acute stages of traumatic brain injury. In: LEZAK, M. D (Ed.). *Assessment of the behavioral consequences of head trauma*. New York: Alan R. Liss Inc., 1989. p. 19-36.

HAGEN, C.; MALKMUS, D.; DURHAM, P. *Levels of cognitive functioning.* Downey: Rancho Los Amigos Hospital, 1972.

LEZAK, M. D. et al. Basic concepts. In: LEZAK, M. D. et al. (Ed.). *Neuropsychological Assessment.* New York: Oxford University Press, 2004. p. 15-39.

PRADE, C. V.; GOUVEIA, P. A. R. Avaliação e intervenção neuropsicológica na fase aguda de recuperação após trauma cranioencefálico. In: KNOBEL, E.; ANDREOLI, P. B. A.; ERLICHMAN, M. R. (Ed.). *Psicologia e humanização:* assistência aos pacientes graves. São Paulo: Atheneu, 2008. p. 39-54.

PRIGATANO, G. P. Learning from our successes and failures: Reflections and comments on "Cognitive Rehabilitation: How it is and how it might be". *Journal of the International Neuropsychological Society*, New York, v. 73, p. 497-499, 1997.

RAPPAPORT, M. *The Coma/Near coma scale.* The Center for Outcome Measurement in Brain Injury, 2000. Disponível em: <http://www.tbims.org/combi/cnc>. Acesso em: 21 nov. 2016.

SCHUHFRIED, G. *RehaCom Version 5. Basic Manual.* Magdegurg: Hasomed; c2003. 52 p. Disponível em: <http://www.hasomed.de/fileadmin/user_upload/Rehacom/Manuale/ENG/RehaComEN.pdf>. Acesso em: 21 nov. 2016.

SILVA, S. C. F.; SOUSA, R. M. C. Galveston orientation and amnesia test: tradução e validação. *Acta Paulista de Enfermagem*, São Paulo, v. 20, p. 24-29, 2007.

SOHLBERG, M. M.; MATTER, C. A. *Reabilitação cognitiva:* uma abordagem neuropsicológica integrativa. Sao Paulo: Santos, 2009.

TREXLER, L. E.; WEBB, P. M.; ZAPPALA, G. Strategic aspects of neuropsychological rehabilitation. In: CHRISTENSEN, A.; UZZELL, B. P. (Org.). *Brain injury and neuropsychological rehabilitation:* International perspectives. New Jersey: LEA, 1994. p. 99-124.

WHO – WORLD HEALTH ORGANIZATION. *International Classification of Functioning Disability and Health (ICF).* 2001. Disponível em: <http://www.who.int/classifications/icf/en/>. Acesso em: 21 nov. 2016.

WILLIAMS, W. H.; EVANS, J. J.; WILSON, B. A. Outcome measures for survivors of acquired brain injury in day and outpatient neurorehabilitation programmes. *Neuropsychological Rehabilitation*, London, v. 9, p. 421-436, 1999.

WILSON, B. A. *Case studies in neuropsychological rehabilitation*. New York: Oxford University Press, 1999.

_____. Neuropsychological rehabilitation. *Annual Review of Clinical Psychology*, Palo Alto, v. 4, p. 141-162, 2008.

_____. The future of neuropsychological rehabilitation. In: WILSON, B. A. (Ed.). *Neuropsychological rehabilitation:* Theory and practice. Lisse: Swets & Zeitlinger, 2003. p. 293-301.

27. Reabilitação neuropsicológica infantil

Carla Cristina Adda
Taymara Ramos Verdun

A reabilitação é a área da saúde que trata da prevenção terciária. A prevenção primária objetiva reduzir o surgimento de novos casos por meio da educação sanitária, bom padrão de nutrição, moradia e recreação; a prevenção secundária objetiva o diagnóstico e o tratamento precoce, curar e evitar o processo da doença, evitar complicações e sequelas; e a prevenção terciária ou reabilitação é definida como um conjunto de medidas que ajudam pessoas com deficiências, ou prestes a adquirir deficiências, a terem e manterem funcionalidade ideal na interação com seu ambiente. Reabilitação implica a restauração do paciente ao seu nível máximo de adaptação física, psicológica e social, o que inclui todas as medidas voltadas à redução do impacto de uma inabilidade ou deficiência e à aquisição de nível ótimo de integração social. Refere-se à prestação de serviços para reeducação e treinamento, a fim de possibilitar a utilização máxima das capacidades remanescentes, independência funcional, qualidade de vida e adaptação psicossocial. A reabilitação pode envolver serviços hospitalares e comunitários, intervenções simples ou múltiplas, realizadas por uma pessoa ou por uma equipe de profissionais. Ela pode ser necessária desde a fase aguda ou inicial da doença, até as fases pós-aguda e de manutenção (OMS, 2011).

A reabilitação neuropsicológica (RN) é um conjunto de práticas sistemáticas a serem aplicadas como intervenção estratégica, com o objetivo de capacitar o paciente e seus familiares a reduzir, adaptar e compensar déficits cognitivos e/ou dificuldades comportamentais que se tornam obstáculos funcionais ao desempenho adequado em tarefas do dia a dia, demandas do ambiente e, no caso da criança, a adaptação ou (re)inserção escolar (LIMOND; LEEKE, 2005). É parte fundamental do processo de reabilitação fornecer à escola esclarecimentos acerca das condições de aprendizagem e de ajustamento do indivíduo, colaborando com professores na escolha de estratégias de ensino e/ou atividades escolares adaptadas.

Os déficits cognitivos e comportamentais podem ser ocasionados por diversas etiologias, dentre elas, as lesões encefálicas infantis congênitas ou adquiridas (como as paralisias cerebrais, microcefalias, epilepsias, acidentes vasculares, traumatismos cranioencefálicos e tumores) e os transtornos do neurodesenvolvimento, como o transtorno de déficit de atenção e hiperatividade (TDAH), transtorno do espectro autista (TEA), transtorno específico da aprendizagem e deficiência intelectual.

Transtornos cognitivos, que incluem memória, atenção, planejamento, linguagem e visuoconstrução, e as alterações comportamentais/emocionais, como a diminuição da autoconfiança, puerilidade, irritabilidade ou depressão, podem ser mais problemáticos que as sequelas físicas, ser de mais difícil compreensão para os familiares e a sociedade, e determinar a qualidade da independência e o retorno às atividades antes desempenhadas (OMS, 2011).

A recuperação e a habilitação de funções cognitivas na infância depende de inúmeros fatores, que incluem a natureza, a localização e a extensão da doença/lesão, a inserção sociocultural da criança, a qualidade e a quantidade de estimulação ambiental, a idade da criança, a plasticidade neural (habilidade do cérebro de recuperar uma função pela proliferação neural, migração e interações sinápticas) e a plasticidade funcional, que se refere ao grau de recuperação possível de uma função por estratégias de comportamento (SANTOS, 2005). Programas de reabilitação abrangentes integram de forma complementar neuropsicologia, terapia ocupacional, fonoaudiologia, fisioterapia, psiquiatria, serviço social, fisiatria e neurologia para abordar a gama de dificuldades enfrentadas pelos indivíduos (LIMOND; LEEKE, 2005).

O progresso acadêmico, as atividades diárias e o ajustamento emocional devem ser regularmente avaliados, pois o curso clínico na criança se modifica tanto pela recuperação espontânea das funções cerebrais quanto pela continuidade de mudanças próprias do desenvolvimento. Dada essa natureza dinâmica da recuperação, o programa de RN infantil precisa ser revisto e modificado com maior frequência do que em adultos (SANTOS, 2005). Frente ao comprometimento na formação de uma dada função cognitiva, como nos casos de deficiências congênitas ou lesões adquiridas na primeira infância, a intervenção destina-se à "(re)habilitação" de funções não desenvolvidas ou em desenvolvimento, e não à recuperação de funções afetadas tardiamente, em que os indivíduos que tiveram perdas funcionais são auxiliados a readquiri-las (OMS, 2011). Neste capítulo, o termo "reabilitação" abarcará os dois tipos de intervenção.

Lesões precoces, principalmente as que ocorrem em idade inferior a três ou quatro anos, podem gerar mais problemas globais do que específicos. Nesses pacientes, se uma área do cérebro se encontra disfuncional ou imatura, então, várias aprendizagens podem ficar comprometidas, dependendo do número de sistemas funcionais nos quais tal área participa, gerando efeitos cumulativos (FONSECA, 2009).

Em casos mais leves, dentro de um espectro de alterações cognitivo-comportamentais, as disfunções podem se evidenciar em situações que dependem de certas habilidades, como a aprendizagem de conhecimentos matemáticos. Assim, transtornos cognitivos podem ser deficiências silenciosas durante longo período de tempo, os quais se evidenciam ao longo do desenvolvimento infantil ou mesmo alguns anos após a lesão cerebral, retardando o encaminhamento para serviços de reabilitação (MIDDLETON, 2001).

Disfunções cognitivas e comportamentais podem ocorrer perante correlatos neurais por vezes inexistentes, como em muitos dos casos de crianças e adolescentes com transtorno do déficit de atenção e hiperatividade, deficiência intelectual e transtornos de aprendizagem.

A RN se inicia a partir da identificação dos problemas e das necessidades da pessoa. A avaliação neuropsicológica, que consiste numa coleta sistemática e organizada de dados, fornece as informações acerca das forças e fraquezas do desempenho, diagnostica a natureza e a gravidade das disfunções cognitivas, *status* emocional e funcionalidade, auxiliando no levantamento das demandas e no estabelecimento de planos e metas para a RN. As metas estabelecidas devem ser específicas, alcançáveis e centradas nas características do paciente. Na maioria dos centros de reabilitação, as metas de longo prazo são aquelas que se espera que o paciente seja capaz de atingir até o momento da alta do programa, enquanto os objetivos de curto e médio prazo são os estabelecidos para etapas de tempo menor, em busca do alcance gradativo das metas de longo prazo. O acrônimo *smart* (do inglês *specific, measurable, achievable, realistic* e *timely*) sintetiza a proposta de que os objetivos sejam específicos, mensuráveis, realizáveis, realistas e exequíveis dentro de um tempo estimado para cada paciente (WILSON, 1997).

As intervenções cognitivas podem ter como objetivo a restauração, a reorganização e a compensação de funções alteradas (ABRISQUETA-GOMEZ, 2006), podendo ser usadas separadamente ou em conjunto. Na restauração, parte-se do conhecimento de que as funções estão reduzidas em sua eficácia. Busca-se estimular e melhorar capacidades remanescentes por meio do treino direto, da repetição e da organização de informações. Quanto à reorganização, acredita-se que estruturas cognitivas intactas podem ser recrutadas para desenvolver mecanismos adaptativos a fim de auxiliar a função prejudicada. Na compensação, assume-se que a função prejudicada não pode ser inteiramente restaurada, potencializando o emprego de diferentes mecanismos alternativos ou habilidades preservadas a fim de reduzir o impacto do déficit no funcionamento diário. O objetivo é reduzir a discrepância entre a demanda do ambiente e a habilidade por meio de estratégias compensatórias, auxílios internos, adaptações ambientais e tecnologia assistiva (ampla gama de equipamentos, serviços e práticas concebidas e aplicadas para minorar os problemas encontrados pelos pacientes) são utilizados.

Programas de RN devem corresponder às peculiaridades das desordens (por exemplo, epilepsias, transtornos de aprendizagem, microcefalias) e considerar os princípios da plasticidade funcional. Dentre os princípios, constam: a utilização das redes neurais é essencial para a manutenção da funcionalidade; a plasticidade cerebral pode ser restrita à função treinada, dependendo da abordagem terapêutica utilizada; o treino repetido de tarefas é necessário para que a plasticidade ocorra; a intensidade do treino deve ser observada para a indução da plasticidade; a intensidade e a duração do resultado comportamental é maior quanto mais próximo do período pós-lesão for iniciada a reabilitação; o programa de reabilitação deve ser envolvente para que as informações sejam melhor codificadas; o fenômeno da transferência ocorre quando a estimulação de certo substrato neural e/ou treinamento de habilidade promove melhoras em outras vias/habilidades, atuando como facilitador. O fenômeno da interferência, que consiste na aquisição de estratégias compensatórias pouco eficazes que prejudicam a aprendizagem de estratégias novas e mais eficazes, requer atenção e outras abordagens (GINDRI et al., 2012).

As alterações cognitivas mais comumente observadas referem-se ao funcionamento da atenção e da velocidade de processamento de informações visuais e verbais, habilidades visuoespaciais e construtivas, memória, linguagem e funções executivas. Essas podem trazer falhas no desempenho e na aquisição de competências em escrita e capacidade de desenho, aprendizagem, cálculos, formação de ideias complexas e abstratas, estabelecimento de inferências ou compreensão de ambiguidades, elaboração de metas, organização e execução de planos, dentre outras.

Os problemas comportamentais/emocionais mais comuns incluem comportamento impulsivo, desorganização em atividades, desatenção, aumento da irritabilidade, ansiedade, transtorno desafiador-opositivo, comportamento desinibido (verbal, físico e sexual), depressão e inércia.

As dificuldades cognitivas e comportamentais/emocionais podem não ter sido geradas por doença ou lesão cerebral adquirida, mas estas podem trazer alteração de frequência, duração e intensidade dos sintomas.

Além das alterações neuropsicológicas, as comportamentais/emocionais são potencialmente geradoras de dificuldades escolares e de funcionalidade, necessitando abordagem psicoterápica. Ansiedade e depressão podem surgir a partir das perdas reais e percebidas, como mudanças de *status* acadêmico e familiar (talvez um irmão mais novo agora seja mais competente), perda de amizades e dificuldade em fazer novos amigos, mudanças na imagem corporal (cicatrizes e afundamentos, por exemplo). As crianças que são acometidas por doença com risco de morte podem temer a recorrência da doença com a possibilidade de um desfecho negativo. Há ocorrência de transtorno de estresse pós-traumático (TEPT), processo de luto e sentimento de culpa do sobrevivente (acidentes envolvendo outros significativos) (MIDDLETON, 2001).

Dificuldades na relação entre a criança e seus pais podem tornar mais lento o desenvolvimento das habilidades cognitivas e sociais da criança, assim como interferir negativamente no processo da RN. Pais de crianças com lesão adquirida ou transtornos do desenvolvimento podem apresentar exaustão decorrente dos cuidados com a criança, sentimentos de hostilidade e culpa. Alguns pais se sentem responsáveis pelo acidente, pela geração de um bebê doente ou acreditam que uma enfermidade grave teria sido detectada e tratada mais cedo se tivessem sido mais vigilantes (MIDDLETON, 2001).

As mudanças familiares também abarcam os irmãos de crianças acometidas por doenças e lesões. Estudos abordam o desenvolvimento de uma gama de sentimentos, desde aumento da simpatia por outras pessoas, desejo de proteger/cuidar do irmão doente, compreensão dos sentimentos das mães, responsabilidade e maturidade, até desenvolvimento de depressão, raiva, ansiedade, culpa e isolamento social. Os irmãos podem acreditar que a criança/adolescente doente ocupa um lugar privilegiado no amor dos pais e no cuidado recebido da família, da rede social e das equipes de saúde, podendo tornar a doença um perigoso alvo de inveja (MICELI, 2013).

Intervenções na reabilitação neuropsicológica infantil

A habilitação e a recuperação podem ter enfoque em inúmeras habilidades, dentre elas memória e atenção, leitura e compreensão de textos, escrita e cálculo. O mais importante é ter em mente que as estratégias não devem ser um fim em si mesmas, mas refletir um aprendizado que possa ser adaptado para as situações cotidianas, permitindo ao paciente encontrar independência e autonomia frente às demandas de seu ambiente (SANTOS, 2005). Diante de uma gama de intervenções, abordaremos algumas delas a seguir.

Quanto às crianças de zero a três anos, em 2016, o Ministério da Saúde publicou diretrizes para a estimulação de crianças com atraso no desenvolvimento neuropsicomotor, decorrente de microcefalia com orientações específicas aos profissionais de saúde e da reabilitação (fonoaudiólogos, fisioterapeutas, terapeutas ocupacionais, psicólogos) quanto ao acompanhamento e ao monitoramento do desenvolvimento infantil. Embora com ênfase nas eventuais sequelas decorrentes da microcefalia, o conteúdo das diretrizes pode auxiliar em outras condições ou agravos de saúde que interfiram no desenvolvimento neuropsicomotor de crianças entre zero e três anos de idade. São sugeridas atividades para o desenvolvimento cognitivo, social, da linguagem, motor e visual (BRASIL, 2016).

No primeiro ano de vida, o desenvolvimento cognitivo e motor caminham juntos, havendo predominância de atividades sensório-motoras. São exemplos de atividades de estimulação cognitiva nessa fase do desenvolvimento: esconder parcialmente um objeto e, à medida que a criança se desenvolver na brincadeira, esconder mais o objeto, mantendo a curiosidade; fazer uma manta com diferentes tecidos (algodão, seda, veludo) e deixar a criança explorar as texturas; motivar a resolução de pequenos problemas, colocando obstáculos a serem contornados entre a criança e seu brinquedo favorito; colocar um brinquedo fora do alcance dos seus braços, deixar por perto uma haste longa e observar se a criança a usará como instrumento (BRASIL, 2016).

No segundo ano de vida, espera-se que a criança obtenha maior mobilidade e independência com o desenvolvimento do andar e de uma motricidade tanto ampla (correr, pular, chutar e arremessar) quanto fina (fechar botões grandes, traçar retas, folhear livros e usar de forma mais refinada o movimento de pinça). A memória se expande e a criança compreende grande parte da fala dirigida a ela, usa palavras e frases. São exemplos de atividades de estimulação cognitiva nessa fase do desenvolvimento: colocar em uma caixa objetos que pertençam aos diferentes membros da família e, enquanto ela explora os objetos, perguntar "de quem é isso?", e se a criança não responder, auxiliar: "isso é do papai?"; colocar a criança dentro de uma caixa de papelão brincando que é um carrinho e empurrar suavemente a caixa pelo cômodo em diferentes direções, dizendo "Agora vamos para frente! Agora vamos para trás! Agora você está fora do carro! Agora você está dentro" (BRASIL, 2016).

No terceiro ano, a criança apresenta importantes evoluções na motricidade ampla, sendo capaz de ações como fazer colares de contas, encaixar figuras geométricas em um tabuleiro, recortar figuras de papel, desenhar traços mais fortes e precisos, esboçar a figura humana e as figuras geométricas simples. Tem maior capacidade de compreender e comunicar-se verbalmente e assume papéis em jogos simbólicos (mãe, pai, médico, policial). Desenvolve noções de quantidade, temporalidade e espaço, faz classificações separando objetos em grupos por critérios de cor, forma e tamanho. São exemplos de atividades de estimulação cognitiva nessa fase do desenvolvimento: colocar seis objetos dentro de uma caixa, sem que a criança veja, agitar a caixa fazendo sons e pedir para a criança adivinhar quais objetos estão na caixa; incentivar a montagem de quebra-cabeças; recortar fichas de papel com formatos diferentes (círculos, retângulos, quadrados) e pintar de três cores distintas para pedir à criança que ajude a separar as fichas de acordo com as cores (BRASIL, 2016).

O Método SARAH, desenvolvido pela rede SARAH de hospitais de reabilitação, propõe a integração da família e da equipe multiprofissional na facilitação da aprendizagem e dos processos específicos do neurodesenvolvimento da criança e do adolescente. Fazem parte dos princípios da reabilitação o desenvolvimento de programa individualizado e apropriado ao estágio de desenvolvimento da criança e do adolescente, atividades que integrem diferentes especialidades, grupos de apoio familiar e reuniões informativas (BRAGA et al., 2008). São exemplos de atividades destinadas a crianças que sofreram lesões ao nascimento ou durante os primeiros anos de vida: acompanhamento em linha horizontal, acompanhamento visual diversificado, apresentação de fonte sonora fora do campo visual, brincar de esconder e aparecer, encaixes de objetos, imitação de ações e jogos simbólicos. São exemplos de atividades destinadas a crianças e adolescentes que sofreram lesões em idade escolar: estimulação da orientação pessoal e temporal, elaboração de agenda diária, percepção espacial (por exemplo, em casos de heminegligência, usar estímulos na margem da folha nas atividades de escrita), associação de informações para estimulação da memória e uso de recursos externos para retenção de conteúdos (uso de gravador, por exemplo), atividades de sequenciação e cálculo (BRAGA et al., 2008).

Dentre as alternativas de intervenções para a estimulação cognitiva de crianças e adolescentes, diversas técnicas têm sido sugeridas. Em um guia para pais, professores e profissionais da saúde, Russel Barkley abordou um método em que crianças hiperativas têm se beneficiado de recompensas imediatas e progressivamente mais interessantes para selecionar e modelar os comportamentos. Esse método prevê a participação ativa da criança, que é envolvida na elaboração das metas e recompensas a serem conquistadas, e também a orientação dos pais, que são os condutores do método. Treinamento cognitivo e focado na educação infantil, como treino de conduta e modificação comportamental, técnicas de autoinstrução; como pensar em voz alta e planejar a sequência de atitudes necessárias para a resolução do problema, refletindo antes de agir; solução de problemas e monitoramento podem facilitar o desenvolvimento de mediadores importantes para o controle do comportamento mais agitado e impulsivo (FOLQUITO, 2013).

Jogos de regras têm sido sugeridos como instrumentos importantes na reabilitação infantil em relação ao funcionamento cognitivo e comportamental. A partir do contato com a experiência de jogos de regras, a criança vivencia situações desafiadoras que, ao serem percebidas com interesse e motivação, podem contribuir para a construção de atitudes mais favoráveis ao desenvolvimento e à aprendizagem, melhorando a competência para vencer os desafios e estimulando diferentes habilidades, como atenção, organização e autocontrole (FOLQUITO, 2013).

O programa de enriquecimento instrumental (PEI), desenvolvido em Israel pelos educadores e psicólogos Reuven Feurstein e Raphi Feurstein, pode auxiliar, de forma importante, programas de reabilitação cognitiva. Trata-se de um sistema estruturado de intervenção cujo objetivo é aumentar a modificabilidade cognitiva (potencial de aprendizagem a ser desenvolvido) de uma pessoa que apresente atraso em relação à sua exposição a estímulos e experiência de vida. São objetivos do programa: corrigir funções cognitivas deficientes; adquirir vocabulário, códigos, conceitos, operações e relações relevantes para as tarefas do PEI, como para a resolução geral de problemas; desenvolver motivação, pensamento reflexivo e *insight*; mudar o papel de receptor passivo e receptor de dados para o de gerador ativo de novas informações. No PEI, as funções cognitivas dizem respeito ao processo de raciocínio necessário para a resolução dos problemas. A compreensão do processo mental requerido é importante para o mediador do programa, pois sua preocupação se concentra na mudança do processo mental ativado pelos materiais. Os instrumentos do PEI podem ser utilizados na reabilitação neuropsicológica, associados a outros que sejam necessários à demanda específica de cada paciente, abordando aspectos emocionais e do treino cognitivo. Os aspectos emocionais relacionam-se à elevação da autoestima e à sensação de competência, e o treino cognitivo relaciona-se à restauração e à reorganização de funções cognitivas alteradas, principalmente as disfunções visuoespaciais e executivas (CRUZ, 2007).

Atividades realizadas em computador têm mostrado bons resultados no processo de reabilitação cognitiva de crianças e adolescentes. Visando à estimulação da velocidade de processamento de informações, à discriminação visual e à inibição de comportamentos, são descritas como produtivas as atividades que englobam exercícios tipo "go, no go" (deve-se teclar quando for apresentado um estímulo que coincide com a cor do quadrado alvo e inibir a ação quando a cor dos estímulos não coincidir) e exercícios de flexibilidade mental (a criança deve inferir a regra do jogo a partir da combinação de estímulos) (PISTOIA; ABAD-MAS; ETCHEPAREBORDA, 2004).

Cogmed (PEARSON, 2001) é um programa de estimulação cognitiva licenciado, usado para crianças e adolescentes com idade entre 7 e 17 anos, para estimulação da memória de trabalho. Consiste em 25 sessões de treinamento online, com duração de 30 a 45 minutos cada. O programa padrão é de cinco semanas de duração, com cinco sessões a cada semana, composto por uma variedade de jogos verbais e visuoespaciais, com nível de dificuldade ajustado automaticamente para coincidir com a extensão da memória de trabalho em cada tarefa. Os pacientes são treinados individualmente por um psicólogo habilitado. O programa tem mostrado bons resultados no treino de memória operacional e habilidades acadêmicas, em associação a demais intervenções de terapeutas e professores (VAN DER DONK et al, 2013; SHINAVER; ENTWISTLE; SÖDERQVIST, 2014).

O RehaCom (SCHUHFRIED, 2003) é um conjunto de programas de *software* licenciado, que tem mostrado bons resultados para o treino de funções cognitivas como atenção/concentração, memória, raciocínio lógico, planejamento, habilidade visuoespacial e velocidade para processar informações. O programa contém módulos com diferentes níveis de dificuldade, quantificação de erros e tempo de execução, possibilitando o *feedback* sobre o desempenho (FERNANDEZ et al., 2012)

Programas de tratamento centrados na alfabetização e na reabilitação dos distúrbios de leitura e escrita, de etiologias variadas, têm sido desenvolvidos em parceria entre a fonoaudiologia e a pedagogia. As bases multissensoriais fonovisuoarticulatórias foram tomadas como ênfase para a criação e o desenvolvimento do método das boquinhas, que propicia melhor e mais rápido rendimento escolar (JARDINI; SOUZA, 2006). Intervenções psicopedagógicas, com o objetivo de melhorar as capacidades cognitivas e, em consequência, o rendimento acadêmico da criança no ambiente escolar, auxiliam o desencadeamento de propostas educativas de acordo com as necessidades da criança e adolescente.

Reabilitação neuropsicológica infantil em diferentes contextos: ambulatorial e internação hospitalar

A reabilitação em regime de internação hospitalar decorrente de fase aguda de acometimentos possibilita o início precoce das intervenções ao paciente, antes que as sequelas se tornem definitivas, propiciando monitoração da evolução cognitiva e preparação para as novas aquisições, orientações aos familiares sobre características das fases de recuperação das funções e/ou comportamento. Faz-se importante estimular a orientação temporal e espacial da criança e do adolescente, minimizar alterações de atenção e memória, além de reduzir comportamentos inadequados. A escolha das intervenções, por exemplo, a opção por atividades ecológicas ou pelo treino cognitivo realizado com uso de computador, dependerá de diversos fatores, como o grau de acometimento cognitivo, o nível em que o paciente se encontra quanto às fases de recuperação após lesão cerebral (RANCHO LOS AMIGOS, 1990), os níveis de atenção e fadiga, além das metas estabelecidas a cada fase da internação e da recuperação.

Considerações finais

Fatores como heterogeneidade de localização das lesões cerebrais, etiologia das doenças, idade do insulto, existência de déficits globais ou específicos e dificuldades pré-mórbidas precisam ser consideradas na escolha das técnicas de reabilitação de crianças e adolescentes. As estratégias devem propiciar o melhor nível possível de independência, funcionalidade e escolarização.

Referências

ABRISQUETA-GOMEZ, J. Reabilitação neuropsicológica: o caminho das pedras. In: ABRISQUETA-GOMEZ, J.; SANTOS, F. H. (Org.). *Reabilitação neuropsicológica:* da teoria à prática. São Paulo: Artes Médicas, 2006. p. 1-14.

BRAGA, L. W. et al. Desenvolvimento cognitivo e neuropsicológico. In: BRAGA, L. W.; PAZ JUNIOR, A. C. (Org.). *Método SARAH:* reabilitação baseada na família e no contexto da criança com lesão cerebral. São Paulo: Livraria Santos, 2008. cap. 3.

BRASIL. Ministério da Saúde. *Diretrizes de Estimulação:* crianças de zero a 3 anos com atraso no desenvolvimento neuropsicomotor decorrente de microcefalia. 2016. Disponível em: <http://www.saude.go.gov.br/public/media/ZgUINSpZiwmbr3/20066922000062091226.pdf>. Acesso em: 25 maio 2016.

CRUZ, S. B. *A teoria da modificabilidade cognitiva estrutural de Feuerstein:* aplicação do Programa de Enriquecimento Instrumental (PEI) em estudantes da 3ª série de escolas do Ensino Médio. 2007. 357 f. Tese (Doutorado em Educação) - Universidade de São Paulo, São Paulo, 2007.

FERNANDEZ, E. et al. Impacto clínico da RehaCom Software para reabilitação cognitiva de pacientes com adquiriu lesão cerebral. *MEDICC Review*, Oakland, v. 14, n. 4, p. 32-35, out. 2012. Disponível em: <http://www.scielosp.org/scielo.php?script=sci_arttext&pid=S1555-79602012000400007&lng=en &nrm= iso>. Acesso em: 25 maio 2016.

FOLQUITTO, C. T. F. *Desenvolvimento psicológico e estratégias de intervenção em crianças com transtorno de déficit de atenção e hiperatividade (TDAH)*. 2013. 195f. Tese (Doutorado em Psicologia) - Universidade de São Paulo, São Paulo, 2013.

FONSECA, V. da. Dislexia, cognição e aprendizagem: uma abordagem neuropsicológica das dificuldades de aprendizagem da leitura. *Rev. Psicopedagogia*, São Paulo, v. 26, n. 81, p. 339-356, 2009. Disponível em: <http://pepsic.bvsalud.org/scielo.php?script=sci_arttext&pid=S0103-84862009000300002&lng=pt&nrm=iso>. Acesso em: 25 maio 2016.

GINDRI, G. et al. Métodos em reabilitação neuropsicológica. Rio de Janeiro: NNCE, 2012. Disponível em: <http://www.nnce.org/Arquivos/Artigos/2012/gindri_etal_2012.pdf>. Acesso em: 25 maio 2016.

JARDINI, R. S. R.; SOUZA, P. T. Alfabetização e reabilitação dos distúrbios de leitura/escrita por metodologia fonovisuoarticulatória. *Pró-Fono Revista de Atualização Científica*, Barueri, v. 18, n. 1, p. 69-78, jan./abr. 2006.

LIMOND, J.; LEEKE, R. Practitioner Review: Cognitive rehabilitation for children with acquired brain injury. *Journal of Child Psychology and Psychiatry*, Oxford, v. 46, n. 4, p. 339-352, abr. 2005.

MICELI, A. V. P. *Câncer infanto-juvenil:* irmãos, as crianças que ninguém vê. 2013. 231 f. Tese (Doutorado em Psicologia) – Pontifícia Universidade Católica, Rio de Janeiro, 2013.

MIDDLETON, J. Brain injury in children and adolescents. *Advances in Psychiatric Treatment*, London, v. 7, p. 257-265, jul. 2001.

OMS – ORGANIZAÇÃO MUNDIAL DA SAÚDE. *Relatório mundial sobre a deficiência*: capítulo 4. Genebra, 2011. Disponível em: <http://who.int/disabilities/world_report/2011/chapter4_por.pdf>. Acesso em: 25 maio 2016.

PEARSON. *Cogmed.* [S.l.], 2001. Disponível em: <http://www.cogmed.com.br>. Acesso em: 31 maio 2016.

PISTOIA, M.; ABAD-MAS, L.; ETCHEPAREBORDA, M. Abordaje psicopedagógico del trastorno por déficit de atención con hiperactividad con el modelo de entrenamiento de las funciones ejecutivas. *Revista de Neurología*, Barcelona, v. 38, n. 1, p. 149-155, fev. 2004.

RANCHO LOS AMIGOS NATIONAL REHABILITATION CENTER. *Patient information:* family guide to the rancho levels of cognitive functioning. Downey, 1990. Disponível em: <http://file.lacounty.gov/dhs/cms1_218115.pdf>. Acesso em: 25 maio 2016.

SANTOS, F. H. dos. Reabilitação neuropsicológica pediátrica. *Psicol. Cienc. Prof.*, Brasília, DF, v. 25, n. 3, p. 450-461, 2005. Disponível em: <http://www.scielo.br/scielo.php?script=sci_arttext&pid=S1414-98932005000300009&lng=en&nrm=iso>. Acesso em: 25 maio 2016.

SCHUHFRIED, G. RehaCom Version 5. Basic Manual. Magdegurg: Hasomed; 2003. 52 p. Disponível em: <http://www.hasomed.de/fileadmin/user_upload/Rehacom/Manuale/ENG/RehaComEN.pdf>. Acesso em: 21 nov. 2016.

SHINAVER, C.; ENTWISTLE, P.; SÖDERQVIST, S. Cogmed WM training: reviewing the reviews. *Applied Neuropsychology Child*, Philadelphia, v. 3, n. 3, p. 163-172, jul. 2014.

VAN DER DONK, M. et al. Interventions to improve executive functioning and working memory in school-aged children with AD(H)D: a randomised controlled trial and stepped-care approach. *BMC Psychiatry*, London, v. 13, n. 23, p. 2-7, jan. 2013.

WILSON, B. Cognitive rehabilitation: how it is and how it might be. *Journal of the International Neuropsychological Society*, New York, v. 3, p. 487-496, set. 1997.

PARTE VI
Ensino e pesquisa

28. O hospital como campo de pesquisa em psicologia

Eliseth Ribeiro Leão
Shirley Silva Lacerda

A psicologia hospitalar é o ramo da psicologia destinado a pacientes internados em hospitais gerais, sem deixar de incluir ambulatórios e consultórios. Tem como foco principal as questões emergenciais advindas da doença e/ou hospitalização, do processo do adoecer, dos processos de morte/morrer e do sofrimento causado por estes, visando minimizar a dor emocional do paciente e de sua família.

Dessa forma, são esperadas que muitas questões científicas de interesse para os psicólogos possam emergir do ambiente hospitalar. Embora seja um ambiente profícuo à produção científica, requer dos psicólogos hospitalares habilidades e conhecimentos específicos para sua realização. Este capítulo, portanto, busca apresentar algumas reflexões sobre como a pesquisa vem sendo realizada por esses profissionais, bem como as dificuldades e as perspectivas para que venha a ser ampliada em nosso meio.

De acordo com o código de ética profissional, temos:

> *Art. 16 – O psicólogo, na realização de estudos, pesquisas e atividades voltadas para a produção de conhecimento e desenvolvimento de tecnologias: a) Avaliará os riscos envolvidos, tanto pelos procedimentos, como pela divulgação dos resultados, com o objetivo*

> *de proteger as pessoas, grupos, organizações e comunidades envolvidas; b) Garantirá o caráter voluntário da participação dos envolvidos, mediante consentimento livre e esclarecido, salvo nas situações previstas em legislação específica e respeitando os princípios deste Código; c) Garantirá o anonimato das pessoas, grupos ou organizações, salvo interesse manifesto destes; d) Garantirá o acesso das pessoas, grupos ou organizações aos resultados das pesquisas ou estudos, após seu encerramento, sempre que assim o desejarem (CFP, 2014).*

Os aspectos tratados pelo código de ética profissional e descritos na passagem anterior visam normatizar os processos de produção de conhecimento em psicologia, garantindo não somente a qualidade e a relevância do conhecimento produzido, mas também a proteção dos indivíduos que participam voluntariamente das pesquisas. Além do código de ética profissional, os comitês de ética em pesquisa, regulamentados pela resolução 466/2012/CNS/MS/CONEP, têm o papel de nortear a ética em pesquisas envolvendo seres humanos no Brasil, visando assegurar os direitos e deveres que dizem respeito à comunidade científica, aos participantes da pesquisa e ao Estado (CNS, 2012). Todos os projetos de pesquisa envolvendo seres humanos, independentemente do tipo de estudo, têm que passar antes de seu início pelo crivo do comitê de ética em pesquisa e qualquer mudança que ocorra ao longo do estudo tem que ser novamente aprovada por essa instância.

Dentre as diversas áreas de atuação do psicólogo no hospital, o atendimento aos pacientes com câncer tem sido bastante frequente, razão pela qual vamos tomá-lo como pano de fundo para algumas considerações, mas que podem ser estendidas a outras áreas de interesse. Segundo Costa Junior (2001), a psico-oncologia como um campo interdisciplinar da saúde estuda a influência de fatores psicológicos sobre o desenvolvimento, o tratamento e a reabilitação desses pacientes nos diversos estágios da doença. Entre os principais objetivos da psico-oncologia está a identificação de variáveis psicossociais e contextos ambientais em que a intervenção psicológica possa auxiliar o processo de enfrentamento da doença, incluindo quaisquer situações potencialmente estressantes a que pacientes e familiares são submetidos. Essa especialidade tem buscado se constituir em um instrumento que viabiliza atividades interdisciplinares no campo da saúde, desde a pesquisa científica básica até os programas de intervenção clínica. A análise da produção científica apresentada em congressos nacionais revelou: (a) a existência de um perfil profissional mais assistencialista; e (b) a maioria dos trabalhos apresentados era constituída de relatos de experiência profissional, em detrimento de estudos de investigação científica com rigor metodológico.

Na prática assistencial, é comum, nos profissionais, o desejo de publicar seus resultados a partir de um banco de dados ou de casos atendidos sem ter estabelecido, *a priori*, uma pergunta científica. Mesmo os estudos que envolvem menores evidências requerem planejamento detalhado e um projeto de pesquisa que tenha passado por avaliação de mérito ético e científico antes de sua divulgação. Alguns autores indicam que estudos dessa natureza têm sido conduzidos de forma intuitiva e pouco sistemática (PERES; SANTOS, 2005).

Cinco componentes são especialmente importantes para o adequado desenvolvimento de um estudo de caso, a saber: 1) uma questão de estudo pertinente; 2) um objetivo preciso; 3) um caso relevante; 4) uma vinculação lógica entre os dados apresentados e o propósito do estudo; e 5) critérios objetivos para a interpretação do material coletado.

A seleção dos três primeiros componentes exige do pesquisador reflexões acerca do objeto a ser estudado e das estratégias de coleta dos dados a serem empregadas, ao passo que a definição dos dois últimos depende de considerações sobre os procedimentos de análise a serem adotados. Evidencia-se, portanto, que, a despeito de serem didaticamente distintos uns dos outros, os cinco componentes devem ser vistos pelo pesquisador como partes indissociáveis de um todo para que seja possível a compreensão das múltiplas facetas do objeto (YIN, 2014).

Outros pesquisadores (YAMAMOTO; SOUZA; YAMAMOTO, 1999), a partir da análise de um conjunto de periódicos especializados em psicologia e publicados no Brasil, apontam, de maneira geral, que são poucos os autores psicólogos publicando sistematicamente no país (o que inclui todas as áreas de atuação e não somente a psicologia hospitalar) e que essa produção está fortemente concentrada em poucas instituições nas regiões Sul e Sudeste, predominantemente ligada às universidades públicas. Foi também verificada uma relação entre a quantidade de artigos publicados e a existência de programas de pós-graduação nessas universidades e entre a afiliação institucional dos autores e o periódico no qual publicam.

A literatura nacional sobre a produção científica em psicologia hospitalar é bastante escassa. Uma análise sobre a produção em dez anos, nas décadas de 1980 e 1990, buscou identificar as características dos profissionais que atuavam em diversas instituições hospitalares e o aspecto da produção em pesquisa. Os resultados revelaram que menos da metade dos entrevistados desenvolvia pesquisa, em um índice maior do que observado na década anterior, porém, de modo não significativo. Esse estudo apontou, ainda, que o envolvimento em projetos de pesquisa diferencia-se quando o profissional está ou esteve vinculado a programas de pós-graduação em psicologia. Isso reforça a necessidade de estudos sistemáticos que busquem identificar a produção de conhecimento especificamente situado no campo da psicologia hospitalar, subsidiando seu crescimento científico e o desenvolvimento de práticas que respondam às necessidades da sociedade (ROMANO, 1999). Outro estudo, voltado também à produção acadêmica em nível de doutorado, revelou ampla diversidade de temáticas estudadas vinculadas a especialidades médicas variadas, com predominância de metodologias que associam recursos qualitativos e quantitativos, sendo também observada uma diversidade de abordagens teóricas em psicologia (SILVA, 2009). Por ser tudo muito novo, ainda não é possível definir as prioridades de pesquisa na psicologia hospitalar. Tal lacuna é observada na própria agenda nacional de prioridades de pesquisa em saúde, na qual os aspectos psicológicos não se encontram fortemente abordados (BRASIL, 2011).

Exemplos de atividades de pesquisa, em nível internacional nessa área, incluem: desenvolvimento e validação de instrumentos clínicos para testes de avaliação diagnóstica; adaptação e avaliação da eficácia de intervenções psicológicas e biológicas na promoção da saúde e na superação de distúrbios; estudos que revelem aspectos transculturais de transtornos psicológicos; avaliação do impacto dos comportamentos positivos e negativos na saúde física; além da supervisão de projetos, teses e dissertações de candidatos cujas pesquisas incluam componentes psicológicos (WAHASS, 2005).

A atuação do psicólogo em hospitais, unidades básicas de saúde e outras instituições de saúde pode ser considerada como uma prática ainda recente. Esse tipo de trabalho exige uma formação específica, no entanto, o currículo tradicional das instituições formadoras tem dado pouco espaço para disciplinas dessa área e, muitas vezes, elas são opcionais (VERONEZE, 2008). Isso pode, parcialmente, justificar a baixa produção nessa área e/ou a produção de estudos com menor impacto científico.

Tais achados apontam para a necessidade da adaptação de métodos e técnicas da psicologia clínica ao contexto hospitalar, uma vez que é necessário transpor os modelos de atuação clínica, centrados em atendimentos psicoterapêuticos individualizados e restritos. Este *modus operandi* parece justificar a maior concentração de trabalhos de intervenção profissional, nem sempre sistemáticos ou subsidiados por elementos teóricos ou técnicos suficientes, que resultam em produção intelectual no formato de livros, relatos de experiência, relatos de caso, mas que, *a priori*, não traduzem de forma clara uma pergunta científica que faça avançar o conhecimento de forma mais expressiva. Por outro lado, como as temáticas ainda são muito diversificadas, amplia-se a possibilidade de adoção de diferentes métodos de pesquisa, sejam eles quantitativos, qualitativos ou mistos (SHAUGHNESSY; ZECHMEISTER; ZECHMEISTER, 2014).

Além disso, existem as dificuldades inerentes ao desenvolvimento da pesquisa científica. São conhecidas as deficiências do ensino que implicam as habilidades necessárias à condução de estudos científicos, bem como a quase ausência de psicólogos pesquisadores, ou seja, os que possuem conhecimento acadêmico em nível de doutorado, integrando os serviços de psicologia hospitalar.

Ambientes hospitalares configuram um rico campo para o desenvolvimento da pesquisa científica, entretanto, a condução de estudos pelo psicólogo nessa seara, no Brasil, parece ensaiar seus primeiros passos (o que não difere de outras áreas assistenciais cuja produção de conhecimento esteja ainda muito ligada ao ambiente estritamente acadêmico) e necessita de algumas medidas organizacionais para o seu desenvolvimento.

Realizar pesquisas nas instituições hospitalares, em particular em situações clínicas à beira-leito, requer a construção de uma capacidade de pesquisa por meio da organização de uma infraestrutura de pesquisa, seja ela formal ou informal (no primeiro estágio).

A formal é constituída pela contratação de pesquisadores experientes que possam atuar como orientadores dos projetos, atuando como facilitadores na concepção dos estudos, na identificação de perguntas relevantes e na construção de hipóteses até a publicação dos seus resultados. Se a instituição de saúde conta com um instituto de pesquisa, ainda que seja um caminho desafiador, há uma maior facilidade para inserção dos psicólogos em projetos de pesquisa multidisciplinares ou mesmo possibilita a sua participação como líderes de projetos. As possibilidades de formação científica, seja por meio de cursos de metodologia, de elaboração de projetos ou de escrita científica, que se apresentam em estruturas formais de pesquisa, criam um ambiente propício para que os psicólogos que desejem desenvolver estudos científicos floresçam. Além dos investimentos em recursos humanos e infraestrutura, outros fatores precisam ser equacionados para que uma instituição alcance êxito, como financiamento para a pesquisa, planos de carreira como forma de reconhecimento dos profissionais que se destacam na pesquisa à beira-leito, *networking* e desenvolvimento de cultura de pesquisa institucional (LANSANG; DENNIS, 2004).

Construir a capacidade em pesquisa é um processo. Não existe uma fórmula mágica para fazer isso acontecer. Entretanto, existe uma série de instrumentos, os quais, se apropriadamente aplicados, podem fazer uma diferença significativa. Uma efetiva construção de capacidade de pesquisa resulta das relações entre fatores individuais, organizacionais e institucionais. Requer visão e estratégia. Esse desenvolvimento pode ser obtido e facilitado por um processo de aprendizagem (curva de aprendizagem) e uma adaptação contínua das intervenções à luz da experiência e em consonância com a realidade local (DEPARTMENT OF INTERNATIONAL DEVELOPMENT, 2010).

As experiências internacionais são inspiradoras e denotam o potencial que um serviço de psicologia hospitalar pode atingir em relação ao desenvolvimento de pesquisas. Para tanto, a maioria tem uma estrutura especializada, normalmente coordenada por um pesquisador ligado a alguma universidade, mas o *staff* de psicólogos que atua no hospital também possui nível de doutorado, além de disporem de programas de pré-doutorado e de pós-doutorado. O laboratório de avaliação psicológica e pesquisas do Massachusetts General Hospital mantém um programa com expertise em psicometria, desenvolvimento e validação de escalas, especializado ainda em avaliação de psicopatologias, do funcionamento da personalidade e das respostas ao tratamento. Os projetos desenvolvidos se enquadram em uma das três categorias: 1) desenvolvimento e avaliação de propriedades psicométricas de instrumentos; 2) exploração da utilidade de medidas psicológicas e neuropsicológicas como preditores de respostas importantes no mundo real; e 3) avaliação da efetividade dos tratamentos (MASSACHUSETTS GENERAL HOSPITAL, [20--?]).

No Cincinnati Children's, os estudos desenvolvidos pelos psicólogos no ambiente hospitalar focam na melhoria de respostas de longo prazo, a partir das interações entre comportamento, biologia, ambiente familiar, comunidade e saúde da criança. Ênfase também é dada a transferir a pesquisa gerada para a prática assistencial que diretamente implique na saúde e bem-estar das crianças (CINCINNATI CHILDREN'S, [20--?]). O envolvimento dos psicólogos no Childrens Hospital de St. Louis endereça questões relacionadas à aderência ao tratamento, ao enfrentamento das doenças crônicas e à promoção de ajustamentos da família às condições de vida alteradas pelas doenças. Seu departamento de neuropsicologia está voltado ao tratamento de problemas cognitivos associados a condições médicas que impactam o sistema nervoso central e, portanto, as pesquisas desenvolvidas se relacionam às respostas cognitivas, emocionais e comportamentais associadas a várias condições clínicas e tratamentos (ST. LOUIS CHILDREN'S HOSPITAL, [20--?]). As pesquisas são desenvolvidas sob supervisão de pesquisadores experientes.

Já no Johns Hopkins Hospital, a divisão de psicologia conta com mais de trinta psicólogos com nível de doutorado, em regime de trabalho integral ou parcial, no departamento de psiquiatria de ciências comportamentais. O foco recai sobre interconsulta dos psicólogos e neuropsicologia clínica, que possibilita a realização de avaliações psicológicas para aconselhamento da equipe, de pacientes e seus familiares, e as atividades de pesquisa são realizadas em paralelo com o trabalho clínico (JOHNS HOPKINS MEDICINE, [20--?]).

Como mencionamos anteriormente, no estágio inicial, antes de uma estrutura formal de pesquisa, iniciativas informais também podem ser úteis, de modo a congregar psicólogos hospitalares com interesse em se desenvolver no âmbito da pesquisa. Isso pode ser promovido pelo estabelecimento de um grupo de estudos voltado à pesquisa em psicologia hospitalar, *journal clubs*, reuniões científicas e *mentoring* eventual de pesquisadores, de forma a familiarizar psicólogos que atuam à beira-leito à prática da pesquisa, o que consequentemente irá levá-los a formas mais aprofundadas de formação científica.

No Brasil, ainda temos muito o que caminhar para alcançarmos o potencial e a produção científica esperada. Apesar disso, temos várias tentativas de estruturação e incentivos para que pesquisas científicas sejam conduzidas dentro das instituições hospitalares, e isso se torna evidente nos congressos da área, em que a quantidade e a qualidade dos trabalhos apresentados têm sido sempre crescentes. Entretanto, falta bastante para que alcancemos um nível de reconhecimento internacional. Parte dessa falta de reconhecimento passa pela qualidade das pesquisas, que limita o potencial de publicação e as fazem serem aceitas somente em revistas com baixíssimo ou mesmo com nenhum fator de impacto, que mede a quantidade média de vezes que um artigo publicado em uma revista é citado por outras. Ou seja, uma revista com fator de impacto cinco indica que seus artigos têm, em média, pelo menos cinco citações em outras revistas. Ainda que existam críticas quanto a esse critério de qualidade, tem sido aceitável pela comunidade científica que, quanto maior é o valor do fator de impacto, maior é a probabilidade de um artigo publicado nessa revista ser citado e mais exigente é a revista no aceite de um artigo. Portanto, para que um artigo seja aceito em uma revista com um bom fator de impacto, é necessário que o cuidado com a qualidade, o rigor e a relevância científica estejam, cada vez mais, presentes desde a concepção do projeto de pesquisa.

Outro fator que limita a publicação de artigos nacionais em periódicos com bom fator de impacto é o domínio da língua inglesa. Infelizmente, pensando em ampliar o acesso aos seus trabalhos em território nacional, muitos psicólogos ainda têm preferência em escrever seus artigos na língua portuguesa, limitando o alcance internacional de suas publicações. Por outro lado, as revistas nacionais com maiores reconhecimentos e listadas no site do *Journal Citation Reports* (JCR), base de dados com indicadores de citações das principais revistas científicas mundiais, nos últimos anos, passaram a aceitar somente artigos escritos em língua inglesa. No médio e no longo prazos, isso implicará em uma mudança na cultura dos psicólogos pesquisadores, que terão que se adaptar para conseguir uma maior projeção em suas publicações.

Tendo em mente o que foi exposto, o futuro da produção científica no campo da psicologia e, mais especificamente, da psicologia hospitalar tem imenso potencial de crescimento nos próximos anos. Porém, sem o investimento adequado na formação do psicólogo pesquisador e sem a consolidação de uma cultura de pesquisa científica nas instituições hospitalares, esse potencial ficará limitado e continuaremos à margem da produção de conhecimento na área e do reconhecimento internacional.

Referências

BRASIL. Ministério da Saúde. Secretaria de Ciência, Tecnologia e Insumos Estratégicos. Departamento de Ciência e Tecnologia. *Agenda nacional de prioridades de pesquisa em saúde*. 2. ed. Brasília, DF, 2011.

CINCINNATI CHILDREN'S. *Behavioral Medicine and Clinical Psychology Research*. [20--?]. Disponível em: <http://www.cincinnatichildrens.org/research/divisions/b/psychology/default/>. Acesso em: 25 maio 2016.

CFP – CONSELHO FEDERAL DE PSICOLOGIA. *Código de ética profissional do psicólogo*. Brasília, DF, 2014.

CNS – CONSELHO NACIONAL DE SAÚDE. Resolução nº 466, de 12 de dezembro de 2012. *Diário Oficial da União*, Brasília, DF, 13 jun. 2013. Seção 1, p. 59. Disponível em: <http://conselho.saude.gov.br/resolucoes/2012/Reso466.pdf>. Acesso em: 30 jan. 2017.

COSTA JUNIOR, Á. L. O desenvolvimento da psico-oncologia: implicações para a pesquisa e intervenção profissional em saúde. *Psicologia: Ciência e Profissão*, Brasília, DF, v. 21, n. 2, p. 36-43, jun. 2001.

DEPARTMENT OF INTERNATIONAL DEVELOPMENT. How to note: Capacity Building in research. London: DFID Press Office, 2010.

JOHNS HOPKINS MEDICINE. *Division of Medical Psychology*. [20--?]. Disponível em: <http://www.hopkinsmedicine.org/psychiatry/specialty_areas/med_psychology/>. Acesso em: 25 maio 2016.

LANSANG, M. A.; DENNIS, R. Building capacity in health research in the developing world. *Bulletin of the World Health Organization*, Geneva, v. 82, n. 10, p. 764-770, oct. 2004.

MASSACHUSETTS GENERAL HOSPITAL. *Psychological Evaluation and Research Laboratory (PEaRL)*. [20--?]. Disponível em: http://www.massgeneral.org/research/researchlab.aspx?id=1410. Acesso em: 25 maio 2016.

PERES, R. S.; SANTOS, M. A. General considerations and practical orientations regarding the use of case studies in scientific research in psychology. *Interações*, São Paulo, v. 10, n. 20, p. 109-126, dez. 2005.

ROMANO, B. *Princípios para a prática da Psicologia clínica em hospitais*. São Paulo: Casa do Psicólogo, 1999.

SHAUGHNESSY, J.; ZECHMEISTER, E.; ZECHMEISTER, J. *Research methods in Psychology, 10th edition*. New York: McGraw-Hill, 2014.

SILVA, R. R. Percursos na história da psicologia hospitalar no Brasil: a produção em programas de doutorado em Psicologia no período de 2003 a 2004 no Banco de Teses da Capes. *Revista da SBPH*, Rio de Janeiro, v. 12, n. 2, p. 69-79, dez. 2009.

ST. LOUIS CHILDREN´S HOSPITAL. *Psychology services*. [20--?]. Disponível em: <http://www.stlouischildrens.org/our-services/psychology-services>. Acesso em: 25 maio 2016.

VERONEZE, C. B. et al. Residência em Psicologia Hospitalar e da Saúde do HU/UFJF: consolidando práticas no campo da saúde. *Psicologia em Pesquisa*, Juiz de Fora, v. 2, n. 1, p. 20-26, jun. 2008.

WAHASS, S. H. The role of psychologists in health care delivery. *Journal of Family & Community Medicine*, Mumbai v. 12, n. 2, p. 63-70, may/aug. 2005.

YAMAMOTO. O. H.; SOUZA, C. C.; YAMAMOTO, M. E. A produção científica na psicologia: uma análise dos periódicos brasileiros no período 1990-1997. *Psicologia, Reflexão e Crítica*, Porto Alegre, v. 12, n. 2, 1999.

YIN, R. K. *Case study research*: design and methods. Thousand Oaks: SAGE Publications, 2014.

29. Transmitindo conhecimento: a experiência do estágio e da residência em Psicologia

Flavia Melissa Correas de Andrade
Silmara Ferreira Costa Silva
Ana Merzel Kernkraut

> "Não basta ensinar ao homem uma especialidade, porque se tornará assim uma máquina utilizável e não uma personalidade. É necessário que adquira um sentimento, um senso prático daquilo que vale a pena ser empreendido, daquilo que é belo, do que é moralmente correto."
> Albert Einstein

Neste capítulo, os nossos residentes e estagiários relatam sua experiência e suas reflexões acerca da oportunidade de vivenciarem de maneira muito próxima a rotina de assistência da equipe de psicologia e neuropsicologia.

O programa de estágio é antigo dentro da instituição e temos a oportunidade de receber cinco estagiários concomitantemente para atuarem nas áreas da psicologia hospitalar, neuropsicologia e brinquedoteca hospitalar. Normalmente, o programa dura dois anos e, neste período, temos a convivência intensa com pessoas que deixam suas marcas em nosso serviço.

Criado em 2015, temos o programa de residência multiprofissional em reabilitação, cuja proposta é capacitar o psicólogo na área da neuropsicologia para que ele possa identificar, avaliar e reabilitar o paciente que foi acometido por uma lesão cerebral, seja ela adquirida ou de ordem degenerativa.

Por meio dos textos escritos pelos residentes e pelos estagiários, podemos perceber o percurso de aquisição de conhecimento e experiência, as contribuições e desafios que o jovem programa de residência nos trouxe. A inclusão de mais uma pessoa em nossas rotinas assistenciais e em atendimentos psicológicos foi e é um desafio para os profissionais do serviço, que trazem como bagagem de sua graduação e formação a importância do vínculo, do sigilo profissional entre psicólogo e paciente. Temos o desafio constante de promover um ambiente enriquecedor para ambos os lados e, sem dúvida, o fato de ter conosco profissionais e alunos em programas de estágio e residência nos proporciona novas formas de pensar e, com isso, de atuar.

Esperamos que a leitura estimule a criação de outros programas, pois a troca de experiências é enriquecedora no dia a dia de nossa convivência.

Introdução

A psicologia e a prática do psicólogo dentro do hospital são de suma importância para o restabelecimento da saúde física a partir da consideração dos aspectos psíquicos que influenciam na maneira como o paciente e seus familiares irão enfrentar o adoecimento.

Com o crescimento das especializações na área da saúde, surgiu a necessidade de um saber mais aprofundado, com formação teórica consistente e a concretização da prática. Foi criada, então, a Residência Multiprofissional pelo Ministério da Educação em 30 de junho de 2005, em seguimento da Lei nº 11.129 (BRASIL, 2005).

Alguns aprendizados concretizam-se conforme vão surgindo as dificuldades e entraves durante o trabalho, ofertando-nos uma ressignificação do olhar e um refinamento da compreensão em torno da aprendizagem.

Temos muito prazer em poder delinear o percurso, os benefícios e os percalços da experiência de estágio e do programa de residência inseridos no âmbito hospitalar e oferecer ao leitor uma visão constituída de signos e conclusões formadas a partir de vivências adquiridas por meio de profissionais, familiares e pacientes dessa grande instituição.

A experiência do psicólogo no programa de residência: por que fazer a residência?

A residência é um convite a uma grande oportunidade de aprendizado, em que se vivencia intensamente a prática hospitalar e as questões que surgem a partir dela, permitindo aprofundar o conhecimento e entrelaçá-lo à teoria em um movimento harmonioso e carregado de sentido.

Uma forte característica da residência multiprofissional é a relação multidisciplinar que é desenvolvida dentro do programa, pois a combinação de diversos olhares proporciona um entendimento mais aprofundado e, por consequência, um maior benefício para o paciente, que é visto, ao mesmo tempo, em sua integralidade e de modo especializado, isto é, várias disciplinas trabalhando juntas com o objetivo de oferecer a melhor assistência ao paciente.

Durante a formação em psicologia, nos vemos, muitas vezes, indecisos sobre a área mais interessante para darmos início à carreira profissional. Saímos da universidade cheios de teorias no mínimo intrigantes, mas, ao nos depararmos com o universo real, ainda que carregando uma bagagem extensa, nos sentimos inseguros e desamparados para uma atuação clínica efetiva.

Entramos para o mercado de trabalho sem saber o que encontraremos e qual será nosso manejo diante de uma nova história, que sempre é única e singular, pois, a cada paciente, visualizamos um mundo novo, uma história nova e um ser humano único. Justamente por isso que somente o saber literário não nos oferece condições de uma atuação assertiva e segura.

Nessa lacuna, podemos encaixar a residência, uma vez que, por meio de uma vivência intensa, respaldada pela teoria, conseguimos alcançar uma postura e, consequentemente, uma ação mais íntegra. Quando nos apoderamos das vivências no âmbito hospitalar, podemos desenvolver o raciocínio clínico a partir dos casos que são observados e assistidos.

O programa de residência propõe a prática como forma de aprendizado: 80% do tempo está relacionado à atividade prática e somente 20% à atividade teórica.

No início, o aprendizado se dá por meio da observação, mais adiante, pela prática supervisionada do psicólogo sênior, até o momento de ter a oportunidade de conduzir os atendimentos sozinho, sempre com supervisão do preceptor. O profissional sênior é fundamental na formação do residente, pois ele será a referência no processo de aprendizagem.

A criação da residência multiprofissional levou ao surgimento de uma subequipe no HIAE, formada pelos aprendizes do setor, atualmente composta por dois residentes (R1 e R2) e uma estagiária cursando o quarto ano da graduação em psicologia. Nessa equipe, cria-se a possibilidade de construção e aquisição do conhecimento em conjunto, o que torna o trabalho muito mais dinâmico, construtivo e motivador. Obviamente, cada elemento dessa equipe possui suas tarefas e obrigações que são diferenciadas, no entanto, há diversos pontos de intersecção entre as tarefas realizadas, o que permite a coparticipação e a aprendizagem mediante a discussão de casos.

> *Do meu ponto de vista, enquanto estagiária, é muito enriquecedor e reconfortante ter colegas de trabalho que estão, assim como eu, em um processo de aprendizado continuo no setor.*
>
> *Todos os dias, nos deparamos com assuntos, conceitos e casos que são inéditos, o que nos permite aprimorar tanto o conhecimento teórico como o técnico e desenvolver o olhar clínico para além de cada caso específico. Enquanto inseridos neste contexto, podemos ensinar e aprender uns com os outros, sendo este um movimento bilateral e diário na área.*
>
> *A presença da R2 me permite uma maior proximidade dos casos atendidos por meio de suas sessões de avaliação e das correções das atividades realizadas. Outro ponto importante é que essa prática nos permite a possibilidade de discutir e pensar sobre a elaboração do laudo em conjunto, nos motivando a complementar nosso saber por meio de referenciais teóricos, resultados de exames e relatos de casos, formando um olhar clínico em constante desenvolvimento. Portanto, tenho o privilégio de trabalhar e aprender com um profissional formado da psicologia, mas que, por outro lado, encontra-se também em processo de aprendizagem no campo*

da neuropsicologia, o que permite uma proximidade e uma troca de informações e conhecimentos mais enriquecedores.

Com a inserção do R1 na equipe, este trabalho tornou-se ainda mais explícito, isso porque, além do preceptor e dos profissionais sêniores, a R2 e a estagiária podem contribuir constantemente com o treinamento, assim como formação técnica e clínica desse novo residente.

Esse profissional, por sua vez, pode contribuir com um olhar novo e diferenciado, trazendo propostas, ideias e um ponto de vista ainda não explorado. Por meio do referencial teórico oferecido pelos seniores, podemos realizar discussões para nos aprofundar no que foi estudado por meio das leituras e ter oportunidade de fazer questionamentos, levantar questões, esclarecer dúvidas que surjam no caminho e levá-las para reunião da equipe, efetuadas semanalmente, tornando assim a apropriação do conhecimento mais significativa.

A união dessa tríade agrega não só para a construção de conhecimento entre nós, mas também para o trabalho e produtividade da equipe como um todo, pois se torna possível o desenvolvimento de um serviço mais completo, integrado, coeso e ágil (depoimento de Mariana de Araújo Andreoli, estagiária do serviço de neuropsicologia).

O início de um ciclo sob a óptica de um residente no seu primeiro ano

A chegada ao hospital é precedida por fantasias que dizem respeito à imagem prévia da instituição específica, para a qual se foi aceito no processo seletivo, e à imagem do hospital como um todo. Para entender esta segunda imagem mencionada, podemos pensar tanto em sua formação pelo senso comum, que envolve o hospital no discurso corrente, quanto na particularidade que o residente encontrou ao longo de sua vida. Acho mais interessante tomar este ponto de vista individual no espaço do livro para representar o estado no qual me encontrei nos primeiros momentos do programa de residência.

As experiências prévias em hospitais foram majoritariamente vivenciadas na posição de paciente ou visitante e foram marcadas pelo sentimento de austeridade no ambiente; os profissionais não foram vistos por mim muito além de suas funções. Isso só se modificou ao trocar a posição da qual o hospital era observado, realizando um estágio curricular na área. Embora fosse estudante e tivesse um vínculo frágil com a instituição, foi possível sentir-me participante da equipe, ver os psicólogos do hospital fora dos consultórios e conversar sobre interesses diversos. Só com essa relação, com pessoas inteiras, me pareceu uma opção viável permanecer diariamente doze horas dentro de um hospital.

Mesmo assim, havia medos presentes. O hospital no qual o estágio foi realizado não era o mesmo no qual seria residente, a equipe era outra e podia não ser receptiva, a exigência das capacidades profissionais também mudaria; enfim, a experiência produtiva em um hospital não garantia que a decisão por fazer a residência havia sido acertada.

Os primeiros contatos se dão por meio das atividades de integração, na qual a instituição é formalmente apresentada, mostrando o que é esperado do processo que acontecerá nos dois anos. Ao se identificar objetivos e parâmetros tangíveis, os sentimentos de incerteza se dissipam quanto à exigência que será demandada pela instituição e ao amparo que esta pode fornecer. As fantasias acerca dos valores da instituição vão se concretizando, ou sendo alteradas ao se observar a maneira como os procedimentos são realizados e o modo com o qual os profissionais se comportam. O território passa a ser menos indistinto a cada nova informação recebida e na medida em que o repertório de condutas adequadas se torna mais claro. Finalmente, a expectativa quanto à equipe cessa ao se deparar, de fato, com a própria equipe. Uma agradável surpresa é encontrar mais receptividade do que o esperado. Os profissionais que se apresentam sem requerer uma provação, tratando imediatamente o residente como "da casa", facilitam a criação de um clima favorável aos recém-chegados. Uma referência, o preceptor, acompanha com mais proximidade a maioria das atividades. Sua atuação de orientação e como modelo caracteriza marcantemente os primeiros passos dentro do hospital. É possível pensar que diferentes preceptores proporcionem experiências variadas e, por sorte, a preceptora na neuropsicologia se mostrou compreensiva e capaz, mesmo com um programa de residência jovem no setor. Já ambientado, a próxima questão passa a ser lidar com a ansiedade de atuar com alguma independência enquanto só é possível acompanhar passivamente o contato com os pacientes do hospital. Essa, no entanto, não é uma espera sofrível, não há um dia sequer desprovido de novas experiências e conhecimentos desde os primeiros momentos no acolhimento (depoimento de Ricardo Valls Baldin, residente no primeiro ano do programa de residência multiprofissional em reabilitação física).

Desafios do residente no exercício da função ao longo de sua jornada

Ao entrar em contato com a neuropsicologia, nos deparamos com diversas informações que são muito relevantes para a nossa prática, desde instruções e manejo de testes, avaliação comportamental e cognitiva, relação doença-cérebro, observação, estudo qualitativo, quantitativo e medidas – muitas medidas. Entramos em um universo cheio de detalhes, em que uma mera distração pode nos levar a causar um erro grave ao paciente e à toda equipe que nos confiou a avaliação. Por essa razão, a exigência é muito grande, e a carga de responsabilidade que o residente carrega é pesada.

Quando o aprendiz residente observa um atendimento, ele já está sendo treinado para focar em alguns aspectos específicos que fazem diferença na compreensão da prática clínica. Aprendemos a observar minuciosamente cada detalhe das respostas do paciente, examinando as esferas cerebrais e podendo, muitas vezes, contribuir para um processo de continuidade por meio da reabilitação.

Outro desafio é conseguir, por meio da experiência, relativizar os resultados numéricos a cada caso específico, considerando o background *do paciente, ou seja, realizar a análise do desempenho do sujeito, baseando-se nos números, mas também nas amostras qualitativas que o paciente apresenta no* setting *de avaliação. O alcance supremo de um residente é conseguir uma atuação equilibrada entre a técnica e a clínica e entre a teoria e a prática, pois estas são artes complementares.*

Apesar de a neuropsicologia ser um ramo de conhecimento complexo, é também uma especialização muito atual que supõe um saber abrangente; no entanto, o estudo deve ser uma atividade que irá acompanhar o residente ao longo de toda a sua formação e para o resto da vida caso decida continuar percorrendo esse caminho.

Outro ponto importante é o relacionamento com a equipe, o qual nos leva a um desenvolvimento pessoal importante, pois somos levados a aprender a trabalhar em grupo, ou seja, respeitar opiniões alheias e conviver harmoniosamente, pois, quando estamos inseridos em uma equipe, estamos também inseridos em um grupo de seres humanos com características pessoais e de personalidade específicas. Essas questões somadas a tantas outras novidades geram angústias e sentimentos diversos, sendo estes recorrentemente relatados pelos residentes no início de suas jornadas.

É essencial também perceber o funcionamento da equipe e os sintomas que muitas vezes são externalizados. Para isso, são necessários percepção e manejo das atitudes perante o ambiente, sem se envolver e se deixar afetar de forma pessoal por essa demanda.

A minha experiência como residente foi ainda mais intensa, talvez por ser a pioneira no serviço e aprender em uma base de tentativas e erros. Houve reajustes, reformulações, reuniões, alinhamentos e feedbacks, *que foram essenciais no aprimoramento do saber e no envolvimento da proposta oferecida pela instituição, bem como o crescimento e a aprendizagem da equipe com a presença do residente, uma vez que precisaram assumir o papel não só de profissional, mas também de docente.*

A rotina da equipe quando chega um membro a mais, nesse caso, o residente, tende a mudar, e isso causa a princípio certo deslocamento da área de conforto profissional, pois se exige mais empenho, atividades, responsabilidades, além do fato de ser observado constantemente por um aprendiz.

Sentimentos como angústia, frustração, impotência e incertezas me acompanharam em diversos momentos e sentia-me culpada por pensar que tais sentimentos pudessem ser uma fraqueza minha. Um dia, estava andando no corredor da reabilitação, acompanhada por esse sentimento, quando encontrei uma colega residente que relatou estar se sentindo da mesma forma, com pensamentos e emoções parecidas, então foi possível perceber que esta não era uma fragilidade minha e sim a etapa de um processo que proporcionava o surgimento dessas emoções. Esse acontecimento trouxe fôlego, esperança e a certeza de que a residência valeria a pena (depoimento de Flavia Melissa Correas de Andrade, residente no segundo ano do programa de residência multiprofissional em Reabilitação física).

A *metamorfose da residência e a aquisição de uma prática profissional segura: desafios do segundo ano*

Assim como o conhecimento vai sendo construído durante a residência, a maturidade profissional vai se desabrochando à medida que as experiências vão se formalizando na rotina da prática assistencial.

Inseguranças e incertezas são denominações que nos acompanham desde a prova de seleção para ingressar na residência e vão sendo amenizadas ao longo do tempo, quando percebemos que o saber está mais consolidado e que os nossos procedimentos estão automatizados, por exemplo, quando não há mais a necessidade de pensar sobre como daremos as instruções ao paciente, ou até mesmo quando nos despimos das preocupações de acompanhar item a item das perguntas descritas da anamnese.

Ao iniciar o atendimento, sem o acompanhamento do sênior, vamos percebendo que tudo o que observamos ao longo do treinamento deverá ser recordado detalhadamente e que, agora, o paciente deposita no residente confiança e expectativas, que espera serem respondidas com responsabilidade e seriedade.

Todo esse processo vai fluindo automaticamente com tranquilidade, nos dando condições de desenvolver um sentido aguçado de investigação e esmerilhar os elementos primordiais da história do paciente.

O nosso panorama clínico vai ganhando memória por meio dos diversos casos atendidos e vamos nos transformando e nos deleitando mediante uma prática mais confiante e segura. Sentimos, no entanto, que a apropriação do saber nunca está concretizada e, quanto mais mergulhamos nas profundezas do universo exclusivo de cada ser humano, mais queremos nos aprofundar nos estudos e conhecimentos, considerando a peculiaridade de cada caso e o funcionamento de cada indivíduo.

A metamorfose do residente se dá num bonito e árduo processo, em que metaforicamente podemos compará-la a uma larva passiva à espera dos desafios do porvir, a princípio insegura e acanhada, sendo acompanhada por experiências e mudanças que a preparam para uma significativa transformação e, então, já pronta, com a formação de firmes e resistentes asas, terá condições de alçar voos precisos e grandiosos. Seguramente os residentes são espíritos inquietos, que possuem sede de estudar e vivenciar intensamente o aprendizado.

Para concluir, devemos dizer que a residência é sem dúvida uma escolha acertada, que vai além dos muros da teoria e nos proporciona uma vivência única e essencial para a formação de um saber concreto e efetivo.

A experiência de estágio em Psicologia Hospitalar

Uma das possibilidades de aprendizado é a oportunidade de realizar um estágio em alguma das áreas da psicologia onde existe esta proposta. A seguir, segue o relato de uma das estagiárias do Serviço de Psicologia. Este estágio extracurricular contribuiu de maneira significativa para a ampliação do conhecimento teórico e prático, visto que ocorreu de modo fundamental para compreensão da dinâmica e vivências da psicologia no ambiente hospitalar.

> *O interesse em trabalhar na área da saúde sempre foi uma aspiração desde muito jovem, pois me percebia com muita disponibilidade para ouvir e acolher o outro e, ao conhecer a psicologia, tive a certeza do meu caminho e trajetória profissional.*
>
> *Posteriormente, durante a graduação, o contato com a área hospitalar era o momento que eu ansiava com muita expectativa, e a oportunidade de estagiar em um hospital de grande porte e qualidade, reconhecido internacionalmente, desvelou-se de maneira única para o início da minha carreira, pois conheci um mundo novo. Junto a essa importante oportunidade, havia expectativas de conhecer essa modalidade de trabalho em seu dia a dia, compreender sua rotina e a dinâmica hospitalar, as diversas possibilidades de atuação da psicologia inserida em um contexto institucional, bem como os seus desafios (depoimento de Silmara Ferreira Costa Silva, estagiária no Serviço de Psicologia Hospitalar).*

Sabe-se que, durante a graduação, poucas universidades oferecem, em sua grade curricular, conteúdos relacionados à psicologia hospitalar, havendo predominância no enfoque à psicologia clínica tradicional. Sendo assim, é importante citar as características que há na atuação do psicólogo inserido em um hospital, diferenciando essa modalidade de trabalho do que se realiza em consultório. Ribeiro (2005) descreve essas diferenças organizadas em três eixos: o sujeito, que, no contexto hospitalar, geralmente apresenta questões orgânicas como demanda predominante de sofrimento; o *setting*, visto que a privacidade é prejudicada e as intervenções se dão a partir de encaminhamentos; e a presença da morte de maneira concreta, o que difere do consultório. A autora alude que, para realizar um trabalho no contexto hospitalar em equipe de maneira resolutiva, é imprescindível que o psicólogo adeque suas práticas ao ambiente institucional.

No ambiente hospitalar, o foco é o adoecimento, o qual traz repercussões em diversos aspectos na vida do paciente e de seus familiares. Tais ocorrências implicam em sofrimento emocional, tornando necessária e importante a presença do psicólogo neste contexto.

A partir disso, é possível refletir sobre o trabalho do psicólogo no contexto hospitalar. Simonetti (2011) define como "o campo de entendimento & tratamento dos aspectos psicológicos em torno do adoecimento". Para o autor, os aspectos psicológicos são possíveis manifestações da subjetividade do indivíduo diante do adoecimento, sendo este o foco do psicólogo hospitalar. Além disso, o autor afirma que este profissional atua como intermediador das relações entre pacientes, familiares e profissionais de saúde, possibilitando a comunicação.

Segundo Lazzaretti et al. (2007), o profissional inserido nesse cenário, na qualidade de especialista, tem como função propiciar a comunicação e a expressão humana por meio da linguagem, tendo em vista a representação e a elaboração das situações experimentadas pelo paciente, promovendo qualidade de vida.

Diante do que foi exposto, é importante salientar que o atendimento geralmente aborda temas da hospitalização, sendo então necessário considerar os significados atribuídos à vida do paciente. Outra característica que permeia o trabalho do psicólogo hospitalar refere-se à realização de intervenções breves e pontuais, sendo então indispensável fazer um fechamento de cada atendimento, pois se sabe que na dinâmica hospitalar podem ocorrer altas ou óbito.

O preparo e a base que o estágio oferece

Lazzaretti et al. (2007) destacam a importância e os benefícios do convívio com o contexto hospitalar para a formação do psicólogo. Citam que o suporte da instituição, bem como a convivência e a comunicação com profissionais de diversas áreas contribuem para a integração de experiências que favorecem a construção de conhecimento, o crescimento profissional e a segurança ao psicólogo. Referem ainda que a multiplicidade de situações e da população atendida é elementar para o desenvolvimento da aprendizagem no processo formação, proporcionando o conhecimento realista sobre o ser humano, o que é imprescindível para o exercício da profissão.

O estágio oferecido é de dois anos e são realizadas atividades relacionadas aos projetos desenvolvidos pelo setor de psicologia que viabilizam o contato com os pacientes, seus familiares e a equipe multidisciplinar.

Tendo em vista que a assistência à saúde está relacionada ao constante desenvolvimento de pesquisas, com a finalidade de melhorar as terapêuticas adotadas no processo de tratamento, uma das principais atividades realizadas durante o estágio se refere à coleta de dados sobre a qualidade de vida dos pacientes acometidos por diversas patologias em diferentes fases do tratamento. Desse modo, é possível observar, a partir da coleta de dados, o impacto do adoecimento e das perdas sofridas diante desse evento e, ao analisar os dados coletados, compreender o significado que cada indivíduo atribui ao evento do adoecimento.

Kovács (2010) explana que o adoecimento provoca prejuízos importantes, como a perda de papéis (profissional, genitor, cônjuge, entre outros) que foram desempenhados no histórico de vida do paciente. Segundo a autora, tais perdas possibilitam trabalhar o luto antecipatório, viabilizando melhor elaboração. A autora afirma que é necessário reconhecer e possibilitar a expressão dos sentimentos mobilizados no processo de luto.

> *A aproximação com cada paciente é singular, considerando sua história de vida, bem como os recursos de enfrentamento utilizados perante as situações em que as pessoas percebem sua própria vida, ou de um ente querido, ameaçada pelo adoecimento e possibilidade de morte. No ambiente hospitalar, observei situações de intenso sofrimento, de dor, de revolta, de ressignificação da vida, de superação, de aceitação e de enfrentamento. O conhecimento adquirido por meio dessas experiências proporcionou-me amadurecimento e crescimento profissional.*

> *Ao tomar conhecimento sobre a história de vida de cada paciente, também se tornou imprescindível saber sobre o seu histórico de adoecimento por meio de registros realizados em prontuário. Assim, deparei-me com o desafio e a necessidade de familiarizar-me com a linguagem hospitalar, conhecer as diversas patologias, as terapêuticas, as siglas e procedimentos. Acredito que se apropriar desses conceitos é essencial no processo de formação de um profissional de saúde, pois, além de possibilitar a compreensão das descrições realizadas em prontuário, também favorece a comunicação entre a equipe multidisciplinar de maneira assertiva (depoimento de Silmara Ferreira Costa Silva, estagiária no Serviço de Psicologia Hospitalar).*

Outra atividade praticada no estágio é a auditoria de evolução em prontuário realizada pelos psicólogos, cujo objetivo é observar se a linguagem escrita utilizada não contém termos técnicos psicológicos que possam dificultar a compreensão dos demais membros da equipe multiprofissional, se a evolução contém a descrição de todos os aspectos acordados previamente com a equipe e se há a continuidade dos registros durante toda a assistência prestada pelo profissional. Tendo em vista que, no hospital, o prontuário é compartilhado por uma equipe multiprofissional, é fundamental garantir o sigilo de informações, com base na ética profissional. De acordo com o Código de Ética Profissional dos psicólogos, em seu artigo 6º, parte b, o psicólogo:

> *Compartilhará somente informações relevantes para qualificar o serviço prestado, resguardando o caráter confidencial das comunicações, assinalando a responsabilidade, de quem as receber, de preservar o sigilo (CFP, 2005, p. 12).*

A Resolução CFP nº 001/2009 dispõe sobre o registro documental dos serviços prestados pelo psicólogo. Em seu primeiro artigo, aborda que é fundamental garantir o direito do paciente referente ao sigilo profissional:

> *§ 1º. O registro documental em papel ou informatizado tem caráter sigiloso e constitui-se de um conjunto de informações que tem*

> *por objetivo contemplar de forma sucinta o trabalho prestado, a descrição e a evolução da atividade e os procedimentos técnico-científicos adotados (CFP, 2009, p. 1).*

A mesma resolução, em seu artigo 2º, descreve os dados que devem ser registrados no prontuário do paciente, pelo profissional de psicologia, conforme descrito a seguir:

> *I - Identificação do usuário/instituição; II - avaliação de demanda e definição de objetivos de trabalho; III - registro da evolução do trabalho, de modo a permitir o conhecimento do mesmo e seu acompanhamento, bem como os procedimentos técnicos-científicos adotados; IV - registro de Encaminhamento ou Encerramento; V - documentos resultantes da aplicação de instrumentos de avaliação psicológica deverão ser arquivados em pasta de acesso exclusivo do psicólogo. VI - cópias de outros documentos produzidos pelo psicólogo para o usuário/instituição do serviço de psicologia prestado, deverão ser arquivadas, além do registro da data de emissão, finalidade e destinatário (CFP, 2009, p. 1-2).*

Sabe-se que, no contexto hospitalar, o psicólogo está inserido em uma equipe multidisciplinar; desse modo, é importante refletir sobre as possibilidades de inserção, visto que os demais profissionais lidam com demandas físicas e mensuráveis, enquanto o trabalho do psicólogo está relacionado à subjetividade do paciente, o que possibilita sensibilizar a equipe a olhar o indivíduo integralmente, alinhando condutas que valorizam o atendimento humanizado. Tais aspectos são observados durante a participação em reuniões multidisciplinares. Fossi e Guareschi (2004) afirmam que as reuniões entre os diferentes profissionais da equipe multidisciplinar são oportunidades privilegiadas de inserção do psicólogo, em que ocorrem trocas de informações sobre as condições de tratamento do paciente, nas quais o psicólogo pode levar a equipe à reflexão sobre a importância da valorização dos aspectos emocionais do paciente diante do adoecimento.

Segundo estudo realizado por Rosa (2005), para que a inserção do psicólogo ocorra de maneira efetiva, além de evidenciar a importância dos aspectos emocionais do paciente no processo de recuperação e esclarecer o trabalho psicológico neste contexto, este profissional precisa ter a capacidade de se expressar de maneira clara, objetiva e com respaldo científico, deve apropriar-se de terminologias médicas e, ao propor ações, é necessário levar em consideração a atuação de todos os profissionais envolvidos.

Angerami-Camon, Chiattone e Meleti (2014) aludem ao fato de que é indispensável, para o psicólogo, ter o conhecimento da atuação de cada profissional da equipe multidisciplinar, pois, segundo os autores, é a partir desse conhecimento que o serviço de psicologia poderá integrar a equipe, atendendo os objetivos institucionais, uma vez que, para o seu funcionamento, são necessários parâmetros de conformidades.

> *O estágio em Psicologia Hospitalar no HIAE está sendo muito importante para a minha formação. Desde o início da faculdade, tenho interesse na área hospitalar e atualmente ter a oportunidade de trabalhar em uma equipe com profissionais que são referência em diversas áreas é muito enriquecedor, na medida em que experiências e conhecimentos são transmitidos e compartilhados, possibilitando uma visão real sobre a atuação do psicólogo na área hospitalar.*
>
> *Por meio das atividades de readmissão e alta hospitalar, auditoria de prontuários, pesquisas e reuniões de diversas áreas das quais o estágio me possibilita participar, eu aprendo diariamente sobre a prática psicológica dentro do hospital, o que muitas vezes não é possível ser visto em teoria na faculdade. É muito gratificante ter a oportunidade de realizar esse estágio ao lado de profissionais incríveis, em um hospital de referência em todo o país (depoimento de Vanessa Alegretti Cosi, atual estagiária do Serviço de Psicologia Hospitalar).*

Tendo em vista o tema abordado, no que se refere ao atendimento dos objetivos institucionais, o estágio proporciona a construção de conhecimento sobre gestão de serviço e implantação de indicadores que validam a atuação do psicólogo hospitalar. Outras possibilidades estão ligadas à atividade de pesquisas que corroboram para o avanço científico. Esse aspecto aponta o desafio de vincular a prática assistencial ao desenvolvimento de pesquisas e ensino. Castro e Bornholdt (2004) destacam que é imprescindível o desenvolvimento de pesquisas que demonstrem, a partir de evidências, a efetividade das intervenções psicológicas. Afirmam ainda que essa prática favorece o atendimento realizado ao paciente, além de proporcionar a expansão do campo de trabalho para o psicólogo.

> *Ao conhecer diferentes setores do hospital, tive a oportunidade de ampliar minha visão sobre o contexto hospitalar, compreendendo seu funcionamento, o planejamento de estratégias e projetos que visam ao aperfeiçoamento e à excelência no atendimento ao paciente, desde o levantamento de demandas que interferem na rotina hospitalar até o treinamento dos profissionais de saúde, visando a atender as metas institucionais.*
>
> *Durante o estágio, estive próxima ao trabalho de equipes que atuam em múltiplas especialidades do hospital. Nesse contexto, uma das atividades realizadas se refere aos grupos de suporte oferecidos aos profissionais. A partir dessa experiência, foi possível compreender as demandas relacionadas à rotina de trabalho e as possibilidades de atuação do psicólogo com a finalidade de auxiliar no processo de reflexão e elaboração de estratégias que possam contribuir para um ambiente de trabalho resolutivo, favorecendo a minimização da sobrecarga e considerando a importância de atentar-se às demandas e repercussões emocionais de profissionais que estão diretamente ligados ao cuidado do paciente (depoimento de Silmara Ferreira Costa Silva, estagiária no Serviço de Psicologia Hospitalar).*

Kovács (2010) afirma que, no cotidiano de trabalho, os profissionais de saúde estão expostos e lidam com situações de intenso sofrimento, dor e morte de maneira constante. A autora cita que a rotina diária de trabalho apresenta algumas dificuldades que repercutem nas relações do profissional cuidador com os demais membros da equipe e também na convivência com o paciente e seus familiares, o que pode ser gerador de estresse. Sendo assim, aponta que é fundamental cuidar desses profissionais, atentando-se às demandas apresentadas e oferecendo o suporte necessário.

A atividade de assistência em grupo destinada a familiares e a cuidadores de pacientes é realizada em algumas áreas, pois entende-se a família como um sistema interdependente, ou seja, diante de uma intercorrência que afeta um de seus membros, logo todos os outros poderão ser afetados. Sabe-se que o adoecimento é um fator que pode provocar o desajustamento familiar, pois há a necessidade de readaptações que são impostas. Assim, é imprescindível oferecer suporte psicológico aos familiares.

Angerami-Camon, Chiattone e Meleti (2014) afirmam que a família, no contexto hospitalar, vivencia importante ansiedade quanto ao restabelecimento físico do paciente, além da possibilidade de morte, o que leva ao intenso sofrimento emocional no processo de hospitalização. O autor afirma que há uma fusão de sentimentos entre a dor vivida pelo paciente e por sua família, e enfatiza que isso deve ser levado em consideração durante a abordagem psicológica, haja vista que os familiares desempenham um papel fundamental no restabelecimento do paciente. Kübles-Ross (1996) também afirma que os familiares exercem funções importantes, pois os comportamentos apresentados pelos familiares influenciam as atitudes do paciente.

Volpato e Santos (2007) explanam sobre as dificuldades vividas por familiares cuidadores, que, geralmente, ao se responsabilizar pelo acompanhamento contínuo do paciente, passam a abdicar de suas próprias vidas, e é possível ocorrer sobrecargas física e emocional, que podem levar ao esgotamento. As autoras afirmam a relevância de acolher esses familiares, de ouvi-los e de oferecer a oportunidade de expressar seus sentimentos, medos, ansiedades, angústias. É preciso orientar e validar os benefícios do autocuidado, além de auxiliá-los na compreensão sobre o tratamento do paciente.

Diante disso, torna-se essencial abordar as habilidades e competências indispensáveis ao psicólogo hospitalar, descritas em um estudo realizado por

Tonetto e Gomes (2007): empatia, flexibilidade, persistência, tolerância à frustração, ser eficaz para a identificação de diferentes demandas, capacidade de lidar com as questões da morte e do morrer, além de competência para trabalhar em equipe. De maneira constante e diária, é possível aprender com as situações e atividades vivenciadas.

A experiência do estágio na brinquedoteca da unidade pediátrica

> *"O homem chega à sua maturidade quando encara sua vida com a mesma seriedade que uma criança encara uma brincadeira."*
> Friedrich Nietzsche

Durante a hospitalização, a criança é retirada de seu ambiente, sendo afastada de sua rotina de vida, incluindo as atividades lúdicas e escolares. A proposta da brinquedoteca é resgatar atividades prazerosas à criança e minimizar o impacto da hospitalização.

Em nossa brinquedoteca, são atendidas crianças de todas as faixas etárias, e, dessa maneira, temos que estar preparados para oferecer atividades que sejam prazerosas e adequadas. Além dos brinquedos, dos jogos e do ambiente colorido, existem as estagiárias de psicologia que estimulam a atividade lúdica por meio de jogos, oficinas e interação social.

A seguir, apresentamos alguns depoimentos das atuais estagiárias da brinquedoteca que relatam, de maneira sensível, as possibilidades de trabalho existentes nesse setor.

> *Trabalho na brinquedoteca do Hospital Israelita Albert Einstein há cerca de seis meses e, desde então, acredito que não poderia ter encontrado estágio melhor. Digo isso porque trabalhar com as crianças é realmente gratificante, pois nós vemos na prática a importância do brincar no ambiente hospitalar, o qual traz tanta angústia e sofrimento. Ter a oportunidade de poder observar esses*

> aspectos, englobando a grandiosidade do mundo infantil, faz com que esse trabalho seja único.
>
> Uma vez me perguntaram o que era mais gratificante no meu emprego e respondi que era ter a possibilidade de propiciar à criança um ambiente mais favorável, devolvendo a ela a possibilidade de escolha nos momentos lúdicos, que é algo que o paciente perde quando está hospitalizado. Mesmo que às vezes nos sintamos impotentes diante de algumas situações, como quando tentamos interagir com a criança e ela recusa a interação, percebemos que mesmo que não tenha sido possível efetuar alguma atividade, foi possível oferecer a possibilidade de escolha e, assim, respeitando sua decisão, já contribuímos de alguma forma. Posto isso, minha visão mudou acerca da hospitalização infantil, pois o que antes olhava com sentimento de pena pela condição geral do que a doença poderia resultar, ou seja, visando apenas um paciente doente, agora vejo de maneira diferente, olhando não apenas para o adoecimento, e sim para alguém que necessita enfrentar o momento que está passando, que ainda assim possui desejos e fantasias, isto é, um sujeito com toda uma história além da condição de saúde em que se encontra. Uma vez brinquei com um amigo meu sobre, na brinquedoteca, existir a poção da alegria e do amor, e que quando você entra lá bebe um pouco sem saber, pois é exatamente assim como me sinto: meu ambiente profissional me devolve a disposição e a satisfação que muitas vezes perdemos nas dificuldades de nossa vida pessoal e cotidiana, e o contato com o universo lúdico nos permite acessar novamente essa alegria que às vezes se contém. De forma geral, trabalhar em um local em que posso contribuir com a melhora da criança – junto a ela – de uma maneira tão bonita, me faz agradecer sempre por ter encontrado essa oportunidade (depoimento de Bianca de Santana Pereira, estagiária da Brinquedoteca).

Outro aspecto que é importante salientar é o amadurecimento pessoal que o estágio dentro do hospital proporciona. O contato do estagiário com a doença em um momento de desenvolvimento físico e emocional o faz refletir sobre as possibilidades de assistência e de minimização do desconforto do momento; é uma atividade que envolve transformação do que está ruim em algo que possa ser visto de maneira agradável.

> *Fazer parte da brinquedoteca tem me proporcionado um amadurecimento profissional e pessoal, pois, por meio das vivências de superação e de força encaradas pelas crianças, percebo o quanto um indivíduo pode encontrar saídas para que haja crescimento frente a uma situação de adoecimento, fazendo com que eu enxergue a força que cada um carrega dentro de si para passar por cima dos obstáculos que a vida oferece. Garantir um ambiente descontraído dentro de um contexto hospitalar é enriquecedor, na medida em que se vê, na prática, que um simples gesto lúdico pode contribuir para o desenvolvimento físico e psicológico de uma criança. Esse fato é gratificante e me motiva a encarar a vida de forma mais pura, assim como o olhar de uma criança (depoimento de Yuri Santos, estagiária da Brinquedoteca).*

A outra função do estágio do aluno de graduação é proporcionar a experimentação prática do que ele poderá vivenciar no cotidiano de sua profissão. Muitas vezes, nós mantemos uma visão que não é pautada na experiência real. A possibilidade do estágio confirma ou não a ideia anterior e fortalece no estagiário a convicção do que gostaria ou não de fazer quando estiver atuando profissionalmente.

> *Acredito que a infância seja a etapa fundamental no desenvolvimento humano, sendo repleto de aprendizagens, brincadeiras e afetos. Mesmo que a hospitalização interrompa esse crescimento, as atividades propostas pelo estágio permitem levar para essas crianças, por meio do brincar, um conforto emocional, espaços e*

> *momentos prazerosos em que possam se divertir, passar o tempo, amenizar seus sofrimentos, lidar com o adoecimento, enfim, serem crianças novamente e assim continuar crescendo.*
>
> *Por isso, ao longo dos meses que realizo meu estágio na pediatria do hospital, pude, a cada dia, ter a certeza do caminho que escolhi seguir. E não foi só pelas inúmeras experiências vividas nos corredores da UTI, semi-intensiva e brinquedoteca, mas também pelo contato com excelentes profissionais que me ensinaram lições tão importantes em relação à psicologia hospitalar, que fazem sentido tanto para minha vida pessoal quanto profissional (depoimento de Natália Pesce de Freitas, estagiária de psicologia na brinquedoteca).*

Considerações finais

A oportunidade de estagiar em um hospital de referência ao lado de profissionais qualificados e com longa experiência permite o contato e a aquisição de conhecimento em diferentes áreas e diversas possibilidades de atuação, bem como dos desafios que permeiam esse contexto, ampliando o olhar sobre a atuação do psicólogo no hospital.

Diante das experiências obtidas, é possível validar a relevância destas no processo de formação profissional. Além disso, é imprescindível o privilégio de estudar e vivenciar as áreas de atuação, durante a graduação, o que é base para o desenvolvimento das práticas realizadas, tendo em vista a ampliação do conhecimento teórico e prático. Nota-se que tais experiências são primordiais para a construção da carreira profissional.

Referências

ANGERAMI-CAMON, V. A.; CHIATTONE, H. B. de C.; MELETI, M. R. *A psicologia no hospital*. 2. ed. São Paulo: Cengage Learning, 2014.

BRASIL. Ministério da Educação. *Decreto nº 11.129, de 30 de junho de 2005*. Institui o Programa Nacional de Inclusão de Jovens – ProJovem; cria o Conselho Nacional da Juventude – CNJ e a Secretaria Nacional de Juventude; altera as Leis nº 10.683, de 28 de maio de 2003, e 10.429, de 24 de abril de 2002; e dá outras providências. 2005. Disponível em: <http://www.planalto.gov.br/ccivil_03/_Ato2004-2006/2005/Lei/L11129.htm>. Acesso em: 30 maio 2016.

CASTRO, E. K. de; BORNHOLDT, E. Psicologia da saúde x psicologia hospitalar: definições e possibilidades de inserção profissional. *Psicologia: Ciência e Profissão*, Brasília, DF, v. 24, n. 3, p. 48-57, 2004. Disponível em: <http://pepsic.bvsalud.org/scielo.php?script=sci_arttext&pid=S1414-98932004000300007>. Acesso em: 2 maio 2016.

CFP – CONSELHO FEDERAL DE PSICOLOGIA. *Código de Ética Profissional do Psicólogo*. Brasília, DF, 2005.

_____. *Resolução nº 001/2009*. Dispõe sobre a obrigatoriedade do registro documental decorrente da prestação de serviços psicológicos. Brasília, DF, 2009.

FOSSI, L. B.; GUARESCHI, N. M. de F. A psicologia hospitalar e as equipes multidisciplinares. *Revista da SBPH*, Rio de Janeiro, v. 7, n. 1, p. 29-43, 2004. Disponível em: <http://pepsic.bvsalud.org/scielo.php?script=sci_arttext&pid=S1516- 08582004000100004>. Acesso em: 14 abr. 2016.

KOVÁCS, M. J. Sofrimento da equipe de saúde no contexto hospitalar: cuidando do cuidador profissional. *O Mundo da Saúde*, São Paulo, v. 34, n. 4, p. 420-429, 2010. Disponível em: <http://www.saocamilo-sp.br/pdf/mundo_saude/ 79/420.pdf>. Acesso em: 2 maio 2016.

KÜBLES-ROSS, E. *Sobre a morte e o morrer*: o que os doentes têm para ensinar a médicos, enfermeiros, religiosos e aos seus próprios parentes. 7. ed. São Paulo: Martins Fontes, 1996.

LAZZARETTI, C. T.; OLIVEIRA, W. de; GUIMARÃES, S. W. C. M et al. *Manual de psicologia hospitalar*. Curitiba: Unificado, 2007.

RIBEIRO, V. Diferenças entre o atendimento psicológico em meio hospitalar e em consultório. *Revista Virtual de Psicologia Hospitalar e da Saúde*, Belo Horizonte, v. 1, n. 1, p. 14-16, 2005.

ROSA, A. M. T. *Competências e habilidades em psicologia hospitalar*. 2005. 77 f. Dissertação (mestrado em psicologia) – Universidade Federal do Rio Grande do Sul, Porto Alegre, 2005. Disponível em: <http://www.lume.ufrgs.br/bitstream/handle/10183/7430/000544292.pdf?...1>. Acesso em: 3 abr. 2016.

SIMONETTI, A. *Manual de psicologia hospitalar:* o mapa da doença. 6. ed. São Paulo: Casa do Psicólogo, 2011.

TONETTO, A. M.; GOMES, W. B. Competências e habilidades necessárias à prática psicológica hospitalar. *Arquivos Brasileiros de Psicologia*, Rio de Janeiro, v. 59, n. 1, p. 38-50, 2007. Disponível em: <http://pepsic.bvsalud.org/scielo.php?script=sci_arttext&pid=S1809-52672007000100005>. Acesso em: 3 abr. 2016.

VOLPATO, F. S.; SANTOS, G. R. S. dos. Pacientes oncológicos: um olhar sobre as dificuldades vivenciadas pelos familiares cuidadores. *Imaginario*, São Paulo, v. 13, n. 14, p. 511-544, 2007. Disponível em: <http://pepsic.bvsalud.org/pdf/ima/v13n14/v13n14a24.pdf>. Acesso em: 23 mar. 2016.

Sobre os autores

Alfredo Maluf Neto

Médico psiquiatra pela Universidade Federal de São Paulo (Unifesp). Aluno do MBA em Gestão de Saúde pelo Insper. Coordenador médico do Serviço de Psiquiatria do Hospital Israelita Albert Einstein e médico psiquiatra do Hospital São Paulo da Unifesp.

Alyne Lopes Braghetto Batista

Psicóloga do Centro de Oncologia e Hematologia do Hospital Israelita Albert Einstein. Especialista em Psicologia Hospitalar pelo Hospital das Clínicas da Faculdade de Medicina da Universidade de São Paulo (HCFMUSP). Psicóloga clínica e graduada em Psicologia pela Universidade Presbiteriana Mackenzie. Possui curso de extensão em Neuropsicologia pelo Instituto de Medicina Física e Reabilitação do HCFMUSP.

Ana Cristina Procópio de Oliveira Aguiar

Psicóloga e mestre em Ciências pelo Departamento de Psicobiologia da Universidade Federal de São Paulo (Unifesp). Especialista em Gerontologia pela Sociedade Brasileira de Geriatria e Gerontologia (SBGG) e responsável pela disciplina Geriatria e Gerontologia da Unifesp. Coordenadora da pós-graduação em Gerontologia e Residência Multiprofissional em Gerontologia do Hospital Israelita Albert Einstein.

Ana Lucia Martins da Silva

Psicóloga clínica e hospitalar. Psicóloga sênior do Departamento de Pacientes Graves do Hospital Israelita Albert Einstein.

Ana Merzel Kernkraut

Coordenadora do serviço de psicologia do Hospital Israelita Albert Einstein. Graduada em Psicologia pela Faculdade de Filosofia, Ciências e Letras de Ribeirão Preto da Universidade de São Paulo (FFCLRP-USP). Possui formação clínica em Psicodrama pela Escola Paulista de Psicodrama, aprimoramento em Psicologia da Infância pela Universidade Federal de São Paulo (Unifesp) e MBA em Gestão de Saúde pelo Insper.

Bruna Carraro Burkot de Alencar

Psicóloga clínica e neuropsicóloga do Centro de Reabilitação do Hospital Israelita Albert Einstein. Especialista em Neuropsicologia pelo Conselho Federal de Psicologia (CFP). Graduada em Psicologia pela Universidade Federal do Paraná (UFPR). Possui especialização e aprimoramento profissional em Psicologia Clínica Hospitalar em Reabilitação pelo Instituto de Medicina Física e Reabilitação do Hospital das Clínicas da Faculdade de Medicina da Universidade de São Paulo (HCFMUSP).

Carla Cristina Adda

Psicóloga pela Pontifícia Universidade Católica de São Paulo (PUC-SP), especialista em Psicologia Hospitalar e Neuropsicologia pelo Hospital das Clínicas da Faculdade de Medicina da Universidade de São Paulo (HCFMUSP), mestre e doutora em Ciências pela FMUSP. Neuropsicóloga no Hospital Israelita Albert Einstein.

Christiane Hegedus Karam

Psicóloga do Centro de Diálise e do Centro de Cirurgia de Obesidade do Hospital Israelita Albert Einstein. Mestre em Ciências Aplicadas à Pediatria pela Escola Paulista de Medicina da Universidade Federal de São Paulo (Unifesp). Especializada em Psicologia Infantil e Psicologia Hospitalar pela Unifesp.

Daniel de Sousa Filho

Médico psiquiatra e psiquiatra da infância e adolescência. Mestre em Distúrbios do Desenvolvimento. Médico psiquiatra do Núcleo de Medicina Psicossomática e Psiquiatria do Hospital Israelita Albert Einstein e do Programa Einstein na Comunidade Judaica.

Eliseth Ribeiro Leão

Graduada em Enfermagem e Letras. Mestre e doutora pela Universidade de São Paulo (USP). Pós-doutora pela Universidade de Estrasburgo, na França. Docente do mestrado profissional em Enfermagem e pesquisadora do Instituto de Ensino e Pesquisa Albert Einstein.

Ellen Brandalezi

Psicopedagoga e supervisora da brinquedoteca da Unidade de Internação da Pediatria e do Centro de Oncologia e Hematologia do Hospital Israelita Albert Einstein. Graduada em Pedagogia pela Universidade Santa Cecília (Unisanta). Especializada em Psicopedagogia Institucional e Clínica pela Unisanta. Possui curso de extensão em Pedagogia Hospitalar pela Pontifícia Universidade Católica de São Paulo (PUC-SP) e de aperfeiçoamento em Neuroaprendizagem pela Faculdade de Medicina do ABC (FMABC).

Elton Yoji Kanomata

Psiquiatra pela Universidade Federal de São Paulo (Unifesp), médico do Hospital Israelita Albert Einstein e especialista em Álcool e Drogas.

Fernanda Codatto

Psicóloga especialista em Psicologia Hospitalar no Instituto do Coração do Hospital das Clínicas da Faculdade de Medicina da Universidade de São Paulo (INCOR-HCFMUSP), com formação em Terapia Cognitivo-Comportamental. Atualmente atua na área de prevenção e promoção de saúde na Unidade de Medicina Preventiva do Hospital Israelita Albert Einstein.

Flávia Melissa Correas de Andrade

Graduada em Psicologia. Possui aperfeiçoamento em Psicologia Hospitalar e Oncologia no Hospital Pérola Byington. É pós-graduada em Neuropsicologia pela Universidade de Araraquara (Uniara). Pós-graduada em Psicologia Hospitalar pelo Hospital Israelita Albert Einstein. Residente multiprofissional em Reabilitação Física com ênfase em Neuropsicologia no Hospital Israelita Albert Einstein. Atua em consultório particular.

France Matos de Oliveira

Psicóloga pela Universidade Estadual Paulista "Júlio de Mesquita Filho" (Unesp), especialista em Psicologia da Saúde e Hospitalar pela Pontifícia Universidade Católica de São Paulo (PUC-SP) e em Neuropsicologia pelo Instituto Neurológico de São Paulo. Psicóloga do bloco crítico (UTIs e UCEs) do Hospital Nove de Julho.

Ghina Machado

Psicóloga, com mestrado em Psiquiatria e Psicologia Médica pela Universidade Federal de São Paulo (Unifesp), especializada em Psicologia Hospitalar pelo Hospital Israelita Albert Einstein e pelo Instituto de Ortopedia e Traumatologia do Hospital das Clínicas da Faculdade de Medicina da Universidade de São Paulo (HCFMUSP) e em Neuropsicologia pelo Instituto de Psiquiatria do HCFMUSP. Formada em Coaching de Saúde e Bem-Estar. Sócia-proprietária da Clínica de Psicologia Integrada, atualmente trabalha em consultório particular e atua na área de prevenção e promoção de saúde na Unidade de Medicina Preventiva do Hospital Israelita Albert Einstein.

Juliana Gibello

Psicóloga hospitalar no Departamento de Pacientes Graves do Hospital Israelita Albert Einstein. Coordenadora da pós-graduação em Cuidados Paliativos no Instituto Israelita de Ensino e Pesquisa do Hospital Israelita Albert Einstein. Coordenadora do curso de Atualização em Psicologia Hospitalar do Instituto Israelita de Ensino e Pesquisa. Graduada em Psicologia pela Universidade Estadual Paulista "Júlio de Mesquita Filho" (Unesp), especializada em Psicologia Hospitalar pelo Hospital Israelita Albert Einstein, pós-graduada em Cuidados Paliativos e Psico-oncologia pelo Instituto Pallium Latinoamerica, em Buenos Aires, mestranda no Departamento de Psiquiatria da Universidade Federal de São Paulo (Unifesp) e psicóloga clínica e psicanalista.

Marcus Vinícius Rezende Fagundes Netto

Psicólogo de referência em internação oncológica do Centro de Oncologia e Hematologia do Hospital Israelita Albert Einstein. Especialista em Psicologia Hospitalar pela Faculdade de Medicina da Universidade de São Paulo (FMUSP). Especialista em Psicanálise, Subjetividade e Cultura pela Universidade Federal de Juiz de Fora (UFJF). Mestre em Psicanálise: Clínica e Pesquisa pela Universidade do Estado do Rio de Janeiro (UERJ).

Maiara Mattosinho Soares Zukauskas

Psicóloga do Centro de Oncologia e Hematologia do Hospital Israelita Albert Einstein. Psicóloga clínica e especialista em Psicologia Hospitalar pela Faculdade de Medicina do ABC (FMABC). Possui aperfeiçoamento em Psico-oncologia pelo Hospital Santa Paula.

Marita Iglesias Aquino

Graduada em Psicologia pela Faculdade de Filosofia, Ciências e Letras de Ribeirão Preto (FFCLRP-USP). Pós-graduada em Psicologia Clínica e da Saúde Reprodutiva da Mulher (Oncologia) pela Universidade Estadual de Campinas (Unicamp) e em Psicologia Hospitalar pela Pontifícia Universidade Católica de Campinas (PUC-Campinas). Formanda em Psicanálise pelo Centro de Estudos Psicanalíticos de São Paulo (CEP), psicóloga clínica em consultório particular e psicóloga de referência da Unidade de Transplante de Medula Óssea do Hospital Israelita Albert Einstein.

Mayra Kruse de Morais

Psicóloga pela Universidade Estadual Paulista "Julio de Mesquita Filho" (UNESP). Especialista em Psicologia Hospitalar pelo Hospital das Clínicas da Faculdade de Medicina da Universidade de São Paulo (HCFMUSP) e em Psicanálise Lacananiana pela Clínica Lacaniana de Atendimento e Pesquisas em Psicanálise (CLIPP). Atua como psicóloga no *check-up* do Hospital Israelita Albert Einstein desde 2014.

Meire Regina Aguilar

Psicóloga do Ambulatório de Transplante de Órgãos do Hospital Israelita Albert Einstein e psicóloga clínica. Graduada em Psicologia pelo Centro Universitário Paulistano (UniPaulistana) e especializada em Psicologia Hospitalar pelo Hospital Israelita Albert Einstein.

Melina Blanco Amarins

Psicóloga e psicopedagoga do setor materno-infantil e do Ambulatório de Clínica de Especialidades Pediátricas do Hospital Israelita Albert Einstein. Especialista em Psicologia Hospitalar pelo Hospital das Clínicas da Faculdade de Medicina da Universidade de São Paulo (HCFMUSP) e pós-graduada em Psicopedagogia pela Universidade São Marcos. Docente na pós-graduação de Fisioterapia Neonatal e Pediátrica do Hospital Israelita Albert Einstein. Psicóloga clínica desde 2004.

Paola Bruno de Araujo Andreoli

Psicóloga, doutora em Ciências da Saúde pela Universidade Federal de São Paulo (Unifesp), possui MBA em Gestão em Saúde, é gerente de qualidade e segurança do paciente na Diretoria de Prática Assistencial, Qualidade, Segurança e Meio Ambiente (DPASQMA) da Sociedade Beneficente Israelita Brasileira Albert Einstein.

Patricia Pimentel Gomes

Psicóloga e neuropsicóloga sênior do Centro de Reabilitação do Hospital Israelita Albert Einstein. Especialista em Neuropsicologia e formada em Reabilitação Neuropsicológica pela Divisão de Psicologia do Hospital das Clínicas da Faculdade de Medicina da Universidade de São Paulo (HCFMUSP). Graduada em Psicologia pelas Faculdades Metropolitanas Unidas (UniFMU).

Paula Adriana Rodrigues Gouveia

Psicóloga pela Faculdade de Psicologia da Pontifícia Universidade Católica de São Paulo (PUC-SP). Especialista em Neuropsicologia pelo Conselho Regional de Psicologia (CRP-SP). Possui aprimoramento em Terapia Cognitivo-Comportamental pelo Ambulatório de Ansiedade do Hospital das Clínicas da Faculdade de Medicina da Universidade de São Paulo (HCFMUSP). Mestre em Ciências pelo Departamento de Psicobiologia da Universidade Federal de São Paulo (Unifesp). Psicóloga do setor de neuropsicologia do Centro de Reabilitação do Hospital Israelita Albert Einstein.

Ricardo Jonathan Feldman

Médico psiquiatra no Hospital Israelita Albert Einstein. Preceptor em emergências psiquiátricas na Residência de Psiquiatria da Santa Casa de Misericórdia de São Paulo. Médico perito psiquiatra no Departamento de Perícias Médicas do Estado de São Paulo (DPME). Psiquiatra em consultório particular.

Selma Bordin

Psicóloga clínica, especialista em Terapia Cognitivo-Comportamental, especialista em Dependências Químicas, *coach* em Saúde e Bem-Estar, psicóloga sênior do Centro de Medicina Preventiva do Hospital Israelita Albert Einstein.

Silmara Ferreira Costa Silva

Psicóloga graduada pela Universidade Cruzeiro do Sul (Unicsul). Possui experiência em atendimentos com grupo em projetos sociais e experiência em psicologia hospitalar no Hospital Israelita Albert Einstein. Atua como residente no Hospital A. C. Camargo Cancer Center, utilizando a psicoterapia breve com enfoque psicanalítico nos atendimentos. Pós-graduanda em Saúde Coletiva e Saúde da Família na Unicsul.

Soraya Gomiero Fonseca Azzi

Psicóloga da Unidade Materno-Infantil do Hospital Israelita Albert Einstein desde 2001 e especializada em Neuropsicologia e Psicologia Hospitalar pelo Hospital das Clínicas da Faculdade de Medicina da Universidade de São Paulo (HCFMUSP).

Taymara Ramos Verdun

Graduada em Psicologia pela Universidade Presbiteriana Mackenzie. Especialista em Análise Aplicada do Comportamento em crianças com desenvolvimento atípico e autismo pelo Núcleo Paradigma. Possui aprimoramento em Neuropsicologia Infantil pela Unidade de Psiquiatria da Infância e Adolescência (UPIA) na Universidade Federal de São Paulo (Unifesp). Possui extensão universitária em Psicopatologia da Infância e Adolescência pela Unifesp. Psicóloga clínica e neuropsicóloga infantil do Serviço de Psicologia do Centro de Reabilitação do Hospital Israelita Albert Einstein. Coordenadora do curso de Introdução à Neuropsicologia do Hospital Israelita Albert Einstein.

Thiago Amaro Machado

Graduado em Psicologia pela Pontifícia Universidade Católica (PUC--Campinas) em 2003. Possui especialização pela Santa Casa de Misericórdia de São Paulo em Psicologia Hospitalar em 2004/2005 e especialização avançada em Psicologia Hospitalar em 2005/2006. Psicólogo da Unidade de Pacientes Internados e do Núcleo de Medicina Psicossomática do Hospital Israelita Albert Einstein.

Walkiria Luciana Boschetti

Psicóloga pela Faculdade de Filosofia, Ciências e Letras de Ribeirão Preto da Universidade de São Paulo (FFCLRP-USP), 1994, com título de especialista em Neuropsicologia e Psicologia Clínica. Possui especialização em Terapia Cognitiva pelo Instituto de Terapia Cognitiva (ITC), em 2004. Psicóloga sênior do setor de neuropsicologia do Centro de Reabilitação do Hospital Israelita Albert Einstein desde 2001.